汽车维修职业教育“工学结合”规划教材

汽车发动机电气系统故障诊断与排除

主　编　马明芳
副主编　李　卓　刘维杰
参　编　吴晓岚　杜　明　刘永利
常君传　侯　伟　李　晔

机 械 工 业 出 版 社

本书的主要内容有汽车电气设备基础知识、汽车全车电路识读、汽车电源系统故障诊断与排除、汽车起动系统故障诊断与排除、汽车点火系统故障诊断与排除、根据仪表显示进行故障诊断与排除、根据故障警告灯的提示进行故障诊断与排除等7个学习任务。其主要目的是培养学生识读汽车全车电路图，进行汽车发动机电气系统故障诊断和排除的能力；养成严谨、规范的工作习惯和良好的思维、应变能力，具备安全生产、成本控制、协调合作意识。

本书适用于中职汽车专业师生。

图书在版编目(CIP)数据

汽车发动机电气系统故障诊断与排除/马明芳主编. —北京：机械工业出版社，2013.1（2019.8 重印）

汽车维修职业教育“工学结合”规划教材

ISBN 978-7-111-41134-5

Ⅰ.①汽… Ⅱ.①马… Ⅲ.①汽车—发动机—电气系统—故障诊断—职业教育—教材②汽车—发动机—电气系统—故障修复—职业教育—教材 Ⅳ.①U472.43

中国版本图书馆 CIP 数据核字(2013)第 008907 号

机械工业出版社(北京市百万庄大街 22 号 邮政编码 100037)

策划编辑：李 军 责任编辑：李 军

版式设计：霍永明 责任校对：王 欣 张晓蓉

封面设计：鞠 杨 责任印制：乔 宇

北京虎彩文化传播有限公司印刷

2019 年 8 月第 1 版第 2 次印刷

184mm×260mm · 16.25 印张 · 402 千字

3001—3215 册

标准书号：ISBN 978-7-111-41134-5

定价：39.80 元

凡购本书，如有缺页、倒页、脱页，由本社发行部调换

电话服务	网络服务
社服务中心：(010)88361066	教材网：http://www.cmpedu.com
销售一部：(010)68326294	机工官网：http://www.cmpbook.com
销售二部：(010)88379649	机工官博：http://weibo.com/cmp1952
读者购书热线：(010)88379203	**封底无防伪标均为盗版**

丛 书 序

这套丛书适用于高职或中职汽车运用与维修、汽车技术、汽车服务等相关专业，是针对行动导向教学模式课改的系列教材。

这套丛书的开发完全是从汽车服务企业中的典型工作任务转化而来的，涵盖汽车服务相关专业的所有主要工作，共14个学习领域，所以编写了14套教材。每个学习领域都有教师和学生共同使用的讲义、任务工单、考核工单(理论考核和实操考核)；部分学习领域配套使用的电路图册、维修手册；教师使用的教案、课程标准及教学设计思路等。

1. 教学设计建议

学校在教学实施前，要组织任课教师进行教学设计，明确课程实施的载体，制定课程实施具体方案，细化考核标准和确定评价方法。

教学内容的顺序安排应遵循由简单到复杂、循序渐进的原则。教学设计建议通过典型故障现象设计教学情境，导入学习主题，采用学生自主学习和教师讲解相结合的方法完成学习内容。每个典型故障的教学设计还要根据具体情况对教学的组织、采用的教学媒体进行相应的设计。为配合教学，除了采用本套教材以外还要准备相应的维修资料(全车电路图和维修手册)、设计任务工单或实训报告。本专业具有很强的实践性，教学设计中要保证学生有充分的动手训练时间。教学中还应有意识地强化企业工作规范及安全生产知识，培养学生良好的团队合作精神、成本控制和环境保护意识。

2. 教学方法建议

由于本专业主要培养学生解决实际问题的能力，因此应以理论与实践相结合的方法完成本专业教学内容的学习，每一个学习任务的完成都是一个“做中学、学中做”的过程。

在教学过程中建议采用任务驱动、项目教学法等“以工作过程为导向”的教学方法，运用多媒体、模型、实物展示等手段，以学生自主学习、小组讨论、角色扮演等多种方式调动学生的学习积极性。通过独立完成项目作业的方式培养学生的独立思考能力、创新能力和解决实际问题的能力。

模拟企业的真实工作环境和实际工作情况对学生进行训练；训练中注重培养学生用理论知识指导实践操作的意识，强调小组成员之间的合作意识。教学中通过多种方法强化电路检查、部件拆装等常见的基本维修工作内容，以加强基本操作的规范性。

3. 评价方法建议

坚持理论与实践并重的原则，在评价上应采用理论考核和实践考核相结合的方法。注重过程性考核与结果性考核相结合，逐步建立学生的发展性考核与评价体系。

评价方法采用典型职业活动完成过程评价、作业完成情况评价、操作标准及规范评价、期末综合考核评价等多种方式。教学内容重点考核项目根据教学实际情况，进行选择性的考核。具体考核可以根据考核时间、设备及人员配备情况，在重点考核项目(至少选一项)和其他考核项目(可以不选)中选取部分或全部项目进行考核。可以通过实操、口试、项目作业等方法检验学生的专业技能、操作方法、工作安全意识、5S意识、接待客户的礼仪和成本核算方法等。考试项目和考试方法确定后，应按照以下各项制订详细的考核方案和评分标准：操作规范，仪器、设备、工具的使用情况；维修方案的制订情况；维修资料的使用情况；维修后系统应达到的技术标准；工作安全、5S及环保意识；接待客户的礼仪和成本核算。

4. 教学设备与学习场景基本要求

对于元件较为复杂、工作过程不可视等特殊的教学内容，在教学设备方面应配备展示设备（投影仪、胶片投影仪、实物投影仪、展示板）及教具（实物教具、仿真教具、模型教具等）来辅助原理和结构知识部分的学习，也可以用多媒体等现代化教学设备、教学软件来演示电路及电器元件的工作过程。配备满足实际工作和教学需要的实物、仪器、工具及相应的教学设备；设备配备应符合《北京市中等职业学校（高等职业学校）汽车运用与维修专业实训基地装备标准》的要求。实训场地中还应配置教学展示设备、教学模型等配合教学的正常进行。设备的布置要考虑企业工作情况和教学的特殊性，根据场地的具体情况，合理安排工位，合理摆放车辆、设备、工具、辅助用具等，满足学生的分组需要。

中国的职业教育课改经过了数十年的努力，不断地与德国职业教育缩短差距，每一次的课改过程，无论从学校还是到老师个人，都是一次破茧化蝶的过程，所经历的艰辛和痛苦不是笔者能描述的。但遗憾的是，那么多学校、那么多的老师进行课改，中国的职业教育并没有快速统一发展强大，原因是这些学校和老师的力量并没有形成合力，各做各的，课改的结果和各学校的水平也是参差不齐，浪费了很多物力、人力和财力。

这次，由北京市教委牵头组织各学校集中进行课改，并把课改结果进行试验实施验证，评价反馈后在各所学校统一实施。本套丛书就是在这样的背景下产生的。

本套教材为一线课改教师编写，这些教师既接受过德国的职业教育培训，又与企业一线人员深入合作，本套教材是经过教学实践验证之后才出版发行的，欢迎大家选用，并提出改进的宝贵意见。

希望本套丛书教材的使用，能帮助战斗在职业教育一线上的老师避免很多无谓的工作量和时间及精力的浪费。更希望大家在使用中精诚合作提出改进意见，使我们的课改工作有实质性的统一进展。

前　言

本书是“汽车发动机电气系统故障诊断与排除”学习领域教材中的一本。该套教材共有三本:《汽车发动机电气系统故障诊断与排除》、《汽车发动机电气系统故障诊断与排除任务工单》和《汽车发动机电气系统故障诊断与排除考核工单》,配套使用《汽车全车电路图析》。为了辅助教师教学,提供“汽车发动机电气系统故障诊断与排除教案”和“汽车发动机电气系统故障诊断与排除教学设计”,可以上网下载。

本书使用说明:

1. 详细阅读每个学习任务的任务要求,并根据建议学时安排教学。

2. 任务工单以工作任务进入,以完成工作任务结束。教师和学生上课以完成任务工单为教学目标,以学生为主,小组合作工作,教师提供必要的资料和指导。由于本书、全车电路图析与任务工单一致,所以学生借助本书、全车电路图、维修资料的帮助能够顺利完成工作任务。因此建议必须配套使用本书,以彰显其对教师的便利性和实用性。

3. 凡本书涉及电路部分,请配套使用《汽车全车电路图析》。考虑到各个学校实际教学条件的限制,所以在编写时没有特意指定车型。选用时,各学校根据自己的实际情况补充相关的电路图册、维修手册即可。

4. 本书为一线课改教师编写,编者既接受过德国的职业教育培训,又与企业一线人员有着深入的合作,而且本书经过教学实践验证。

本书由北京交通运输职业学院马明芳担任主编,北京交通运输职业学院李卓和大连市交通口岸职业技术学校刘维杰担任副主编,参加编写的还有吴晓岚、杜明、刘永利、常君传、侯伟、李晔。

在编写本书过程中,参考了大量国内外相关资料,并承蒙北京市汽车修理公司、首都汽车修理公司、一汽大众、上海大众、惠通陆华路虎、汇杰伟业克莱斯勒等一线技术人员的大力支持和帮助,谨此一并表示衷心感谢。

最后,竭诚欢迎使用本书的师生对书中的误漏之处提出批评指正,以便交流探讨加以改进!

编　者

目　　录

学习任务一　了解汽车电气设备基础知识

任务要求：

完成本学习任务后，你应该能够：

1）正确描述汽车电气系统的组成及特点。

2）正确描述汽车熔断器、继电器、开关、电动机的特点和工作原理。

3）正确识读和分析汽车各系统的电路图，能书写电路流程。

4）梳理诊断思路，制订利用熔断器和继电器检测排除典型电路故障的工作方案。

5）根据工作方案，利用万用表，检测熔断器和继电器，诊断和排除故障。

6）用企业标准验收任务完成情况，评价和反馈工作过程，完成任务工单及学习拓展任务1.1～1.4。

建议学时：12学时

任务引入：

1）一辆丰田威驰轿车，行驶总里程8万km，客户要求加装导航等电气设备。

2）一辆丰田威驰轿车，行驶总里程8万km，客户描述有烧熔丝的气味，要求检查。

3）一辆丰田威驰轿车，行驶总里程8万km，客户描述在有电的情况下喇叭不响。

4）一辆丰田威驰轿车，行驶总里程8万km，客户描述在刮水器正常的情况下洗涤器不工作。

任务分析：

1）初步诊断，确认故障现象。

2）查找资讯，学习相关全车电路知识，分析故障可能原因，分解成四个子任务。

① 了解汽车电气设备的组成和特点。

② 熔断器及检测。

③ 继电器及检测。

④ 电动机的组成和工作原理。

3）制订工作计划，分析客户需求，梳理解决思路。

4）根据故障现象和任务要求，确定所需要的检测仪器设备、工具，并对小组成员进行合理分工，制订详细的、可实施的故障诊断与排除工作方案。

5）实施试验进行检测，利用万用表对电动机、熔断器和继电器进行检测，确定故障原因并维修更换，诊断和排除故障。

6）总结解决问题的结论，写诊断报告。

7）用企业标准验收、评价，完成任务工单及拓展任务 1.1～1.4。

资讯和相关知识：

一、汽车电气设备的发展概况

汽车问世一百多年来，汽车的发展给整个世界和人类生活带来了巨大的变化，汽车技术也取得了令人瞩目的进步。汽车电气设备是汽车的重要组成部分，随着汽车技术的进步，汽车电气设备的结构与性能也在不断改进，特别是电子技术在汽车上的广泛应用，在解决汽车节能降耗、行车安全、减少排放污染等方面起着越来越重要的作用。

随着电子技术的发展，电子技术在汽车上的应用代表了汽车技术未来的主流。20 世纪 60 年代以后，随着电子技术的进步，汽车上开始大量采用电子设备，其主要标志是交流发电机，采用二极管整流技术，将交流电变为直流电，发电机的质量减轻、体积减小，发电机的可靠性大幅提高；之后，又用电子电压调节器替代了传统的触点式电压调节器，使发电机的输出电压更加稳定，并减少了维护的工作量。

进入 20 世纪 70 年代，电子技术应用在点火系统中，出现了电子控制高能点火系统和点火提前的电子控制系统，使点火能量有很大提高，点火提前控制更加精确，提高了汽车的动力性，降低了汽车的排放污染。为进一步减少汽车的排放污染和提高汽车整体性能，随之又出现了电控燃油喷射系统（EFI）、电控自动变速器（ECT）、防抱死制动系统（ABS）等。

20 世纪 80 年代以后，汽车上采用的电子装置越来越多，如驾驶辅助装置、安全警报装置、通信和娱乐系统等。特别是计算机技术的发展，更给汽车电子控制技术带来了一场技术革命，电控技术已深入到汽车的各个部分，使汽车的整体性能得到了大幅度的提高。

二、汽车电气设备的组成

汽车电气设备由电源系统、用电设备和配电装置三部分组成，如图 1-1 所示。

1. 电源系统

电源系统包括蓄电池、发电机及调节器。发电机与蓄电池并联工作，发动机不工作时由蓄电池供电，发动机起动后，转由发电机供电。在发电机给用电设备供电的同时，也给蓄电池充电。发电机配有调节器，其主要作用是在发电机转速变化时，自动保持发电机输出电压的稳定。

2. 用电设备

1）起动系统。起动系统主要包括起动机及其控制电路，用来起动发动机。

2）点火系统。点火系统的任务是产生高压电火花，点燃汽油发动机气缸内的可燃混合气。主要有传统点火系统和电子点火系统之分，主要包括点火线圈、点火器、分电器总成、火花塞等。

3）照明系统。照明系统包括车内外各种照明灯及其控制装置，主要用来保证夜间行车安全。

4）信号系统：信号系统包括喇叭、蜂鸣器、闪光器及各种行车信号标识灯等，主要用来保证车辆运行时的人车安全。

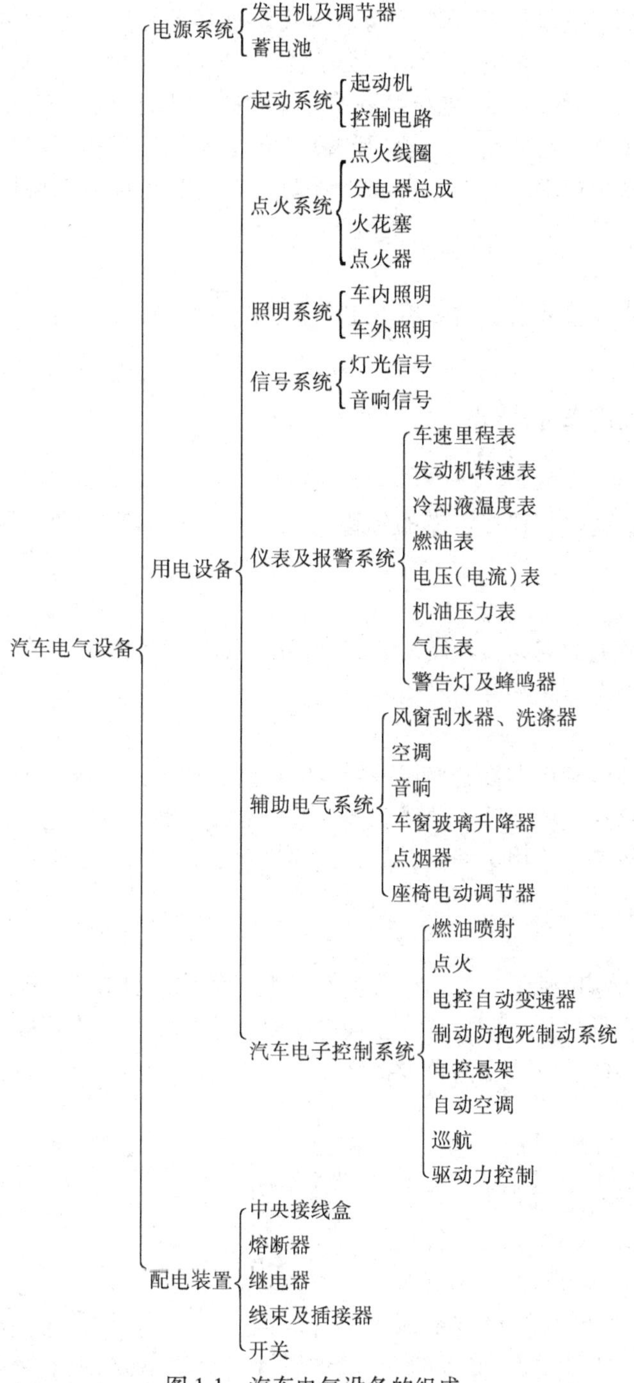

图 1-1　汽车电气设备的组成

5）仪表及报警系统。仪表及报警系统用来监测发动机及汽车的工作情况，驾驶人可通过仪表及报警装置，及时发现发动机及汽车各种参数的异常情况，确保汽车正常运行。该系统主要包括电压(电流)表、机油压力表、冷却液温度表、燃油表、车速里程表、发动机转速表、气压表及各种警告灯等。

6）辅助电气系统。辅助电气系统包括电动刮水器、空调系统、车窗玻璃电动升降器、电动座椅、防盗系统、收录机等。现在辅助电气设备有日益增多的趋势，主要向舒适、娱乐、保障安全等方面发展。车辆的豪华程度越惯，辅助电气设备就越多。

7）汽车电子控制系统。汽车电子控制系统主要指利用计算机控制的各个系统，包括电控燃油喷射系统（EFI）、电控点火系统（ESA）、电控自动变速器（ECT）、防抱死制动系统（ABS）、电控悬架系统（EMS）、自动空调（A/C）等，电控系统的采用可以使汽车上的各个系统均处于最佳工作状态。

3. 配电装置

配电装置包括中央接线盒、熔断器、继电器、线束及插接器、电路开关等，使全车电路构成一个统一的整体。

三、汽车电气设备的特点

1. 低压

汽车采用低压直流电，现代汽车的标称电压有12V和24V两种。目前汽油车普遍采用12V电源系统。

2. 直流

汽车发动机依靠电力起动机起动，而起动机的电源是蓄电池，当蓄电池的电能消耗完后必须用直流电进行充电。

3. 单线制

单线制即是从电源到用电设备使用一根导线连接，而另一根导线则由汽车车身或发动机机体代替，作为回路连接的方式。单线制不仅节约导线，使电路简化、清晰，而且也便于安装和检修。现代汽车普遍采用单线制，但在某些汽车上，有些不能形成可靠回路的地方，或多或少地采用双线制。

4. 负极搭铁

采用单线制时，蓄电池的一个电极接到车身上，俗称“搭铁”。蓄电池的负极与车身相连，称为负极搭铁；反之，若蓄电池的正极与车身相连接，则称为正极搭铁。按国家标准规定，国产汽车电气系统统一规定为负极搭铁。

四、熔断器

熔断器（俗称保险管或保险），在电路中起保护用电设备的作用，常见的熔断器外形如图1-2所示。当电路中流过的电流超过其规定的最大电流时，熔断器的熔丝自身发热而熔断，从而切断电路，以防止烧坏电路连接导线和用电设备，把故障限制在最小范围内。

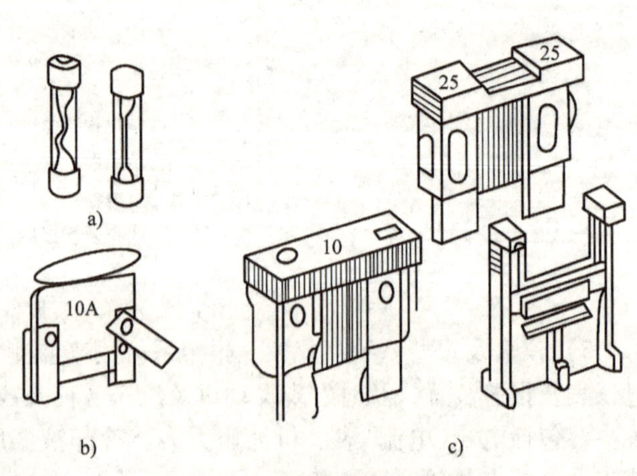

图1-2　常见的熔断器外形
a）熔管式　b）缠丝式　c）插片式

通常情况下，熔断器集中安装，即将很多熔断器组合在一起安装在熔断器盒内，并在熔断器盒盖上注明各熔断器的名称、额定容量和位置。熔断器的规格以额定电流为准，其控制内容如图 1-3 和表 1-1 所示。

熔断器在使用中应注意以下三点：

1）熔断器熔断后，必须查明原因，彻底排除故障。

2）更换熔断器时一定要与原规格相同。

3）安装时要保证熔断器与熔断器支架接触良好。

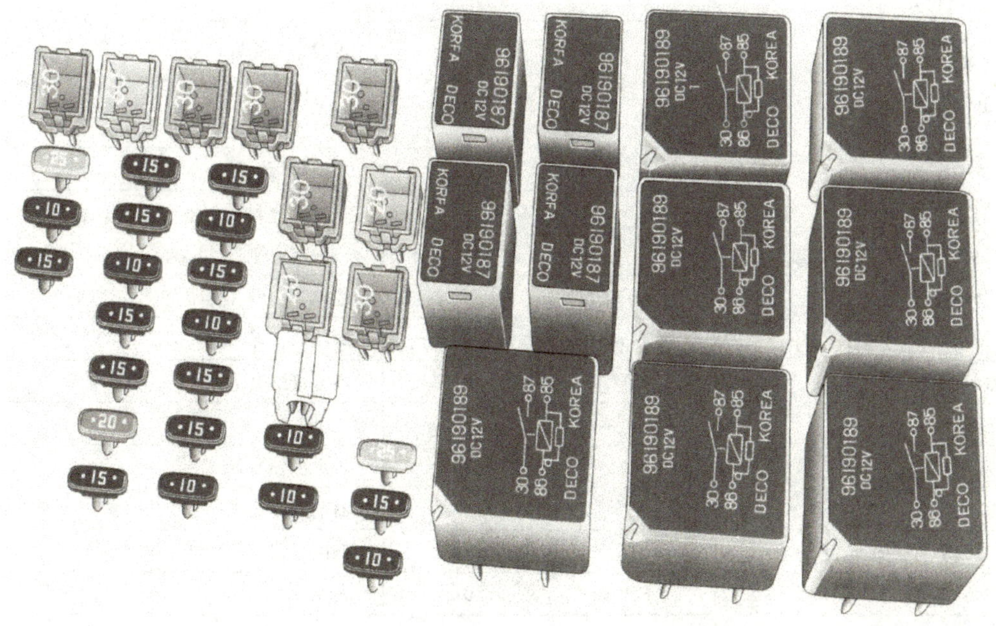

图 1-3　熔断器和继电器盒

表 1-1　发动机熔断器盒中熔断器的规格和用途

电　源	分　类	熔断器号	容　量	用　途
30 蓄电池（+）	SB （慢熔熔断器）	SB1	30A	蓄电池主熔断器（F1～F4，F9～F12）
		SB2	30A	鼓风机继电器
		SB3	20A	电动风扇低速继电器
		SB4	60A	ABS 控制模块，供油连接器
		SB5	30A	点火开关-2
		SB6	30A	点火开关-1
		SB8	30A	电动风扇高速继电器
		SB9	30A	除雾继电器
点火 2（15A）		SB7	20A	电动车窗开关
点火 1（15）	片式熔断器	Ef14	15A	燃油连接器，发动机控制模块，LEGR，电子点火系统
30 蓄电池（+）		Ef16	10A	发动机控制模块，主继电器
		Ef5	25A	前照灯继电器，照明继电器
		Ef3	15A	制动灯开关

（续）

电　源	分　类	熔断器号	容　量	用　途
点火2(15A)	片式熔断器	Ef9	15A	电动车窗开关
56灯		Ef19	15A	前照灯远光
30 蓄电池(+)		Ef1	15A	喇叭继电器、蜂鸣器、发动机罩接触开关
		Ef10	10A	空调压缩机继电器
点火1(15)		Ef15	15A	燃油泵
30 蓄电池(+)		Ef4	15A	仪表组、钥匙未拔提醒开关、折叠后视镜装置，阅读灯、乘客室照明灯、行李舱开启照明灯、行车开启开关
56灯		Ef17	10A	左前照灯近光
点火1(15)/30 蓄电池(+)		Ef12	15A	蒸发排放炭罐吹洗电磁阀、氧传感器、电动风扇继电器
		Ef13	15A	喷油器、废气再循环
		Ef7	10A	牌照灯、蜂鸣器、尾灯、前照灯
照明(58)		Ef8	15A	前雾灯继电器
30蓄电池(+)				
点火2(15A)		Ef2	15A	中央门锁装置
30蓄电池(+)		Ef18	10A	右前照灯近光
56灯		Ef6	10A	照明电路，前照灯，尾灯
照明(58)		Ef29	10A	备用
备用		Ef30	15A	备用
		Ef31	25A	备用

检测熔断器可以采用两种方法：一是直接目视法，拿着熔断器朝向亮的方向，看中间的熔丝是否烧断；二是用万用表检测电阻值，阻值在1Ω以内为合格，如果是无穷大为断路。

一旦熔断器烧毁，必须找到真实原因。熔断器烧毁有两个原因：

1）熔断器本身老化，因为插接不实导致烧毁。

2）熔断器本身没有问题，而是熔断器后的线路中有短路搭铁故障。应查找到搭铁点后修复线路，再更换同一规格的熔断器。

五、继电器

继电器是一种利用小电流来控制大电流电路的电磁开关，由触点和线圈组成。一般的开关允许分合触点流过的电流较小，不能控制工作电流较大的用电设备，常采用开关控制继电器线圈的接通和断开，继电器线圈控制继电器触点，继电器触点控制用电设备的工作。

汽车上的继电器很多，常见的有三种：常开继电器、常闭继电器、常开及常闭混合继电器。

1）常开继电器：触点在继电器线圈不通电时是断开的，继电器线圈通电后触点才接通。

2）常闭继电器：触点在继电器线圈不通电时是闭合的，继电器线圈通电后触点才打开。

3）混合型继电器：在继电器线圈不通电时，常闭触点接通，常开触点断开；当继电器线圈通电时，则变为相反状态。

1. 继电器的结构及工作原理

常开继电器如图 1-4 所示，继电器有两个电路，一个是控制电路，一个是负载电路，控制电路有一个线圈控制负载电路中开关的开闭。

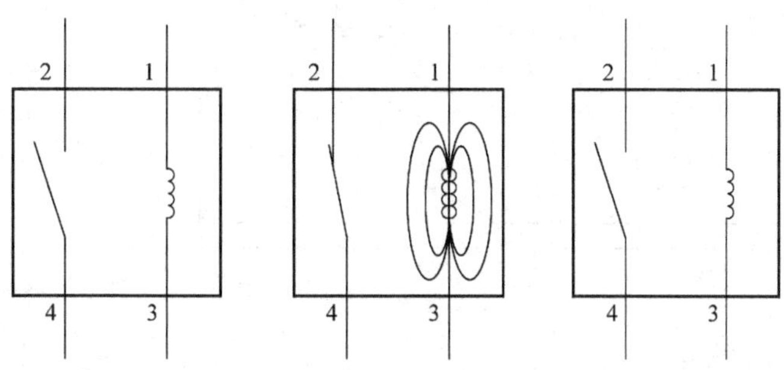

图 1-4　常开继电器工作原理图

当给控制电路中的线圈(1、3 引脚)接通电流后，就会产生一个磁场，该磁场会作用于负载电路(2、4 引脚)中的开关使其闭合，从而接通负载电路。当切断控制电路中的电流后，磁场消失，负载电路中的开关会回复原位(断开状态)。这样，就可以实现以小电流(流过线圈 1、3 间的电流)控制大电流(开关 2、4 间的电流)。

常闭继电器和常开继电器的工作原理是一样的，所不同的是，该继电器的负载电路(开关)是常闭的。在接通控制电路(线圈)后，开关会在磁力的作用下断开。断开控制电路的电流后，磁场消失，负载电路(开关)就会恢复到闭合状态。

各种继电器的工作状态及插接式继电器的内部原理和工作状态如图 1-5 和图 1-6 所示。

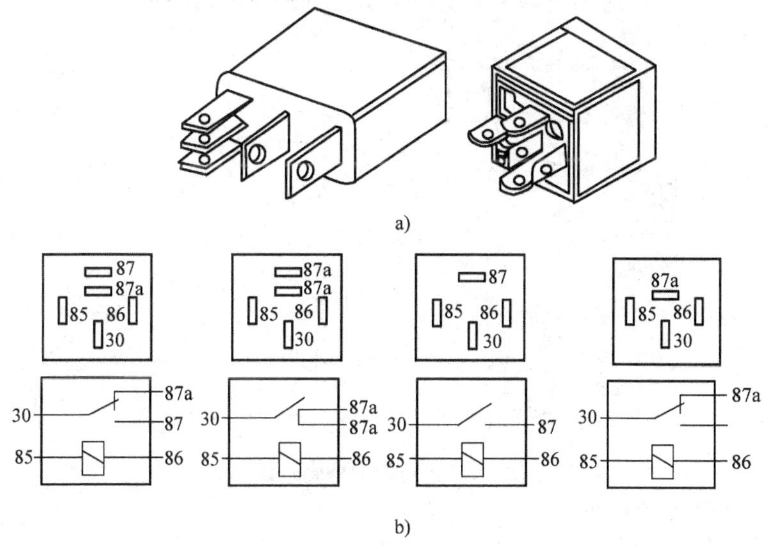

图 1-5　插接式继电器的外形与内部原理

a）外形　b）内部原理

2. 继电器的测试

诊断出现故障的继电器的主要方法是测试继电器的电路。测试继电器的首要问题是分清

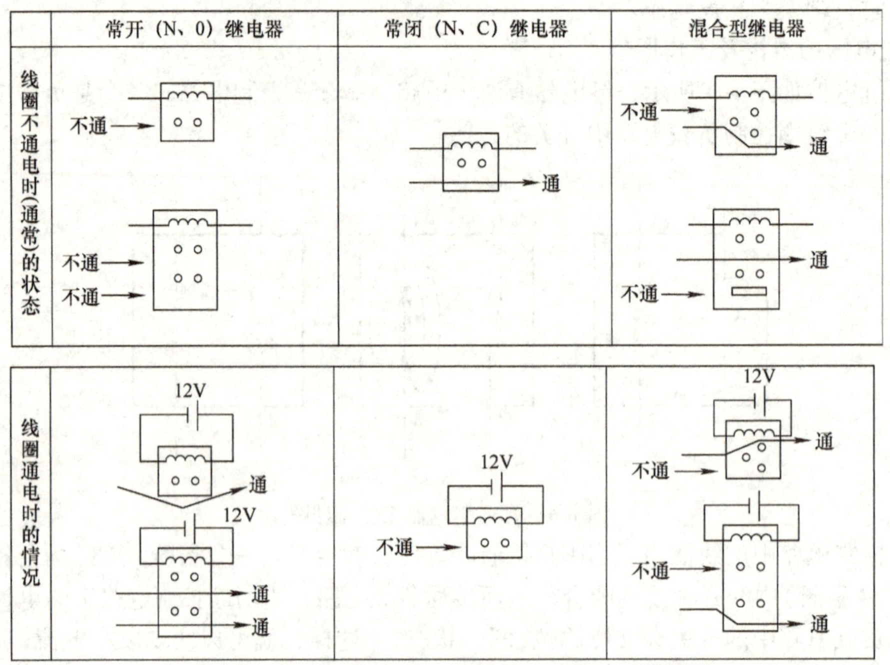

图 1-6 继电器的工作状态

楚继电器的各个引脚。一般情况下厂家会在继电器的外壳上标明继电器的引脚和内部接线图，如图 1-7 所示。通过标识可以辨别控制电路和负载电路的引脚。

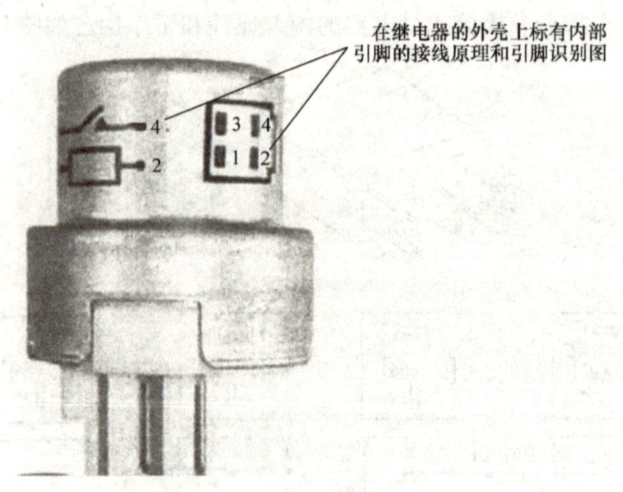

图 1-7 继电器的外壳标识

（1）用万用表测试继电器

1）确定继电器引脚。如图 1-8 所示，如果厂家没有标明引脚，可以用万用表测试确定（以 4 引脚继电器为例）。通常控制电路（线圈）的两个引脚之间的电阻为 50～120Ω。如果测试到两个引脚间的阻值在这个范围内，那么这两个引脚就是控制电路（线圈）的两个引脚。如果控制电路之间的电阻为 0～50Ω，那么要查阅有关手册，确认线圈是否有问题，然后检查另外两个引脚之间的电阻，阻值应该是 0Ω（常闭继电器）或者无穷大（常开继电器）。

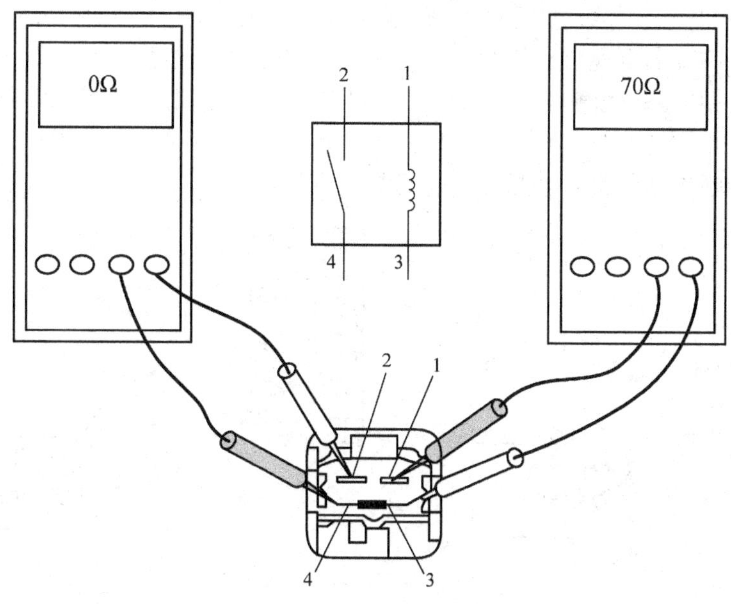

图 1-8　继电器引脚的确定

相关链接

如果任何两个引脚之间的阻值都不在控制电路(线圈)所标明的范围内，或者所有引脚之间的阻值都是 0Ω 或无穷大，说明线圈已损坏，请更换继电器。

2）检测继电器。确定各个引脚之后，可以将引脚 1 接通电源，将引脚 3 搭铁。如果在控制电路(线圈)通电的同时，能听到“咔哒”声，说明线圈良好。测试开关的两个引脚之间的电阻。如果为 0Ω 或者无穷大，说明继电器良好，如果不是，说明继电器触点接触不良，存在高电阻故障。

如果在控制电路(线圈)通电的同时听不到“咔哒”声，说明控制电路(线圈)损坏，请更换继电器。

相关链接

许多继电器内部接有二极管和电阻。测试内部有二极管的继电器时要特别注意，不要接反电源的极性，否则会损坏继电器。测试复杂的继电器时，要参阅相关资料，确认继电器的内部结构，按正确程序测试。

（2）用测试灯检测继电器　在确定继电器各个引脚的前提下，在引脚 4 上连接一个测试灯，测试灯的另一端搭铁。按图 1-9 所示方法将控制电路(线圈)通电，会听到“咔哒”声；如果听不到“咔哒”声，说明控制电路有问题。在控制电路产生的磁场作用下，负载电路(开关)被接通，此时测试灯会点亮。切断控制电路的电源后，测试灯熄灭。如果测试灯像上面描述的那样，说明继电器正常，否则需要更换继电器。

（3）用电压表检测继电器　可以用电压表代替上面步骤中的测试灯。电压表能更准确地测试开关两端的电压，但不足之处和测试灯检测继电器一样，不能很好地确定开关的触点是否有接触不良即高电阻现象。如图 1-10 所示，在引脚 4 上连接一个电压表，电压表的另一端接地。将控制电路(线圈)通电，会听到“咔哒”声，如果听不到“咔哒”声，说明控制电路有问题。在控制电路产生的磁场作用下，负载电路(开关)被接通，此时电压表会显示电源电压。切断控制电路的电源后，电压表显示 0V。

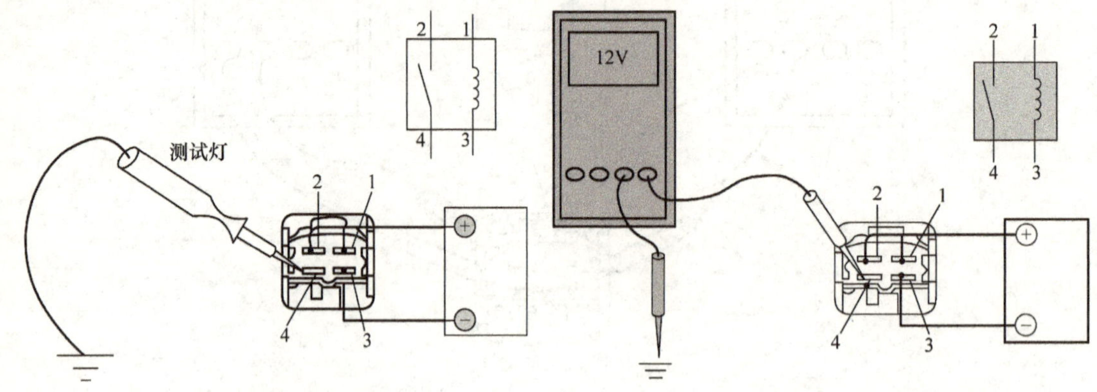

图 1-9　用测试灯检测继电器　　图 1-10　用电压表测试继电器

六、闪光器

闪光器是汽车上应用的典型继电器。闪光器串联在电源与转向信号灯的电路中，其作用是控制转向信号灯的闪烁频率，目前使用的闪光器主要有电热式、电容式和电子式，电子式闪光器又可分为触点式(带继电器)和无触点式(不带继电器)。如图 1-11 ~ 图 1-13 所示分别为电热式、电容式和电子式闪光器结构原理图。电热式闪光器是利用线圈的通断电控制触点的闭合与打开，与此同时电热丝断电(冷却收缩)或通电(受热膨胀)，由于回路电阻的变化使转向信号灯发出明暗交替的闪烁光。

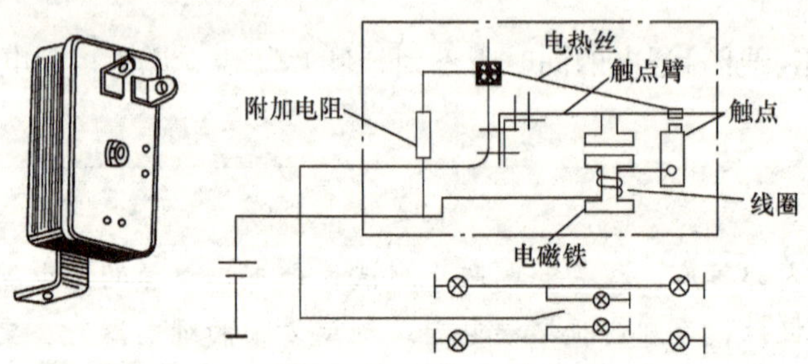

图 1-11　电热式闪光器外形和结构原理图

七、导线

随着汽车上电气设备的增多，导线的数量不断增加，为了使全车线路规整、安装方便及保护导线的绝缘，汽车上的全车线路除高压线、蓄电池的电缆外，一般都将同区域的不同规格的导线用棉纱或薄聚氯乙烯带缠绕包扎成束，又称为线束。一般汽车的线束分为发动机线束、仪表线束、车身线束等。

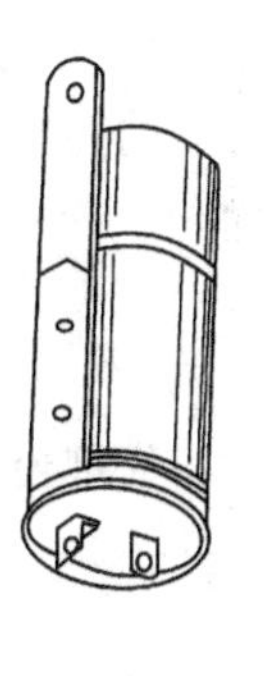

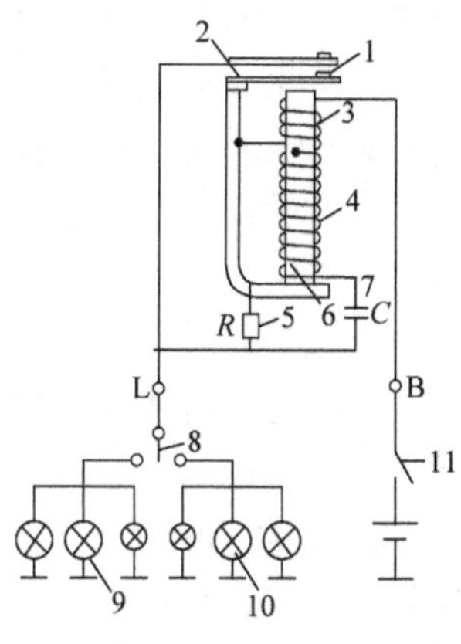

图 1-12　电容式闪光器外形和结构原理图

1—触点　2—弹簧片　3—线圈 1　4—线圈 2

5—灭弧电阻　6—铁心　7—电容器　8—转向灯开关

9—左转向灯　10—右转向灯　11—点火开关

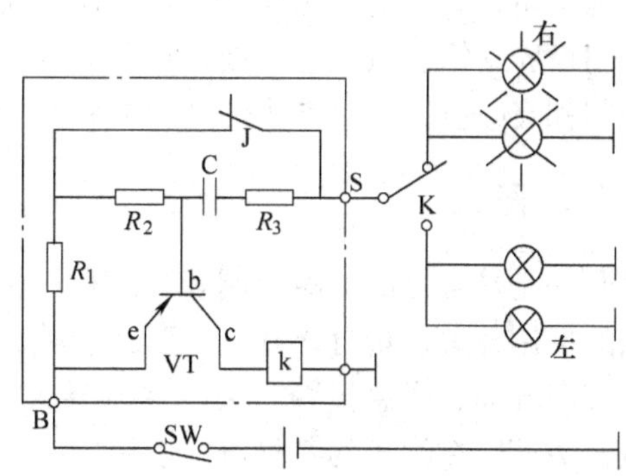

图 1-13　带继电器触点式晶体管闪光器电路

安装汽车线束时，通常先将仪表板、各开关连接好，然后再往汽车上安装，根据导线的颜色分别连接到相应的电器上，每个线头连接都必须牢固、可靠，且接触良好。线束穿过洞口或绕过锐角处都应有护套管保护，在线束布置过程中不要拉得太紧，线束位置确定后，应用卡簧或绊钉固定，以免松动损坏。

导线是汽车电气系统最基础的组成部分，在不同的汽车电路中，对导线的尺寸以及材料的要求也不一样，它们各自都有严格的标准规定。连接各设备的导线常以不同的颜色加以区分。汽车电路导线颜色见表 1-2。主要线路导线标称截面积见表 1-3。

表 1-2　汽车电路各系统的主色

系 统 名 称	导线主色	代号	系 统 名 称	导线主色	代号
电源系统	红	R	仪表及报警指示和喇叭	棕	Br
点火和起动系统	白	W	收音机、点烟器等辅助装置	紫	V
灯光照明系统	蓝	BL	各种辅助电动机及电气操作系统	灰	Gr
灯光信号系统	绿	G	电气装置搭铁线	黑	B
车身内部照明系统	黄	Y			

表 1-3　汽车 12V 电路主要线路导线截面积推荐表

导线标称截面积/mm^2	用　　途
0.5	顶灯、尾灯、指示灯、仪表灯、牌照灯、燃油表、冷却液温度表等电路
0.8	转向灯、制动灯、停车灯等
1.0	前照灯、电喇叭(3A 以下)电路
1.5	前照灯、电喇叭(3A 以上)电路
1.5 ~ 4.0	其他 5A 以上的电路
4 ~ 6	柴油机电热塞电路
6 ~ 25	电源电路
16 ~ 95	起动机电路

高压导线在汽车点火线圈至火花塞之间的电路使用，一般耐压值在30kV以上，它在点火系统中承担高压电输送任务，其工作电流很小，故截面积较小，约1.5mm²，绝缘层很厚，多采用橡胶绝缘。按线芯不同，它分为普通铜芯高压线和阻尼高压线两种。带阻尼的高压线可抑制和衰减点火系统产生的高频电磁波，减少对无线电设备和电控装置的干扰。

八、开关

开关是最常见的电路控制装置。在汽车电路中，各用电设备或独立的电系中一般都设有单独的控制开关，如灯光开关、变光开关、刮水器开关、洗涤器开关、转向开关、紧急报警开关、空调开关、倒车开关、制动开关、喇叭开关等。在汽车的各种电气系统中，会用到很多种开关，按结构分有单刀单掷开关、单刀双掷开关和多刀多掷开关等。

1. 单刀单掷开关

如图1-14所示，这种开关是最简单的开关，它可以控制单个电路的通断。这种开关只有一个输出端和一个输入端。

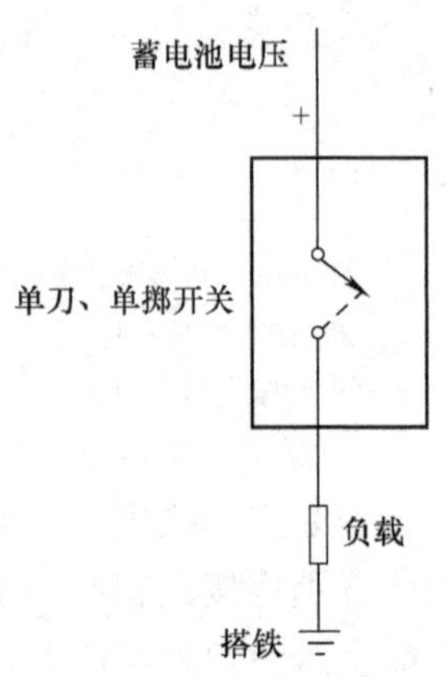

图1-14 单刀单掷开关

2. 单刀双掷开关

如图1-15所示，这种开关有一个输入端和两个输出端。通过单刀双掷开关可以改变电流的方向。前照灯的变光开关就是一种单刀双掷开关，驾驶人可以根据需要调整开关，选择远光和近光。

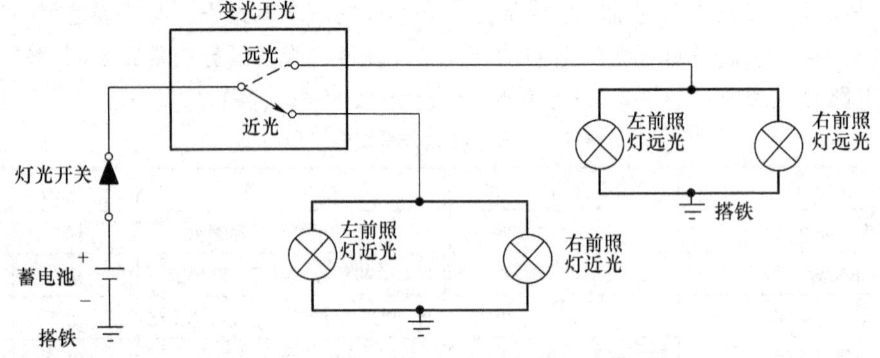

图1-15 单刀双掷变光开关的前照灯系统简图

3. 多刀多掷开关

如图1-16所示，这种开关有多个(两个或两个以上)输入端和多个输出端。它能同时控制多个平行的电路。常见的有双刀双掷、双刀三掷、多刀多掷等。点火开关就是典型的多刀多掷开关。点火开关可以控制不同的电源向各部件供电。

4. 点触开关

这种开关有一个弹性触点，如图1-17所示是一个“常开”式点触开关。

5. 水银开关

水银开关如图1-18所示。一个密封的椭圆形容器内装入部分水银，容器的一端有两个触点，构成一个开关。水银开关通常常开或常闭，如果因为振动或其他机械运动导致开关翻转的话，就会使开关“断开”或“闭合”。水银开关可用于发动机舱照明电路，揭开顶盖，

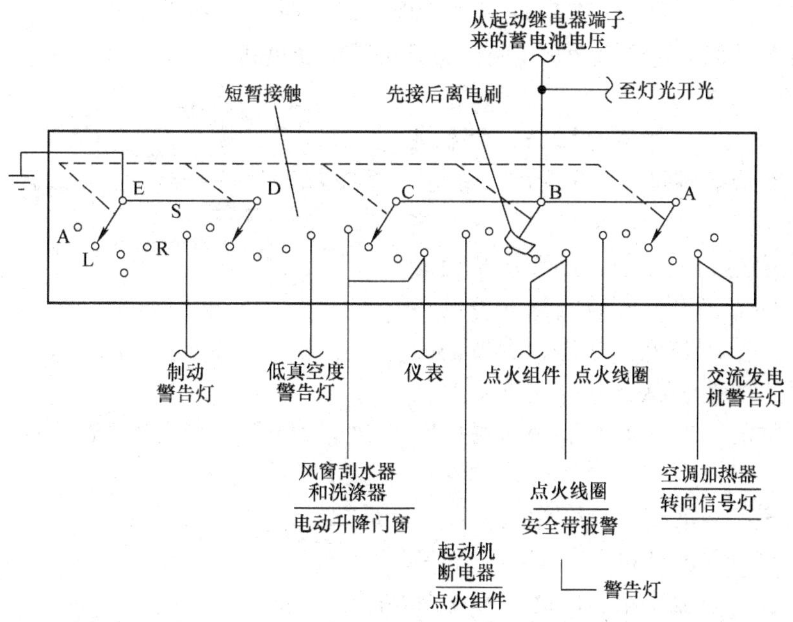

图 1-16　多刀多掷开关(点火开关)

开关随着顶盖倾斜而接通电路，照明灯点亮。合上顶盖便断开电路，照明灯熄灭。

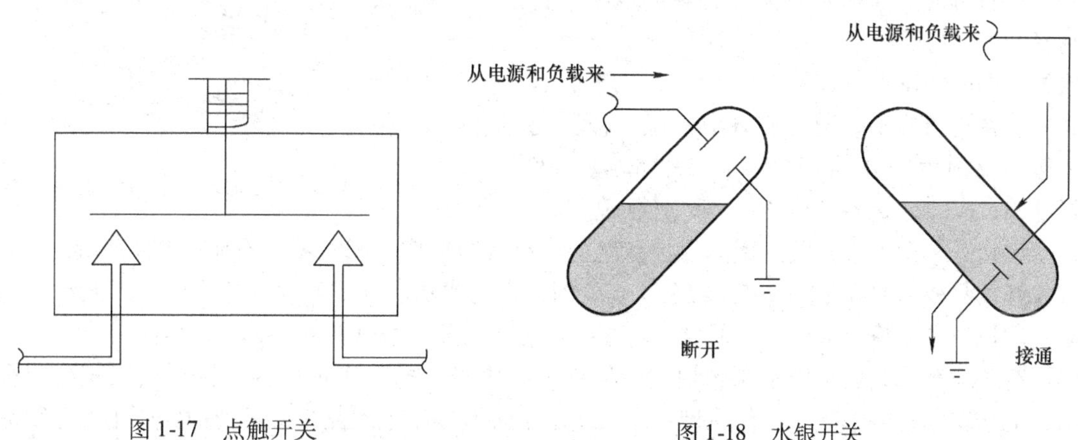

图 1-17　点触开关

图 1-18　水银开关

相关链接

水银是有毒物质，所以检查维修此类开关时要特别注意，一定要按照正确的程序进行检查和维修。

6. 温控开关

如图 1-19 所示，温控开关也叫“双金属片”开关，它是根据不同的金属对热的反应不同而设计成的。如果温控开关受热达到规定值，双金属片就会变形，使触点接合，接通电路。汽车的冷却液温度报警灯开关就是温控开关，当冷却液温度达到规定值时，开关就会闭合，接通冷却液温度过高警告灯电路，仪表板上的警告灯就会点亮，以提醒驾驶人。还有一些温控开关是“常闭”型的，其原理和“常开”型温控开关是一样的，它在正常情况下开关闭合，当开关的温度达到一个预定值时，开关就会受热断开。

7. 时间延迟开关

时间延迟开关由一个双金属条、两个触点和加热元件组成。时间延迟开关是“常闭”的。开关中有电流通过时，加热元件开始放出热量。当温度达到一定值，双金属片会受热弯曲变形，触点断开。随着加热元件的持续放热，触点一直保持断开状态，保持的时间和双金属片的特性及加热元件的加热时间有关。加热元件的电流被断开后，停止放热，温度开始下降，双金属片恢复原状，触点重新接合。

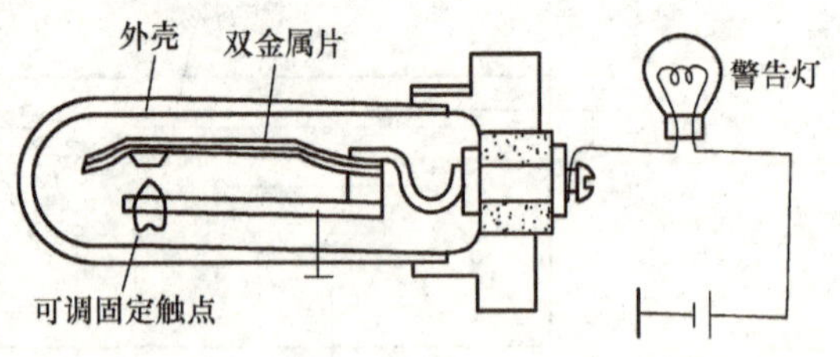

图 1-19　温控开关

如有些汽车的电动车窗系统专门装有一个延时开关，在点火开关断开以后约 10min 内或在车门打开以前，仍有电流供给，使驾驶人和乘客能有时间关闭车窗和操纵其他辅助设备。

8. 点火开关

在所有的开关中，点火开关最为重要，它控制着充电系统、点火系统、起动系统以及绝大多数的辅助电器设备。如图 1-20 所示，汽车的点火开关装在转向柱上，通常有五个档位担任不同的工作，分别为锁止档（LOCK）、关闭档（OFF）、附件档（ACC）、运转档（ON）、起动档（START）。

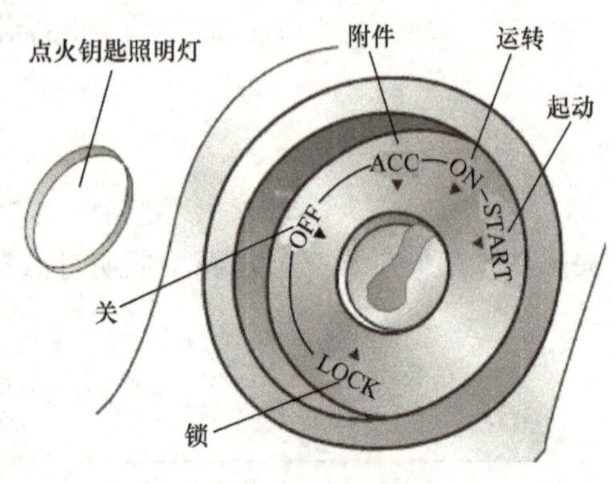

图 1-20　点火开关位置

大部分车型点火开关的锁体都具有锁止转向盘的功能，同时还具有防止误起动的功能。点火开关只能从 OFF 档开始旋转到 START 档，当未成功起动或发动机熄火时，若要重新起动发动机，必须将点火开关转回到 OFF 档，然后从 OFF 档—ON 档—START 档。

有些轿车的钥匙采用了电子钥匙，具有防盗功能。图 1-21 所示为美国通用汽车公司采用的电子钥匙防盗系统。工作原理：点火钥匙上装有一个电阻晶片，每把钥匙所用的电阻晶片有一特定的阻值，其范围为 380 ~ 12 300Ω 之间。点火钥匙除了像普通钥匙那样必须与锁体匹配之外，其晶片电阻值还要与起动机的电路电流相匹配。

当点火钥匙插入锁体时，电阻晶片与电阻检测触头接触。当锁体转到起动档时，点火钥匙电阻晶片的电阻值输送到电子钥匙解码器。若钥匙晶片的电阻值与电子钥匙解码器中存储的电阻值一致，则起动机工作；同时，起动信号被发送给发动机 ECU，发动机 ECU 控制燃油喷射及点火系统，完成发动机的起动。若钥匙电阻晶片

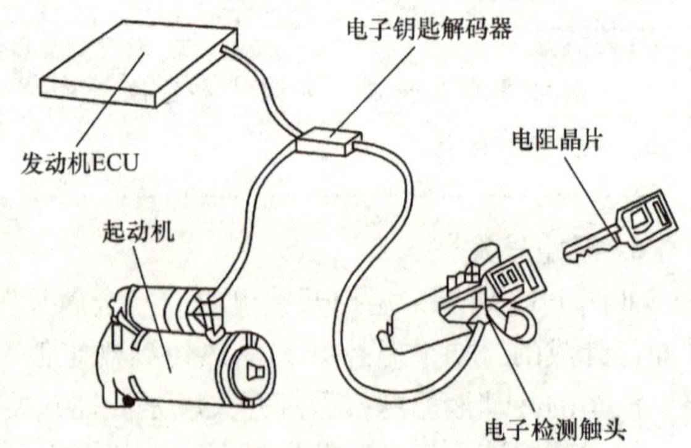

图 1-21　电子钥匙防盗开关

的电阻值与电子钥匙解码器存储的电阻值不一致，解码器便禁止起动机工作，尽管锁体已经转到了起动位置，发动机仍然不能起动。

9. 组合开关

组合开关将灯光开关（前照灯开关、变光开关）、转向灯开关、紧急警告灯开关、刮水器开关、清洗器开关等组合为一体，它是一个多功能开关，安装在便于驾驶人操纵的转向柱上，如图 1-22 所示。

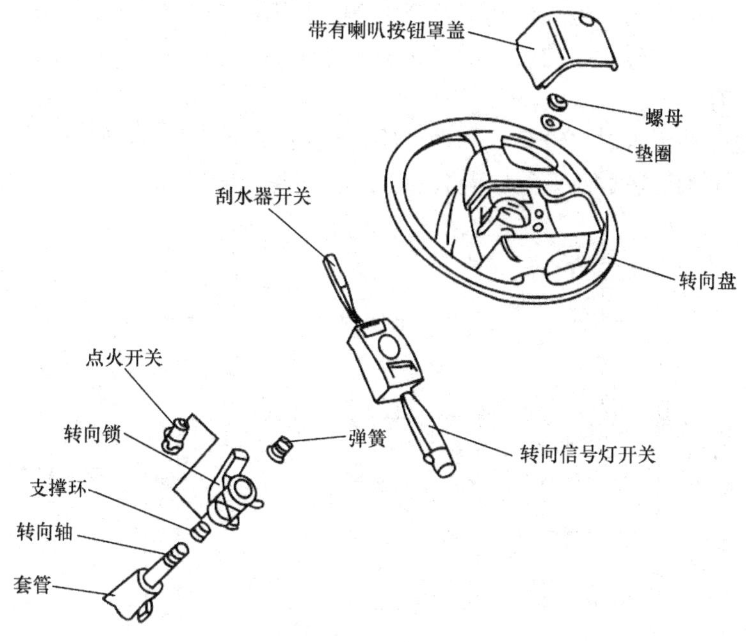

图 1-22 组合开关

九、电动机

电动机的作用是将电能转换成机械能的装置。汽车上常用的电动机按其磁场结构不同分为线绕式和永磁式两种。

1. 线绕式电动机

线绕式电动机按励磁绕组与电枢绕组的连接方式不同分为串励式、并励式和复励式电动机，起动机中的电动机即为串励式电动机。直流串励式、并励式电动机的原理电路如图 1-23、图 1-24 所示。

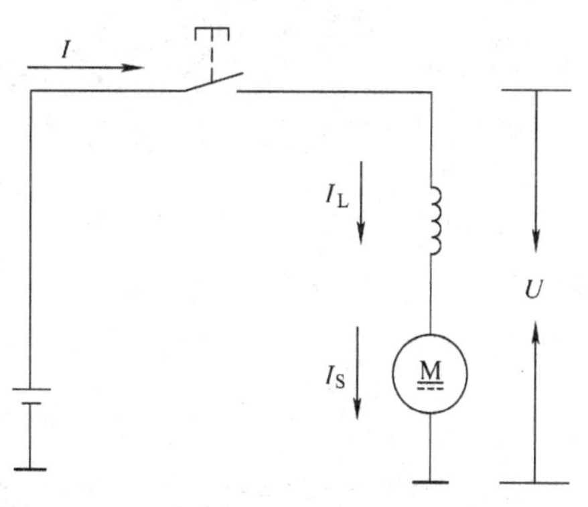

图 1-23 直流串励式电动机原理电路图

某些风窗刮水器使用的线绕式电动机的结构如图 1-25 所示。在线绕式刮水电动机的磁极上绕有串励和并励两个励磁绕组。

线绕式刮水电动机是通过在其励磁电路中串联电阻，从而改变磁场强度来实现变速的，利用刮水器的开关控制电阻的串入或短路。另外也可将电动机制成复励式，利用刮水器的开关控制并励绕组的接入或短路。

2. 永磁式电动机

永磁式电动机比线绕式电动机的结构简单、工作效率高、体积小且重量轻，所以最适合于中等功率的汽车。

风窗刮水器目前广泛应用的是永磁式电动机，它是利用3个电刷来改变正负电刷之间串联线圈的个数实现变速的，如图1-26所示。

电动车窗系统采用的永磁式电动机是双向的，用开关可控制电流方向，实现双向旋转，电动机驱动车窗升降器使车窗上下移动。

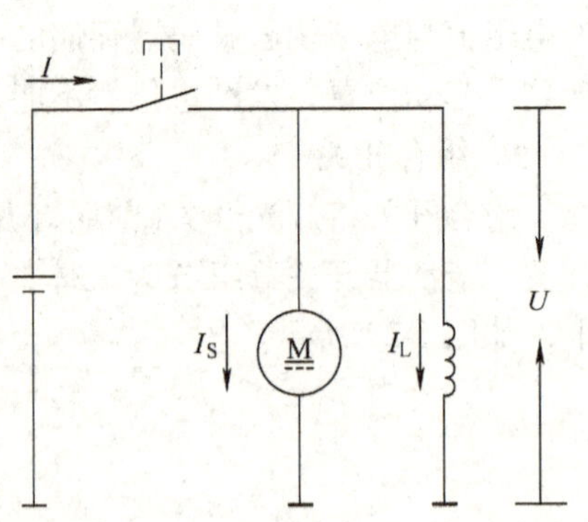

图1-24　直流并励式电动机原理电路图

电动天线也是使用永磁式电动机驱动升降的天线系统，这种永磁式电动机通过改变通电电流的方向，实现正转和反转。

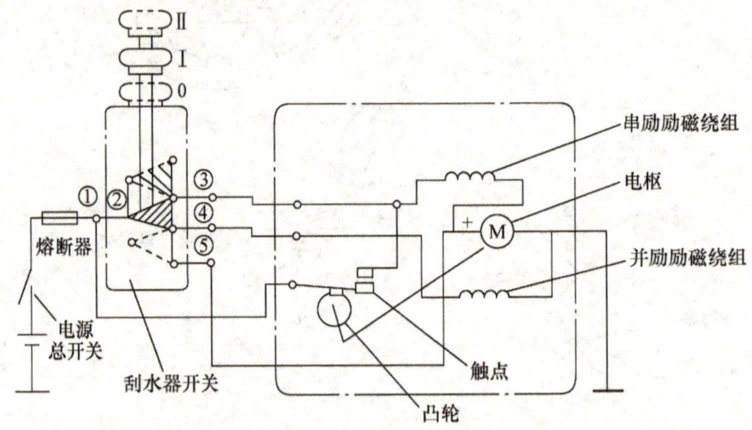

图1-25　线绕式刮水器电动机结构图

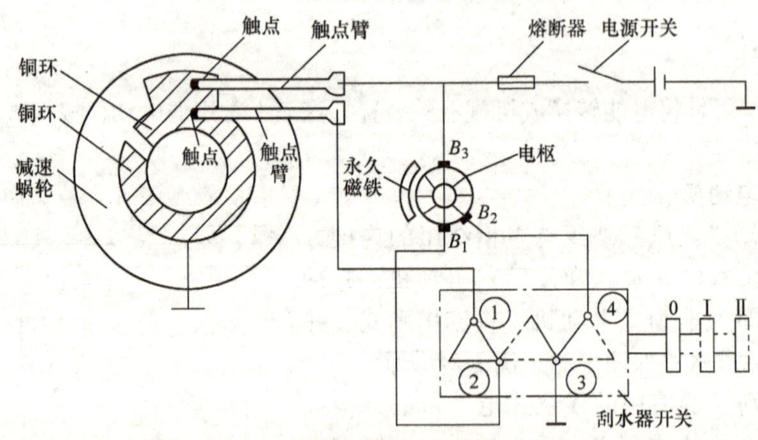

图1-26　永磁式式刮水器电动机结构图

十、汽车电气设备常用维修工具与检测仪器

1. 万用表

（1）万用表的组成　万用表由表头、测量电路及转换开关等三个主要部分组成。现在，

数字式万用表(图 1-27)已成为主流，大有取代模拟式万用表(图 1-28)的趋势。与模拟式万用表相比，数字式万用表灵敏度和准确度高，显示清晰，过载能力强，便于携带，使用更简单。下面以 KM300 型数字万用表为例，简单介绍其使用方法和注意事项。

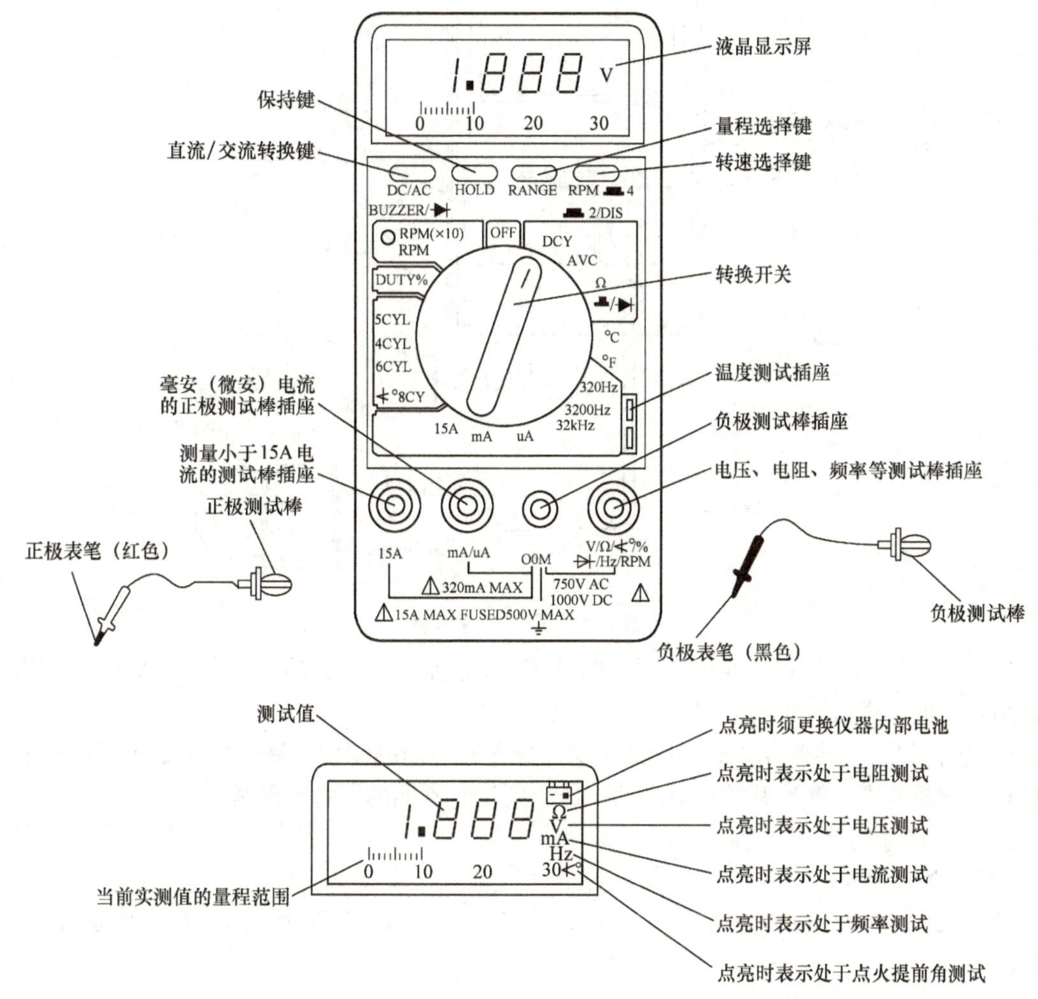

图 1-27　数字式万用表

1）表头。表头是一只高灵敏度的磁电式直流电流表，万用表的主要性能指标基本上取决于表头的性能。表头的灵敏度是指表头指针满刻度偏转时流过表头的直流电流值，这个值越小，表头的灵敏度越高。测电压时的内阻越大，其性能就越好。表头上有四条刻度线，它们的功能如下：第一条(从上到下)标有 R 或 Ω，指示的是电阻值，转换开关在电阻档时，即读此条刻度线。第二条标有∽和 VA，指示的是交、直流电压和直流电流值，当转换开关在交、直流电压或直流电流档，量程在除交流 10V 以外的其他位置时，即读此条刻度线。第三条标有 10V，指示的是 10V 的交流电压值，当转换开关在交、直流电压档，量程在交流 10V 时，即读此条刻度线。第四条标有 dB，指示的是音频电平。

2）测量线路。测量线路是用来把各种被测量物理量转换到适合表头测量的微小直流电流的电路，由电阻、半导体元件及电池组成。它能将各种不同的被测量物理量(如电流、电

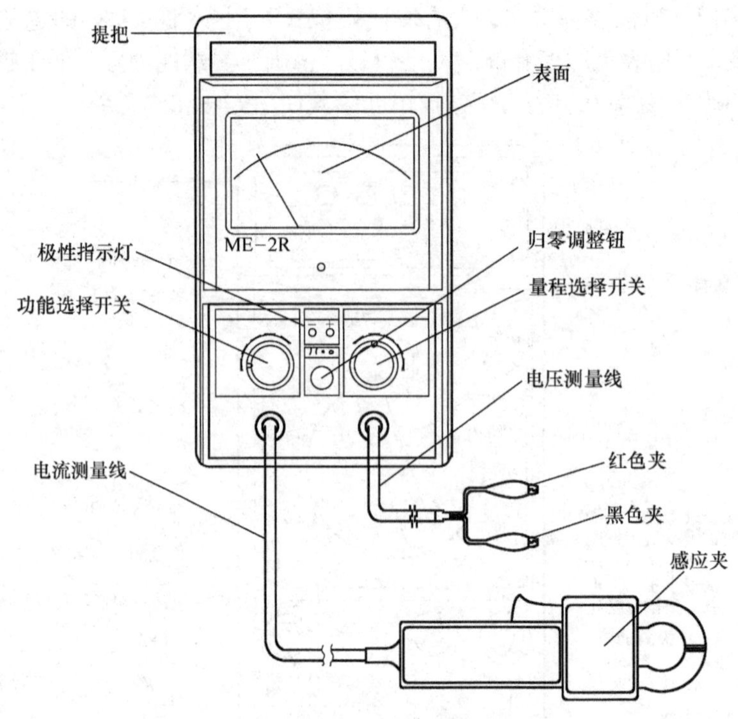

图 1-28　模拟式万用表

压、电阻等）、不同的量程，经过一系列的处理（如整流、分流、分压等）统一变成一定量限内的微小直流电流送入表头进行测量。

3）转换开关。转换开关的作用是用来选择各种不同的测量线路，以满足不同种类和不同量程的测量要求。转换开关一般有两个，分别标有不同的档位和量程。

（2）符号含义

1）∽表示交流。

2）V-2.5kV-4000Ω/V 表示对于交流电压及 2.5kV 的直流电压档，其灵敏度为 4000Ω/V。

3）A-V-Ω 表示可测量电流、电压及电阻。

4）45-65-1000Hz 表示使用频率范围为 1000Hz 以下，标准工频范围为 45～65Hz。

5）2000Ω/VDC 表示直流档的灵敏度为 2000Ω/V。

（3）使用方法

1）使用前，应认真阅读有关仪表的使用说明书，熟悉电源开关、转换开关、插孔、特殊插口的作用。

2）将电源开关置于“ON”位置。

3）交、直流电压的测量。根据需要将转换开关拨至 DCV（直流）或 ACV（交流）的合适量程，红表笔插入 V/Ω 孔，黑表笔插入 COM 孔，并将表笔与被测线路并联，即显示读数。

4）交、直流电流的测量。将转换开关拨至 DCA（直流电流）或 ACA（交流电流）的合适量程，红表笔插入 mA 孔（<200mA 时）或 10A 孔（>200mA 时），黑表笔插入 COM 孔，并将万用表串联在被测电路中即可。测量直流电流时，数字万用表能自动显示极性。

5）电阻的测量。将转换开关拨至Ω的合适量程，红表笔插入V/Ω孔，黑表笔插入COM孔。如果被测电阻值超出所选择量程的最大值，万用表将显示“1”，这时应选择更高的量程。测量电阻时，红表笔为正极，黑表笔为负极，这与指针式万用表正好相反。因此，测量晶体管、电解电容器等有极性的元器件时，必须注意表笔的极性。

6）测量频率。将红色表笔插入V/Hz插座中，黑色表笔插入COM插座。将红、黑表笔与被测电路上的触点连接，把“转换开关”置于频率量程（Hz），把两个表笔跨接在电源或负载的两端，即可读取两点之间的频率数值。

7）测试二极管。红色表笔插入面板中的V/Ω插座中，把黑色表笔插入面板中的COM插座中。将“转换开关”置于二极管符号的档位上，并将测试表笔跨接在被测二极管上（或接在待测线路的两端），读取测量数值。

8）测量温度。将“转换开关”旋转到温度（℃或°F）档位置上。把汽车万用表配备的测量温度的特殊插头插到面板的温度测试插座内，表针与被测温度的部位接触。温度稳定后，读取测量值。

9）测量转速。将“转换开关”旋转到转速（RPM或RPM×10）档位置上。将感应夹（传感器）的红色表笔插入面板中的V/Ω插座内，黑色表笔插入COM插座内，感应夹（传感器）夹在通往火花塞的高压线上，其上方的箭头应指向火花塞。按下转速选择键，根据被测发动机的行程数和有无分电器，选择“4”或“2/DIS”。读取发动机转速值。

10）测量触点闭合角。根据被测试发动机的气缸数量，将“转换开关”旋转到触点闭合角区域中对应的缸（4CYL、5CYL、6CYL或8CYL）位置上。将红色表笔插入面板中的电压/闭合角插座中，把黑色表笔插入面板中的RPM插座中，并将红、黑表笔连接到被测电路上。读取触点闭合角度值。

（4）使用注意事项

1）如果无法预先估计被测电压或电流的大小，则应先拨至最高量程档测量一次，再视情况逐渐把量程减小到合适位置。测量完毕，应将量程开关拨到最高电压档，并关闭电源。

2）满量程时，仪表仅在最高位显示数字“1”，其他位均消失，这时应选择更高的量程。

3）测量电压时，应将数字万用表与被测电路并联。测电流时应与被测电路串联，测直流量时不必考虑正、负极性。

4）当误用交流电压档测量直流电压，或者误用直流电压档测量交流电压时，显示屏将显示“000”，或低位上的数字出现跳动。

5）在测量高电压（220V以上）或大电流（0.5A以上）时，禁止在万用表未与电路分断前转换万用表的量程，以防止产生电弧，烧毁开关触点。

6）检测直流电流（DCA）时，不得检测高于15A的电流。虽然汽车万用表可能显示更高的电流值，但有可能损坏其内部线路。

7）当显示“BATT”或“LOW BAT”时，表示万用表的内部工作电池电压低于工作电压。

2. 蓄电池测试器

蓄电池测试器的构造如图1-29所示，以日制GS BT-400型为例说明。虽然名称为蓄电池测试器，但除测试蓄电池外，也可进行起动机及发电机等的测试。具体的使用方法会在以后的单元中说明。

（1）蓄电池测试器的测试项目

1）12V 蓄电池的起动测试。

2）电器及电路系统测试。

3）起动机测试。

4）发电机输出电压测量。

5）发电机输出与电器负荷间的平衡检查。

6）充电电流测量。

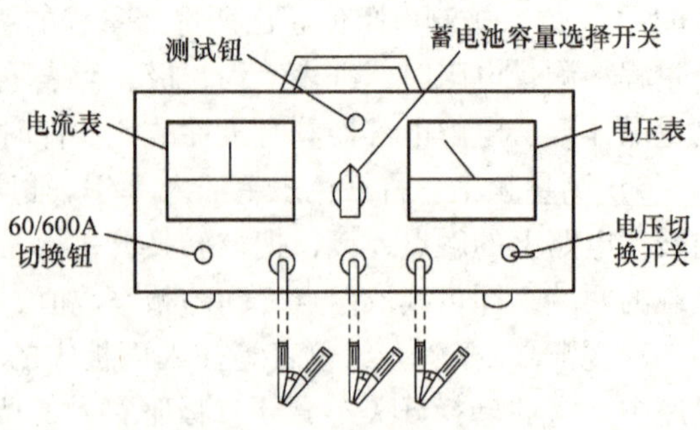

图 1-29　蓄电池测试器的构造

（2）蓄电池测试器使用时的注意事项

1）接线时注意电源线不要搭铁。

2）使用前确定测试器各开关在正确位置。

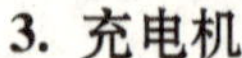

3. 充电机

（1）充电机的种类　充电机有固定式及移动式两种，如图 1-30 和图 1-31 所示，移动式有活动轮，作为快速充电机用，以方便车上蓄电池充电使用。另外充电机也可根据大电压或大电流而分类。

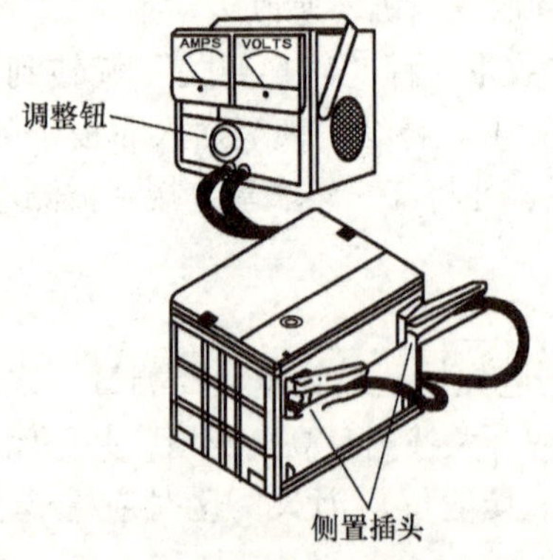

图 1-30　固定式充电机

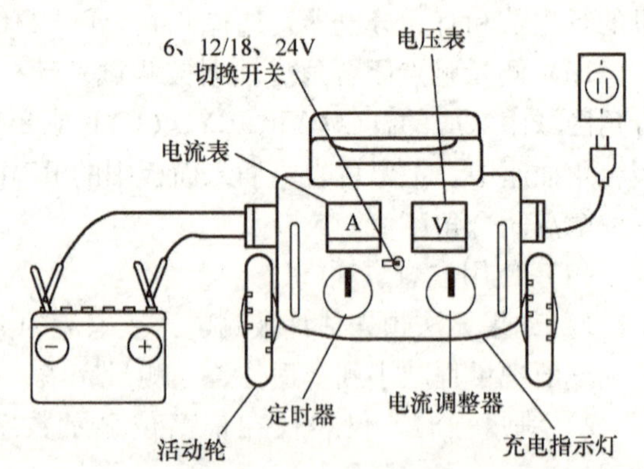

图 1-31　移动式充电机

（2）充电机的使用　快速充电机的最大充电量，约为蓄电池充电容量安培数的 1/2，可在 1h 内充电至 80% ~90% 的程度，但不能完全充满电，只适用无电但急需使用的蓄电池。下述情况的蓄电池不适用快速充电：

1）使用时间已较久的蓄电池。

2）硫化的蓄电池。

3）久未使用的蓄电池。

初次充电法：无电解液的蓄电池有两种，一为已充电即用式，一为未充电式。加入电解液后，等待约 2h，必要时补充。

一般充电时的充电电流量，约为蓄电池充电容量（Ah，安时）数的 1/10，属于慢速充电。充电时间，已充电即用式约 6h，未充电式约 60h。

两个以上蓄电池充电时，接线方法如图 1-32 所示。但必须注意下述的情形：

1）不同电压的蓄电池可串联充电，但串联后的总电压不可超过充电机的最大充电电压，这种充电机为大电压型。

2）串联充电是等电流充电，各蓄电池的充电电流是相同的。可将大蓄电池及充电不足的蓄电池放在前面串联连接，而小蓄电池及充电较充足的蓄电池放在后面并联，如此后半蓄电池的充电量为前半蓄电池的1/2，以符合实际状况所需。

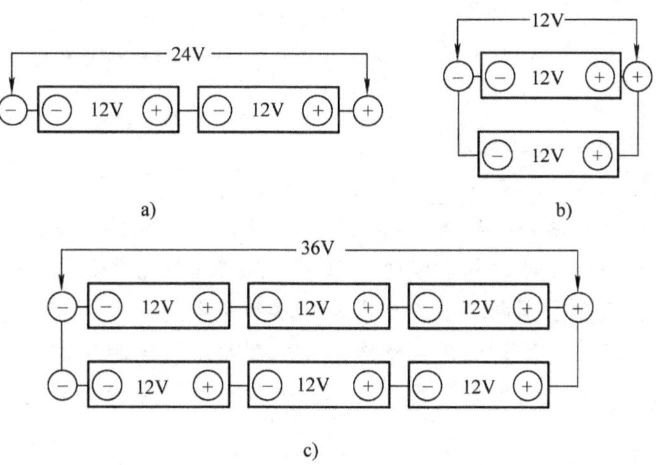

图1-32　各种蓄电池充电的连接方法

a）串联连接　b）并联连接　c）混合连接

3）不同电压的蓄电池不可并联充电。

4）等压充电法是将各蓄电池以并联连接，保持一定电压对蓄电池充电，充电初期电流量大，随着各蓄电池电量逐渐充满，充电电流会自动减小，这种充电法采用得较多。

充电机详细的使用方法将在学习任务三“电源系统”中蓄电池部分说明。

（3）充电机使用时的注意事项

1）充电机与蓄电池的距离应保持1m以上。

2）蓄电池的加水通气盖必须打开，但慢速充电时可不打开盖子。

3）充电中火花不可靠近充电区。

4）必须使用500W以上的专用线束插座，不可使用一般的电灯线束插座。

5）充电中电解液温度升高至45℃时，充电电流必须降低。

6）蓄电池密度在1.25g/cm^{3}以下时即应充电。

学习任务二　汽车全车电路识读

任务要求：

完成本学习任务后，你应该能够：

1）正确描述汽车全车电路的组成元件和元件符号。

2）正确描述汽车全车电路各电路元件的特点、作用和接线方式。

3）识读和正确分析汽车各系统的电路图，能书写电路流程。

4）准确分析汽车全车电路中各个系统电路的特点。

5）梳理诊断思路，制订利用电路图排除典型电路故障的工作方案。

6）根据工作方案，利用万用表，检测汽车电路的基本元件和控制元件，诊断和排除故障。

7）用企业标准验收任务完成情况，评价和反馈工作过程，完成任务工单及学习拓展任务2.1～2.4。

建议学时：18 学时

任务引入：

1）一辆丰田威驰轿车，行驶总里程8万km，客户要求检查发电机与蓄电池之间的电路连接情况。

2）一辆丰田威驰轿车，行驶总里程8万km，客户要求检查起动机的控制电路连接情况。

3）一辆丰田威驰轿车，行驶总里程8万km，客户要求讲述点火系统点火原理。

4）一辆丰田威驰轿车，行驶总里程8万km，发现该车右侧前照灯近光和远光都不正常，微微发黄，但是左侧前照灯正常。

任务分析：

1）初步诊断，确认故障现象。

2）查找资讯，学习相关全车电路知识，分析故障可能原因，分解成四个子任务。

① 电源系统电路识读。

② 起动系统电路识读。

③ 点火系统电路识读。

④ 利用电路图诊断排除电气系统故障。

3）制订工作计划，分析故障诊断思路。

4）根据故障现象和任务要求，确定所需要的检测仪器设备、工具，并对小组成员进行合理分工，制订详细的、可实施的故障诊断与排除工作方案。

5）实施试验进行检测，利用万用表对电路元件进行检测，确定故障原因并维修更换，诊断和排除故障。

6）总结故障结论，写诊断报告。

7）用企业标准验收、评价，完成任务工单及拓展任务 2.1 ~2.4。

资讯和相关知识：

汽车电路图是利用各种符号和线条构成的图形，它清楚地表示了电路中的各组成元件、电源、熔断器、继电器、开关、继电器盒、接线盒、插接器、电线、搭铁等。有些电路图还表示出了电器元件的安装位置、插接器的形式及接线情况、电线的颜色、接线盒和继电器盒中继电器及熔断器的位置、线束在汽车上的布置等。

汽车电路图是维修汽车电气设备的重要辅助工具，特别是随着现代汽车工业的不断发展，汽车上有关电子电器的内容越来越多，电路越来越复杂，所以，对于汽车维修人员来说，有很多故障必须通过仔细阅读电路图，并根据其相应的功能，才能对故障进行分析，准确地查出故障的部位。目前各大汽车生产厂商所生产的各种车型的维修手册都包含有相应的电路图或相应的电路图册以备维修时使用。

一、汽车电路组成

汽车全车电路由汽车的各个系统电路组成，每个系统电路相当于拼图的一部分，拼凑起来就形成了全车电路。无论是哪个系统电路，其组成元件几乎是相同的。

1）电源：蓄电池。只有点火系统的次级（高压）电路除外，它的电源是点火线圈次级绕组。

2）电器元件：如起动机、灯、电动机、喇叭等。

3）搭铁。

4）配电元件：线束、插接器、熔断器、易熔线、继电器、开关等。

二、汽车电器元件的基本表示方法

汽车电器元件的结构比较复杂，如果直接在电路图上画出电器元件将使电路图异常复杂，也不容易看懂，因此电路图在绘制中都采用相应的符号来表示各种电器元件。目前世界各大汽车生产厂商还没有统一电路图的符号，但从目前的汽车电路图来看，虽然符号不尽相同，但差别不大，并且电路图都有相应的说明来解释所采用的符号，所以在本书中只以丰田车系的电路图符号为例说明用电路符号表示电器元件的方法。

表 2-1 为常见的各种电器元件的符号，表 2-2 为常用警告灯和指示灯符号。

表 2-1　汽车电器元件符号

名　　称	图形符号	名　　称	图形符号	名　　称	图形符号
1. 限定符号		负极	−	磁场二极管输出端	D_+
直流	⎓	中性点	N	2. 端子和导线的连接符号	
交流	～	磁场	F	接点	•
交直流	≂	搭铁	⊥	端子	○
正极	+	发电机输出接线柱	B	可拆卸的端子	⌀

（续）

名　称	图形符号
2. 端子和导线的连接符号	
导线的连接	
导线的分支连接	
导线的交叉连接	
导线的跨越	
插座的一个极	
插头的一个极	
插头和插座	
3. 触点与开关符号	
动合（常开）触点	
动断（常闭）触点	
先断后合的转换触点	
中间断开的转换触点	
联动开关	
手动操作开关	
定位（非自动复位）开关	
按钮	
能定位的按钮开关	
拉拔开关	
旋转开关	
液位控制开关	
机油滤清器报警开关	OP
热敏开关动合触点	θ
热敏开关动断触点	θ
多档开关、点火、起动开关，瞬时位置为2能自动返回到1（即2档不能定位）	0 1 2　0.1
节气门开关	
4. 电器元件符号	
电阻器	
可变电阻器	
热敏电阻器	θ
滑动触点电位器	
加热元件、电热塞	
电容器	
可变电容器	
极性电容器	
半导体二极管	
单向击穿二极管、电压调整二极管（稳压管）	
发光二极管	
光敏二极管	
PNP型晶体管	
集电极接管壳晶体管（NPN型）	
具有两个电极的压电晶体	
电感器、线圈、绕组、扼流圈	
带磁心的电感器	
熔断器	
易熔线	
电路断电器	
永久磁铁	
一个绕组电磁铁	
两个绕组电磁铁	
不同方向绕组电磁铁	
触点动合的继电器	
触点动断的继电器	
5. 仪表符号	
电压表	V
电流表	A
电阻表	Ω
油压表	OP
转速表	n
温度表	θ
燃油表	Q
速度表	v
电子钟	
数字式电子钟	
6. 传感器符号	
温度表传感器	θ
空气温度传感器	θ_a
冷却液温度传感器	θ_w
燃油表传感器	Q

（续）

名　　称	图形符号
6. 传感器符号	
油压表传感器	OP
空气质量传感器	m
空气流量传感器	AF
氧传感器	λ
爆燃传感器	K
转速传感器	n
速度传感器	v
空气压力传感器	AF
制动压力传感器	BP
蓄电池传感器	B
制动灯传感器	BR
灯传感器	T
制动器摩擦片传感器	F
燃油滤清器积水传感器	W
7. 电气设备符号	
照明灯、信号灯、仪表灯、指示灯	
双丝灯	

名　　称	图形符号
荧光灯	
组合灯	
预热指示器	
电喇叭	
扬声器	
蜂鸣器	
报警器、电警笛	
电磁离合器	
用电动机操纵的怠速调整装置	M
加热器（除霜器）	
空气调节器	
稳压器	U Const
点烟器	
间歇刮水继电器	
防盗报警系统	
天线一般符号	
发射机	
收音机	
收放机	
传声器一般符号	

名　　称	图形符号
点火线圈	
分电器	
火花塞	
电压调节器	U
串励绕组	
并励或他励绕组	
集电环或换向器上的电刷	
直流电动机	M
起动机（带电磁开关）	M
燃油泵电动机、洗涤电动机	M
晶体管电动燃油泵	
加热定时器	HT
电子点火	IC
风扇电动机	M
刮水器电动机	M
天线电动机	M
门窗电动机	M
座椅安全带装置	
定子绕组为星形联结的交流发电机	G 3~

（续）

名　称	图形符号	名　称	图形符号	名　称	图形符号
7. 电气设备符号		蓄电池		磁感应信号传感器	
定子绕组为三角形联结的交流发电机	G △ 3~	蓄电池组			
外接电压调节器与交流发电机	G Y 3~ U	闪光器	G	电磁阀一般符号	
				常开电磁阀	
整体式交流发电机	G Y 3~ U	霍尔信号传感器		常闭电磁阀	

表 2-2　常用警告灯和指示灯标志

序号	图形或文字符号	说　明
1	0 1 2 3	点火开关(4 档)： 0—OFF 或(s)　锁止转向盘 1—ACC 或(A)　附件(收音机) 2—IGN 或(M)　点火、仪表 3—START 或(D)起动
2	0 1 2	点火开关(3 档)： 0—OFF 或 STOP　锁止 1—ON 或 MAR　工作 2—ST 或 AVV　起动
3	0 1 2 3 4	柴油发动机汽车电源开关： 0—OFF　断开 1—ON　接通 2—START　起动 3—ACC　附件 4—PREHEAT　预热
4	0 1 2 3 4	点火开关(5 档)： 0—LOCK　锁定转向盘 1—OFF　断开 2—ACC　附件 3—ON　接通 4—START　起动
5	CHECK	发动机故障警告灯(自诊断)：电控发动机喷油与点火的传感器与计算机出故障时灯亮，通过人工或仪器可将故障码调出，迅速查明故障
6	− + VOLT AMP CHARGE 电压表 电流表	蓄电池放电警告灯(充电指示灯)：发电机不充电时灯亮，正常充电时灯灭
7		机油温度过高警告灯：机油温度超过规定值时，警告灯亮
8		机油油面指示灯：当发动机机油量少于规定值时，灯亮报警
9	WATER OVER HEAT	冷却液温度表：冷却液温度过高时警告灯亮
10	OIL-P	机油压力警告灯、机油压力表：当机油压力过低时，灯亮
11	FUEL	燃油表及燃油量警告灯：燃油不足警告灯亮
12		柴油机停止供油(熄火)拉杆(钮)标志
13	P PKB	驻车制动指示灯：在驻车制动起作用时灯亮
14	! BRAKE AIP	制动系统警告灯：制动液面低，制动系统故障警告灯亮
15	r/min RPM	发动机转速表(TACHO METER)：能指示快怠速、经济转速与换档时机、额定转速
16	km/h	车速表(SPEED)：指示车速
17	20:08	数字显示时钟

（续）

	图形或文字符号	说　　明
18	COOLANT LEVEL WATER LEVEL	冷却液位指示灯：当冷却系统液面低于规定值时，灯亮报警
19	SRS	安全气囊警告灯：当安全气囊系统出现电路故障时，此灯点亮
20	TRAC	牵引力控制指示灯
21	CRUISE	巡航（恒速行驶）指示灯：设定某一车速以后，计算机根据车速变化自动控制节气门开度，使车速在设定范围内，有故障时显示故障码，灯亮
22	AIR SUSP	电子调整空气悬架指示灯：指示灯显示车身高度变化 HIGH-高度调整 NORM-正常
23	O/D OFF	OVER/DRIVE，超速档开关：装在变速杆手柄上，灯亮，变速器无法换入超速档；灯灭，变速器进入超速档
24	VOLT	电压表
25	EXP TEMP	排气温度过高警告灯：排气温度高于750℃时灯亮
26		转向信号灯：L—左转向；R—右转向
27	BEAM	前照灯远光指示灯（HIGHBEAM）
28		前照灯近光：夜间会车时使用，防止眩目
29		灯光开关指示：可接通示廓灯、尾灯、仪表灯（亮度旋钮）、牌照灯等，前照灯接通常在此开关的第1档
30		汽车示宽灯开关指示
31		驻车制动灯开关指示：驻车制动起作用时，该指示灯亮
32		后雾灯开关指示灯
33		危险警告指示灯：当汽车遇到交通事故要呼救或需要别的车回避时，左、右转向灯齐闪，正常行驶时不用
34		前雾灯开关指示
35	R	倒车灯（后灯）开关
36		室内灯（顶灯）开关指示
37	L PASS　HI R	转向灯开关与超车灯开关：L—左转向；R—右转向；PASS—瞬间远光（超车信号）；HI—常用远光；LO—定位中间档
38	BELT	安全带指示灯：当点火开关接通，安全带未系时灯亮或伴有蜂鸣
39	HORN	喇叭按钮标志
40		点烟器标志：按下点烟器手柄即接通电路，发热体烧红后（约几秒）自动弹出，可供点烟用
41		液力变矩器开关指示
42	HEAT GLOW	电热预热塞指示灯：常温下起动亮0.3s，可直接起动；低温起动前亮3.5s，表示“等待预热”，灯灭可起动
43		发动机舱盖开启拉手指示
44	TRUNK	行李舱盖开启拉手或电动按钮指示
45	DOOR	车门未关警告灯：在仪表板上，车门没关严时灯亮

（续）

	图形或文字符号	说　明
46		座垫加热指示灯
47		制动蹄片磨损超限警告灯
48	ABS	防抱死制动警告灯：钥匙在起动档或车速在5km/h以下应亮；ABS出现故障时警告灯亮，并可显示故障码(用工具)
49	P R N D 2 L	自动变速器档位指示灯：P—驻车制动；R—倒档；N—空档；D—前进档，自动在1⇌2⇌3⇌4档间变速；2—锁定档，自动在1⇌2档间变速，上、下陡坡用；L—低档，只允许1档行驶，上、下陡坡用
50	ECTPWR	电控自动变速器换档模式开关：即正常模式(Normal)和动力模式(Power)，用开关选择动力模式时，指示灯亮
51	HEAT	空调系统加热(吹脚)档
52	BI-LEVEL	空调系统双层(上冷下热)档
53	DEF-HEAT	空调系统除霜与吹脚(加热)档
54		风窗玻璃刮水开关指示
55	DER	风窗玻璃除霜、除雾指示
56	WASHER	风窗玻璃洗涤开关指示
57		后窗玻璃刮水指示灯和开关标志
58		风窗玻璃刮水洗涤开关指示：OFF—断开；INT—间歇；LO—低速；HI—高速
59	Outside	车外新鲜空气循环风道开启指示(FRESH)
60		后窗玻璃洗涤开关指示
61	Inside	车内空气循环风道开启指示(REC)
62		前照灯刮水洗涤开关指示
63		车门玻璃升降开关：UP—升起；DOWN—降下
64		后视镜加热指示
65	A/C	空调系统制冷压缩机开启指示
66		后视镜镜面上下调节与左右调节开关标志
67	FAN	空调系统鼓风机指示
68	AIR MPa	空气压力表：常用于气压制动系统中双管路气压的指示
69	VENT	空调系统通风(吹脸)档
70		空气滤清器堵塞信号警告灯

三、插接器的表示方法

目前汽车上大量采用插接器，插接器大致可以分为几类，第一类是连接线束和电器元件的插接器(图2-1)；第二类是连接线束与线束的插接器(图2-2)；第三类是线束与车身的插接器，即搭铁(图2-3)；还有一类称为过渡插接器，将插接器中需要连接的导线用短接端子连接起来(图2-4)。

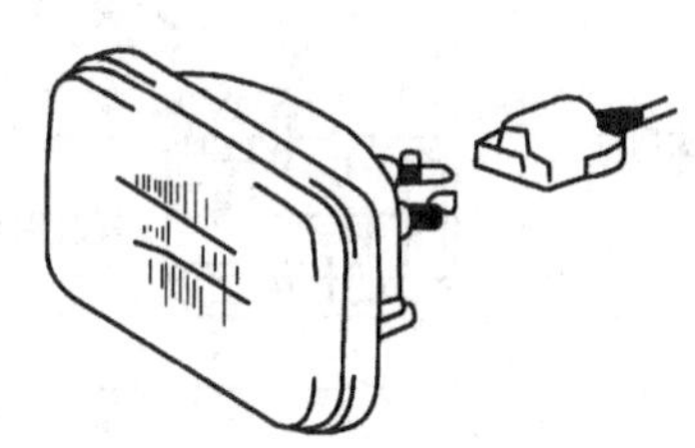

图2-1　线束与电器元件的插接器

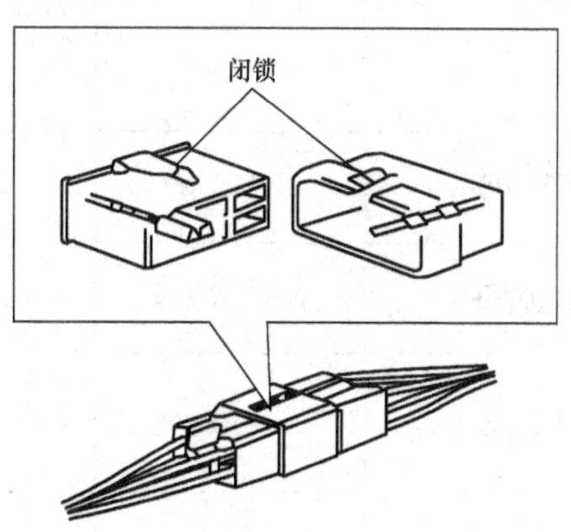

图2-2　线束与线束插接器

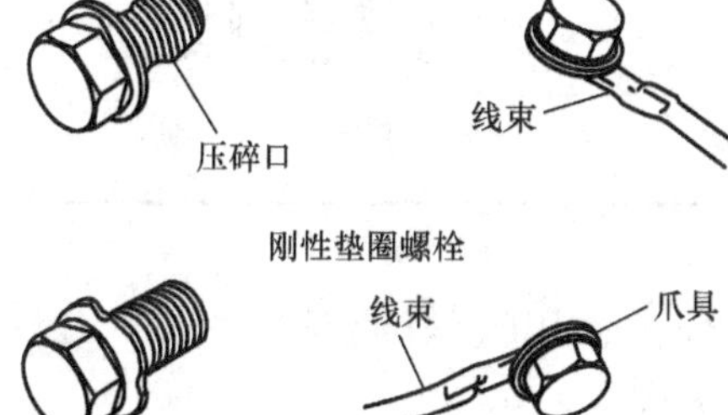

图2-3　线束与车身插接器(搭铁)

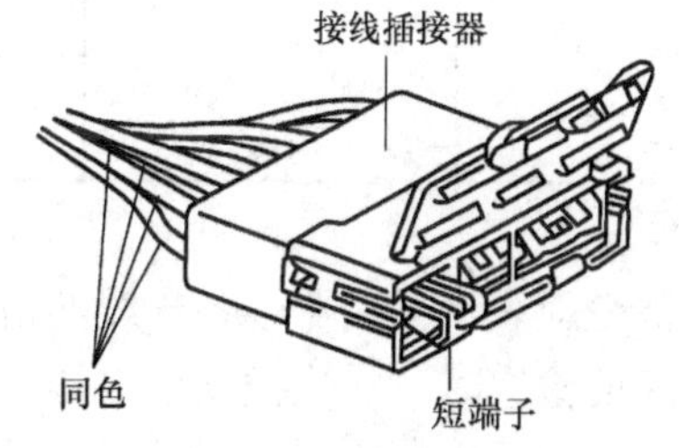

图2-4　过渡插接器

插接器在电路图上通常用数字、字母及相应的符号表示，见表2-3。

表2-3　插接器的表示方法

在电路图中的符号	连 接 类 型	在电路图中的表示方法(示例)	插接器符号(示例)
Ⓐ，Ⓑ，Ⓒ……	直接与零件连接	插脚编号 3 2 插接器符号 Ⓐ 继电器 5 4 1 一个插接器和一个零件	插接器符号 Ⓐ 插脚编号 1 2 3 4 5 配线束一侧的插接器

（续）

在电路图中的符号	连 接 类 型	在电路图中的表示方法（示例）	插接器符号（示例）
Ⓐ，Ⓑ，Ⓒ……	直接与零件连接	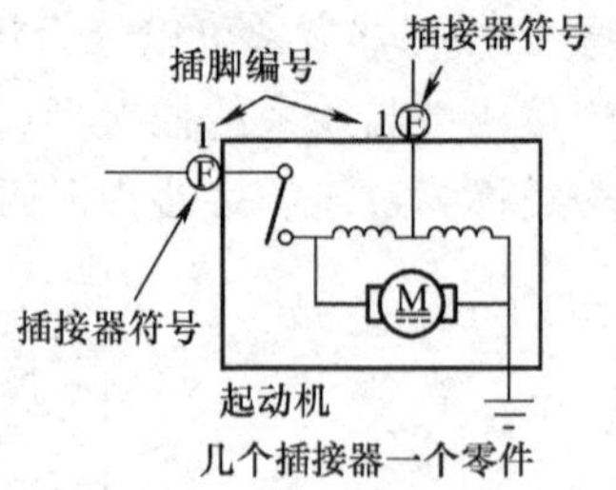 插接器符号 插脚编号 1　1Ⓔ Ⓕ M 插接器符号 起动机 几个插接器一个零件	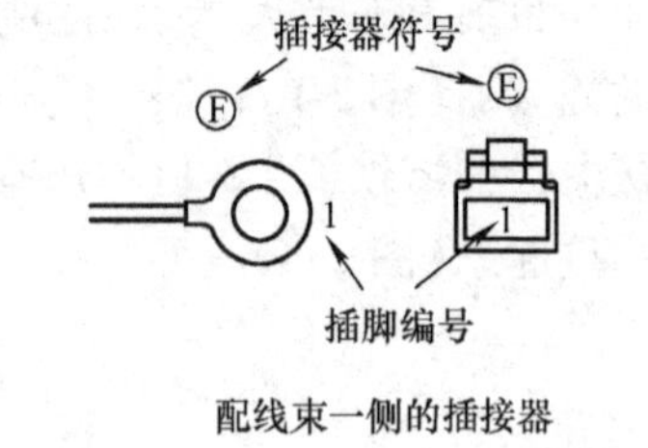 插接器符号 Ⓕ　Ⓔ 1　1 插脚编号 配线束一侧的插接器
(1A),(1B)……	与1号接线盒连接	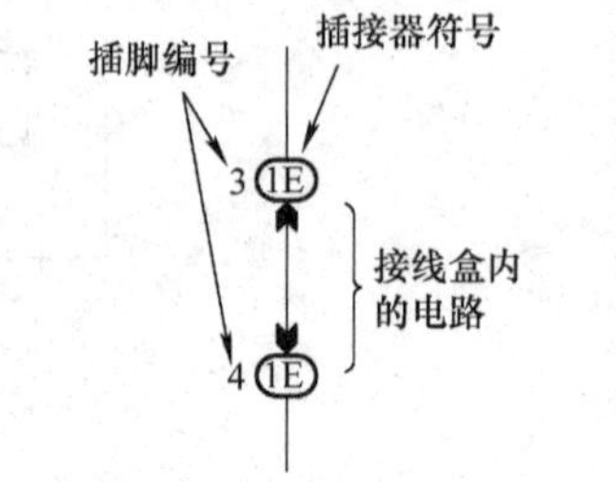 插脚编号　插接器符号 3 (1E) 接线盒内的电路 4 (1E)	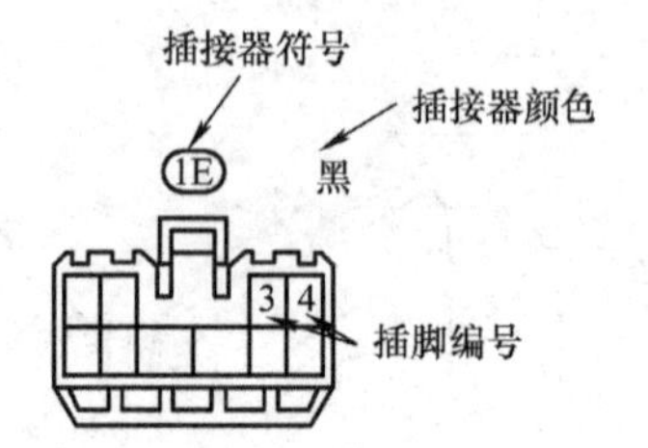 插接器符号 插接器颜色 (1E)　黑 3 4 插脚编号
(2A),(2B)……	与2号接线盒连接		
(3A),(3B)……	与3号接线盒连接		
A1，B1……	连接配线	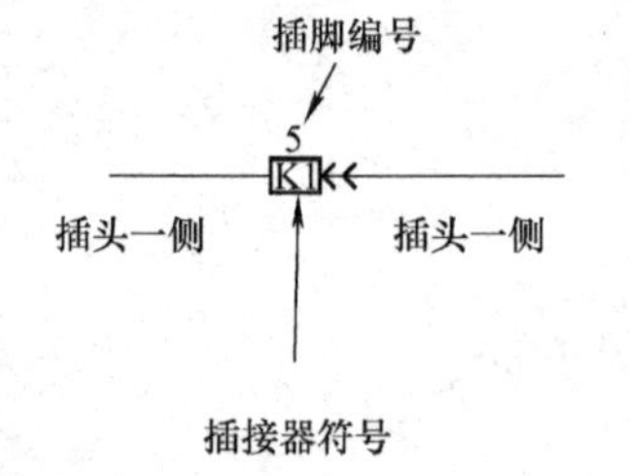 插脚编号 5 K1 插头一侧　插头一侧 插接器符号	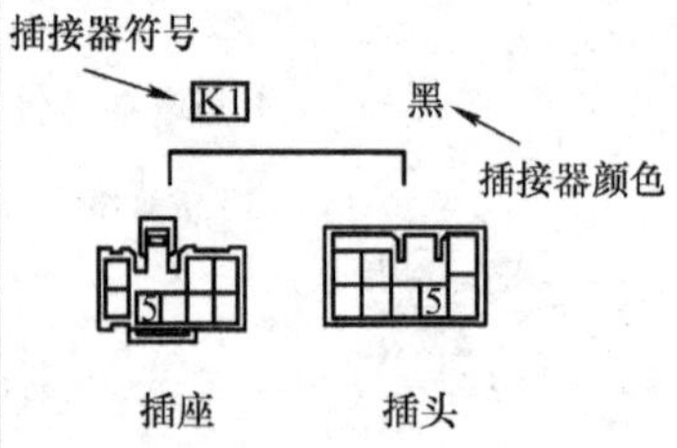 插接器符号 K1　黑 插接器颜色 5　5 插座　插头

为清楚地表示插接器中各导线的情况，通常都对插接器内的导线插脚进行编号，以便在进行电路的检查时，尽快找到插接器中的各条导线，如图2-5所示。

为明确表示出线束搭铁的位置，电路图上对搭铁的地方都有较为明确的表示方法，如图2-6所示。

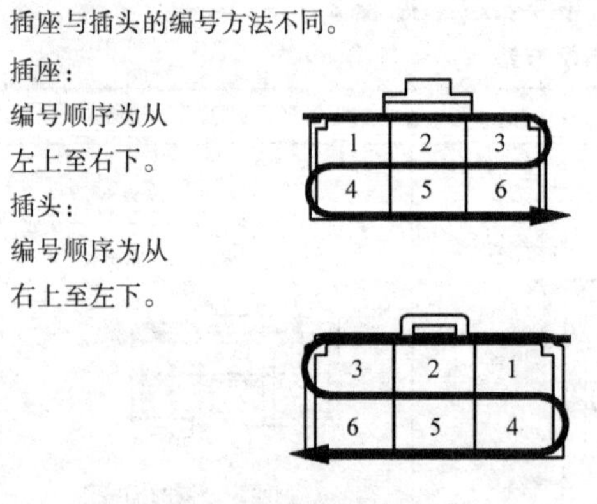

图2-5　插接器插脚编号

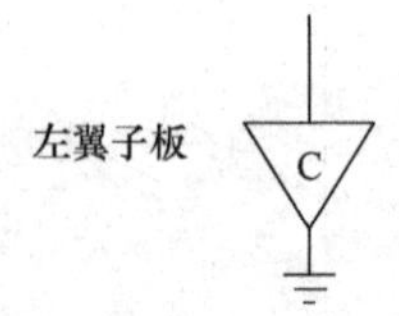

图2-6　搭铁点的表示方法

四、导线的表示方法

在汽车电路图中，每根导线都有线束标记，如导线上标有 W/R，则表示该导线为白色基色带红色条纹的导线。由于各国家的母语不同，故线束标记有所不同。我国与美国、日本等国采用英文字母缩写形式，而德国则采用德文字母。随着汽车用电设备的增多，导线的数量也不断增加，为了维修及安装方便，除各线束间的插接器不同外，各用电设备之间线束中的导线颜色也是不同的。这样当汽车电路出现故障时，根据电路图上导线的标注，就可以很方便地从线束中找到相应的导线。

在电路图中通常以线条表示电线，电线的颜色以字母表示，表示颜色的字母通常为英语中该种颜色单词的第一个字母或第二个字母。表示颜色的字母，各个制造厂商可能有所不同，具体情况需参照相应的修理手册。表 2-4 为丰田公司表示颜色的字母。如果电线表面有色条，则用两个字母加一个连字符表示，连字符前面的字母表示底色，连字符后面的字母表示色条的颜色，如图 2-7 所示。此外还有厂商将导线的截面积也用数字表示出来。

表 2-4　表示电线颜色的字母

颜　色	字　母	颜　色	字　母	颜　色	字　母
黑色	B	褐色	BR	绿色	G
蓝色	L	浅绿色	LG	橘黄色	O
红色	R	紫色	V	白色	W
灰色	GR	粉红色	P	黄色	Y

五、汽车英文缩写词

在电路图中为了简单表示各个系统的名称，通常采用缩写词表示该系统，各个公司使用的英文缩写词有所不同，详情请参阅各公司的维修手册。

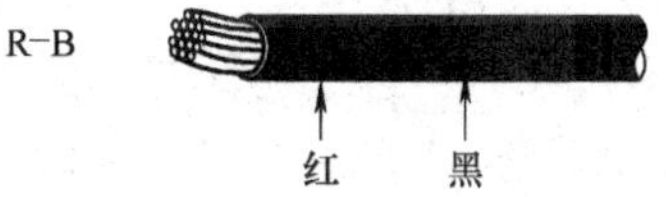

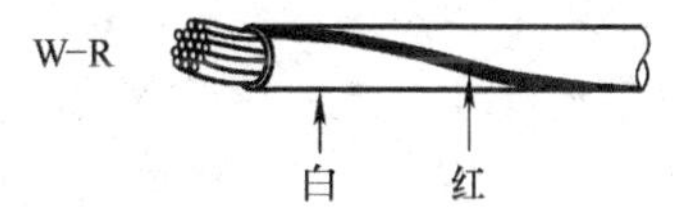

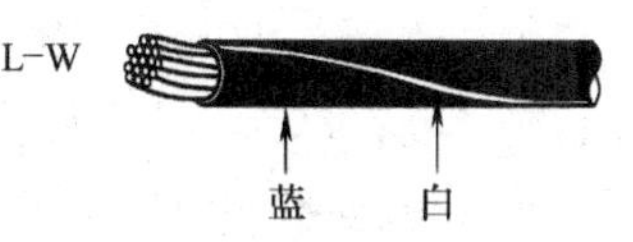

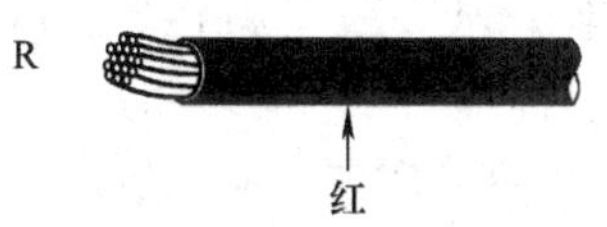

图 2-7　导线的颜色及表示方法

1. 系统

EFI：电控燃油喷射系统；ESA：电控点火系统；ECT：电控自动变速器；ABS：防抱死制动系统；EMS：电控悬架系统；A/C：自动空调；ECU：电控单元；ABC：车身主动控制系统；DSC：车身稳定控制系统；VSC：车身稳定控制系统；TRC：牵引力控制系统；TCS：牵引力控制系统；ASR：加速防滑系统；BAS：制动辅助系统；DCS：车身动态控制系统；EBA：紧急制动辅助系统；EBD：电子制动力分配系统；EDS：电子差速锁；ESP：电子稳定程序系统；HBA：液压制动辅助系统；HDC：坡道控制系统；HAC：坡道起步控制系统；DAC：下坡行车辅助控制系统；A-TRC：车身主动循迹控制系统；SRS：安全气囊；SAHR：主动性头枕；GPS：车载卫星定位导航系统；i-Drive：智能集成化操作系统；Dynamic. Drive：主动式

操作系统；ASM：动态稳定系统；AYC：主动偏行控制系统；RAM：随机存储器；ROM：只读存储器；MIL：故障指示灯；SSD：专用维修工具；STA：起动；TDCL：丰田诊断插座；DC：直流电；AC：交流电；CPU：中央处理器；DIAGN：诊断；DLC：数据线接；DTC：故障码；A/F：空燃比；ECM：发动机控制模块；CCS：巡航控制系统；ECCA：发动机集中控制系统；ECD：电子控制柴油机；DIS：无分电器点火系统；ECA：电子控制点火提前；EDS：柴油机电控系统；EEC：发动机电子控制；EPA：环保机构；EVAP：燃油蒸气排放控制装置；HEUI：液压电子控制燃油喷射系统；HZ：故障灯。

2. 发动机

R：直列多缸排列发动机；V：V型气缸排列发动机；B：水平对置式排列多缸发动机；WA：转子发动机；W：W型气缸排列发动机；Fi：前置发动机(纵向)；Fq：前置发动机(横向)；Mi：中置发动机(纵向)；Mq：中置发动机(横向)；Hi：后置发动机(纵向)；Hq：后置发动机(横向)；ES：单点喷射汽油发动机；EM：多点喷射汽油发动机；SDi：自然吸气式柴油发动机；TDi：涡轮增压直喷式柴油发动机；ED：缸内直喷式汽油发动机；PD：泵喷嘴；D：柴油发动机(共轨)；DD：缸内直喷式柴油发动机，缸内直喷式发动机(分层燃烧/均质燃烧)；TA：涡轮增压；NOS：氧化氮气增压系统；MA：机械增压；SFI：连续多点燃油喷射发动机；FSI：直喷式汽油发动机；PCM：动力控制模块；EGR：废气再循环；ICM：点火控制模块；MAP：空气流量计；OHV：顶置气门，侧置凸轮轴；OHC：顶置气门，上置凸轮轴；DOHC：顶置气门，双上置凸轮轴；CVTC：连续可变气门正时机构；VVT-i：气门正时机构；VVTL-i：气门正时机构；CDI：共轨柴油直喷；GDI：汽油直喷；IAR：进气谐振器；IAT：进气温度；IC：点火控制；IC：集成电路；ICM：点火控制模块；IDL：怠速；IDM：点火诊断监控器；IDM：喷油器驱动模块；IGD：点火检测信号(缸序判别)；IGF：点火反馈信号；IGN：点火；IGSW：点火开关；IGT：点火正时信号；IMV：进气歧管真空度；INJ：喷油器；ISA：怠速执行器；ISC：怠速控制；ISCA：怠速控制执行器；ISCV：怠速控制阀；KC：爆燃控制；KS：爆燃传感器；LED：发光二极管；LH：热线式空气流量计；MAF：空气质量流量；MAP：进气管绝对压力传感器；MAT：进气管空气温度；MFI：多点燃油喷射；MPI：多点喷射；OBD：随车电脑诊断系统；OC：氧化催化；O_2S：氧传感器；OX、OXS：氧传感器；PCV：曲轴箱强制通风；PFI：进气口燃油喷射；SABV：二次空气旁通阀；SAMC：一次空气控制系统；SEFI：顺序电子燃油喷射；SFI：顺序燃油喷射；SPI：单点喷射；STJ：冷起动喷油器；TAP：节气门转角(开度)位置；TBI：节气门体燃油喷射；TPI：进气口喷射；TDC：上止点；THA：进气温度；THW：冷却液温度；TP：节气门位置；TPS：节气门位置传感器；TWC：三元催化转化器；VAF：叶片式空气流量计；VAF：体积式空气流量计；ABV：空气旁通阀；ACC：活性炭罐；ACIS：谐波增压进气系统；ACV：二次空气喷射阀；AFS：空气流量传感器；CFI：中央燃油喷射；CFI：连续燃油喷射；CID：判缸传感器；CPS：曲轴位置传感器；ER：发动机运转；FP：燃油泵；FTMP：燃油温度；FFM：热膜式空气质量流量计；HAC：海拔(高度)补偿阀；HIC：热怠速空气补偿阀；HO_2S：加热型氧传感器；IAA：怠速空气调整；IAB：进气旁通控制系统；IAC：进气控制；IACV：进气控制阀。

3. 底盘

FF：前轮驱动；FR：后轮驱动；Ap：恒时全轮驱动；Az：接通式全轮驱动；ST：无级自动变速器；AS：转向臂；QL：横向摆臂；DQL：双横向摆臂；LL：纵向摆臂；SL：斜置摆臂；ML：多导向轴；SA：整体式车桥；DD：德迪昂式独立悬架后桥；VL：复合稳定杆

式悬架后桥；FB：弹性支柱；DB：减振器支柱；BF：钢板弹簧悬架；SF：螺旋弹簧悬架；DS：扭力杆；GF：橡胶弹簧悬架；LF：空气弹簧悬架；HP：液气悬架阻尼；HF：液压悬架；QS：横向稳定杆；S：盘式制动；Si：内通风盘式制动；T：鼓式制动；BCM：车身控制模块；N/C：空档起动开关/离合器开关；NPS：空档/驻车开关；NSW：空档起动开关；P/N：驻车档/空档；PNP：驻车档/空档位置；SPD：速度传感器。

六、汽车电路图册的组成

汽车电路图是将各电气部件的图形符号通过线条连接在一起的关系图，主要用于表达各电气系统的工作原理及电气部件之间的连接关系，同时还可表示各种电气部件、线束等在汽车上的具体位置。目前，由于电路图的内容越来越多，很多制造厂都将电路图单独做成电路原理图册，电路原理图册中一般包含：电路图的使用方法、电路中使用的缩写词、电器位置图、继电器和熔断器位置图、线束图、插接器图、全车电路图等。

1. 电器位置图

电器位置图用来表示汽车电器元件的安装位置，便于维修时查找故障零件，位置图可分为发动机舱元件位置图、驾驶室内元件位置图和车身元件位置图等，一张图表示不清时，可以用多张图表示。图 2-8 为发动机舱的部分电器元件位置图。

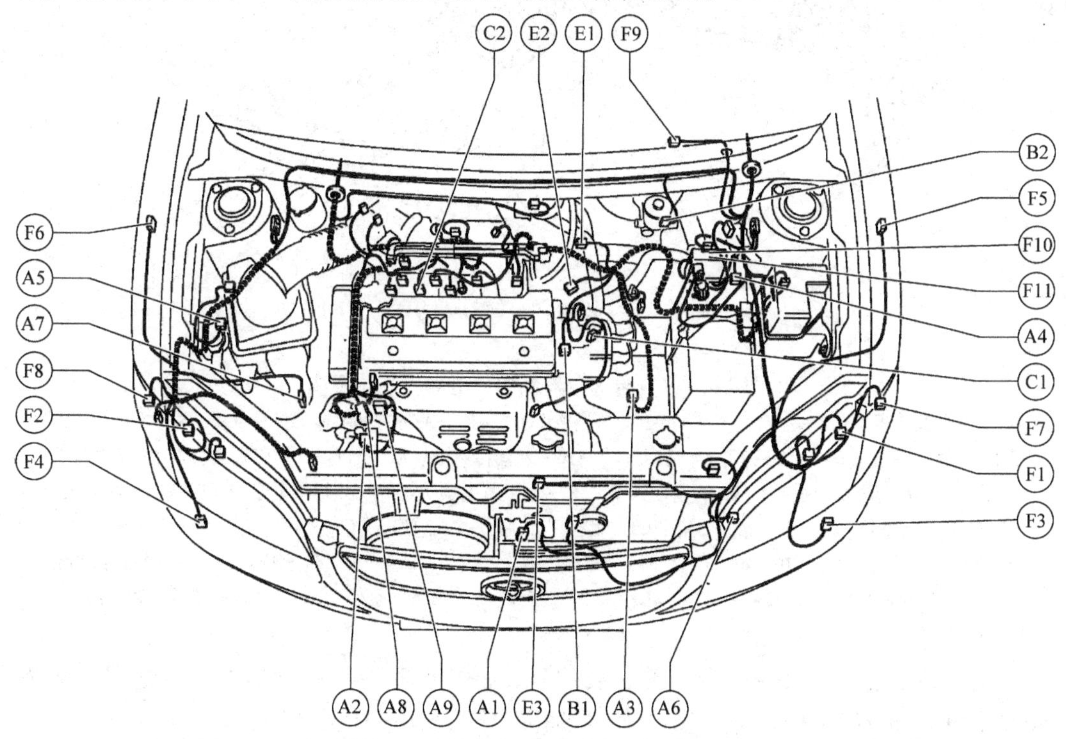

图 2-8　发动机舱部分电器元件位置图

A1—空调冷凝器风扇电动机　A2—空调电磁离合器　A3—自动变速器指示灯开关、倒档灯开关、空档起动开关　A4—左前轮 ABS 转速传感器　A5—右前轮 ABS 转速传感器　A6—左前气囊传感器　A7—右前气囊传感器　A8—发电机　A9—发电机　B1—倒档灯开关　B2—制动液位报警开关　C1—凸轮轴位置传感器、点火线圈和分电器　C2—曲轴位置传感器　E1—ECT 电磁阀　E2—EFI 冷却液温度传感器　E3—发动机盖锁止开关　F1—左前小灯　F2—右前小灯　F3—左前雾灯　F4—右前雾灯　F5—左前侧转向信号灯　F6—右前侧转向信号灯　F7—左前转向信号灯　F8—右前转向信号灯　F9—前刮水器电动机　F10—熔断器盒　F11—熔断器盒继电器和熔断器位置图是使用频率最高的电路图，这种电路图包括继电器和熔断器装置在车上的安装位置图、继电器和熔断器在接线盒或继电器盒中安装位置图、继电器盒或接线盒内部电路图等。车上的位置图还分为发动机舱、仪表台和车身的安装位置图，熔断器和继电器在继电器盒和接线盒中的位置，图中还可包含继电器盒和接线盒背面的线束连接器的位置图。图 2-9 为仪表台继电器及相关电器安装位置图，图 2-10 为熔断器和继电器在接线盒中的安装位置图，图 2-11 为接线盒背面线束插接器的位置图。

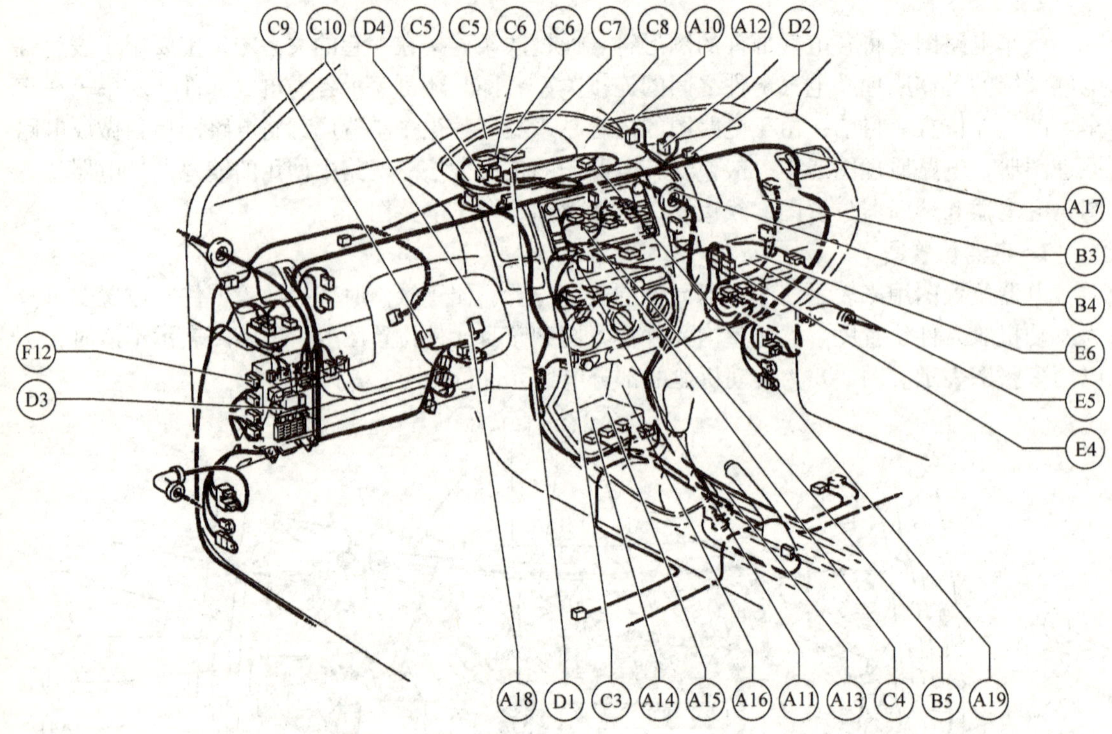

图 2-9　仪表台继电器和相关电器安装位置图

A10—A/C 放大器　A11—A/C 开关　A12—A/C 热敏电阻　A13—A/T 自动变速器变速杆指示灯、O/D 主开关　A14—气囊传感器总成　A15—气囊传感器总成　A16—气囊传感器总成　A17—气囊引爆器(前乘员气囊总成)　A18—气囊引爆器(转向盘)　A19—自动天线　B3—鼓风机电动机　B4—鼓风机电阻器　B5—鼓风机开关　C3—点烟器或电源插座　C4—时钟　C5—组合仪表　C6—组合仪表　C7—组合仪表　C8—组合仪表　C9——组合仪表开关　C10—组合仪表开关　D1—二极管(A/T)　D2—二极管(车内灯)　D3—诊断连接器　D4—门锁控制继电器　E4—发动机 ECU　E5—发动机 ECU　E6—发动机 ECU　F12—前雾灯继电器

2. 线束图

线束图用来说明线束在车身上的安装位置、搭铁点和线束插接器的基本情况。图 2-12 为驾驶舱内的部分线束图，图 2-13 为与该图相对应的线束插接器图。

3. 插接器图

电路图中的插接器一般都有编号，如丰田公司的电路图规定用圆圈表示零件与线束的插接器，圆圈内的数字或字母表示该插接器的编号；用矩形表示线束之间的插接器，矩形内的数字及字母表示该插接器的编号；用圆角过渡的矩形表示与继电器盒或接线盒连接的插接器，矩形内的数字和字母表示该插接器的编号；用三角形表示搭铁点，三角形内的字母表示该搭铁点的编号，如图 2-14 所示。

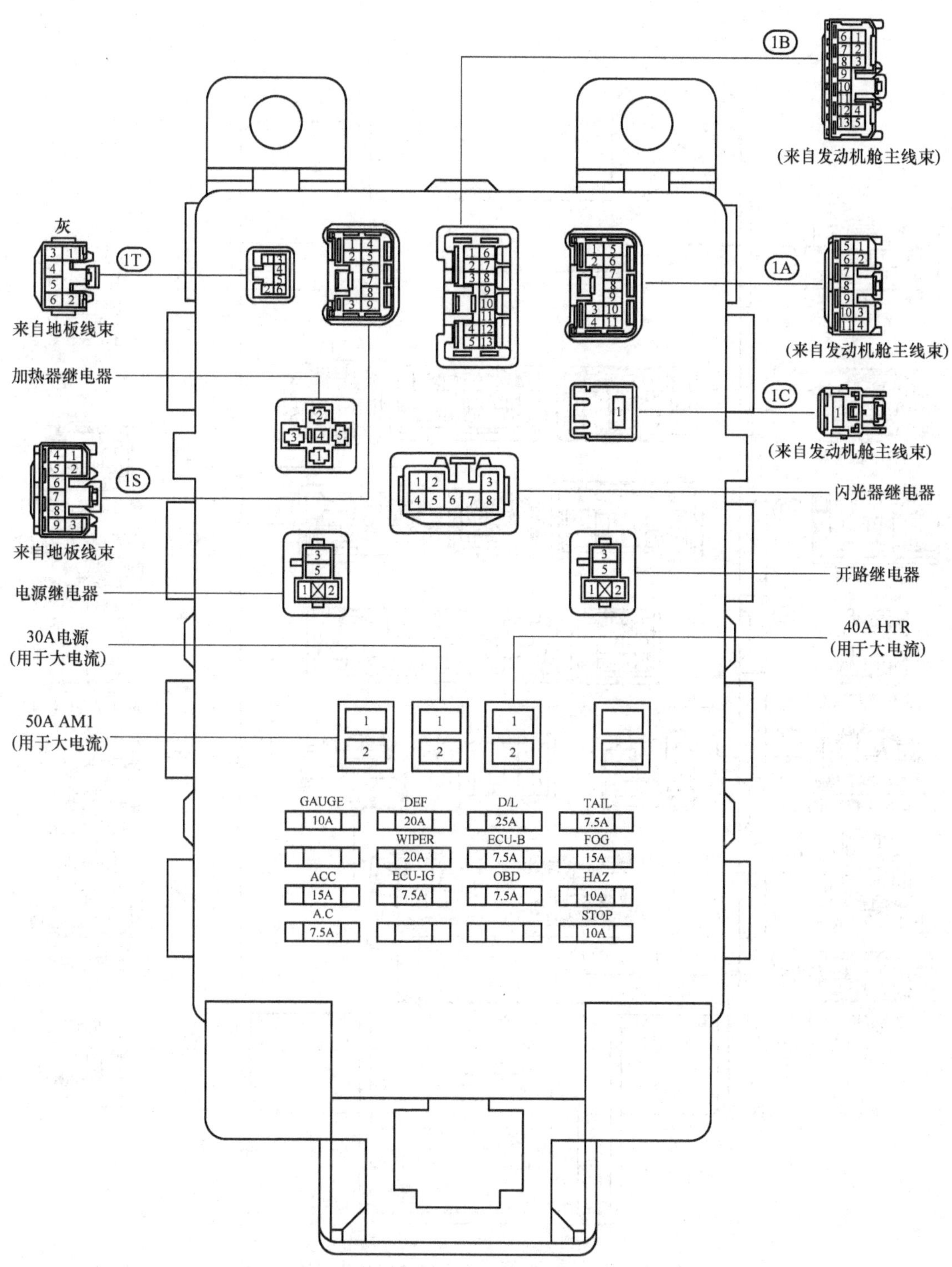

图 2-10 熔断器和继电器在接线盒中的安装位置图

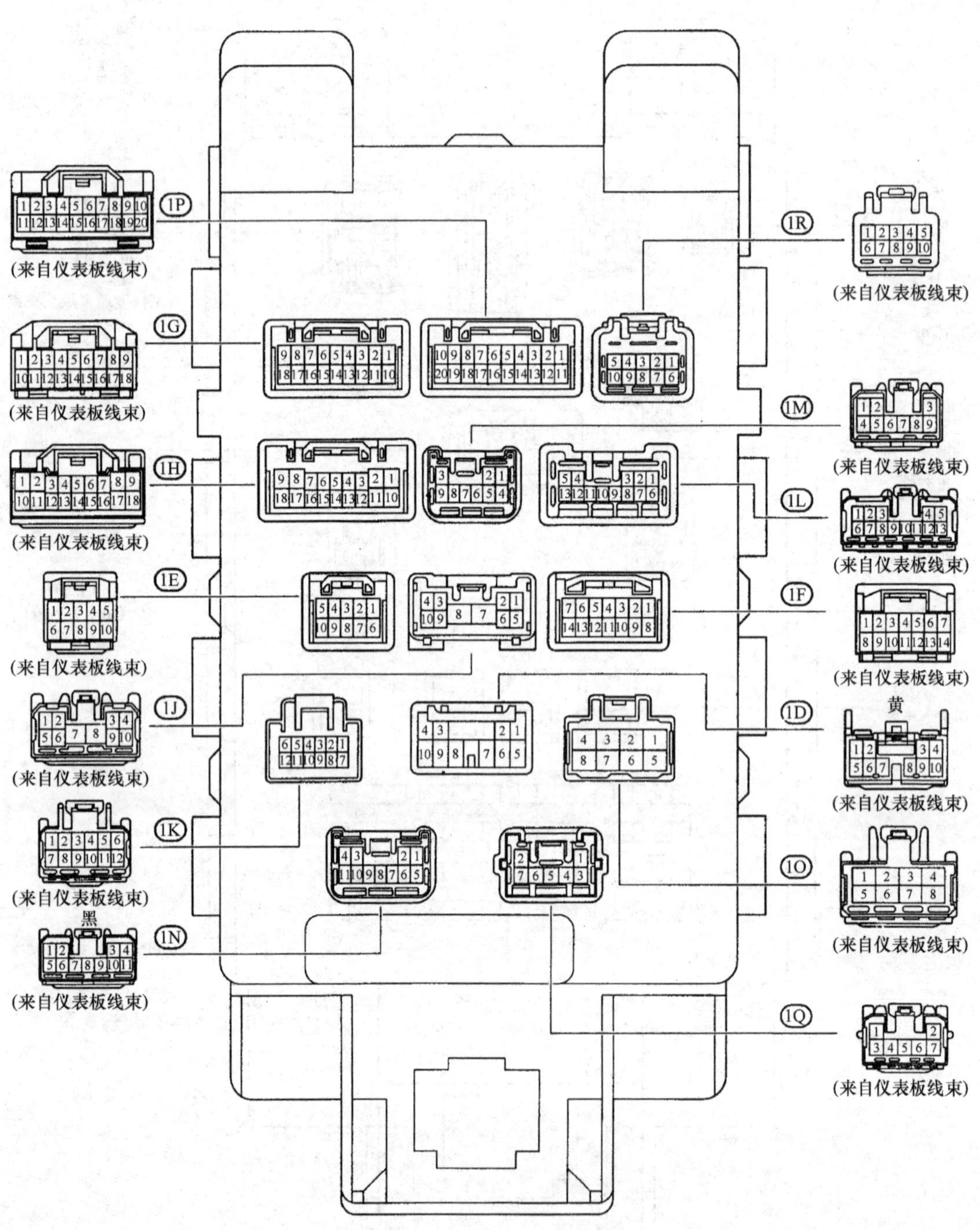

图 2-11　接线盒背面线束插接器的位置图

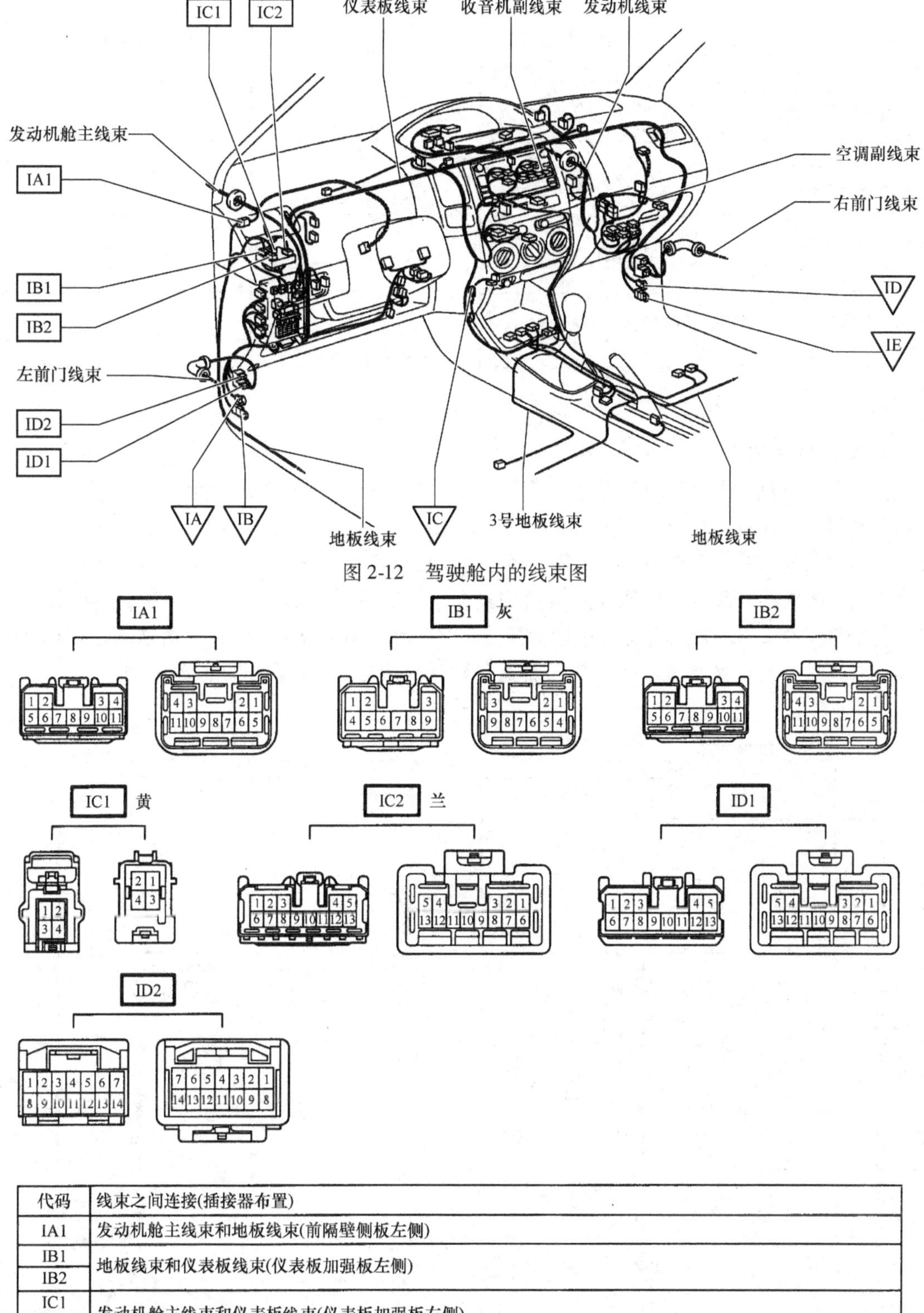

图 2-12　驾驶舱内的线束图

代码	线束之间连接(插接器布置)
IA1	发动机舱主线束和地板线束(前隔壁侧板左侧)
IB1 IB2	地板线束和仪表板线束(仪表板加强板左侧)
IC1 IC2	发动机舱主线束和仪表板线束(仪表板加强板左侧)
ID1 ID2	左前门线束和仪表板线束(左脚踏板)

图 2-13　线束插接器图

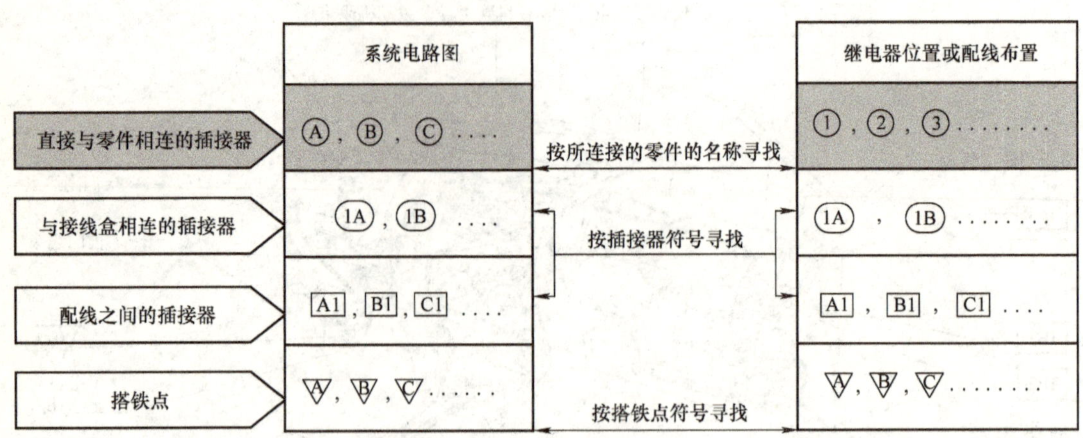

图 2-14　插接器的编号

4. 电路原理图

由于目前车辆的电气设备数量越来越多，所以电路图的内容也越来越多，电路图从过去的一两页到目前的几页、几十页，甚至上百页。为了比较清楚地将电路的内容表达清楚，目前各公司的电路图基本是按系统编排的，每个系统的电路从上到下依次为电源线、开关、继电器和用电设备、搭铁线，通常蓄电池和发电机都画在电路图的最左面，通过主熔断器与电源线连接，各个系统通过熔断器与电源线连接，开关、继电器和用电设备的下方接搭铁线，在搭铁线上还标有搭铁点的位置。图 2-15 为丰田威驰车电源、起动、充电系统的电路原理图。

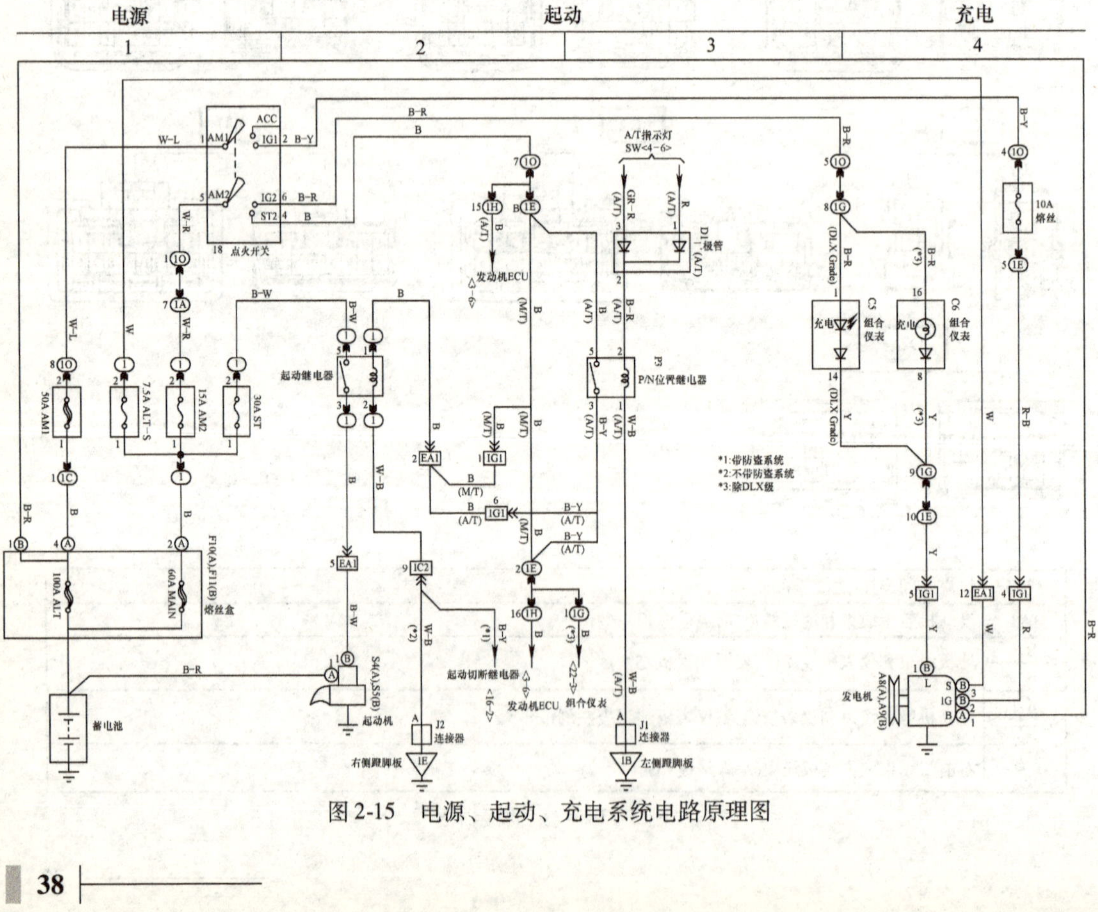

图 2-15　电源、起动、充电系统电路原理图

（1）电路原理图的特点　电路原理图可清楚地反映出电气系统各部件的连接关系和电路原理，且具有以下的特点：

1）用电器符号表达各种电气部件。

2）在大多数图中，电源线在图上方，搭铁线在图下方，电流方向自上而下。电路较少迂回曲折，电路图中电器的串、并联关系十分清楚，易于识读（如在大众系列汽车电路中，用30代表蓄电池正极电源、15代表点火开关IG端子小负荷电源、X代表点火开关大负荷电源、50代表点火开关ST端子电源、31代表搭铁线等）。

3）各电器不再按其在车上的安装位置布局，而是依据工作原理，在图中合理布局，使各系统处于相对独立的位置，从而易于对各用电设备进行单独的电路分析。

4）各电器旁边通常标注有电器名称及代码（如控制器件、继电器、过载保护器、用电器、铰接点及搭铁点等）。

5）电路原理图中所有开关及用电器均处于不工作的状态，例如点火开关是断开的，发动机不工作，车灯关闭等。

6）导线一般标注有颜色和规格代码，有的车型还标注有该导线所属电气系统的代码。根据以上标注，易于对照位置图找到该电器或导线在汽车上的具体位置。

（2）电路原理图的类型

1）全车电路原理图。为了需要，常常要尽快找到某条电路的始末，以便分析确定有故障的电路。在分析故障原因时，不能孤立地仅局限于某一部分，而要将这一部分电路在整车电路中的位置及与相关电路的联系都表达出来。

2）局部（或系统）电路原理图。为了弄清汽车电气的内部结构和各个部件之间相互连接的关系，弄懂某个局部（或系统）电路的工作原理，常从整车电路图中抽出某个需要研究的局部（或系统）电路，参照其他详细的资料，必要时根据实地测绘、检查和试验记录，将重点部位进行放大、绘制并加以说明。

七、汽车电路原理图的识读方法

汽车电路原理图（特别是全车电气电路原理图）中电气设备多、线路复杂。维修汽车电气系统时，经常需要在看懂汽车电路原理图基础上，分析其电路工作原理和故障原因，再结合位置图和线束图等进行故障判断和维修。

汽车电路原理图只表明组成汽车电路的各个电气设备的工作原理，如电流走向、流过电器装置的顺序等，图上的导线只表明各电气设备及之间的相互联系，而不代表实际安装位置。

汽车电路原理图中电气装置的布置顺序从左到右、从上到下：供电电源（特别是蓄电池）在左，用电器在右，各局部电路尽量画在一起；电源线在上，搭铁线在下；并且在图的上方，有一个说明条框，说明每一部分电路的功能。在局部电路的原理图中，信号输入端（或控制端）在左，信号输出端（或驱动端）在右；电源线在上，搭铁线在下。

1. 认真阅读图注

图注用来说明汽车所有电气设备的名称及其数码代号，通过阅读图注可初步了解该汽车都装配了哪些电气设备；然后通过电气设备的数码代号在电路图中找出该电气设备，再进一步找出相互连线、控制关系。这样就可以了解汽车电路的特点和构成。

2. 牢记电器图形符号

汽车电路图是利用电器图形符号来表示其构成和工作原理的，因此必须了解电器图形符号的含义和功能，才能看懂电路图。

3. 熟记电器部件接线端子的标记符号

为了便于绘制和识读汽车电气电路图，有些电器装置或其接线柱等都被赋予不同的标志代号。例如，接至电源端的接线端子用“B”或“+”表示；接至点火开关的接线端子用“SW”表示；接至起动机的接线端子用“ST”表示；发电机电枢输出接线端子用“B+”表示等。

4. 要牢记回路原则和搭铁极性，善于“走迷宫”

任何一个完整的电路都是由电源、开关、用电设备、导线等组成的。电流流向必须从电源正极出发，经过熔断器、开关、导线等到达用电设备，再经过导线(或搭铁)回到电源负极，才能构成回路。这样的电路才是正确的，否则就是读错了或查错了。错综复杂的电路如同迷宫一样，具体方法可以沿着工作电流的流向，由电源查明用电设备，直到搭铁；也可以从用电设备或开关出发，一端找电源，一端找搭铁；还可以从电源和搭铁出发两端会合到用电设备。根据每个系统电路的原理和特点，灵活选择回路原则。

5. 注意开关在电路中的作用

对多层多档多接线柱的开关，要按层、按档位、按接线柱逐级分析其各层各档的功能。有的用电装置受两个以上单档开关(或继电器)的控制，有的受两个以上多档开关的控制，其工作状态可能比较复杂，在找回路时往往都是从开关入手，一端找到电源，另一端找到搭铁。例如丰田威驰轿车，前雾灯由雾灯继电器触点控制，雾灯继电器线圈由雾灯开关控制，而雾灯开关并不与电源直接相连，它与小灯开关的输出端相连，由此不难分析，如果要使用前雾灯，首先要开小灯。由此还可以分析出雾灯电路与小灯电路的关联。

当开关接线柱较多时，首先抓住从电源来的一两个接线柱，再逐个分析与其他各接线柱相连的用电装置处于何种档位，从而找出控制关系。对于组合开关，在电路图中是画在一起的，而在电路原理图中又按其功能画在各自的局部电路中，遇到这种情况必须仔细研究识读。

6. 注意开关、继电器的初始状态

在电路图中，各种开关、继电器都是按初始位置(即开关处于不工作状态)画出的，如按钮未按下、开关未接通、继电器线圈未通电(常开触点未闭合或常闭触点未打开)，这种状态称为原始状态。但看图时，不能完全按原始状态分析，否则很难理解电路所表达的工作原理，因为大多数用电设备都是通过开关按钮、继电器触点的变化而改变回路的，进而实现不同的电路功能。所以，必须进行工作状态的分析。如刮水器电路就是通过开关、继电器触点的变化，使电路发生变化来实现间歇、低速、高速刮水功能的，分析电路时，必须分别对三种工作状态的电路进行分析。

7. 注意电气装置在电路图中的布置

在电气系统中，有大量电气装置是驱动部分和被驱动部分采用机械连接的，如各种继电器，还有多层多档组合开关。这些电气装置在电路图上表示时，应做到使画面既简单、又便于识图，可采用集中表示法或分开表示法。随着汽车电路日趋复杂，一个电气装置有较多的组成部分(如组合开关)，若集中画在一起，则易引起线条往返和交叉线过多，造成识图困难。再如继电器的线圈、触点，有时绘制在一起，也易引起线条往返和交叉线过多，造成识图困难。这时宜采取分开表示法，即把继电器的线圈、触点分别画在不同的电路中，用同一文字符号或数字符号将分开部分联系起来。

8. 注意各局部电路之间的内在联系和相互关系

汽车全车电路基本上由电源电路、充电电路、点火电路、起动电路、照明电路、辅助电气设备电路等单元电路组成。从整车电路来讲，各局部电路除电源电路公用外，其他单元电路都是相对独立的，但它们之间也存在着内在联系和相互影响。

9. 先易后难，采用拼图法

有些汽车电路图的某些局部电路或局部电路中的某些部分可能比较复杂，一时难以看懂，可以暂时不顾及，待其他局部电路都看懂后，再来进一步识读这部分电路。就如同拼图一样，一张全车电路或系统电路呈现在眼前，感觉无从下手，但是一小块一小块电路理解后，联系起来就是一张图，会大大降低难度。

10. 浏览全图，框画各个系统

要读懂汽车电路图，首先必须掌握组成电路的各个电气元件的基本功能和电气特性。在大概掌握全图的基本原理的基础上，再把一个个单独的电气系统框出来（或画出来），这样就容易抓住每一部分的主要功能及特性。在框画各个系统时，应注意既不能漏掉各个系统中的组件，也不能多框画其他系统的组件。一般规律是，各电气系统只有电源和总开关是公共的，其他任何一个系统都应是一个完整的、独立的电气回路，即包括电源、开关（熔断器）、电气（或电子）部件、导线等。并从电源的正极经导线、开关、熔断器至电器后搭铁，最后回到电源负极。

由于新的汽车电气设备不断地出现和应用在汽车上，汽车电路图的变化很大。对于看不懂的电路图要善于查找资料，更新自己的知识储备，直至看懂。

八、全车电路图实例

1. 丰田车系全车电路图

丰田车系的电路图一般都单独制作成一本独立的电路图册，图册中包括怎样使用电路图册、电路中采用的缩写词、继电器位置图、电气线路图（线束图）、各种插接器和全车电路图等内容。图 2-16 ~ 图 2-23 为丰田花冠车系的全车电路图。

2. 大众车系全车电路图

大众车系的电路图通常也为一本电路图册，图册中包含电路图的结构、电路图例解（怎样读电路图）、电路图符号说明、电路图、继电器位置和名称、熔丝名称和容量、中央电器盒上插头和线束的名称、缩写词等基本内容。图 2-24 ~ 图 2-50 为桑塔纳 2000 轿车的全车电路图。

九、利用电路图排除故障

1. 检查电路的工具

检查电路的基本工具包括万用表、试灯、发光二极管、试电笔等。其功能在汽车电气系统维护中已有介绍，此处不再赘述。

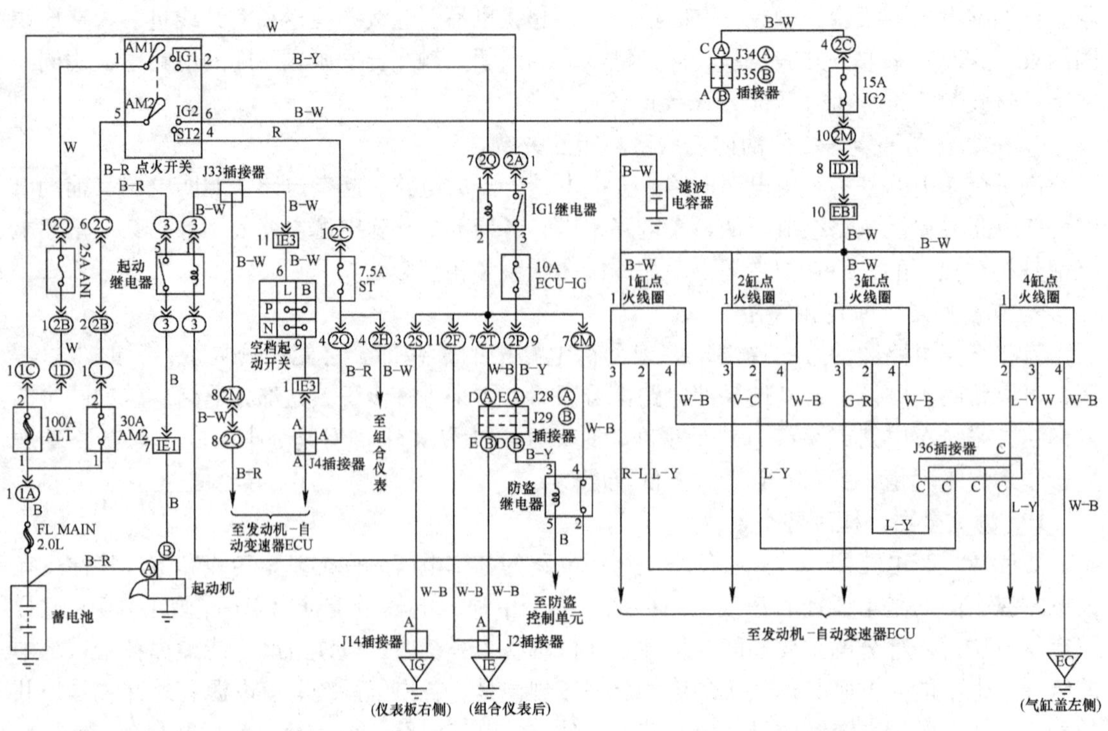

图 2-16　花冠轿车全车电路图(一)丰田花冠轿车起动和点火系统电路

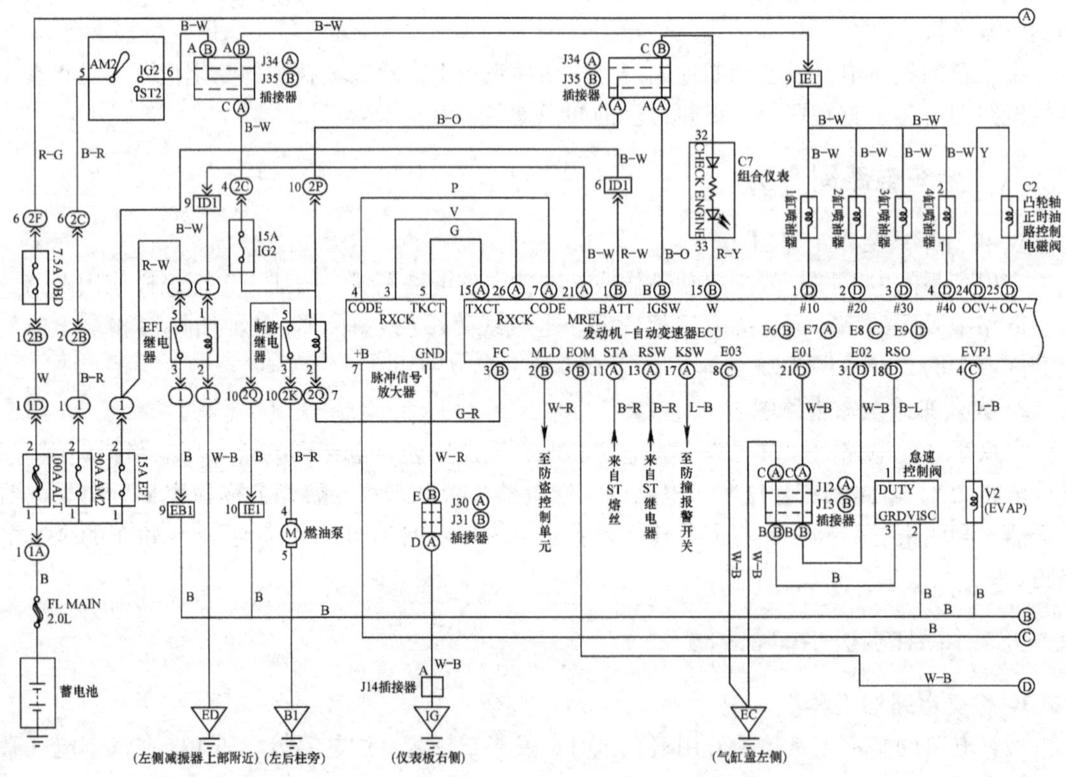

图 2-17　花冠轿车全车电路图(二)丰田花冠轿车发动机控制电路

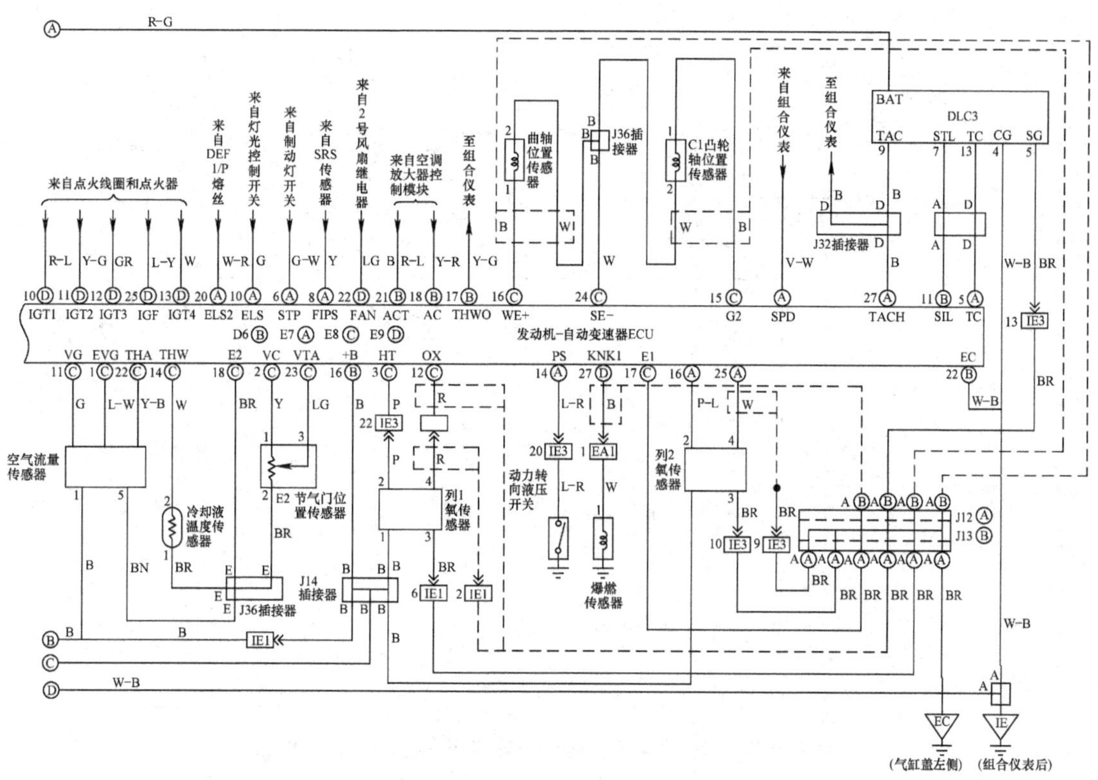

图 2-18　花冠轿车全车电路图(三)丰田花冠轿车发动机控制电路

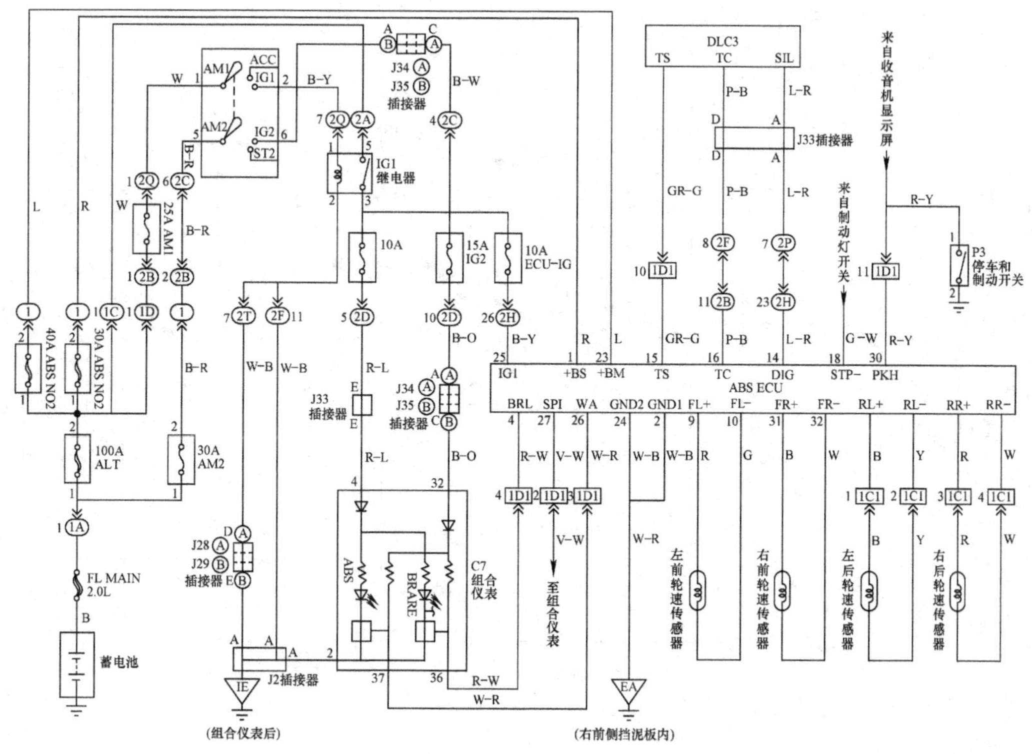

图 2-19　花冠轿车全车电路图(四)丰田花冠轿车 ABS 电路

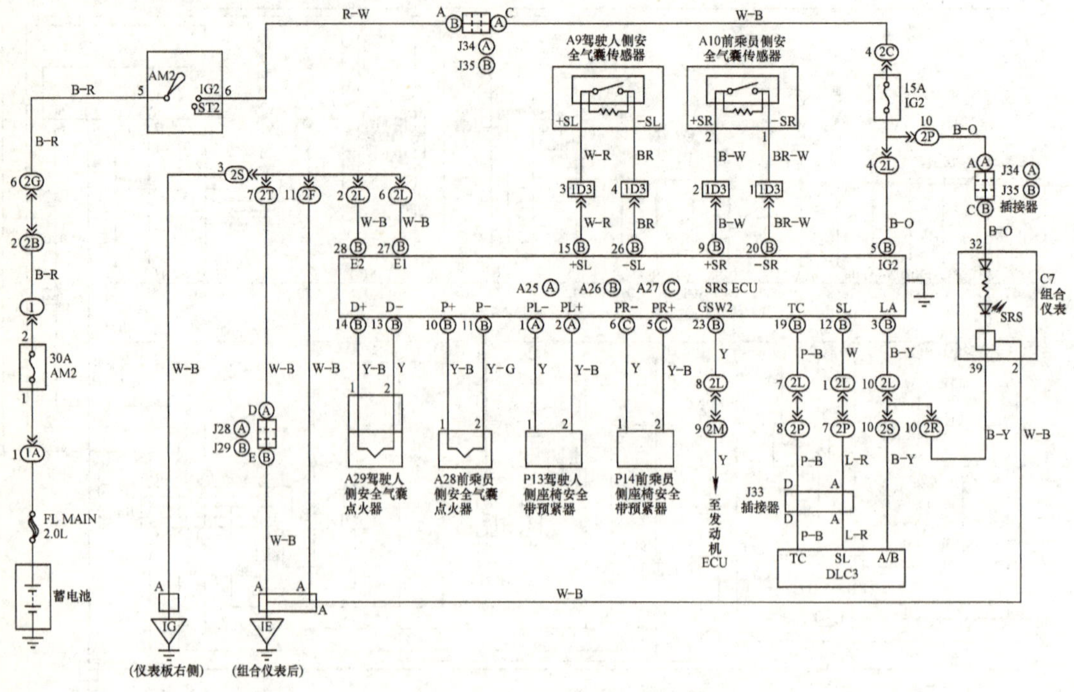

图 2-20　花冠轿车全车电路图(五)丰田花冠轿车 SRS 电路

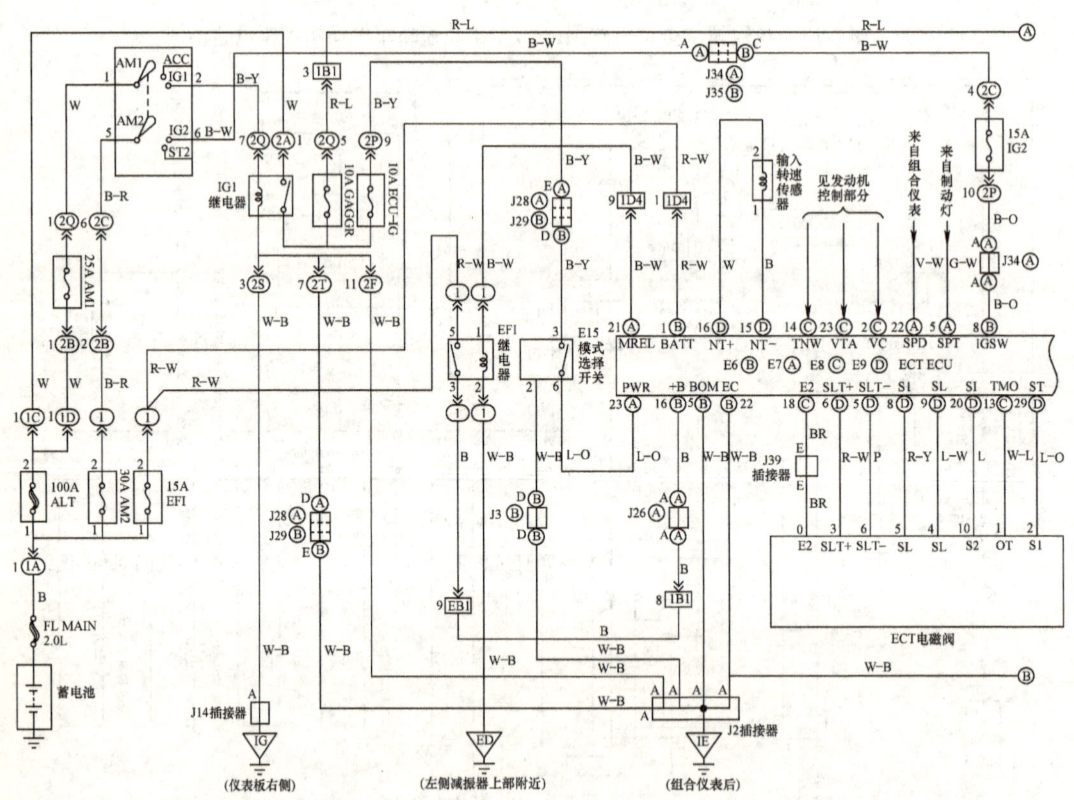

图 2-21　花冠轿车全车电路图(六)丰田花冠轿车自动变速器控制电路

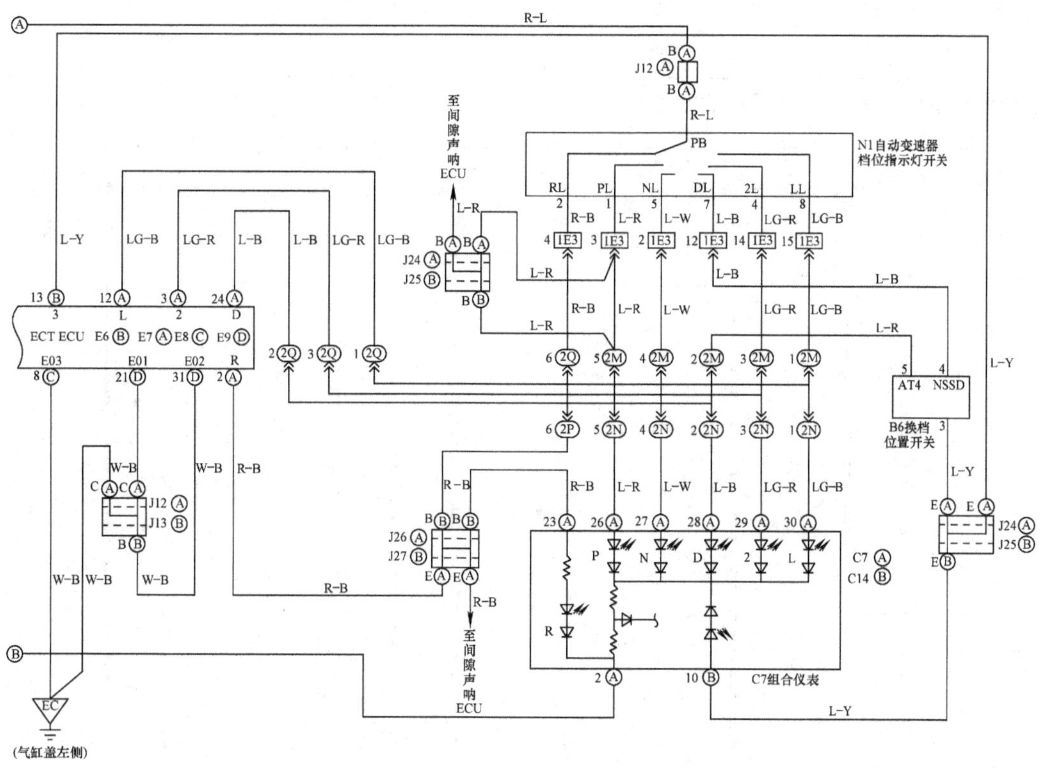

图 2-22　花冠轿车全车电路图(七)丰田花冠轿车自动变速器控制电路

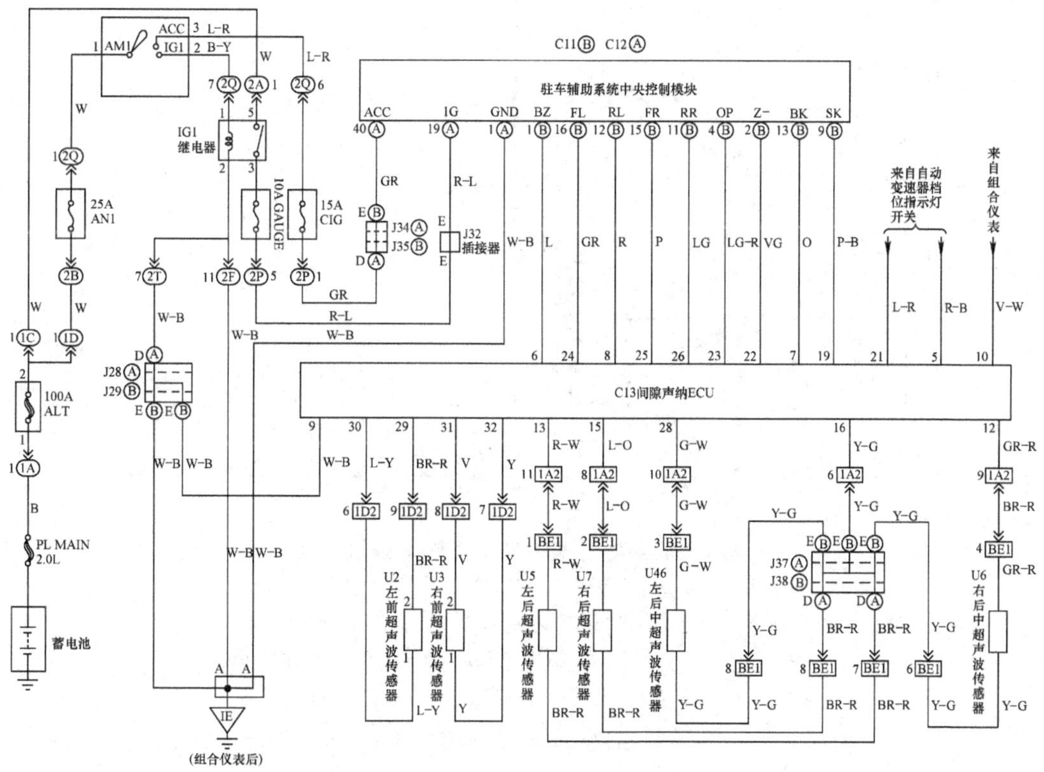

图 2-23　花冠轿车全车电路图(八)丰田花冠轿车驻车辅助(间隙声呐)系统电路

交流发电机、蓄电池、起动机、点火开关

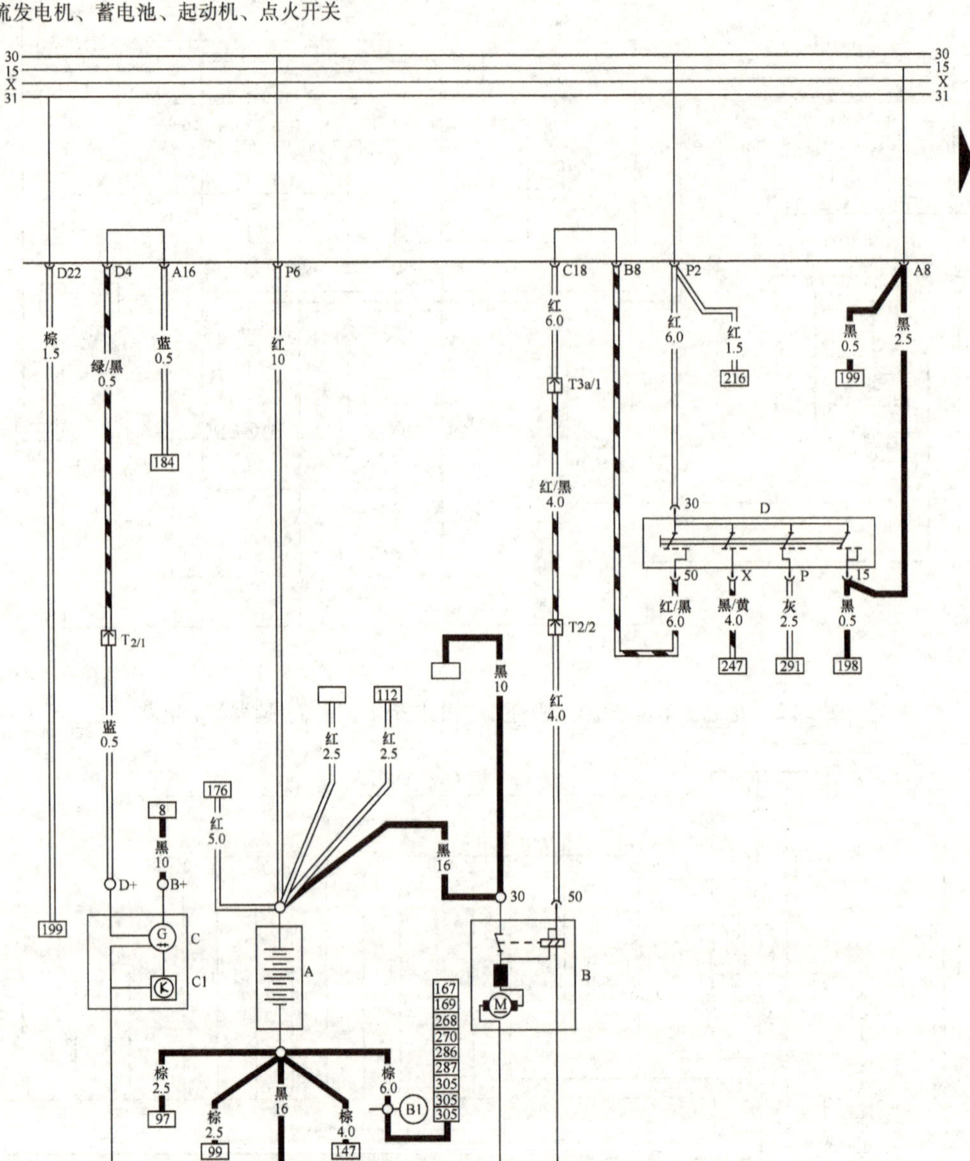

图 2-24　桑塔纳 2000 轿车全车电路图(一)

A—蓄电池　B—起动机　C—交流发电机　C1—调压器　D—点火开关

T2—发动机线束与发电机线束插头连接，2 针，在发动机舱中间支架上

T3a—发动机线束与前照灯线束插头连接，3 针，在中央电器后面

②—搭铁点，在蓄电池支架上　⑨—自身搭铁

(B1)—搭铁连接线，在前照灯线束内

点火装置、发动机控制单元、霍尔传感器、冷却液温度传感器、进气温度传感器

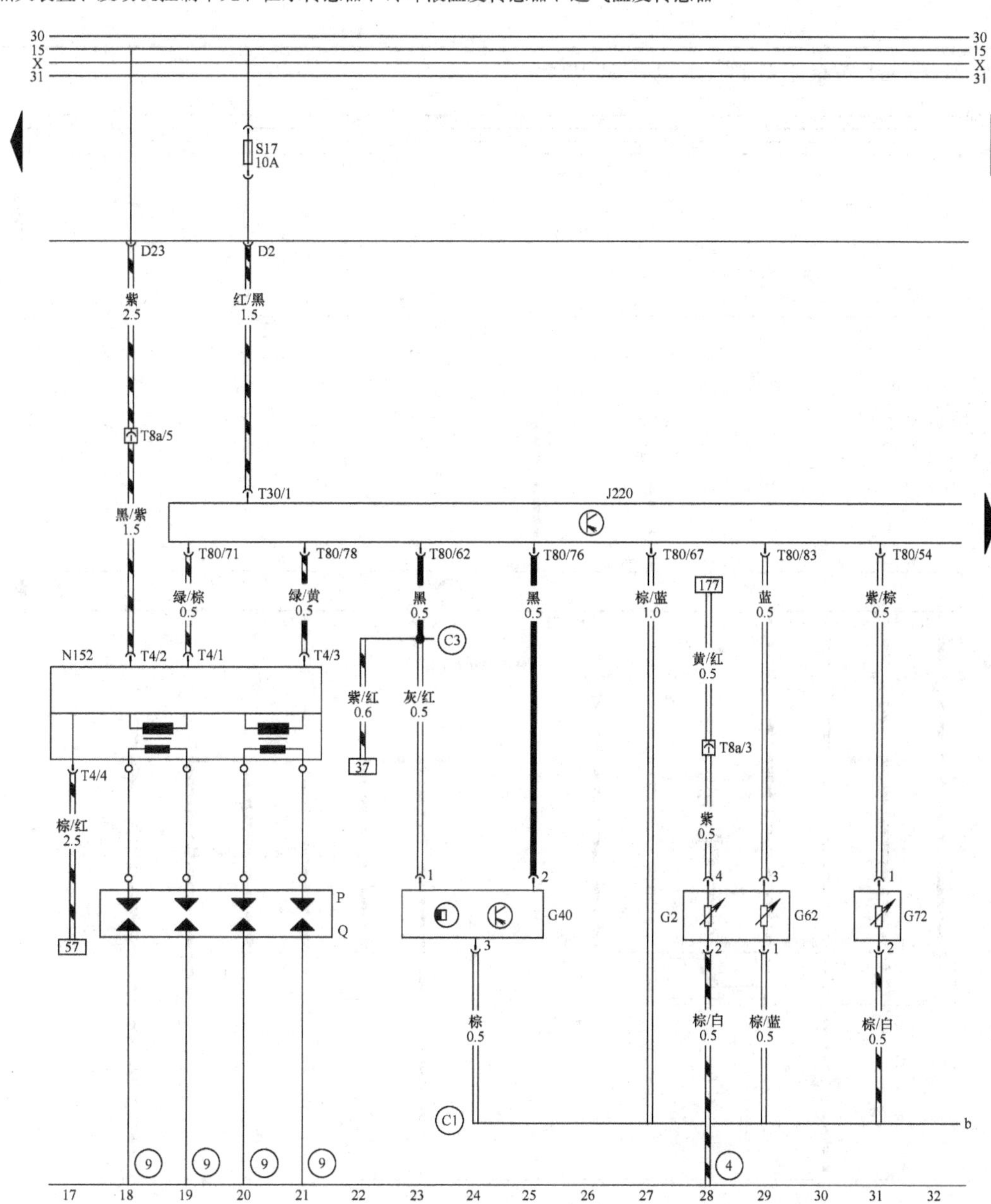

图 2-25　桑塔纳 2000 轿车全车电路图(二)

G2—冷却液温度表传感器　G40—霍尔传感器　G62—冷却液温度传感器　G72—进气温度传感器　J220—Motronic 发动机控制单元　N152—点火线圈　P—火花塞插头　Q—火花塞　S17—发动机控制单元熔丝，10A　T4—前照灯线束与散热风扇控制器插头连接，4 针，在散热风扇控制器上　T8a—发动机线束与发动机右线束插头连接，8 针，在发动机舱中间支架上　T80—发动机线束，发动机右线束与发动机控制单元插头连接，80 针，在发动机控制单元上　④—搭铁点，在离合器壳上的支架上　⑨—自身搭铁　Ⓒ1—连接线，在发动机右线束内　Ⓒ3— +5V 连接线，在发动机右线束内

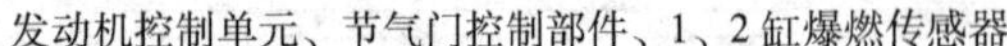

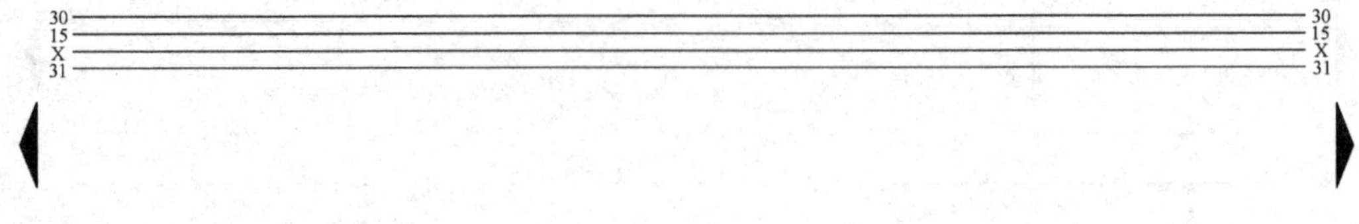

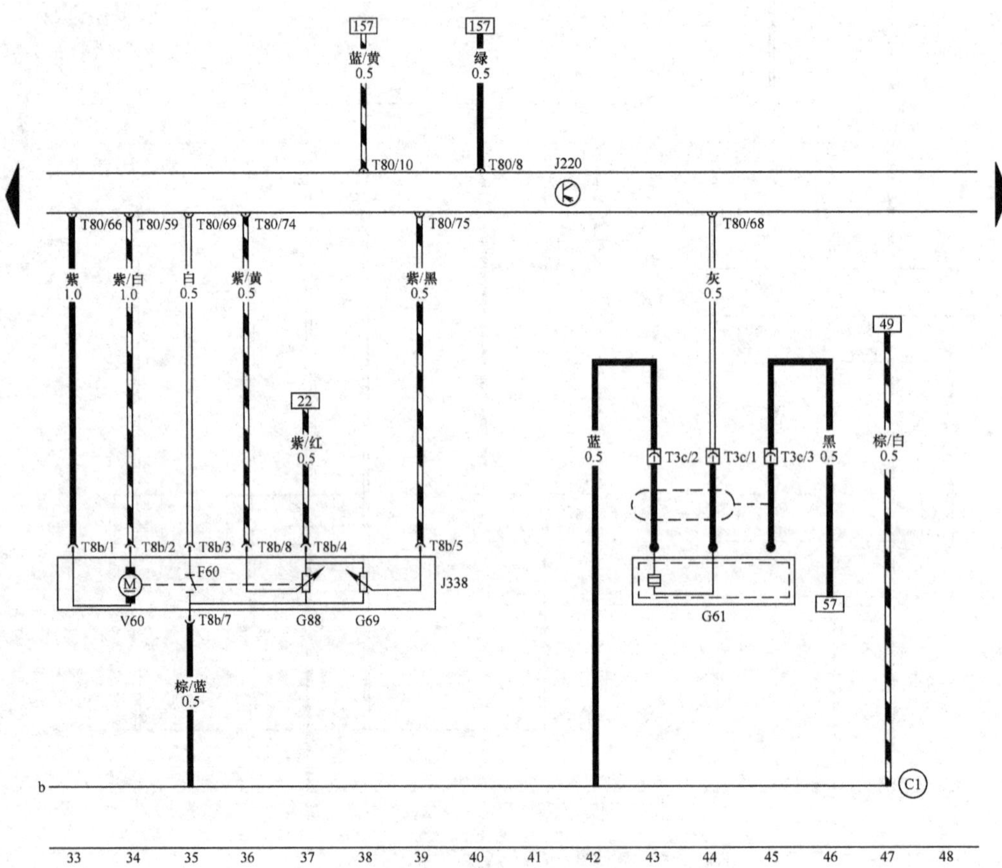

图 2-26　桑塔纳 2000 轿车全车电路图(三)

F60—怠速开关　G61—1、2 缸爆燃传感器　G69—节气门电位器　G88—节气门定位电位器　J220—Motronic 发动机控制单元　J338—节气门控制部件　T3c—发动机右线束与 1、2 缸爆燃传感器插头连接，3 针，在发动机舱中间支架上　T8b—发动机右线束与节气门控制部件插头连接，8 针，在节气门控制部件上　T80—发动机线束，发动机右线束与发动机控制单元插头连接，80 针，在发动机控制单元上　V60—节气门定位器　(C1)—连接线，在发动机右线束内

发动机控制单元、3、4 缸爆燃传感器、转速传感器

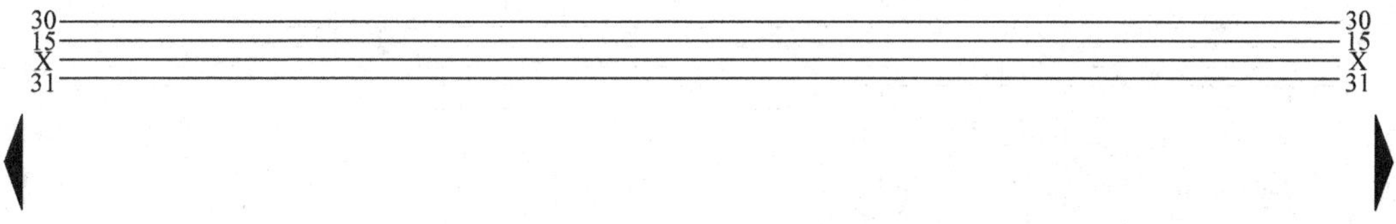

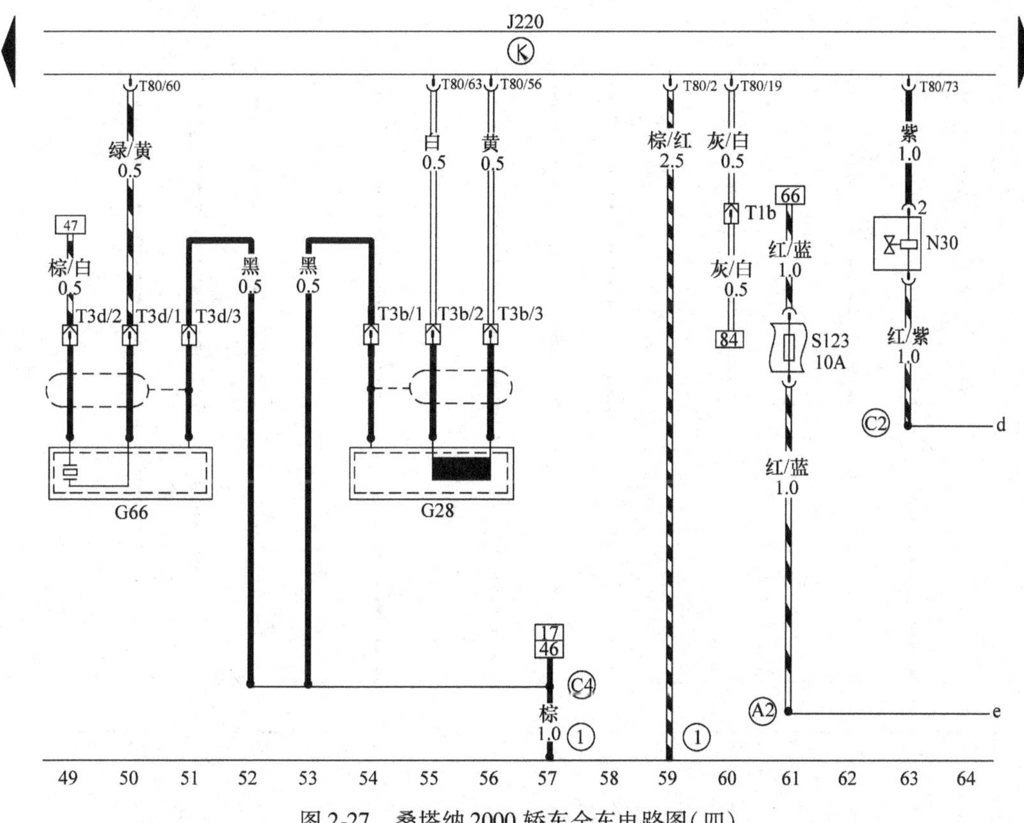

图 2-27　桑塔纳 2000 轿车全车电路图(四)

G28—发动机转速传感器　G66—3，4 缸爆燃传感器　J220—Motronic 发动机控制单元　N30—第 1 缸喷油器　S123—喷油器，空气流量计，AKF 阀，氧传感器加热熔丝，10A　T1b—发动机线束与仪表板线束插头连接，1 针，在中央电器后面　T3b—发动机右线束与发动机转速传感器插头连接，3 针，在发动机舱中间支架上　T3d—发动机右线束与 3、4 缸爆燃传感器插头连接，3 针，在发动机舱中间支架上　T80—发动机线束，发动机右线束与发动机控制单元插头连接，80 针，在发动机控制单元上　①—搭铁点，在发动机控制单元旁车身上　Ⓐ2—正极连接线，在发动机线束内　Ⓒ2—正极连接线，在发动机右线束内　Ⓒ4—搭铁连接线，在发动机右线束内

发动机控制单元、喷油器、燃油泵继电器、空气流量计、氧传感器、活性炭罐电磁阀

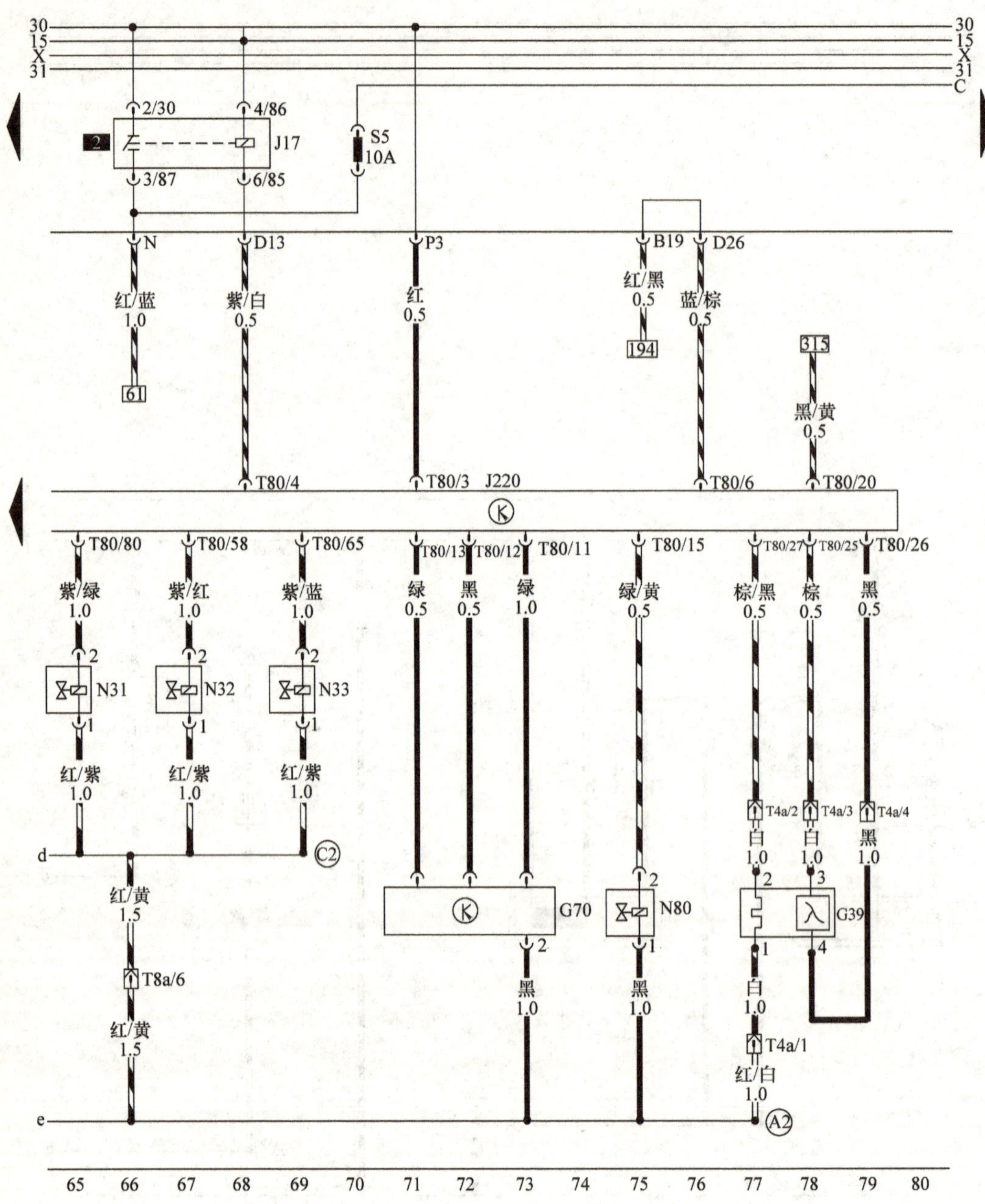

图 2-28 桑塔纳 2000 轿车全车电路图（五）

G39—氧传感器 G70—空气流量计 J17—燃油泵继电器 J220—Motronic 发动机控制单元 N31—第 2 缸喷油器 N32—第 3 缸喷油器 N33—第 4 缸喷油器 N80—活性炭罐电磁阀 S5—燃油泵熔丝，10A T4a—发动机线束与氧传感器插头连接，4 针，在发动机舱中间支架上 T8a—发动机线束与发动机右线束插头连接，8 针，在发动机舱中间支架上 T80—发动机线束，发动机右线束与发动机控制单元插头连接，80 针，在发动机控制单元上 Ⓐ2—正极连接线，在发动机线束内 Ⓒ2—正极连接线，在发动机右线束内

燃油泵、电子防盗器、ABS 控制器、制动灯开关

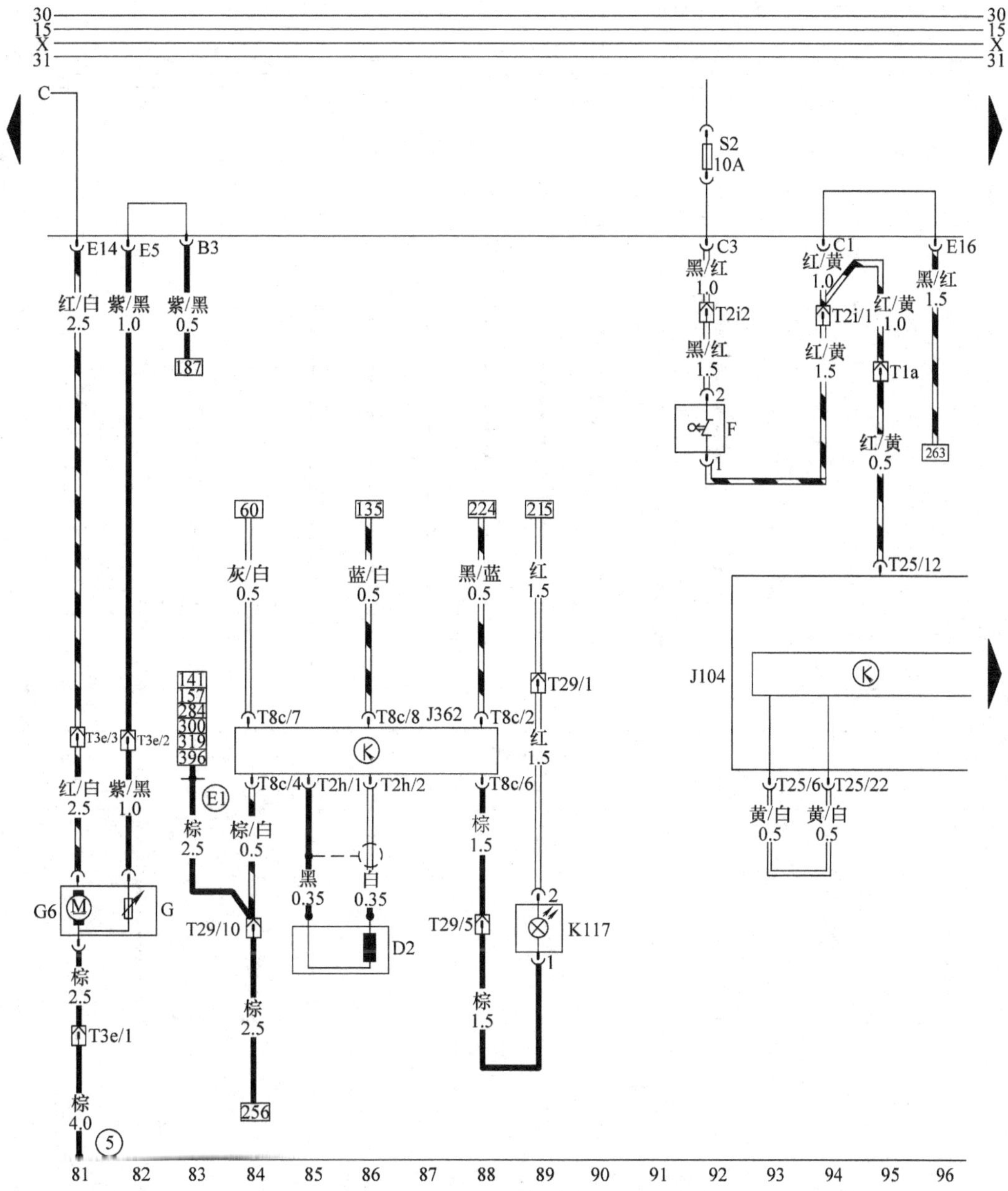

图 2-29 桑塔纳 2000 轿车全车电路图(六)

D2—读识线圈 F—制动灯开关 G—燃油表传感器 G6—燃油泵 J104—ABS 控制器 J362—防盗器控制单元 K117—防盗器警告灯 S2—制动灯熔丝，10A T1a—前照灯线束与 ABS 线束插头连接，1 针，在中央电器后面 T2h—识读线圈与防盗器控制单元插头连接，2 针，在防盗器控制单元上 T2i—前照灯线束与仪表板线束插头连接，2 针，在中央电器后面 T3e—尾部线束与燃油箱插头连接，3 针，在燃油箱盖上 T8c—仪表板线束与防盗器控制单元插头连接，8 针，在防盗器控制单元上 T25—ABS 线束与 ABS 控制单元插头连接，25 针，在 ABS 控制器上 T29—仪表板线束与仪表板开关线束插头连接，29 针，在组合仪表下方 ⑤—搭铁点，在中央电器左侧星形搭铁爪上 Ⓔ1—搭铁连接线，在仪表板开关线束内

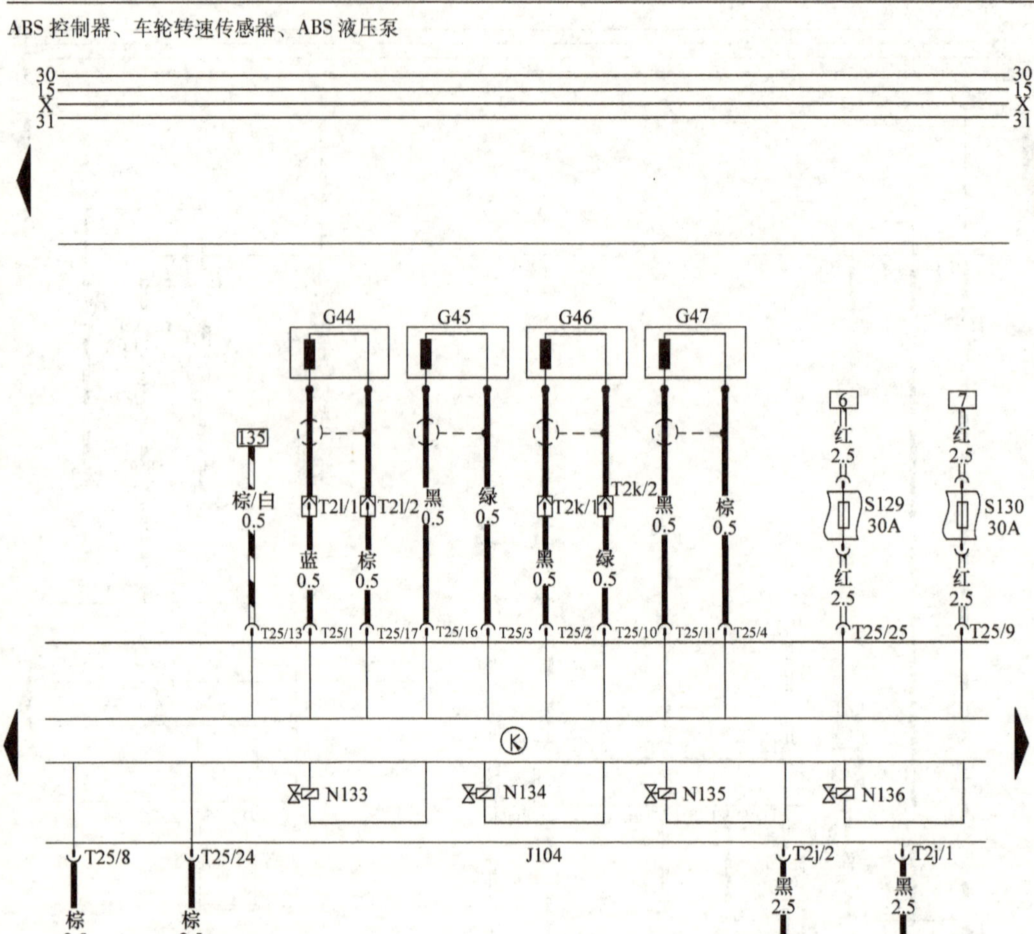

图 2-30　桑塔纳 2000 轿车全车电路图(七)

G44—右后转速传感器　G45—右前转速传感器　G46—左后转速传感器　G47—左前转速传感器　J104—ABS 控制器　N133—ABS 右后进油电磁阀　N134—ABS 右后出油电磁阀　N135—ABS 左后进油电磁阀　N136—ABS 左后出油电磁阀　S129—ABS 液压泵熔丝，30A　S130—ABS 电磁阀熔丝，30A　T2j—ABS 液压泵与控制单元插头连接，2 针，在 ABS 控制单元上　T2k—ABS 线束与左后转速传感器插头连接，2 针，在左后座位下面　T2l—ABS 线束与右后转速传感器插头连接，2 针，在右后座位下面　T25—ABS 线束与 ABS 控制单元插头连接，25 针，在 ABS 控制器上　V64—ABS 液压泵

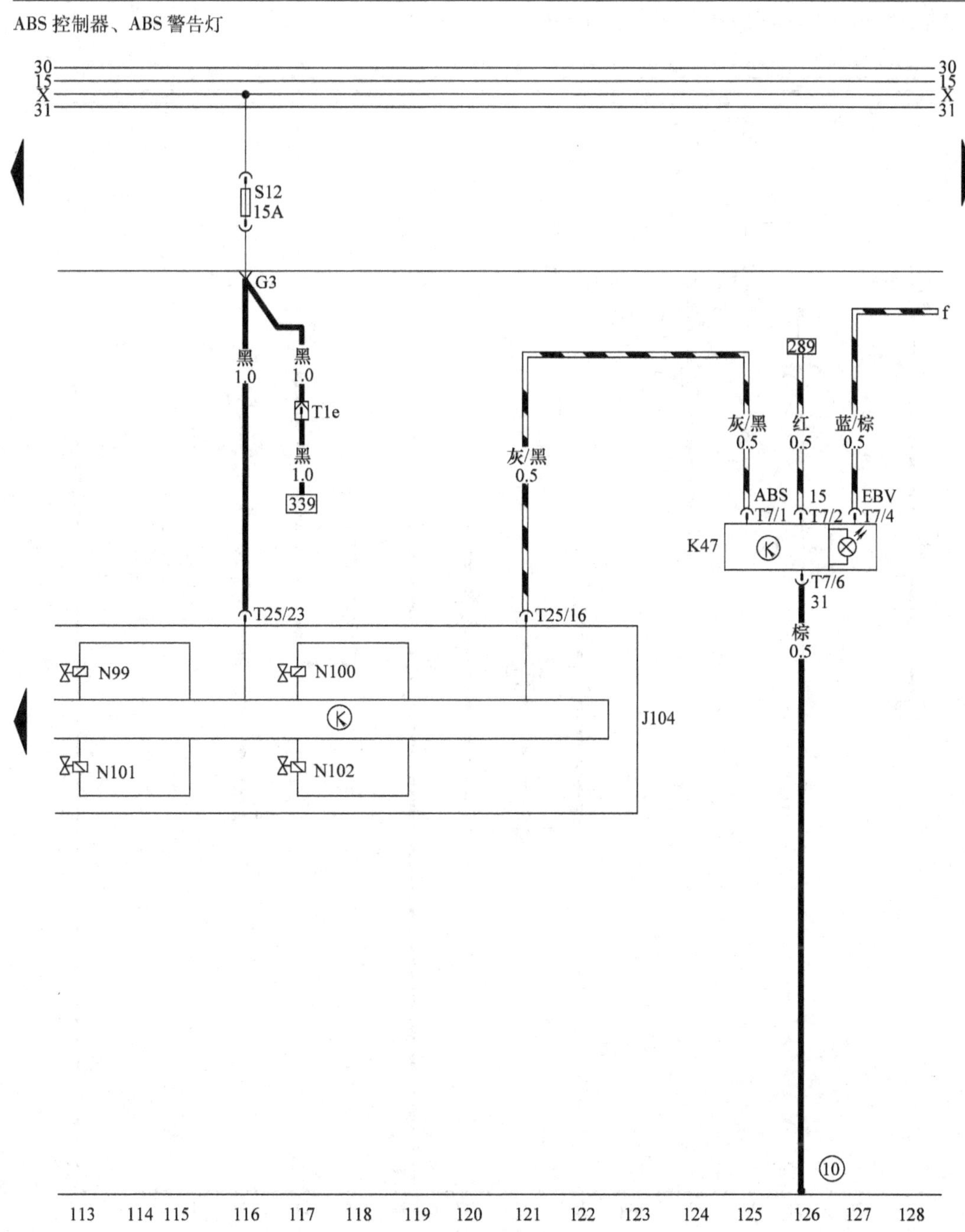

图 2-31　桑塔纳 2000 轿车全车电路图(八)

J104—ABS 控制器　K47—ABS 警告灯　N99—ABS 右前进油电磁阀　N100—ABS 右前出油电磁阀
N101—ABS 左前进油电磁阀　N102—ABS 左前出油电磁阀　S12—电动摇窗机，ABS 控制单元熔丝，15A
T1e—ABS 线束与电动摇窗机线束插头连接，1 针，在中央电器后面　T7—ABS 线束与 ABS 警告灯插头连接，7 针，在 ABS 警告灯上　T25—ABS 线束与 ABS 控制单元插头连接，25 针，在 ABS 控制器上
⑩—搭铁点，在中央电器后面车身前围板上

制动液位报警开关、驻车制动指示灯开关、自诊断插座、空调电磁离合器

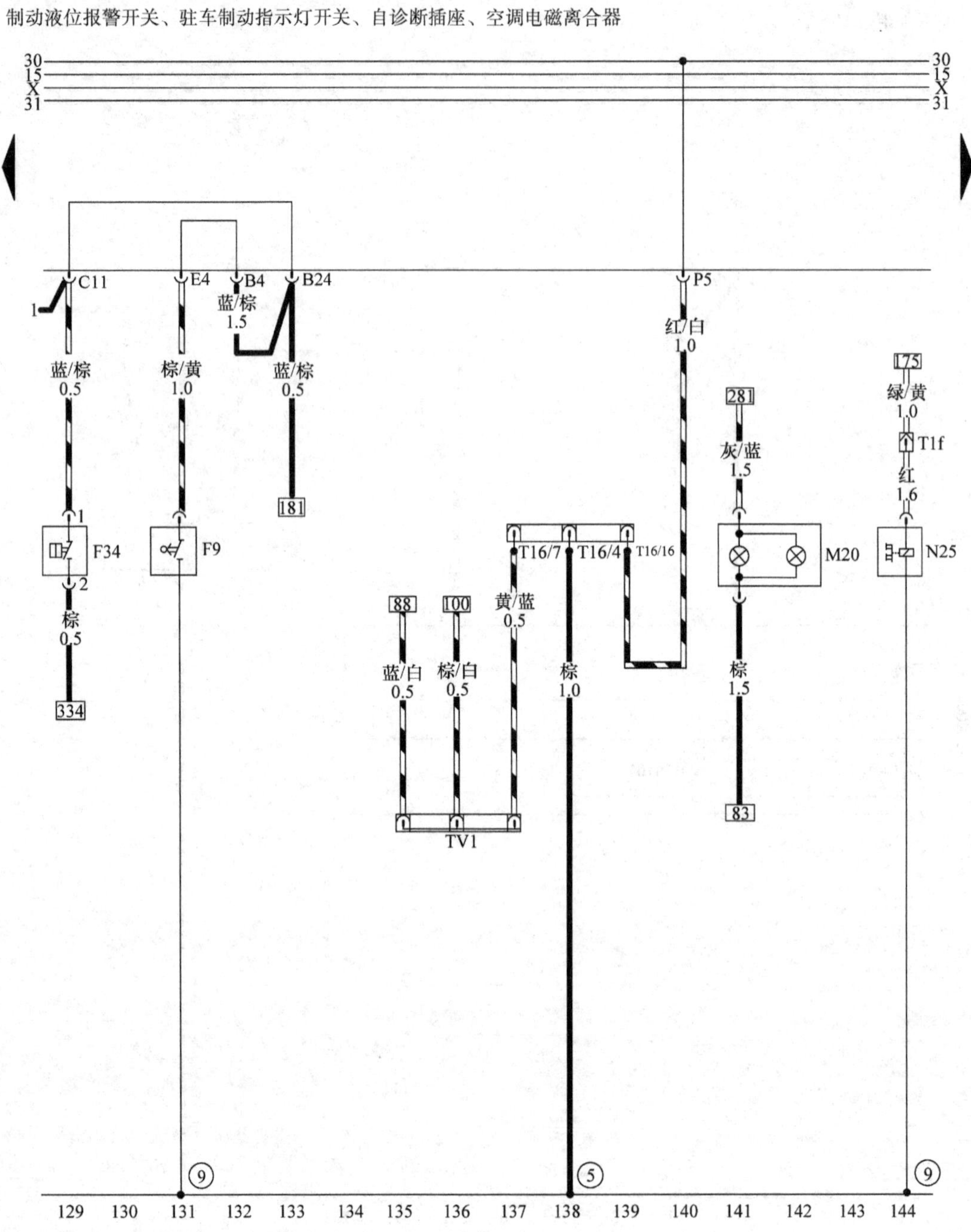

图 2-32　桑塔纳 2000 轿车全车电路图(九)

F9—驻车制动指示灯开关　F34—制动液位报警开关　M20—空调控制面板照明灯　N25—电磁离合器　T1f—前照灯线束与压缩机电磁离合器插头连接，1 针，在压缩机旁　T16—故障诊断仪插座，16 针，在变速杆防尘罩下面　TV1—诊断线插座，附加插在中央电器 13 号位上

⑤—搭铁点，在中央电器左侧星形搭铁爪上　⑨—自身搭铁

空调继电器、空调 A/C 开关，风速开关、鼓风电动机、散热风扇、室温开关、进风门电磁阀

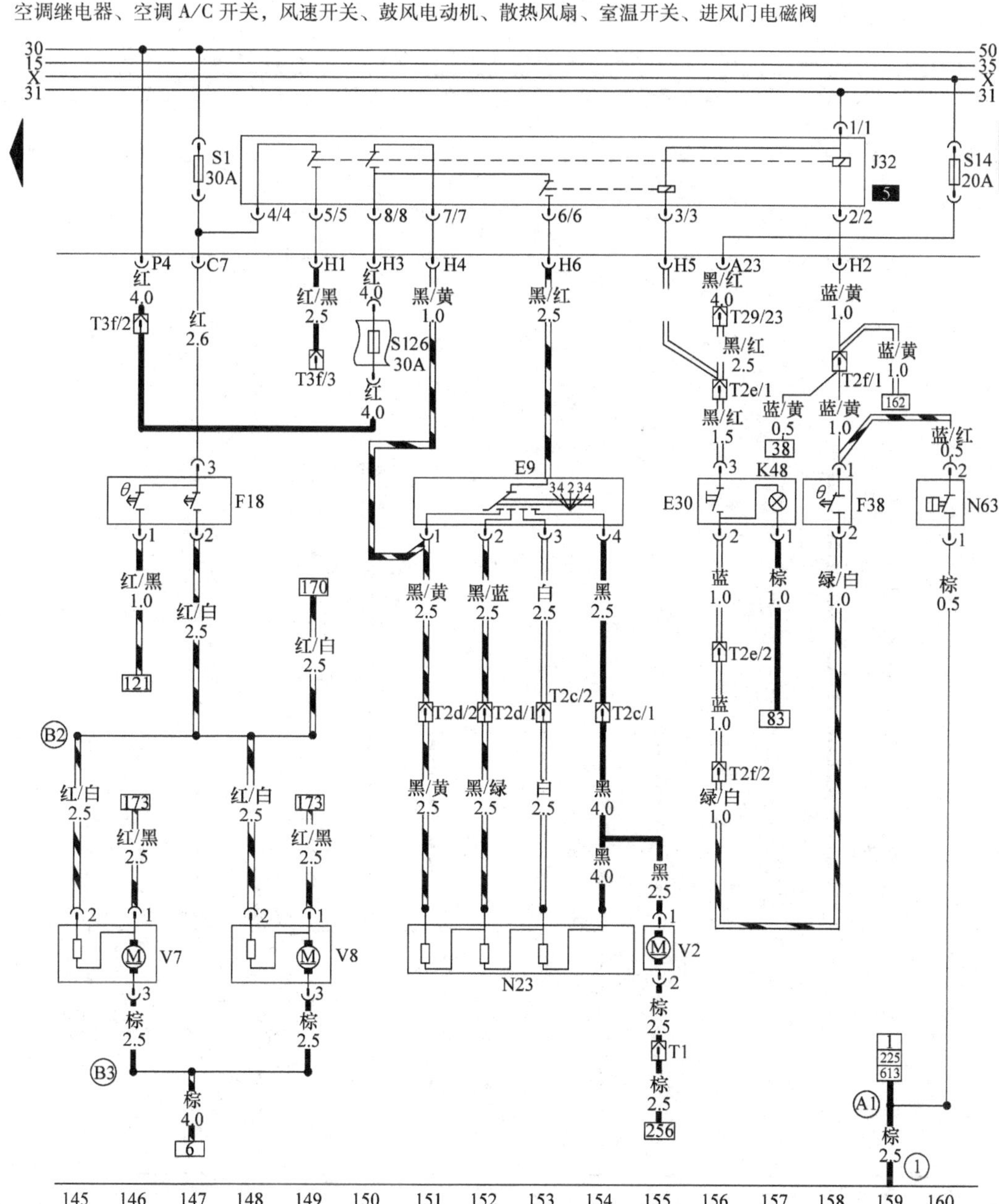

图 2-33　桑塔纳 2000 轿车全车电路图(十)

E9—风速开关　E30—空调 A/C 开关　F18—散热风扇热敏开关　F38—室温开关　J32—空调继电器　K48—空调 A/C 开关指示灯　N23—鼓风电动机减速电阻　N63—进风门电磁阀　S1—散热风扇熔丝(不用空调时)，30A　S14—空调继电器熔丝，20A　S126—空调鼓风电动机熔丝，30A　T1—空调鼓风电动机机线束与仪表板线束插头连接，1 针，在中央电器后面　T2c—空调操纵线束与空调鼓风电动机线束插头连接，2 针，在加速踏板上方　T2d—空调操纵线束与空调鼓风电动机线束插头连接，2 针，在加速踏板上方　T2e—仪表板开关线束与空调操纵线束插头连接，2 针，在空调操纵面板后面　T2f—发动机线束与空调操纵线束插头连接，2 针，在中央电器　T3f—空调纵操纵线束与发动机线束插头连接，3 针，在中央电器　T29—仪表板线束与仪表板开关线束插头连接，29 针，在组合仪表　V2—鼓风电动机　V7—左散热风扇　V8—右散热风扇　①—搭铁点，在发动机控制单元旁车身上　Ⓐ1—搭铁连接线，在发动机线束内　Ⓑ2—连接线，在前照灯线束内　Ⓑ3—搭铁连接线，在前照灯线束内

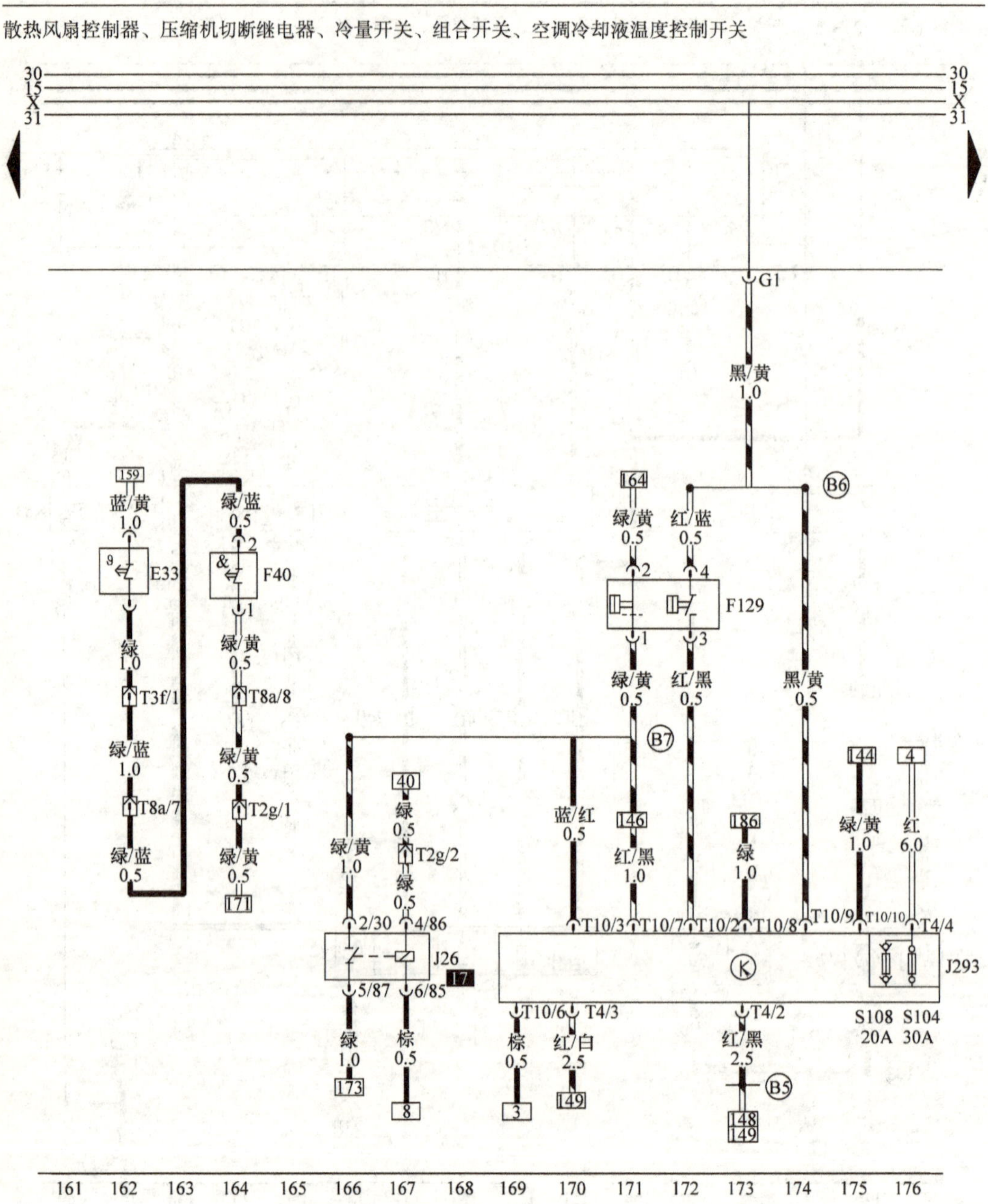

散热风扇控制器、压缩机切断继电器、冷量开关、组合开关、空调冷却液温度控制开关

图 2-34 桑塔纳 2000 轿车全车电路图(十一)

E33—冷量开关 F40—空调冷却液温度控制开关 F129—组合开关 J26—压缩机切断继电器 J293—散热风扇控制器 S104—散热风扇熔丝，高速档(使用空调时)，30A S108—散热风扇熔丝，低速档(使用空调时)，20A T2g—发动机线束与前照灯线束插头连接，2 针，在中央电器后面 T3f—空调操纵线束与发动机线束插头连接，3 针，在中央电器后面 T4—前照灯线束与散热风扇控制器插头连接，4 针，在散热风扇控制器上 T8a—发动机线束与发动机右线束插头连接，8 针，在发动机舱中间支架上 T10—前照灯线束与散热风扇控制器插头连接，10 针，在散热风扇控制器上 (B5)—连接线，在前照灯线束内 (B6)—正极连接线，在前照灯线束内 (B7)—连接线，在前照灯线束内

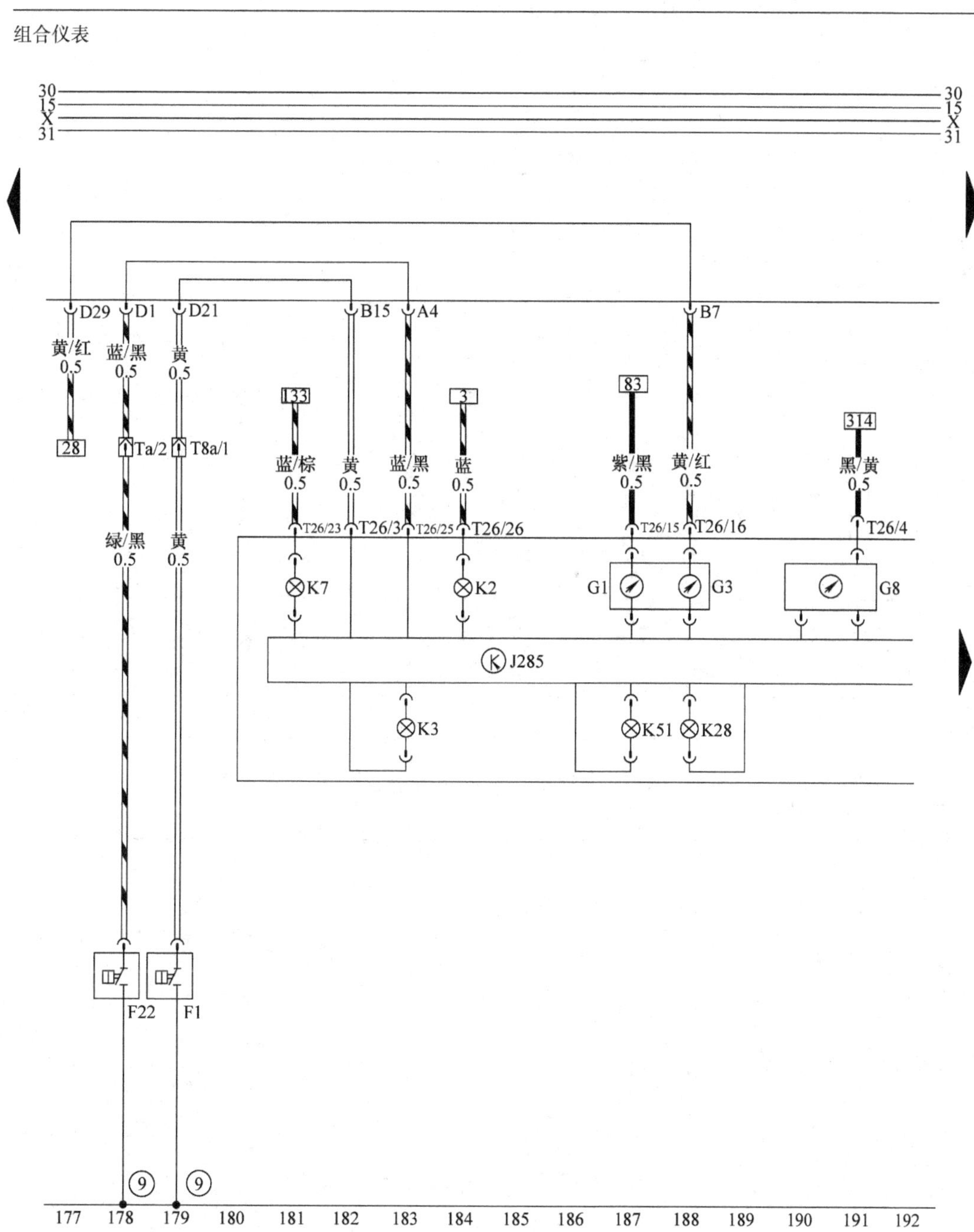

图 2-35　桑塔纳 2000 轿车全车电路图(十二)

F1—油压开关(0.18MPa)　F22—油压开关(0.025MPa)　G1—燃油表　G3—冷却液温度表　G8—车速里程表　J285—组合仪表控制器　K2—充电不足警告灯　K3—油压警告灯　K7—驻车制动指示及制动液位警告灯　K28—冷却液温度警告灯　K51—燃油不足警告灯　T8a—发动机线束与发动机右线束插头连接，8 针，在发动机舱中间支架上　T26—仪表板线束与组合仪表插头连接，26 针，在组合仪表上　⑨—自身搭铁

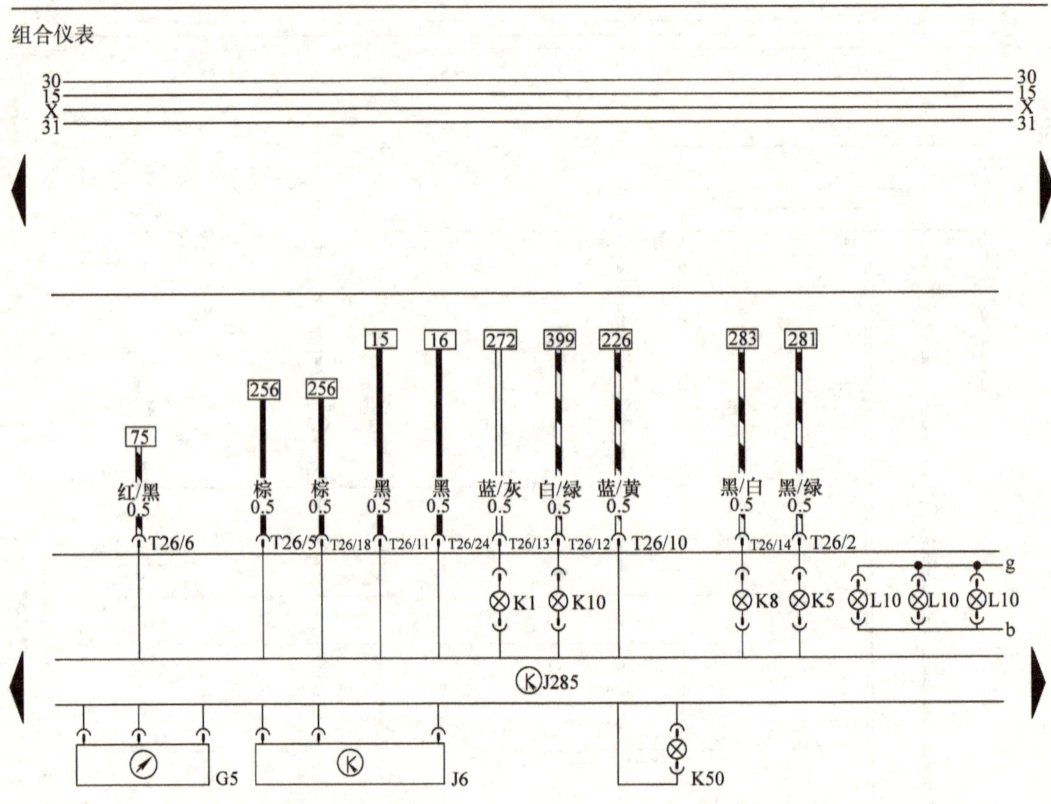

193 194 195 196 197 198 199 200 201 202 203 204 205 206 207 208

图2-36 桑塔纳2000轿车全车电路图(十三)

G5—转速表 J6—稳压器 J285—组合仪表控制器 K1—远光指示灯 K5—右转向指示灯 K8—左转向指示灯 K10—后风窗除霜指示灯 K50—冷却液不足警告灯 L10—仪表照明灯 T26—仪表板线束与组合仪表插头连接，26针，在组合仪表上

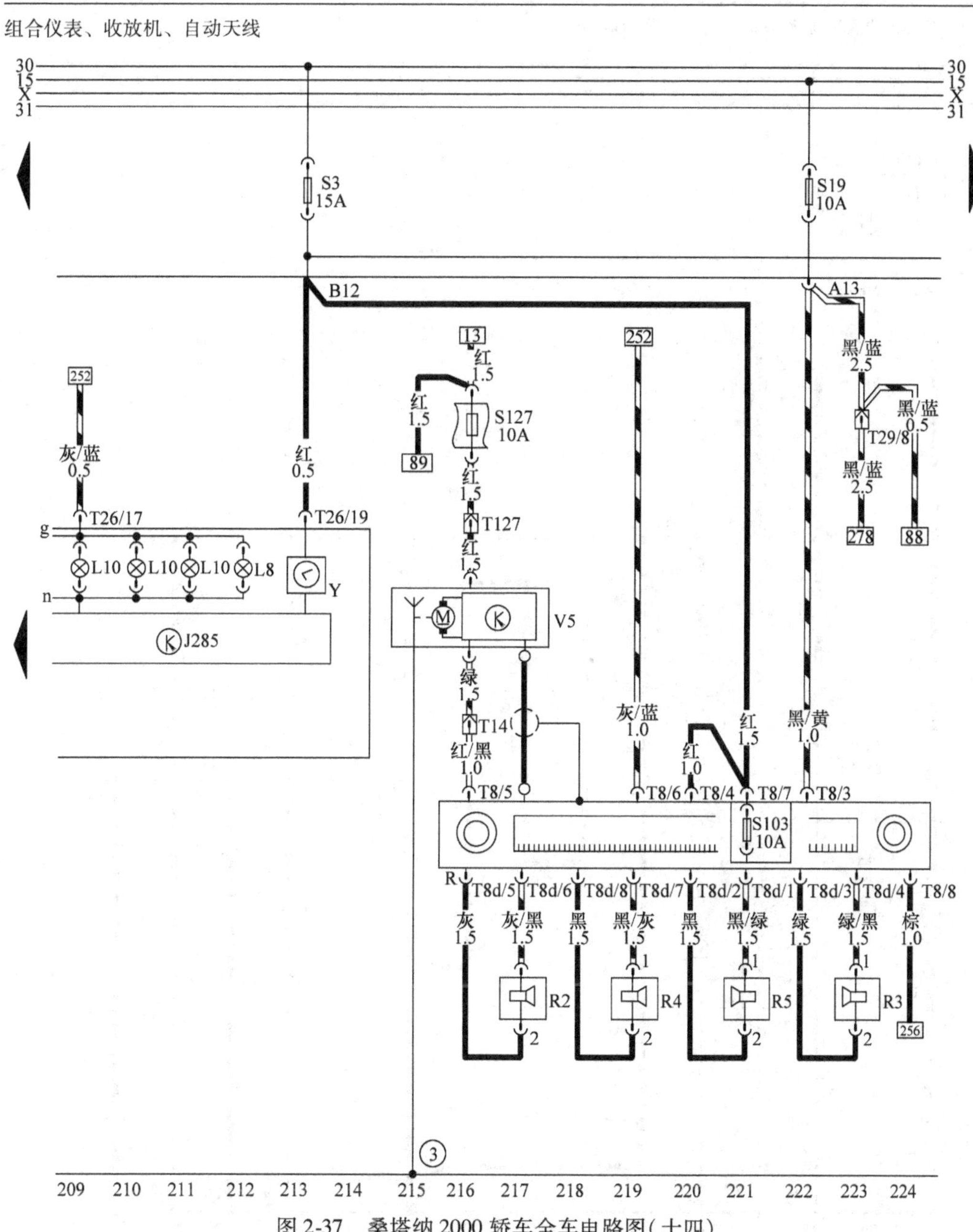

图 2-37 桑塔纳 2000 轿车全车电路图(十四)

J285—组合仪表控制器 L8—数字钟照明灯 L10—仪表照明灯 R—收放机 R2—左前扬声器 R3—右前扬声器 R4—左后扬声器 R5—右后扬声器 S3—点烟器、集控门锁、数字钟、内顶灯、后阅读灯、行李舱灯、遮阳板灯熔丝，15A S19—收放机，转向灯、防盗器控制单元熔丝，10A S103—收放机熔丝(停车时)，10A S127—自动天线熔丝，10A T1g—仪表板线束与自动天线插头连接，1 针，在收放机后面 T1h—仪表板线束与自动天线插头连接，1 针，在收放机后面 T8—仪表板线束与收放机插头连接，8 针，在收放机后部 T8d—扬声器线束与收放机插头连接，8 针，在收放机后部 T26—仪表板线束与组合仪表插头连接，26 针，在组合仪表上 T29—仪表板线束与仪表板开关线束插头连接，29 针，在组合仪表下方 V5—自动天线 Y—数字钟 ③—搭铁点，在自动天线附近车身上

内顶灯、遮阳板灯、后阅读灯、行李舱照明灯

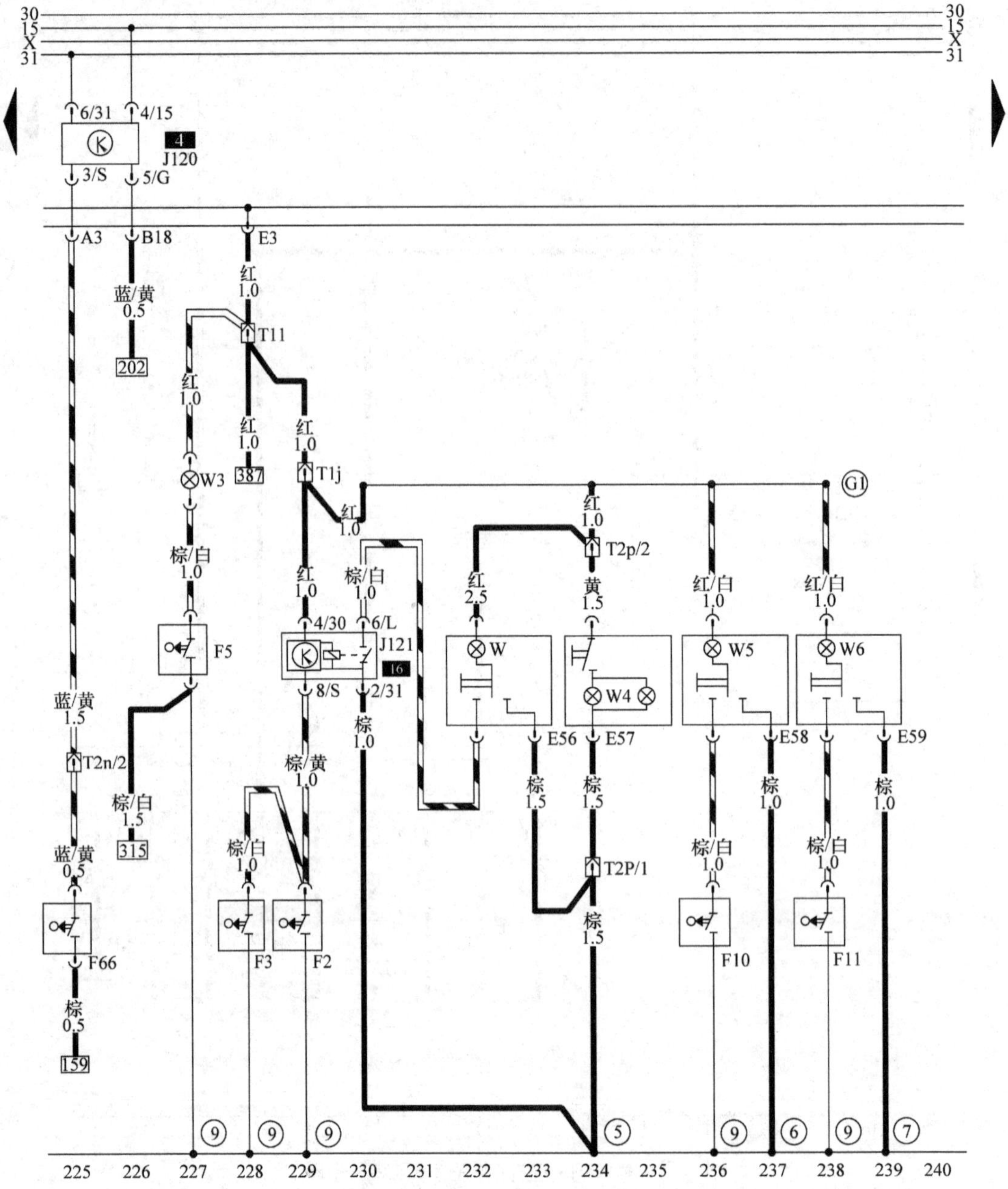

图 2-38　桑塔纳 2000 轿车全车电路图(十五)

E56—内顶灯照明开关　E57—遮阳板灯照明开关　E58—左后阅读灯照明开关　E59—右后阅读照明开关　F2—左前门上内顶灯接触开关　F3—右前门上内顶灯接触开关　F5—行李箱照明灯接触开关　F10—左后阅读灯接触开关　F11—右后阅读灯接触开关　F66—冷却液不足警告灯开关　J120—冷却液液位控制器　J121—内顶灯延时继电器　T1i—集控门锁线束与尾部线束插头连接，1 针，在中央电器后面　T1j—集控门锁线束与内顶灯线束插头连接，1 针，在中央电器后面　T2n—发动机线束与仪表板线束插头连接，2 针，在中央电器后面　T2p—内顶灯线束与遮阳板灯插头连接，2 针，在车顶前右侧　W—内顶灯　W3—行李舱照明灯　W4—遮阳板灯　W5—左后阅读灯　W6—右后阅读　⑤—搭铁点，在中央电器左侧星形搭铁爪上　⑥—搭铁点，在左后阅读灯前方车顶上　⑦—搭铁点，在右后阅读灯前方车顶上　⑨—自身搭铁　G1—正极连接线，在内顶灯线束内

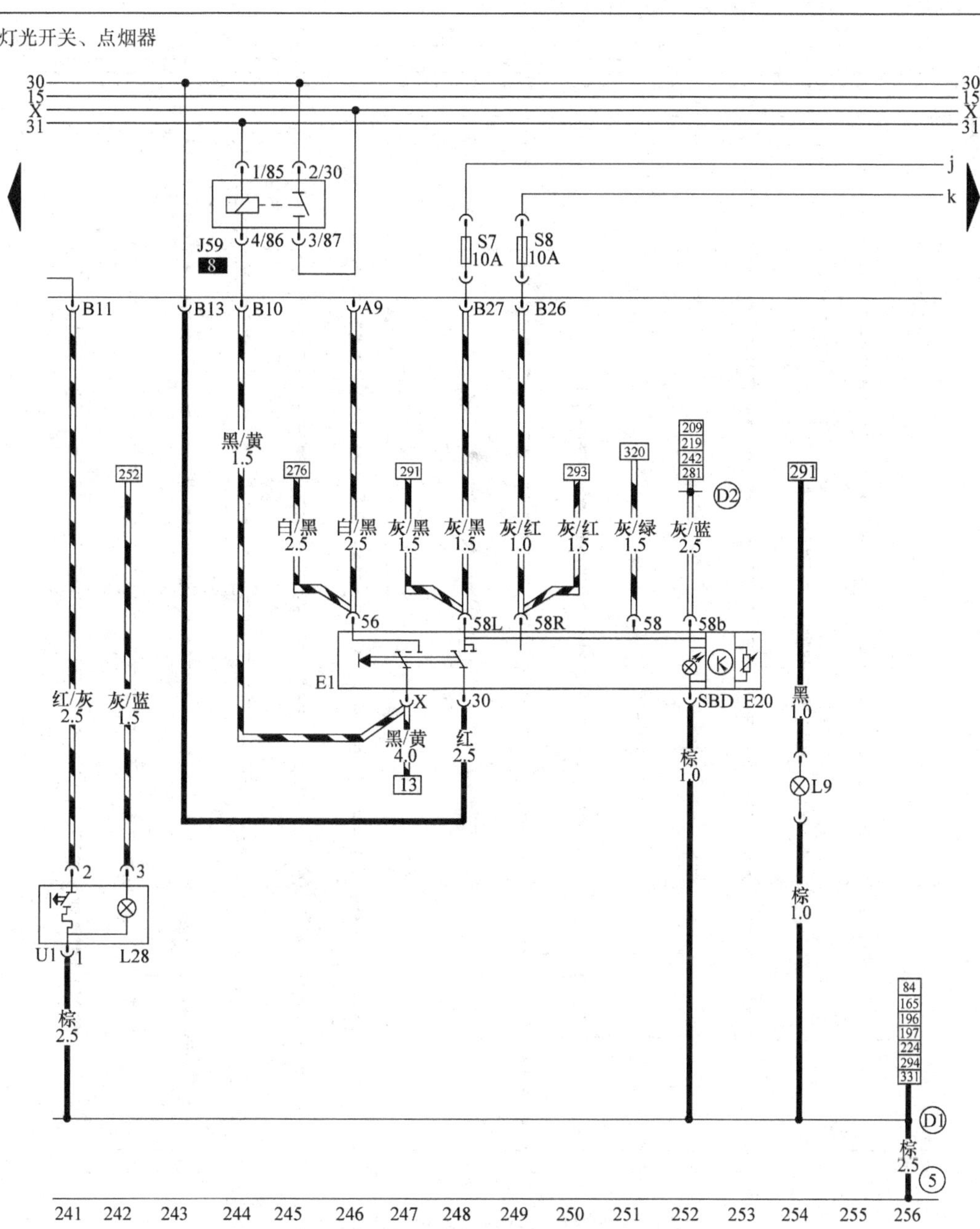

图 2-39　桑塔纳 2000 轿车全车电路图(十六)

E1—灯光开关　E20—仪表板照明调节器　J59—X-接触继电器　L9—灯光开关照明灯　L28—点烟器照明灯　S7—左尾灯，左前停车灯熔丝，10A　S8—右尾灯，右前停车灯，发动机舱照明灯熔丝，10A　U1—点烟器　⑤—搭铁点，在中央电器左侧星形搭铁爪上　Ⓓ1—搭铁连接线，在仪表板线束内　Ⓓ2—连接线，在仪表板线束内

前照灯、停车灯、后转向灯、尾灯、制动灯、发动机舱照明灯

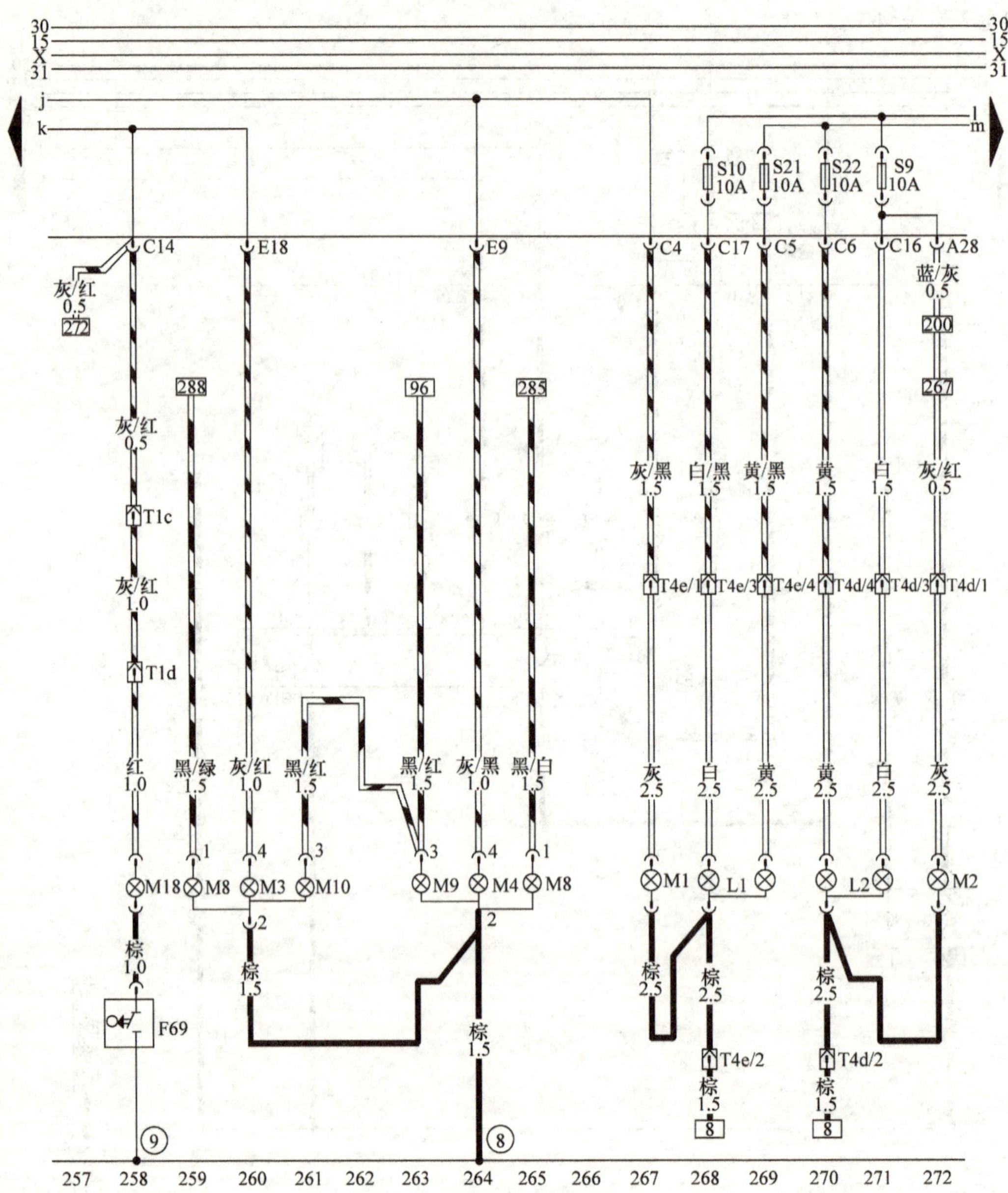

图 2-40 桑塔纳 2000 轿车全车电路图(十七)

F69—发动机舱照明灯接触开关 L1—左前照灯 L2—右前照灯 M1—左停车灯 M2—右停车灯 M3—右尾灯 M4—左尾灯 M6—左后转向灯 M8—右后转向灯 M9—左制动灯 M10—右制动灯 M18—发动机舱照明灯 S9—右前照灯(远光)熔丝，10A S10—左前照灯(远光)熔丝，10A S21—左前照灯(近光)熔丝，10A S22—右前照灯(近光)熔丝，10A T1c—前照灯线束与发动机线束插头连接，1 针，在中央电器后面 T1d—发动机线束与发动机舱照明灯电线插头连接，1 针，在刮水器电动机前 T4d—前照灯线束与右前照灯插头连接，4 针，在右前照灯上 T4e—前照灯线束与左前照灯插头连接，4 针，在左前照灯上 ⑧—搭铁点，在左组合后灯左侧车身上 ⑨—自身搭铁

变光开关、报警灯开关、前转向灯

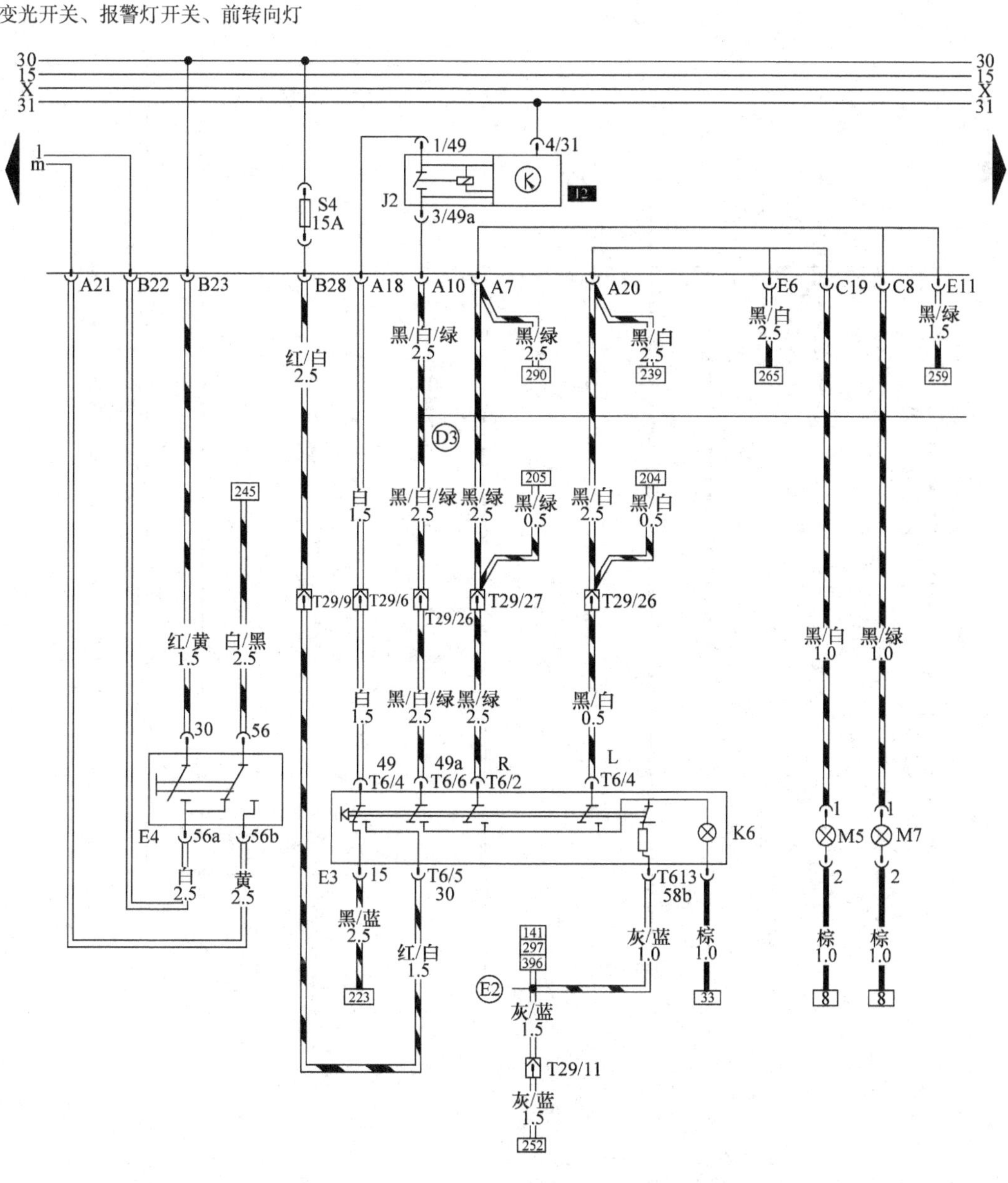

图 2-41　桑塔纳 2000 轿车全车电路图（十八）

E3—警告灯开关　E4—变光开关　J2—转向灯继电器　K6—报警闪光指示灯　M5—左前转向灯　M7—右前转向灯　S4—警告灯熔丝，15A　T6—仪表板开关线束与警告灯开关插头连接，6 针，在警告灯开关上　T29—仪表板线束与仪表板开关线束插头连接，29 针，在组合仪表下方　(D3)—正极连接线，在仪表板线束内　(E2)—连接线，在仪表板开关线束内

转向灯开关、停车灯开关、雾灯开关、双音喇叭

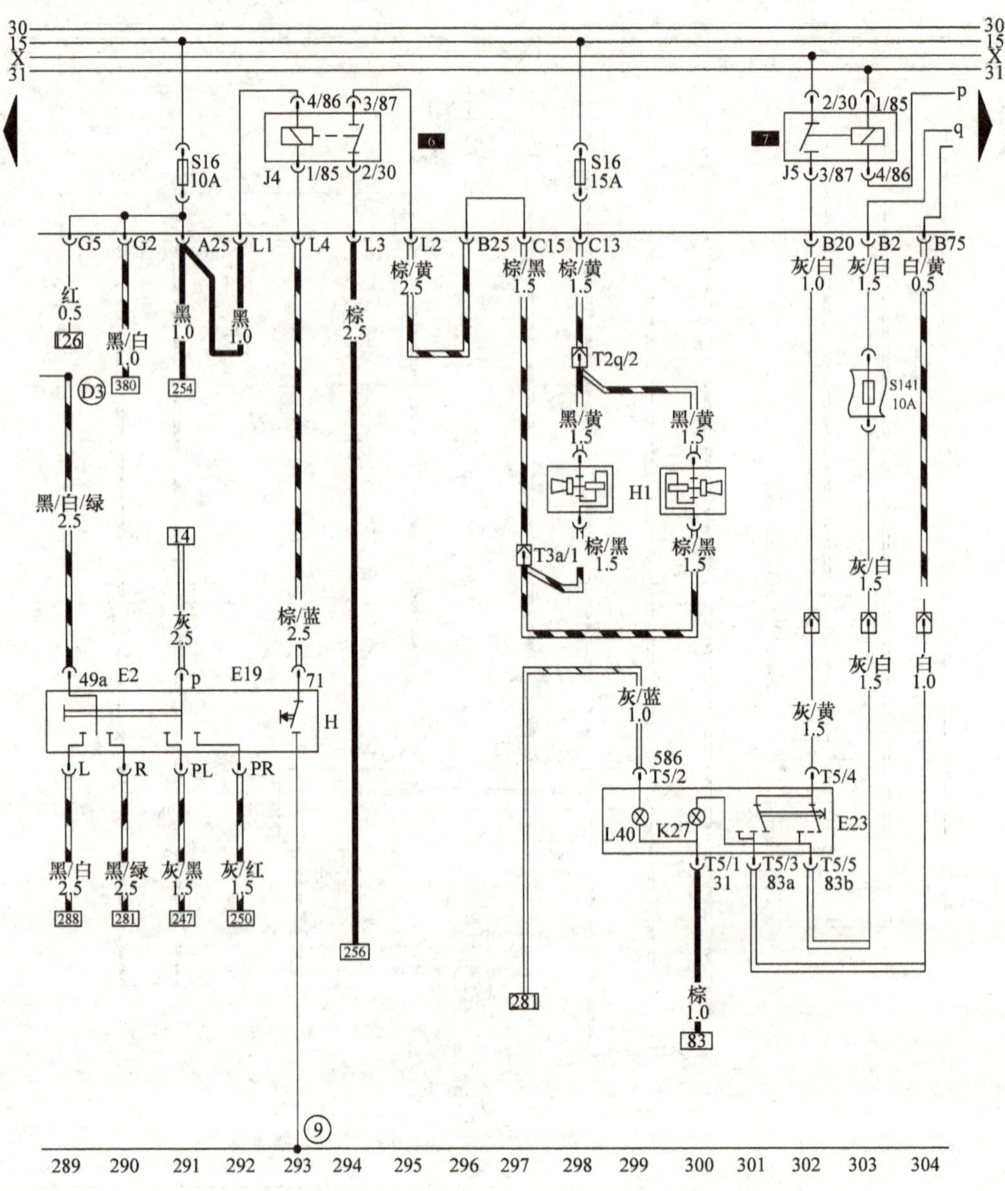

图2-42 桑塔纳2000轿车全车电路图(十九)

E2—转向灯开关 E19—停车灯开关 E23—雾灯开关 H—双音喇叭开关 H1—双音喇叭 J4—喇叭继电器 J5—雾灯继电器 K17—雾灯指示灯 L40—雾灯开关照明灯 S16—喇叭熔丝，15A S18—喇叭继电器，灯光开关，ABS警告灯熔丝，10A S124—后雾灯熔丝，10A T2q—前照灯线束与喇叭线束插头连接，2针，在喇叭上方 T5—仪表板开关线束与雾灯开关插头连接，5针，在雾灯开关上 T29—仪表板线束与仪表板开关线束插头连接，29针，在组合仪表下方 ⑨—自身搭铁 Ⓓ3—正极连接线，在仪表板线束内

雾灯、倒车灯、牌照灯、杂物箱照明灯、车速传感器

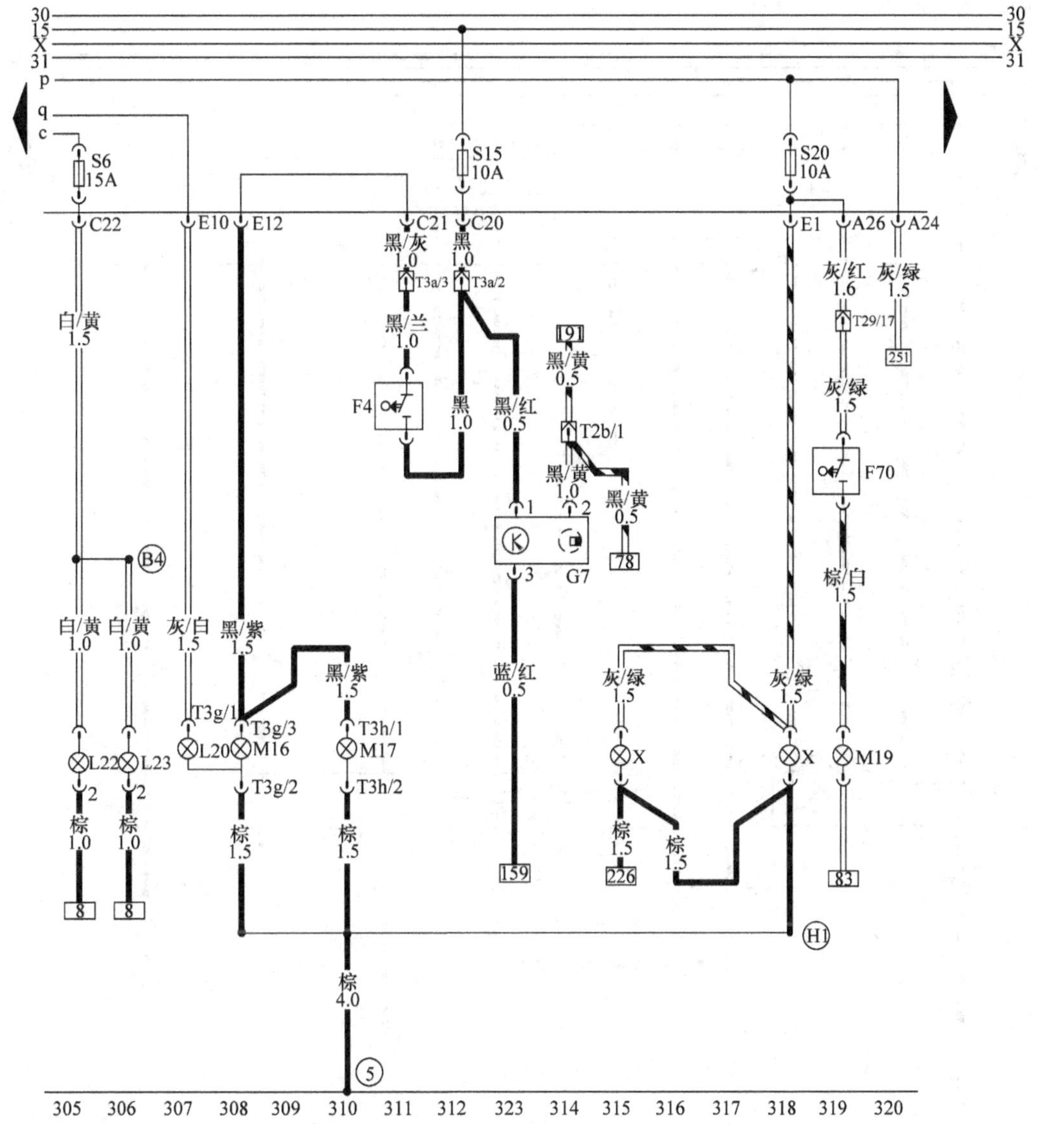

图 2-43 桑塔纳 2000 轿车全车电路图(二十)

F4—倒车灯开关 F70—杂物箱照明灯接触开关 G7—车速传感器 L20—后雾灯 L22—左前雾灯 L23—右前雾灯 M16—左倒车灯 M17—右倒车灯 M19—杂物箱照明灯 S6—前雾灯熔丝，15A S15—倒车灯，车速传感器熔丝，10A S20—牌照灯，杂物箱照明灯熔丝，10A T2b—发动机线束与仪表板线束插头连接，2 针，在中央电器后面 T3a—发动机线束与前照灯线束插头连接，3 针，在中央电器后面 T3g—尾部线束与左倒车灯插头连接，3 针，在左倒车灯上 T3h—尾部线束与右倒车灯插头连接，3 针，在右倒车灯上 T29—仪表板线束与仪表板开关线束插头连接，29 针，在组合仪表下方 X—牌照灯 ⑤—搭铁点，在中央电器左侧星形搭铁爪上 (B4)—正极连接线，在前照灯线束内 (H1)—搭铁连接线，在尾部线束内

前风窗刮水器、前风窗清洗器

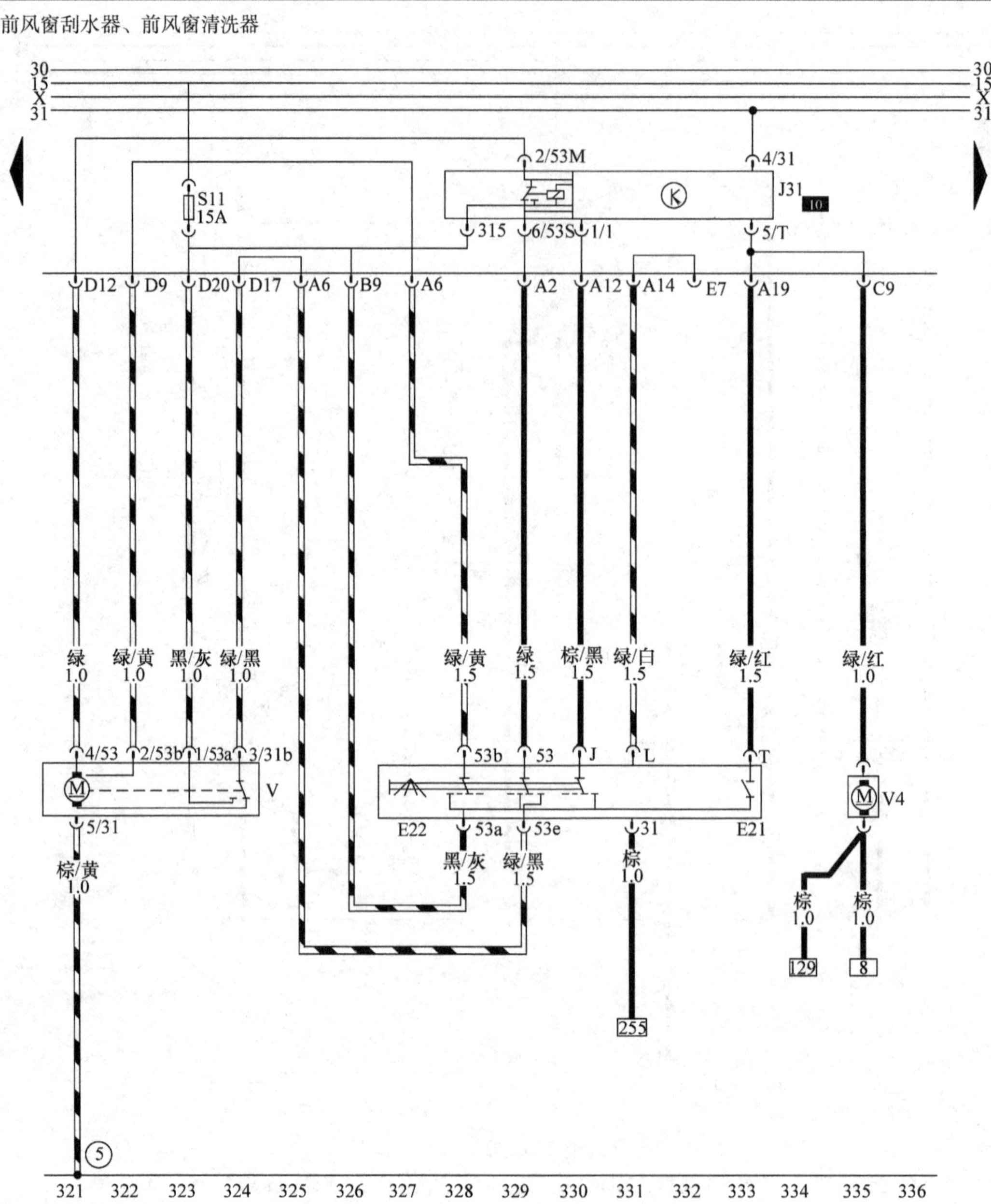

图 2-44　桑塔纳 2000 轿车全车电路图(二十一)

E21—前风窗清洗泵开关　E22—前风窗刮水器开关　J31—刮水继电器

S11—前风窗刮水器，清洗泵熔丝，15A　V—前风窗刮水电动机

V4—前风窗清洗泵　⑤—搭铁点，在中央电器左侧星形搭铁爪上

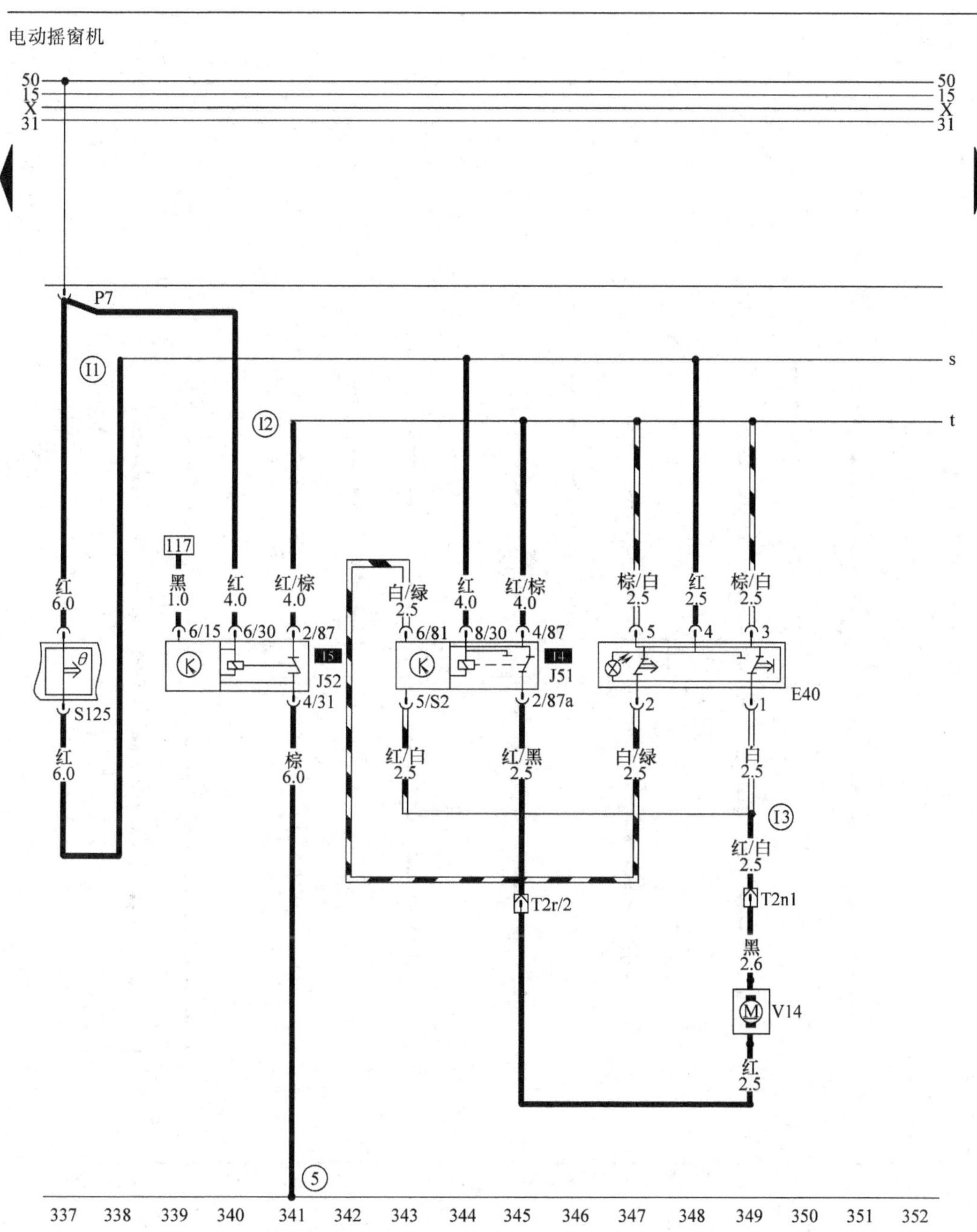

图 2-45　桑塔纳 2000 轿车全车电路图(二十二)

E40—摇窗机开关(左前)　J51—摇窗机自动下降继电器　J52—摇窗机延时继电器　S125—电动摇窗机热保护器　T2r—电动摇窗机线束与摇窗机电动机插头连接，2 针，在左前门内　V14—左前摇窗机电动机

⑤—搭铁点，在中央电器左侧星形搭铁爪上　Ⓘ1—正极连接线，在电动摇窗机线束内

Ⓘ2—连接线，在电动摇窗机线束内　Ⓘ3—连接线，在电动摇窗机线束内

电动摇窗机

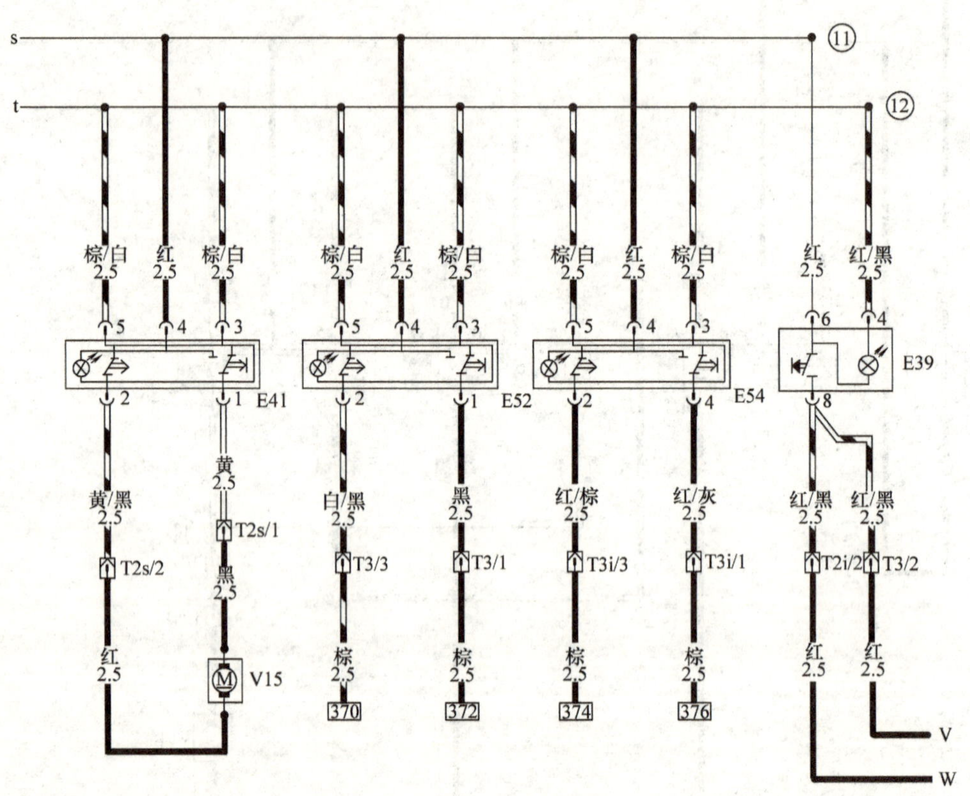

353 354 355 356 357 358 359 360 361 362 363 364 365 366 367 368

图 2-46　桑塔纳 2000 轿车全车电路图(二十三)

E39—摇窗机安全开关(后门)　E41—摇窗机开关(左前)　E52—摇窗机开关(左后)　E54—摇窗机开关(右后)　T2s—电动摇窗机线束与摇窗机电动机插头连接，2 针，在右前门内　T3—电动摇窗机线束与左后摇窗机开关插头连接，3 针，在左后门内　T3i—电动摇窗机线束与右后摇窗机开关插头连接，3 针，在右后门内　V15—右前摇窗机电动机　Ⓘ1—正极连接线，在电动摇窗机线束内　Ⓘ2—连接线，在电动摇窗机线束内

集控门锁、后风窗除霜器

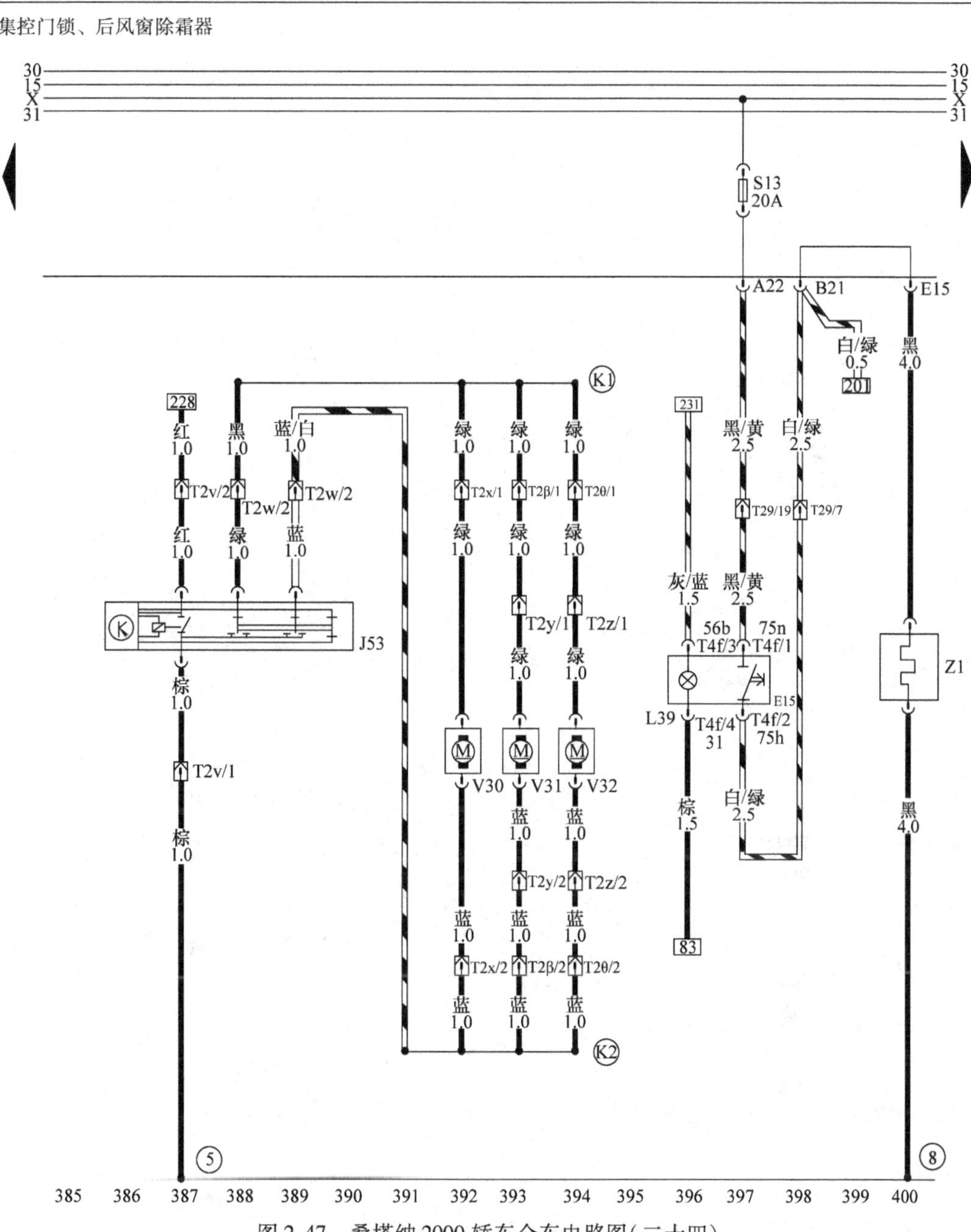

图 2-47　桑塔纳 2000 轿车全车电路图(二十四)

E15—后风窗除霜器开关　J53—集控锁控制器　L39—后风窗除霜开关照明灯　S13—后窗除霜器熔丝，20A　T2v—左前门集控锁附加线束与集控门锁线束插头连接，2 针，在左前门内　T2w—左前门集控锁附加线束与集控门锁线束插头连接，2 针，在左前门内　T2x—右前门集控锁附加线束与集控门锁线束插头连接，2 针，在右前门内　T2y—左后门集控锁附加线束与左后门附加线束插头连接，2 针，在左后门内　T2z—右后门集控锁附加线束与右后门附加线束插头连接，2 针，在右后门内　T2β—左后门附加线束与集控门锁线束插头连接，2 针，在驾驶人座椅外侧地毯下　T2θ—右后门附加线束与集控门锁线束插头连接，2 针，在前乘客座椅外侧地毯下　T4f—仪表板开关线束与后窗除霜器开关插头连接，4 针，在后窗除霜器开关上　T29—仪表板线束与仪表板开关线束插头连接，29 针，在组合仪表下方　V30—右前集控锁电动机　V31—左后集控锁电动机　V32—右后集控锁电动机　Z1—后风窗除霜器　⑤—搭铁点，在中央电器左侧星形搭铁爪上　⑧—搭铁点，在左组合后灯左侧车身上　Ⓚ1—连接线，在集控门锁线束内　Ⓚ2—连接线，在集控门锁线束内

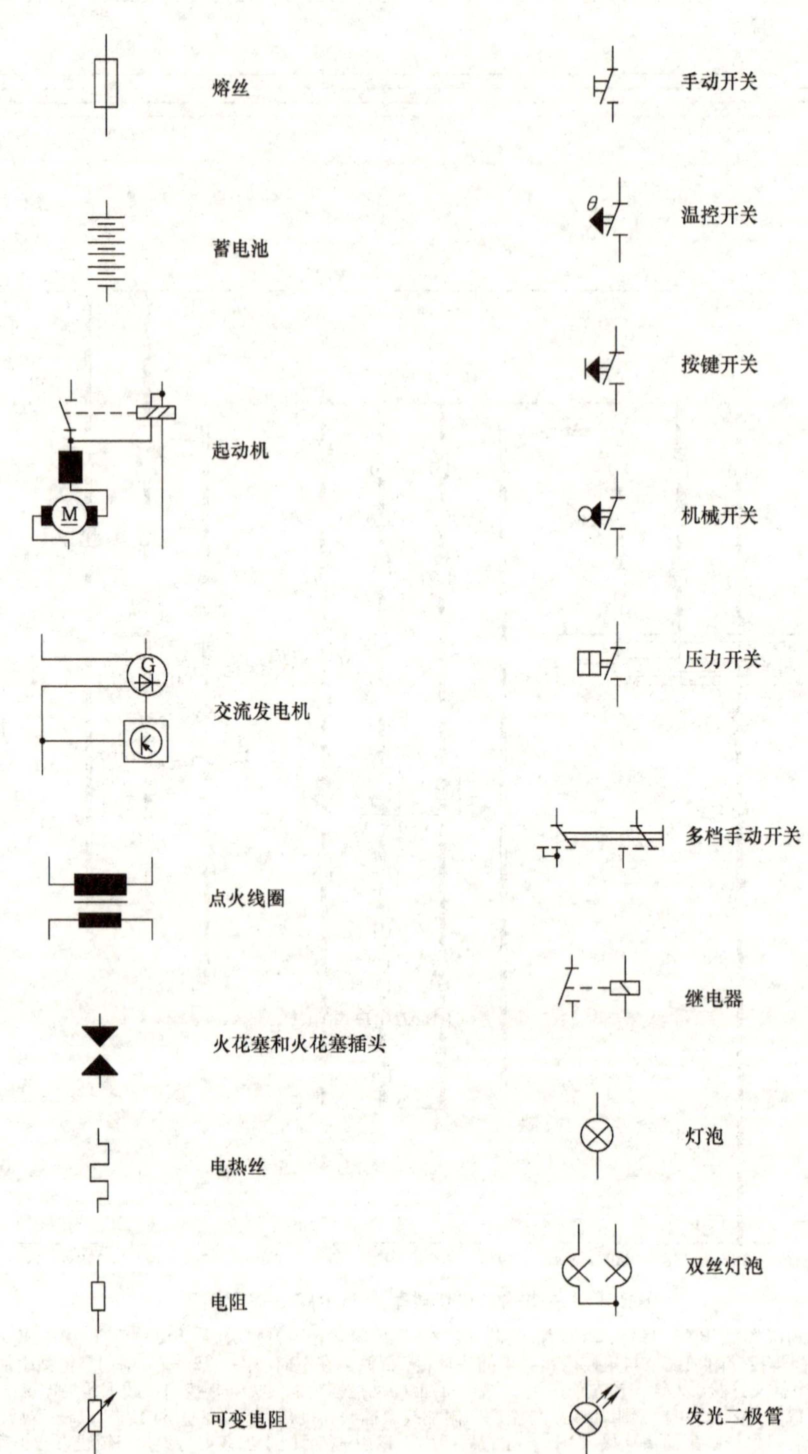

图 2-48　桑塔纳 2000 轿车全车电路图(二十五)

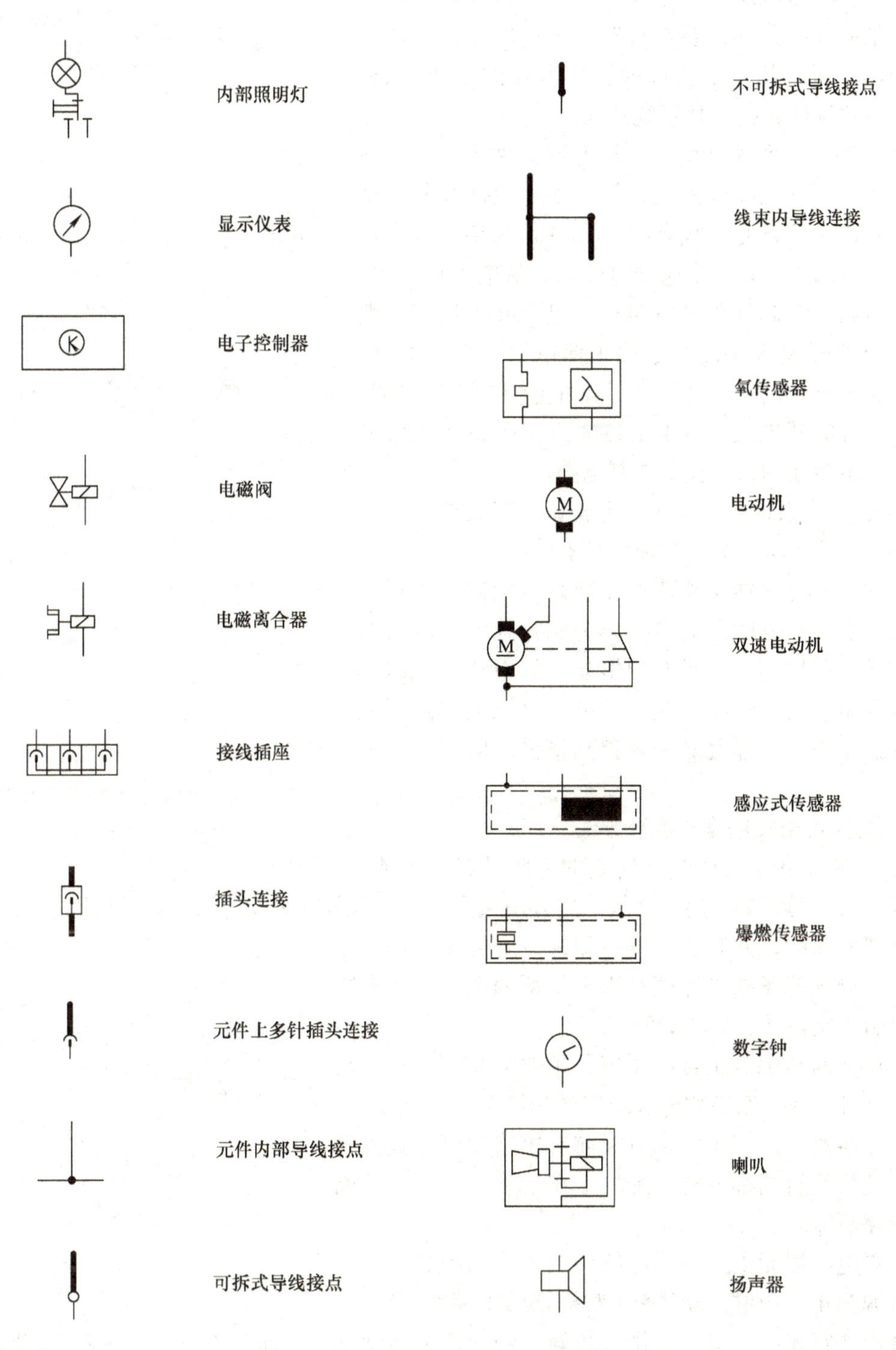

图 2-49　桑塔纳 2000 轿车全车电路图(二十六)

2. 检查电路的方法和检测诊断要点

第一步，当电路出现故障时，在进行检查之前应首先仔细阅读电路图，要在汽车全车电路图中，通过电路图的目录，找到要识读的元件所在的系统电路，将系统电路读懂，搞清楚系统的功能。

第二步，在系统电路中，从电器元件入手，一端找到电源，另一端找到搭铁。找到某一元件或某一系统的电路图的关键是，找到入手元件作为切入点。灯系电路，从灯入手；单个电动机电路，从电动机入手，如风扇电路、空调鼓风机电路；有组合开关控制的电路，从组合开关入手，如电动车窗电路、座椅电路、中控门锁电路、刮水器电路等；有继电器控制的电路，在找到元件的基础上，从继电器触点入手找到工作电路，从继电器线圈入手找到控制电路。

第三步，按照电流方向，从电源到搭铁把电路流程梳理和标注出来，分析组成元件有哪些。

第四步，再根据元件特点和维修经验判断找到检测的入手点，把故障点电路一分为二排除。一般情况下从熔丝入手检测，在线检测熔丝两端电压值，以判断故障在熔丝前还是在熔丝后。也可以根据电路图从电源开始检查，按部就班一直查到搭铁，就可将故障点查出。

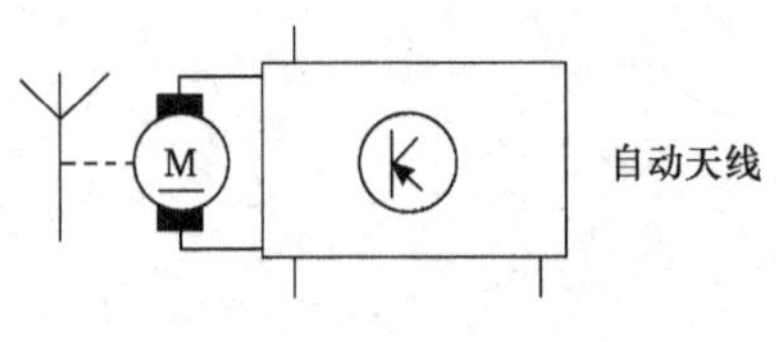

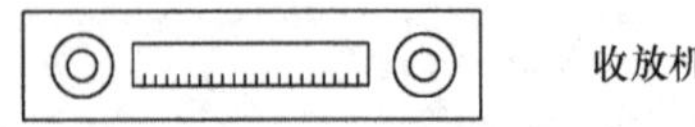

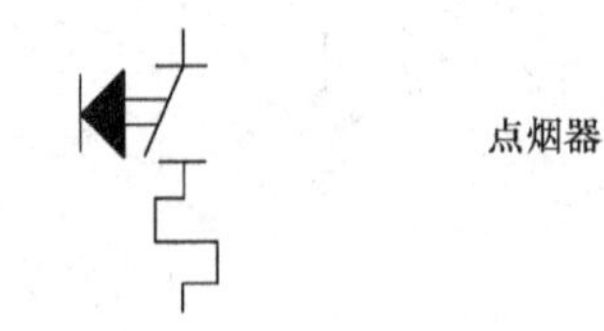

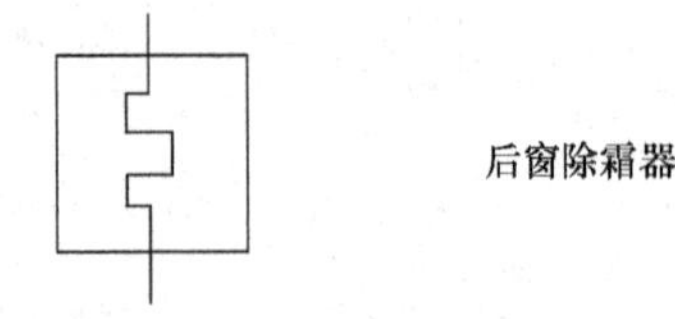

图 2-50　桑塔纳 2000 轿车全车电路图(二十七)

3. 熔丝及相关电路的检查方法

熔丝本身可用目视或万用表的电阻档进行检查，测量其是否导通，如果熔丝烧毁，用万用表测试时，其电阻为无穷大。熔丝烧毁后，应找出熔丝烧毁的原因，并对线路进行测量，测量时可用万用表或试灯测量熔丝的电源端是否有电源的电压，测量电器端是否直接搭铁，如图 2-51 所示。

若熔丝两端都有正常电压值，则故障在熔丝后，熔丝后的元件损坏或断路故障；若熔丝一端有电一端没电，则故障在熔丝后，熔丝后到负载前有短路故障，找到搭铁点；若熔丝两端都没电，则故障在熔丝前，熔丝前断路或短路故障。

如果电源端无电压则应继续向电源方向检查，直至查到电源为止。若电器端搭铁(对搭铁的电阻为 0)，则必须查出线路在何处搭铁，排除故障，否则换上新熔丝也会烧毁。

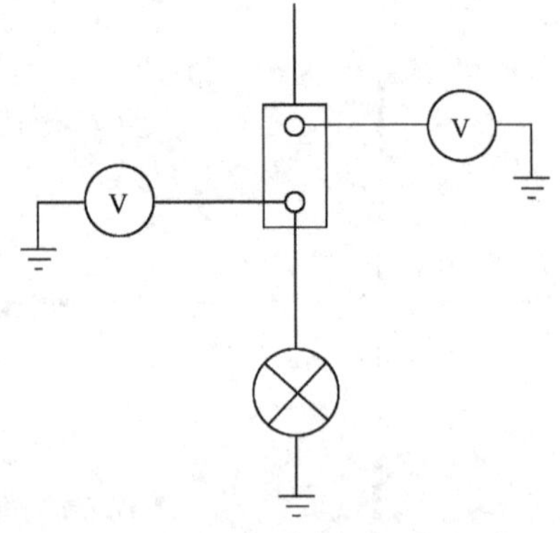

图 2-51　在线检测熔丝原理图

4. 继电器及相关电路的检查方法

继电器一般由一个控制线圈和一对或两对触点组成，触点有常开和常闭触点之分。检查时用万用表的电阻档测量继电器的线圈，检查其电阻是否符合要求，如果电阻符合要求，再给继电器线圈加载工作电压，检查其触点的工作情况。如果是常开触点，加载工作电压后，触点应闭合，测量电阻应为0；如果触点为常闭触点，加载工作电压后，其触点应断开，测量电阻应为无穷大，如图2-52所示。

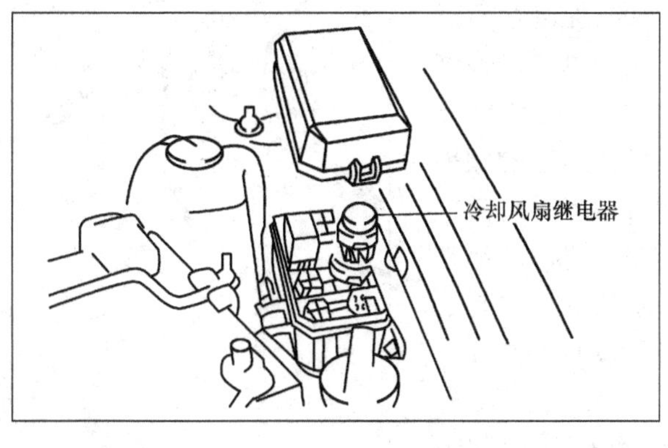

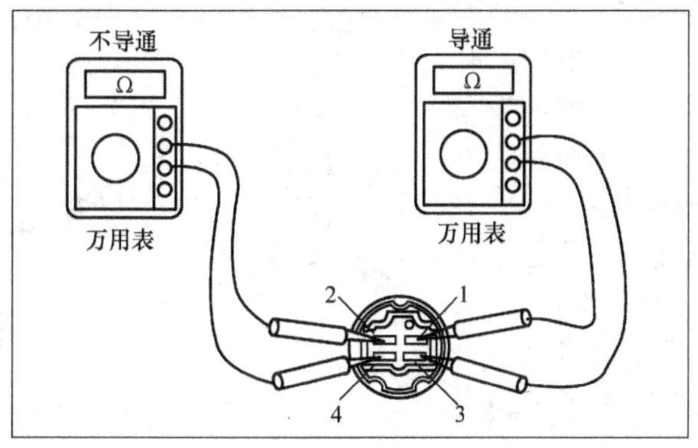

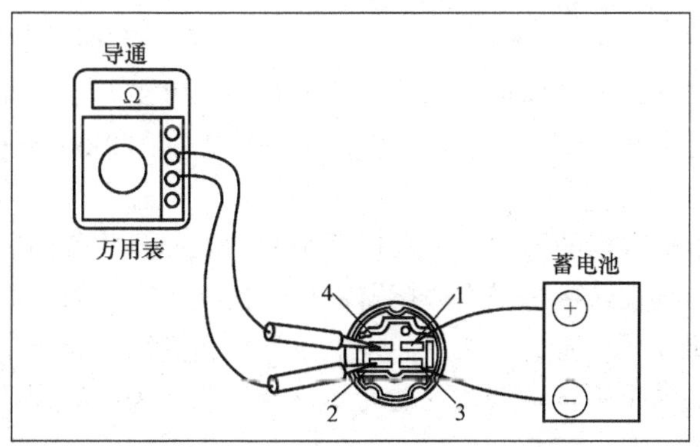

图2-52 继电器的测量

相关电路检测时，继电器线圈的两个插脚，一个在控制开关接通后应有继电器的工作电压，另一插脚应搭铁。触点的插脚应根据电路图确定其应接电源还是搭铁，并按照其工作情况用万用表检测是否符合要求，如图2-53所示。

5. 传感器类零件的检查方法

目前汽车上的传感器按是否需要工作电源可分为有源传感器和无源传感器；按输出信号

的类型可分为输出电压信号和输出频率信号等类型。在检查时应根据传感器的不同类型按不同的方法进行检测。对于有源传感器，应检查其工作电压和信号电压或频率是否正常，如果能测量传感器的电阻，还需进行电阻的测量，检查其是否在规定的范围之内。对于无源传感器则应检查其信号电压或信号的频率是否符合要求，若能测量电阻，也需检查其电阻，应在规定的范围之内。还有一类开关型的传感器，检查的方法是在其工作范围内检查其能否按照工作要求完成开关动作。

如图 2-54 所示为一线性输出的节气门位置传感器，在检查时，应检查其工作电压，节气门全关和全开时的信号电压，节气门全开和全关时的电阻。

6. 电磁阀类元件的检查方法

电磁阀类零件的检测，主要是用万用表检查其线圈的电阻是否符合要求，在通电后阀的动作是否符合要求及是否达到规定的效果，如图 2-55 所示为真空电磁阀的检查方法。

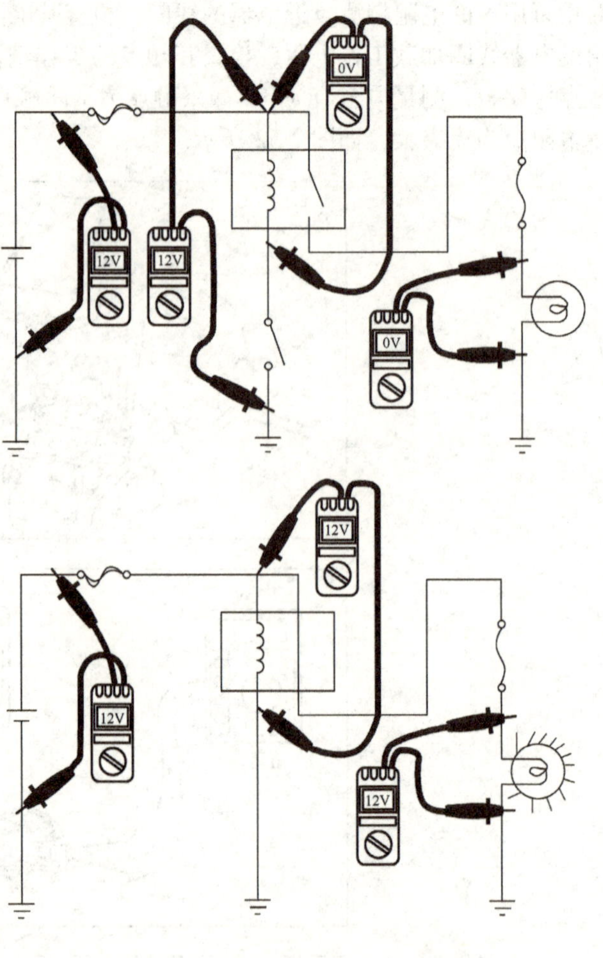

图 2-53　继电器相关电路的检查

7. 灯泡的检查方法

灯泡是电器元件中比较容易损坏的部件，检查时一般可用万用表检查灯丝的通断，如果测量到灯丝的电阻为无穷大，则为灯泡损坏。灯泡的检查如图 2-56 所示。

8. 开关的检查方法

开关是汽车电器中最常用的部件，可根据开关的功能和开关各档位的导通情况用万用表进行检查，通常开关与线束连接时采用插接器，插接器上的导线都有编号，检查时，使开关处于不同的档位，按照开关接通情况测量插接器或插头相应编号导线之间的导通情况，如图 2-57 所示，如果检查的结果不符合开关的功能要求，说明开关已经损坏。

9. 电路的检查方法

电路检查一般采用两种方法，一种是利用万用表的电压档，沿着电路图中的电路分段用万用表检查电压或用试灯测试亮灭的情况；另一种方法是用万用表的电阻档测量相应导线的通断程度及搭铁情况，如图 2-58 所示。

（1）电路断路故障检测　当怀疑某一电路断路时，用万用表的电阻档检测线路两端的电阻值，如果阻值为无穷大，则说明该线路断路。

（2）电路短路故障检测　当怀疑某一电路短路时，用万用表的电阻档检测电路两端的电阻值，如果阻值接近于 0（小于 1Ω），则说明该电路有短路。

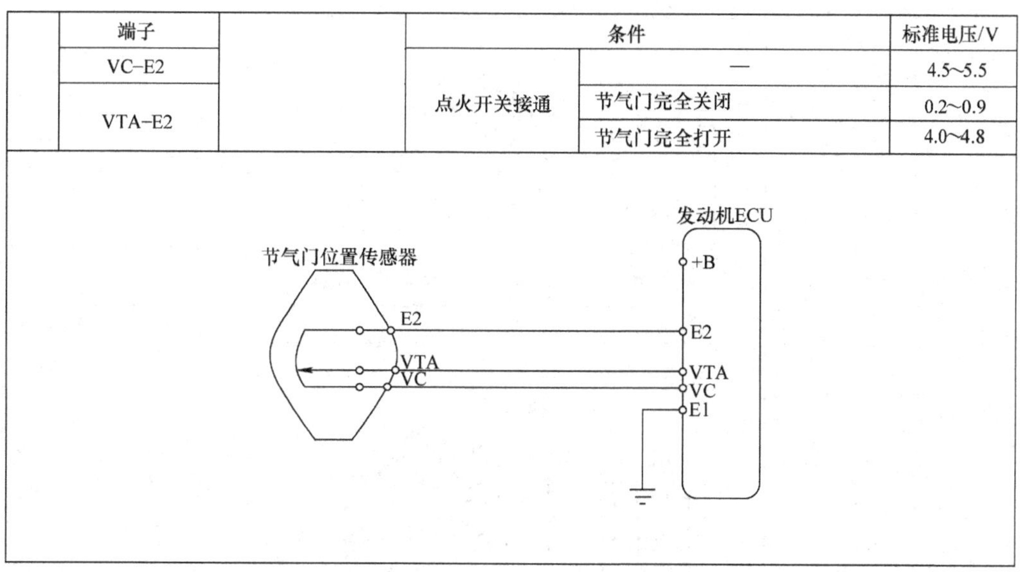

	端子		条件		标准电压/V
	VC−E2		点火开关接通	—	4.5~5.5
	VTA−E2			节气门完全关闭	0.2~0.9
				节气门完全打开	4.0~4.8

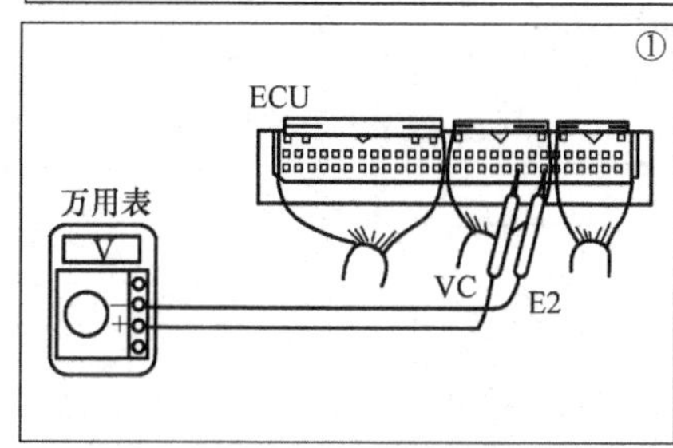

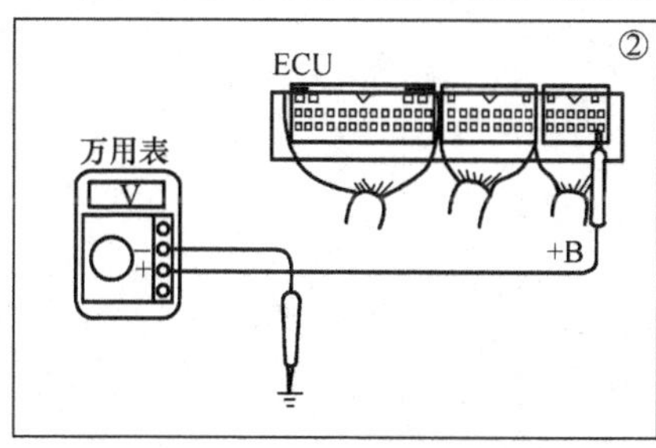

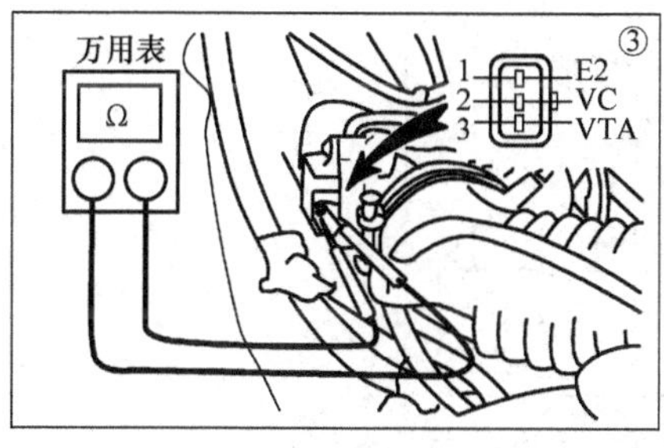

图 2-54　节气门位置传感器的检测

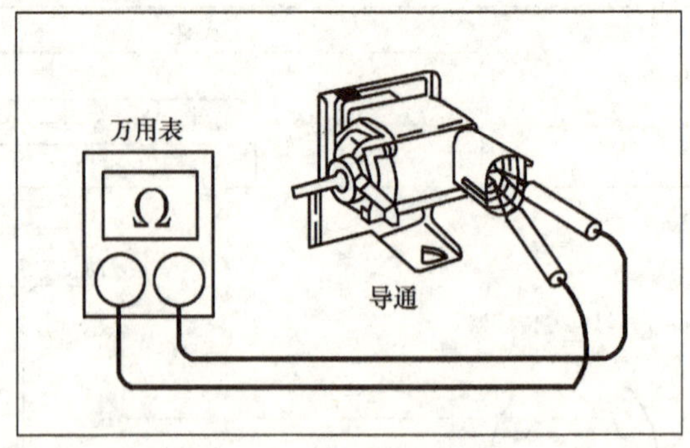

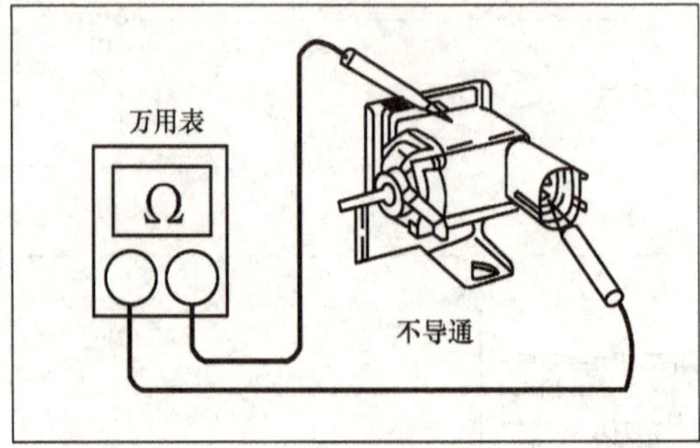

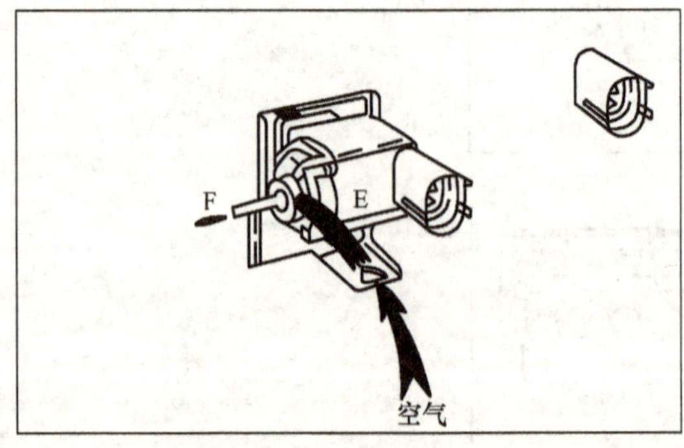

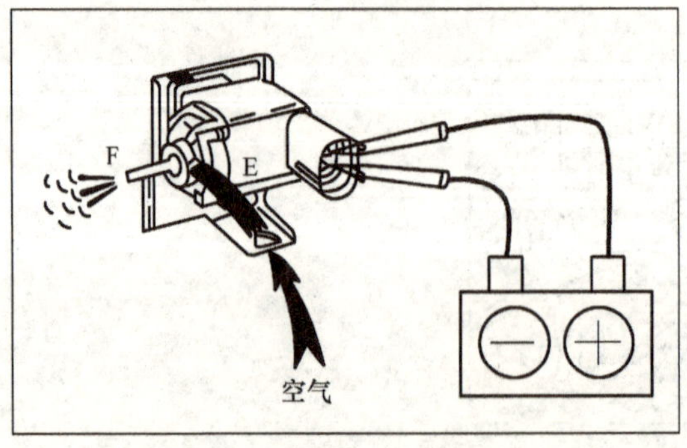

图 2-55　真空电磁阀的检查

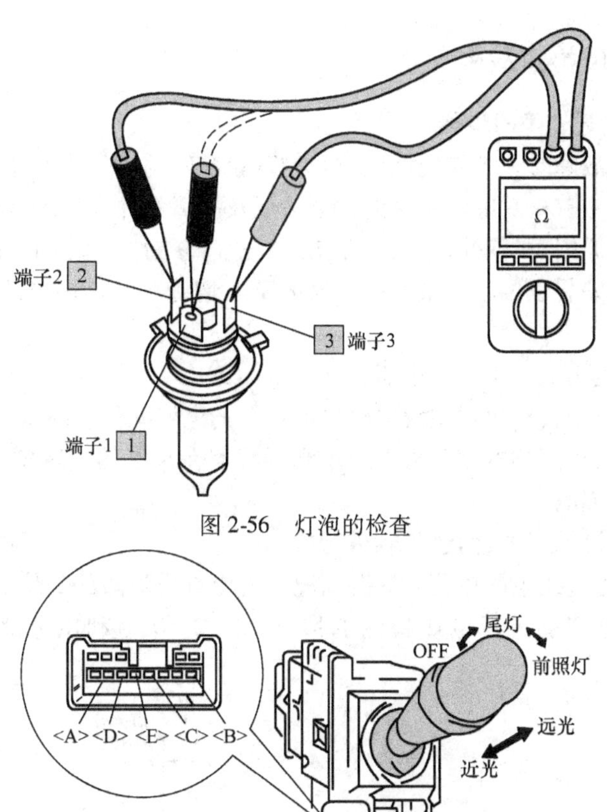

图 2-56　灯泡的检查

图 2-57　开关的检查

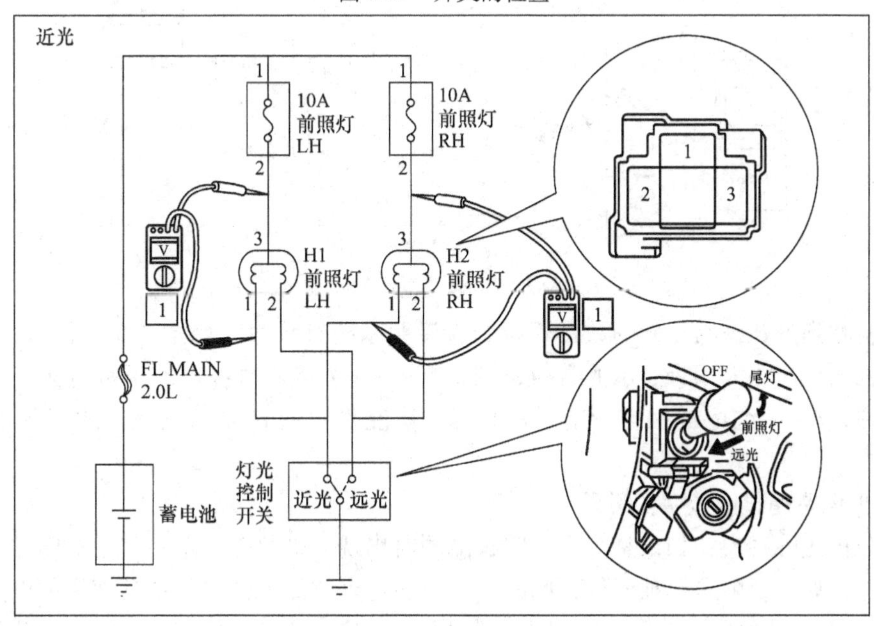

图 2-58　线路的检查

十、利用电路图检查故障

1. 利用电路图检查故障的步骤

当电气系统出现故障时，首先应确定故障的现象和发生故障的条件，这样可以大致确定故障的范围，检查时应首先对电源系统的供电情况及故障元件本身进行检查，如果通过上述检查还不能确定故障原因时，就需借助电路图进行故障诊断。电路图可以提供电气设备的基本电路、电器元件的安装位置、线束及插接器的基本情况。在使用电路图进行故障诊断时，可按下述步骤行：

1）在电路图中找出故障系统的电路，并仔细阅读。

2）通过阅读电路图找出故障系统电路中所包含的电器元件、线束和插接器等。

3）通过电路图找出上述电器元件、线束和插接器在车上的安装位置及电器元件和插接器上各端子的作用或编码。

4）对怀疑有故障的部件按前述内容进行检测。

5）根据电路图检查线束的短路和断路情况，直至查出故障的部位。

图2-59为利用电路图进行电压检测的情况，图2-60为利用电路图进行短路检查的情况。

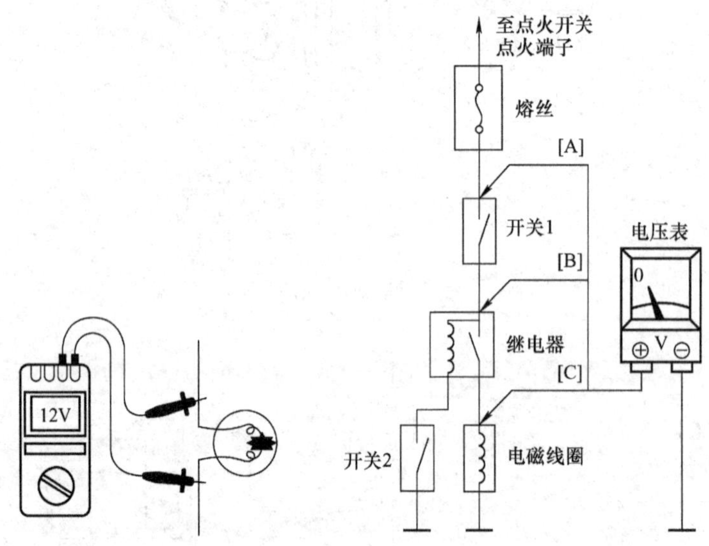

图2-59　电路电压检测

如果检测到的数据与正确的数据不符，就说明系统有故障。如图2-61所示，在开关断开时各点的电压应为万用表所示的数值，图2-62为开关接通时各点的正常电压，如果电压不符，如图2-63中继电器触点处有2V电压，就说明此处有接触电阻，故障为触点接触不良。

2. 利用电路图检查故障的思路

深入分析故障现象，如果是多个电路故障同时出现，则故障一定在多个故障涉及元件的公共电路上；如果故障是单独元件，则故障一定在这个故障元件自己单独使用的电路上，与其他元件共用部分的电路绝不会有问题。利用电路图检查故障的思路是，公共故障找公共电路，单独故障找单独电路。这样可以排除很多段电路的故障嫌疑，提高诊断效率。

十一、利用电路图检查故障的实例

一辆车的右侧前照灯的近光和远光都不亮，诊断时应在电源检查的基础上仔细阅读电路图，前照灯的电路图如图 2-64 所示。阅读完电路图后可根据故障的现象分析故障可能发生的部位，这些部位包括蓄电池、FL MAIN 熔丝、前部右侧熔丝、前照灯右侧灯泡、组合开关、接线器和线束等，然后根据故障的现象分析排除非故障的原因。由于左侧前照灯无问题，所以蓄电池、FL MAIN 熔丝可以排除掉；组合开关和接线器同时控制左右前照灯的电路，左侧前照灯正常，说明组合开关和接线器也正常。通过上述分析，可能出故障的部位只有前部右侧熔丝、右侧灯泡和线束。下一步可以对熔丝、灯泡进行检查，检查的结果是熔丝烧坏。再下一步是要确定熔丝烧坏的原因，熔丝烧坏的多数原因是电路发生了短路，因此还需对电路进行检查。检查时可将灯泡的插接器作为检查的部位，用万用表的电阻档检查插接器上三个端子的绝缘情况，如果电源端绝缘情况良好，说明短路发生在下游电路，此例中短路发生在此线束短路，维修后更换熔丝，故障排除。故障排除的过程如图 2-65 ~ 图 2-70 所示。

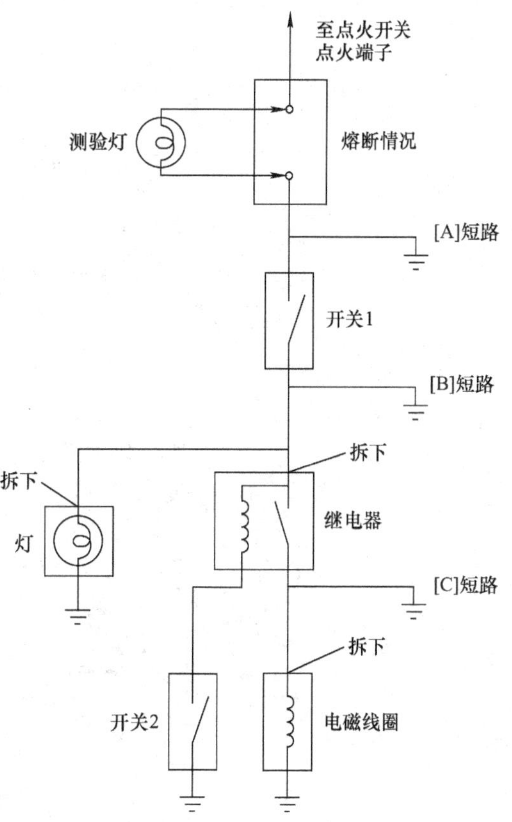

图 2-60　电路短路检查

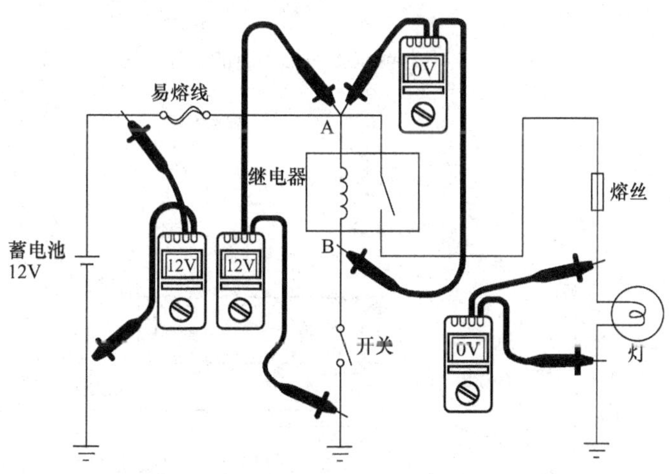

图 2-61　开关断开时各点电压的正确数据

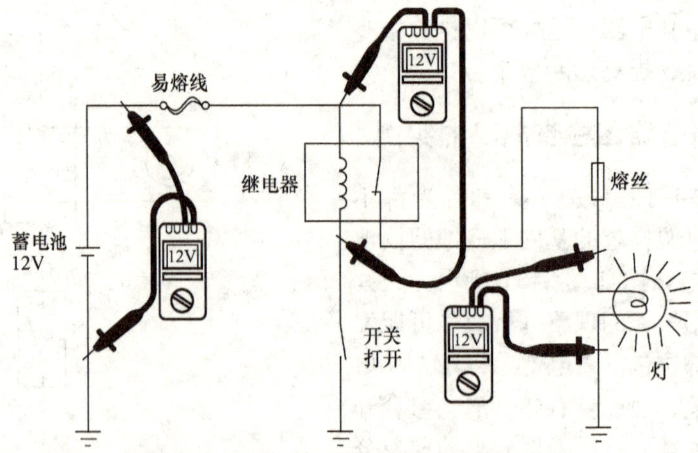

图 2-62　开关接通时各点电压的正确数据

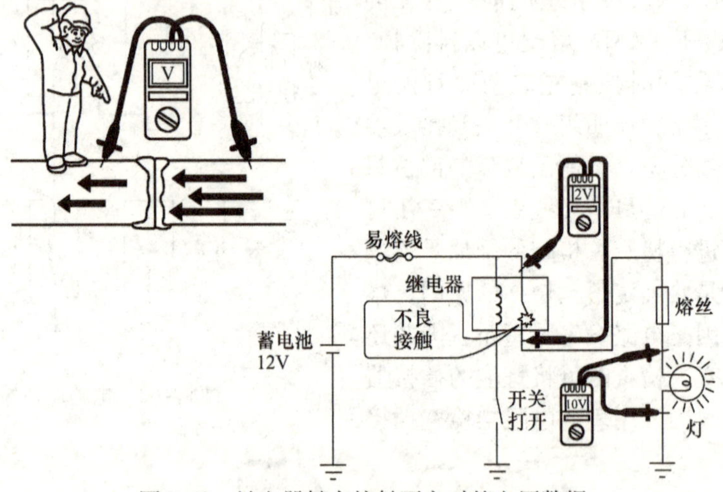

图 2-63　继电器触点接触不良时的电压数据

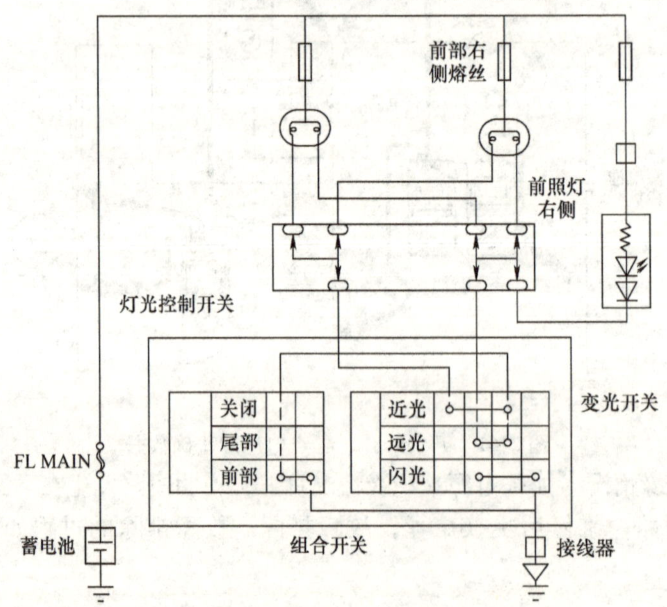

图 2-64　前照灯电路图

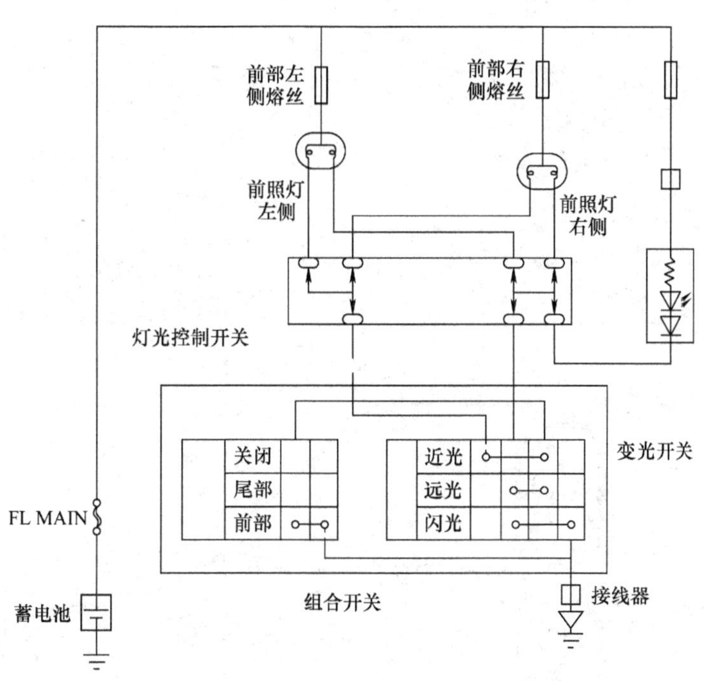

图 2-65　确认故障可能发生的部位

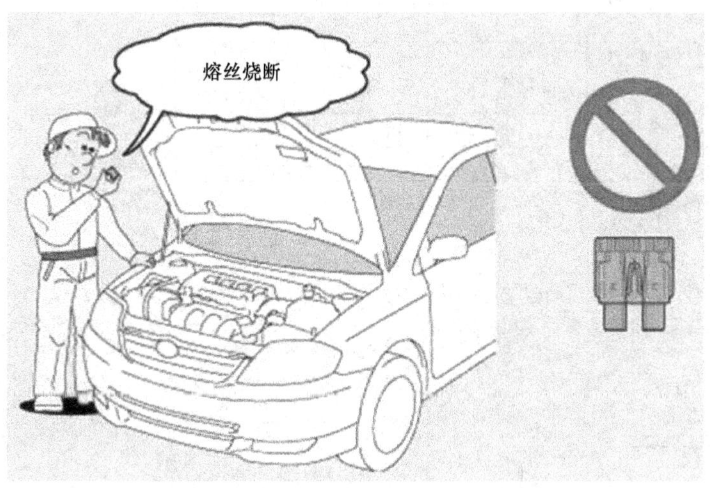

图 2-66　检查零件确认熔丝损坏

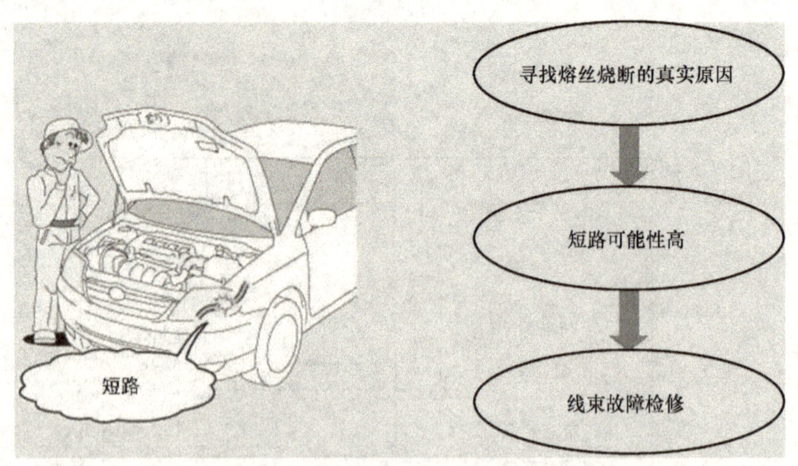

图 2-67　分析烧熔丝的原因

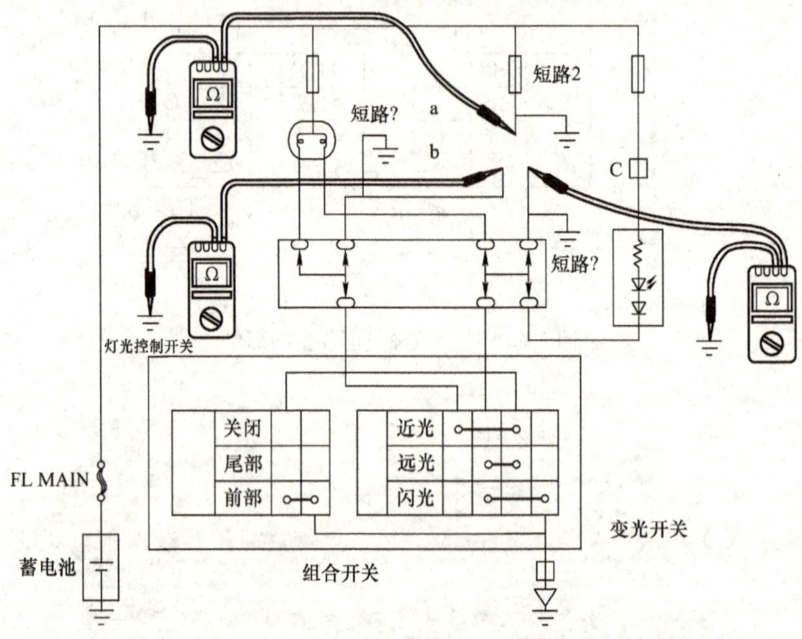

图 2-68　通过右侧大灯的插接器检查绝缘情况确认故障部位

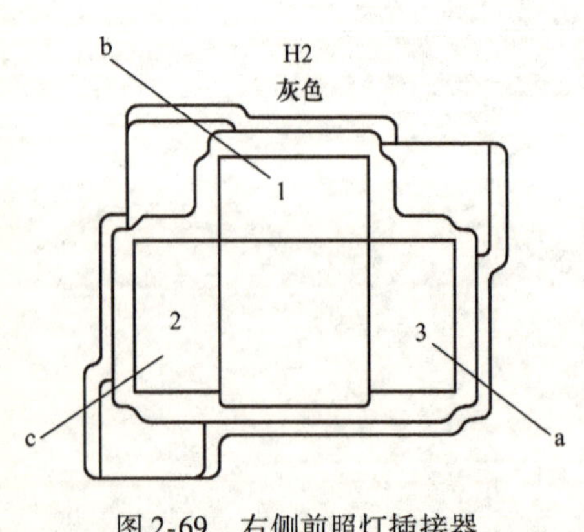

图 2-69　右侧前照灯插接器

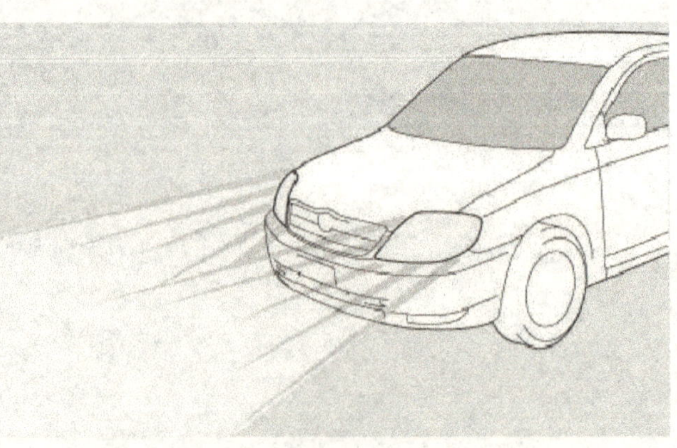

图 2-70　排除故障后检查前照灯的工作情况

学习任务三　汽车电源系统故障诊断与排除

任务要求：

完成本学习任务后，你应该能够：

1）正确描述汽车蓄电池的基本结构、型号和工作原理。

2）正确描述汽车蓄电池的容量和影响因素。

3）正确叙述硅整流发电机及电压调节器的基本结构及主要部件的功能。

4）正确安全使用充电机给蓄电池充电。

5）准确分析和书写汽车电源系统的电路流程。

6）准确完整分析蓄电池放电、发电机不发电、充电电流小、发电电压高等故障的所有可能原因。

7）梳理诊断思路，制订排除汽车电源系统典型故障的工作方案。

8）根据工作方案，在实车上用万用表检测电源系统，参照维修手册拆装更换故障部件，诊断和排除故障。

9）用企业标准验收任务完成情况，评价和反馈工作过程，完成学习拓展任务及任务工单3.1～3.3。

建议学时：18学时

任务引入：

1）一辆丰田威驰轿车，行驶总里程12.5万km，发现该车放置一晚后无法起动。

2）一辆丰田威驰轿车，在行驶过程中放电警告灯点亮，突然熄火，喇叭、灯光等都没电，发动机也无法再起动。

3）一辆丰田威驰轿车，行驶总里程10万km，在行驶中前照灯等灯泡频繁烧坏。

任务分析：

1）初步诊断，确认故障现象。

2）查找资讯，学习相关知识，分析故障可能原因，并分解成三个子任务：

① 蓄电池自放电故障诊断与排除。

② 发电机不充电故障诊断与排除。

③ 电压调节器故障诊断与排除。

3）制订工作计划，分析故障诊断思路。

4）请根据故障现象和任务要求，确定所需要的检测仪器设备、工具及充电设备，并对小组成员进行合理分工，制订详细的、可实施的故障诊断与排除工作方案。

5）实施试验，利用万用表、放电计对电源系统及其电路进行检测，确定故障原因并补充充电或维修更换，诊断和排除故障。

6）总结故障结论，写诊断报告。

7）用企业标准验收任务完成情况，评价工作过程，完成学习拓展任务及任务工单3.1～3.3。

资讯和相关知识：

一、电源系统概述

汽车电源系统是双电源：蓄电池和发电机。电源系统整体图及在车上的安装位置如图3-1所示，蓄电池是固定电源，而发电机由发动机曲轴带轮上的传动带驱动才可以发电，二者并联，对汽车电器设备供电。

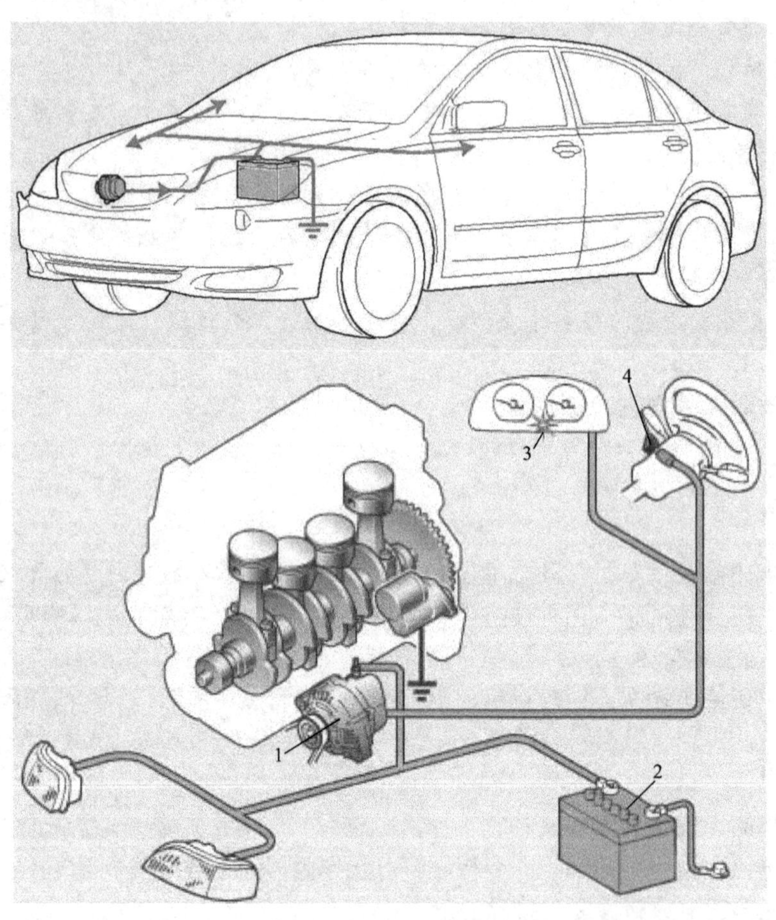

图3-1 电源系统整体图

1—发电机 2—蓄电池 3—放电警告灯 4—点火开关

汽车电源系统如图3-2所示，主要包括：发电机及调节器(装在发电机内)、蓄电池、放电警告灯、点火开关等。

蓄电池、发电机与汽车用电设备都是并联的。起动时，蓄电池向起动机供电；起动后，在发动机正常工作时，发电机向用电设备供电并向蓄电池充电；放电警告灯用来指示蓄电池

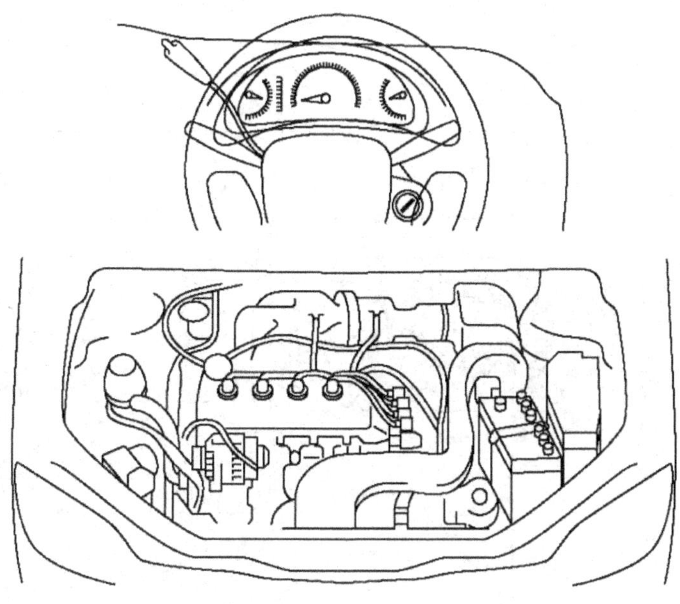

图 3-2　电源系统组成示意图

的充放电状况；调节器是使发电机在转速变化时，能保持其输出电压恒定。电源系统电路示意图如图 3-3 所示。

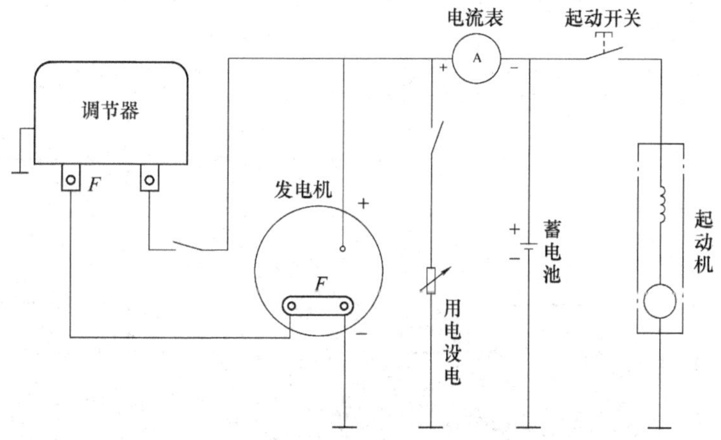

图 3-3　电源系统电路示意图

电源系统中电流的流向：

点火开关处于 ACC 或 LOCK 位置时，如图 3-4 所示。

相关链接

当点火开关处于 ON 位置时，电流从蓄电池流向发电机。其原因如下：车辆使用的发电机一般通过旋转的磁体来发电。此磁体不是永久磁体而是电磁体，它通过内部电流流通来产生磁力。因此，在起动发动机准备发电之前必须先向发电机供电。

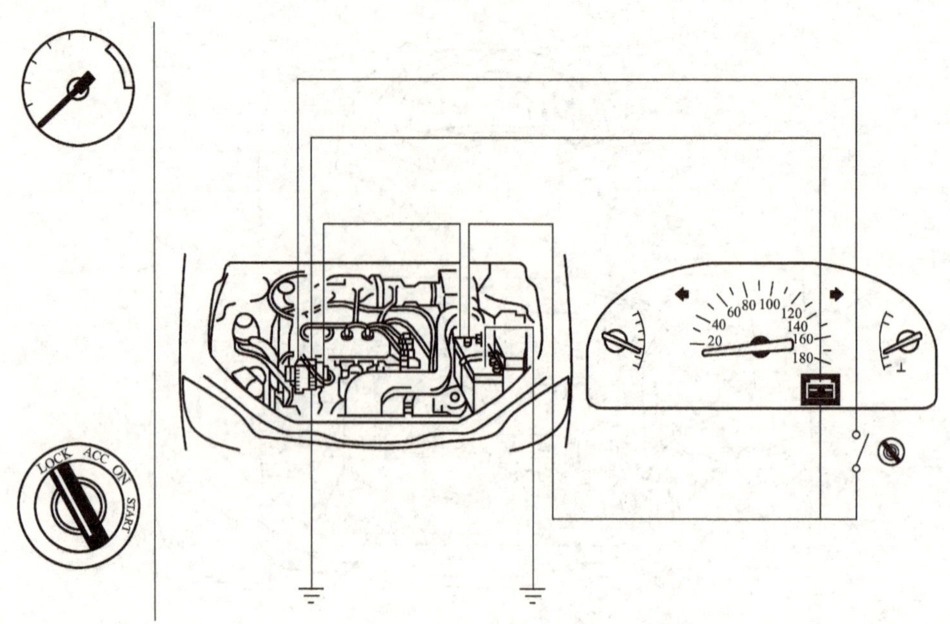

图 3-4　点火开关处于 ACC 或 LOCK 位置时
电源系统中电流的流向

点火开关处于 ON(发动机不运行时)位置时，如图 3-5 所示。

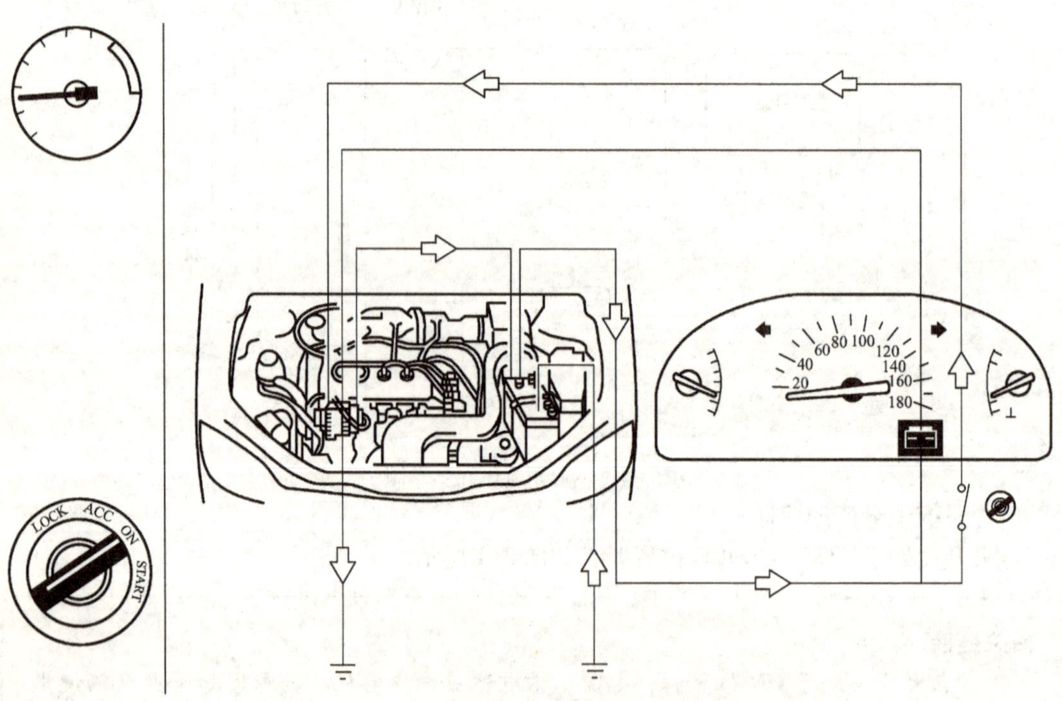

图 3-5　点火开关处于 ON 位置发动机不运行时
电源系统中电流的流向

点火开关处于 ON(发动机运行时)位置时，如图 3-6 所示。

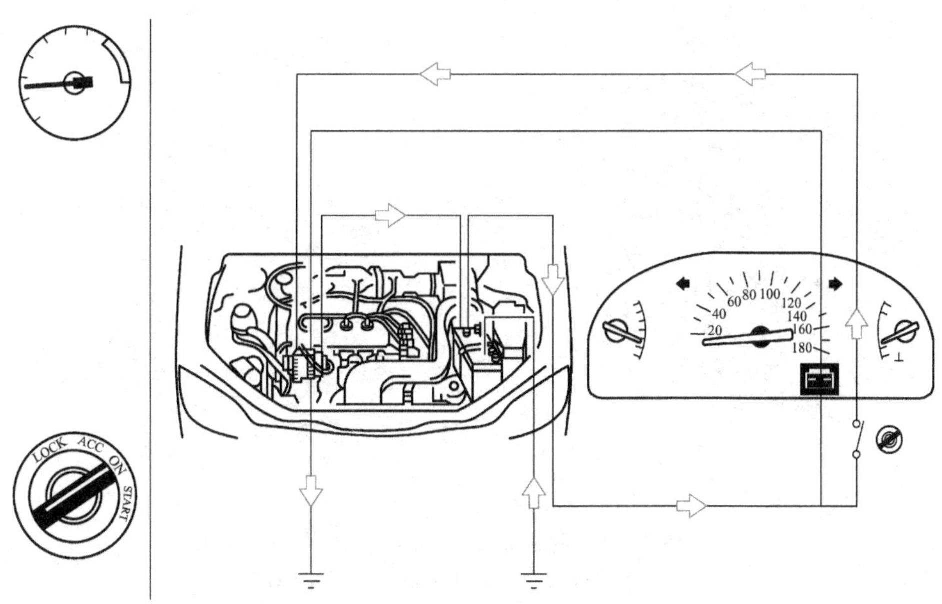

图 3-6　点火开关处于 ON 位置发动机运行时电源系统中电流的流向

二、蓄电池

汽车蓄电池是一种储存电能的装置。一旦连接外部负载或接通充电电路，它便开始了能量转换过程，在放电过程中，蓄电池中的化学能转变成电能；在充电过程中，电能被转变成化学能。

1. 蓄电池的功用与分类

(1) 功用　当起动发动机时，由蓄电池供给起动机工作所需的大工作电流来使发动机起动，当发动机起动后正常运转时，发动机通过传动带驱动发电机发电，给汽车的全部电器提供所需电流，同时对蓄电池进行充电，补充起动发动机时所消耗的电能。

汽车用蓄电池一般有以下功能：

1) 起动发动机时，供给起动机所需的大工作电流。

2) 当发电机发出的电压低于蓄电池电压时或发电机不工作时，给全车电器提供所需的电流。

3) 当汽车上电器的用电量超过发电机的输出电量时，帮助发电机提供电器所需的电流。

4) 平衡汽车电气系统的电压，保持整车电气系统电压的稳定。

车用蓄电池是一种低压直流电源，一般使用 12V 的蓄电池，大型柴油车则常用两个 12V 蓄电池串联而成 24V 系统。汽车蓄电池在车上安装位置及外观如图 3-7 所示。

对蓄电池的最大需求是必须靠它提供电流来起动发动机，起动发动机所需的起动电流可高达数百安培。

在发动机起动后，车辆的充电系统向蓄电池再充电，同时充电系统还向车辆的附属用电设备供电。

(2) 分类　目前使用的蓄电池类型有普通蓄电池、干式荷电铅蓄电池、免维护蓄电池

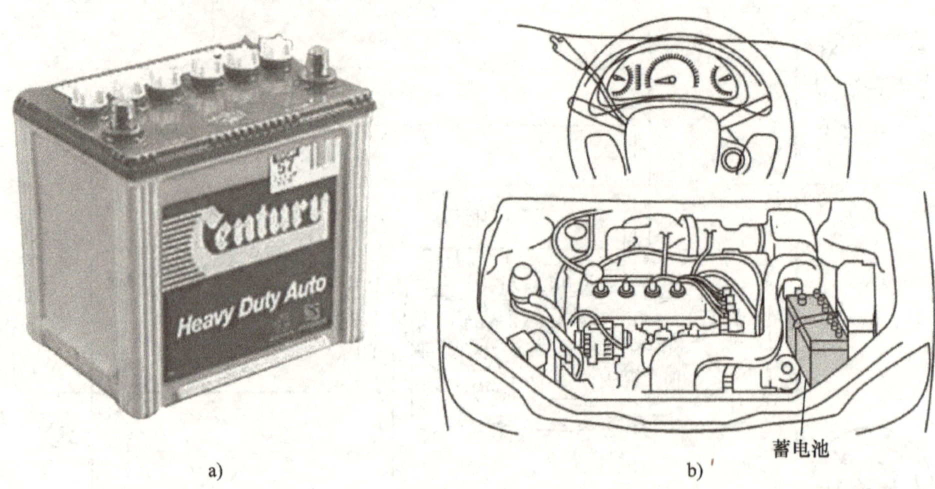

图 3-7 蓄电池在车上的安装位置及外观

a）蓄电池外观 b）蓄电池在车上的安装位置

等。还有一些新型的蓄电池，如刚刚研发成功的微电子控制蓄电池。

2. 普通型蓄电池的结构

汽车蓄电池由单个的单格电池组成。单格电池由正极板、负极板、隔板、电解液、电池盖板、加液孔塞和电池外壳组成，如图 3-8 所示。

（1）极板 蓄电池极板由栅架和活性物质组成，活性物质填充在铅锑合金的栅架上。正极板上的活性物质是深棕色二氧化铅（PbO_2），负极板上的活性物质是青灰色海绵状铅（Pb）。安装时正负极板相互嵌和，中间插入隔板，如图 3-9 所示。在每个单格电池中，负极板的数量总比正极板多一片。

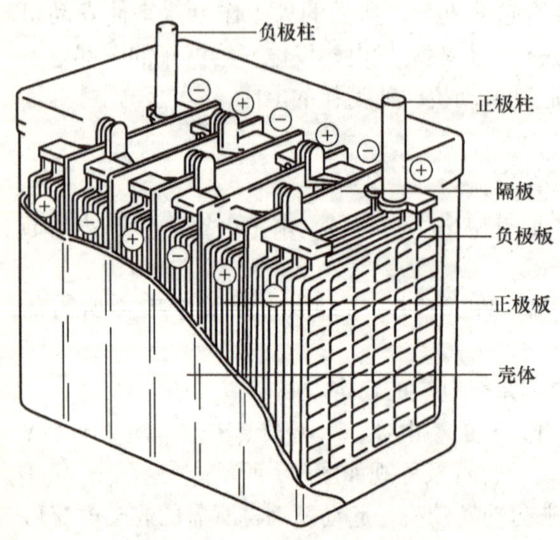

图 3-8 蓄电池的基本结构

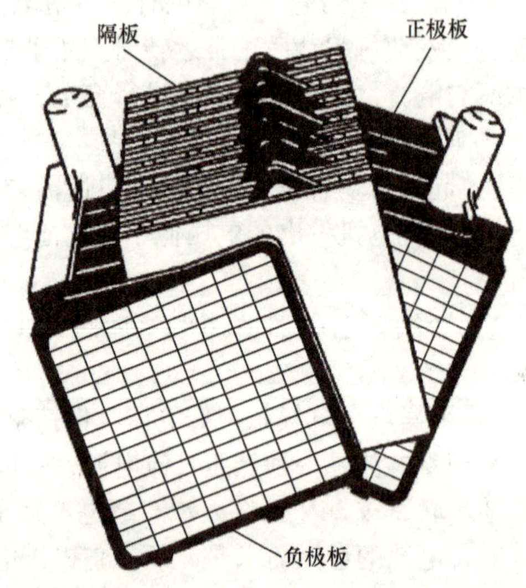

图 3-9 极板和隔板结构关系

（2）隔板　为了减小蓄电池的内阻和尺寸，蓄电池内部正负极板应尽可能靠近，但为了避免彼此接触造成短路，正负极板之间要用隔板隔开。隔板材料应具有多孔性且化学性能稳定，以便电解液渗出，并具有良好的耐酸性和抗氧化性，有木质、微孔橡胶、微孔塑料等。木质隔板价格便宜，但耐酸性能差，已很少使用。微孔橡胶隔板性能好，寿命长，但生产工艺复杂、成本较高，故尚未推广使用。微孔塑料隔板孔径小、孔率高、薄而软，生产效率高、成本低，因此目前广泛使用。

（3）电解液　电解液是蓄电池内部发生化学反应的主要物质，由化学纯硫酸和蒸馏水按一定的比例配制而成。水的密度为 $1g/cm^3$，硫酸的密度为 $1.84g/cm^3$，两者以不同的比例混合后形成不同密度的电解液，具有较强腐蚀性。

电解液必须保持高出极板 10～12mm。配制电解液必须穿戴防护器具，将稀硫酸慢慢倒入水中，且均匀搅拌。绝不可将水倒入硫酸中，否则硫酸会飞溅伤人。

蓄电池电解液的密度一般为 $1.24 \sim 1.30g/cm^3$，使用中密度应根据地区、气候条件和制造厂的要求而定，见表 3-1。

表 3-1　不同地区和气候条件下电解液的相对密度　　（单位：g/cm^3）

气候条件	完全充足电的蓄电池在25℃时的电解液相对密度	
	冬季	夏季
冬季温度低于 -40℃的地区	1.30	1.26
冬季温度在 -40℃以上的地区	1.28	1.24
冬季温度在 -30℃以上的地区	1.27	1.24
冬季温度在 -20℃以上的地区	1.26	1.23
冬季温度在 0℃以上的地区	1.23	1.23

相关链接

使用中应注意，电解液的腐蚀性极强，溅到皮肤上或眼睛里会受伤。如果接触了蓄电池电解液要立即用苏打水冲洗（苏打中和酸），电解液溅到眼睛要立即用凉水或医用冲眼器冲洗，然后请医生处置。

（4）外壳　蓄电池的电解液和极板组装在外壳中，外壳应耐酸、耐热、耐振动冲击。有硬橡胶外壳和聚丙烯塑料外壳两种。外壳的每个单格的底部制有凸起的肋条，用来搁置极板组。肋条之间的空隙可以积存极板脱落的活性物质，防止正、负极板短路。

（5）加液孔　普通蓄电池每个单格电池都有一个加液孔，使用螺纹连接在盖板上，上有通气孔，构造如图 3-10 所示，其功用如下：

1）供添加蒸馏水或供检验电解液用。

2）在充电时，使产生的氢气及氧气能逸出，以防聚积过多气体而发生爆炸。

现代汽车用蓄电池多为免维护（Maintenance Free，简称 MF）蓄电池，其盖板上无加液孔。但仍有部分免维护蓄电池设有加液孔，其盖顶部与蓄电池盖板表面平齐，或有的装在盖板表面以下。

（6）蓄电池盖及极桩　蓄电池盖有硬橡胶盖和聚丙烯耐酸塑料盖两种，前者与硬橡胶外壳配用，盖子与外壳之间的缝隙用沥青封口剂填封；后者与聚丙烯耐酸塑料外壳配用，其盖子为整体结构，与外壳之间采用热接合工艺粘合。蓄电池外壳上还有正负极桩。

3. 干式荷电铅蓄电池结构

干式荷电铅蓄电池与普通蓄电池的区别是，极板组在干燥状态的条件下，能够较长时间地保存在制造过程中所得到的电荷。所以干式荷电铅蓄电池在规定的保存期内(两年)如使用，只要灌入符合规定密度的电解液，搁置 15 ~20min，调整液面高度至规定标准后，不需要进行充电即可使用。

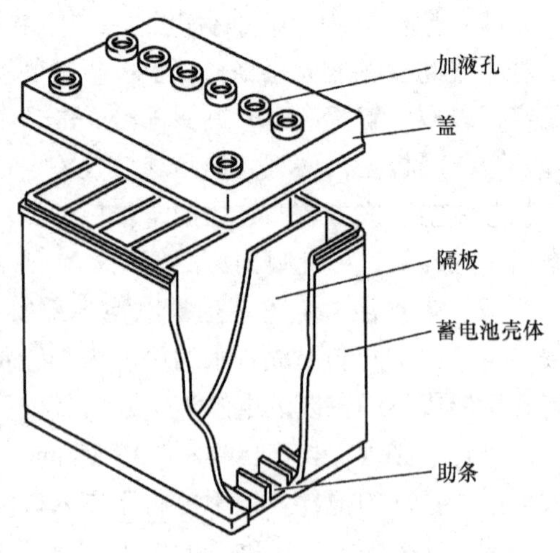

图 3-10 壳体和加液孔

干式荷电铅蓄电池主要是负极板的制造工艺与普通蓄电池不同。普通蓄电池负极板上的活性物质为海绵状铅(Pb)，由于面积大，化学活性高，容易氧化，而使其电量消失。干式荷电铅蓄电池在负极板的铅膏中加入松香、油酸、硬脂酸等防氧化剂，并且在化成过程中有一次深放电循环，或者反复地进行充电、放电。化成后的负极板，先用清水冲洗后，再放入防氧化剂(硼酸、水杨酸混合液)中进行浸渍处理，让负极板表面生成一层保护膜，并采用特殊干燥工艺，即制成干荷电极板。正极板的活性物质为二氧化铅(PbO_2)化学活性比较稳定，其荷电性能可以较长期地保持。干式荷电铅蓄电池现已大量在汽车上应用。

4. 免维护蓄电池结构

(1) 免维护蓄电池的结构特点

1) 极板栅架采用铅钙锡合金材料制成，彻底消除锑的副作用。极板栅架采用铅低锑合金(锑的质量分数为 2% ~3%)材料制作的蓄电池称为免维护蓄电池。锑的存在，不仅会在电化学反应中不断地从正极板析出并迁移到负极板表面为自放电创造条件，而且使蓄电池电动势降低，充电电流增大，电解液的电解速度加快。

2) 采用袋式聚氯乙烯隔板，将正极板装在隔板袋内，既能避免活性物质脱落，又能防止极板短路。

3) 通气孔塞采用新型安全通气装置，孔塞内装有氧化铝过滤器和催化剂钯。过滤器能阻止水蒸气和硫酸气体通过，避免其与外部火花接触而发生爆炸；催化剂能促使氢氧离子结合生成水再回到池内而减少水的消耗。

有些免维护蓄电池在内部装有一只指示荷电状况的相对密度计(比重计)，如图 3-11 所示。

4) 外壳用聚丙烯塑料热压而成，槽底无肋条，极板组直接安放在壳底上，使极板上部容积增大 33% 左右，电解液储存量增大。

(2) 免维护蓄电池的优点

1) 在整个使用过程中无需补加蒸馏水，减少了保养维护工作量。

2) 电池盖上设有安全通气装置，可阻止水蒸气和硫酸气体的通过，减少了电解液的消耗，并能减弱电极柱和附近机件的腐蚀。

3) 放电少，可储存 2 年以上，使用寿命长，约为普通蓄电池的 4 倍。

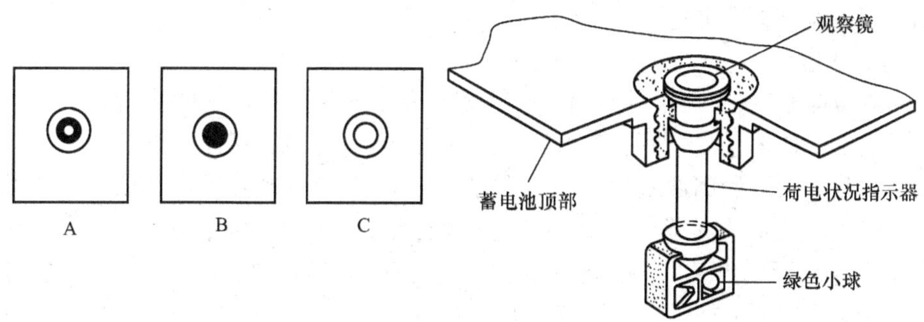

图 3-11 内装相对密度计

A—绿色圆点明显（蓄电池荷电状况良好） B—绿色圆点模糊（荷电不足）

C—透亮或黄色（需更换蓄电池）

4）耐过充电性能好，免维护蓄电池的过充电电流，在充满电时可接近零，减少了电和水的损耗。

5）内阻小，起动性能好。

5. 蓄电池的型号、容量及选用

（1）国内蓄电池的型号 我国工业和信息化部发布了标准 JB/T 2599—2012《铅酸蓄电池名称、型号编制与命名办法，于 2012 年 11 月 1 日起实施，但因现在保有车辆上的蓄电池大部分都采用老标准编制型号，故仍介绍老标准编制型号。按照我国原机械工业部 JB2599—1985《铅酸蓄电池型号编制方法》规定，其型号的编制由五部分组成，蓄电池的型号一般都标注在外壳上，蓄电池产品型号和含义如下：

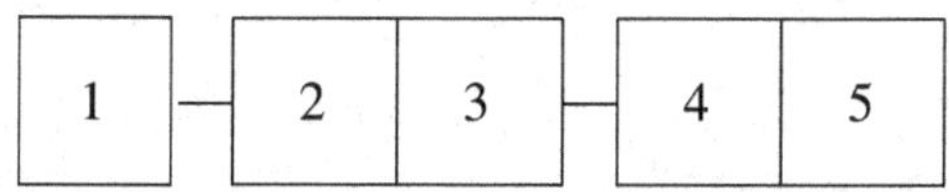

第一部分表示蓄电池总成由几个单格电池组成，用阿拉伯数字表示。

第二部分表示蓄电池用途，用大写字母表示，如汽车用蓄电池用“Q”表示，摩托车用蓄电池用“M”表示，船用铅蓄电池用“JC”表示，飞机用铅蓄电池用“HK”表示。

第三部分表示蓄电池特征，用大写字母表示，干封普通极板铅蓄电池可省略不写，蓄电池特征代号见表 3-2。

第四部分表示 20h 放电率的额定容量，用阿拉伯数字表示，单位是 A · h。

第五部分表示特殊性能，用大写字母表示（无字为一般性能蓄电池），如薄型极板的高起动率蓄电池用“G”表示。

表 3-2 蓄电池特征代号

特征代号	蓄电池特征	特征代号	蓄电池特征	特征代号	蓄电池特征
A	干荷电	J	胶体电解液	D	带液式
H	湿荷电	M	密闭式	Y	液密式
W	免维护	B	半密闭式	Q	气密式
S	少维护	F	防酸式	I	激活式

例：3-Q-90，表示由 3 个单格电池组成，额定电压为 6V，额定容量为 90A · h 的起动用蓄电池。又如 6-QAW-100，表示由 6 个单格电池组成，额定电压 12V，额定容量为 100A · h

的起动用干荷电免维护蓄电池。

（2）蓄电池容量

1）安培小时电容量。蓄电池容量就是安培小时电容量。比较蓄电池的大小，除电压大小外，就是它能供应电量的多少。蓄电池电压的大小与其串联的分电池数量有关，与其能供应电量的多少是无关的。因此必须有一定的比较标准，现在通常使用“安培小时电容量”作为核定蓄电池电容量的标准来衡量蓄电池容量的大小，又称20h放电率电容量。它是以稳定电流在20℃条件下放电20h，终止时每一单格电池的电压维持在1.75V时的放电量，故12V蓄电池放电后的两极柱间端电压应为10.5V。

安培小时电容量 = 放电电流 × 放电时间

如以3A放电20h，则其电容量为60A·h。安培小时电容量目前也常以5h放电率电容量表示。如以10A放电5h，则其电容量为50A·h。

2）冷起动电流。冷起动电流是指在规定的某一低温状态下，可获得的某特定意义下的最小电流。这个指标把蓄电池的起动能力与发动机的排量、压缩比、温度、起动时间、发动机和电气系统的技术状态以及起动和点火的最低使用电压这些重要的变量联系起来。它是指充满电的12V蓄电池在30s内，其端电压下降到7.2V时，蓄电池所能供给的最小电流。冷起动额定值给出的是总电流值。

3）储备容量。储备容量是指汽车在充电系统不工作的情况下，在夜间靠蓄电池点火和提供最低限度的电路负载所能运行的大约时间，具体可表述为“完全充足电的12V蓄电池，在(25±2)℃的条件下，以25A恒流放电至蓄电池端电压下降到(10.5±0.05)V时的放电时间”。

（3）国外蓄电池型号　进口蓄电池的型号和规格是美国蓄电池协会(BIC)和美国汽车工程师协会(SAE)联合制订的。

1）日本标准蓄电池型号。

① 在1979年，日本标准蓄电池型号用N代表，后面用表示接近蓄电池额定容量的数字表示，如NS40ZL：

N表示日本JIS标准。

S表示小型化，即实际容量比40A·h小，为36A·h。

Z表示同一尺寸下具有较好起动放电性能，S表示极桩端子比同容量蓄电池要粗。

L表示正极柱在左端，若为R则表示正极桩在右端。

② 到1982年，日本标准蓄电池型号按照新标准来执行，如55D33L：

55表示蓄电池的性能参数，表示蓄电池的容量。

D表示蓄电池的宽度和高度代号。蓄电池的宽度和高度组合是由8个字母中的一个表示的(A到H)，字符越接近H，表示蓄电池的宽度和高度值越大。

33表示蓄电池的长度约为33cm。

L表示正极端子的位置，正极端子在右端的标R，正极端子在左端的标L。

2）德国标准蓄电池型号。以型号为54434MF的蓄电池为例，说明如下：

① 第一位数字“5”表示蓄电池额定容量在100A·h以下；6表示蓄电池容量在100~200A·h之间；7表示蓄电池额定容量在200A·h以上。

②“44”表示蓄电池额定容量为44A·h；610 17MF蓄电池额定容量为110A·h；700 27MF蓄电池额定容量为200A·h。

③ 容量后两位数字“34”表示蓄电池尺寸组号。

④“MF”表示免维护型。

3）美国标准蓄电池型号。以型号为58430(12V 430A 80min)的蓄电池为例，说明如下：

①“58”表示蓄电池尺寸组号。

②“430”表示冷起动电流为430A。

③“80min”表示蓄电池储备容量为80min。

6. 蓄电池的工作原理

蓄电池的工作原理就是化学能与电能的相互转化，如图3-12所示。当蓄电池将化学能转化为电能而向外供电时，称为放电过程；当蓄电池与外界直流电源相连而将电能转化为化学能储存起来时，称为充电过程。

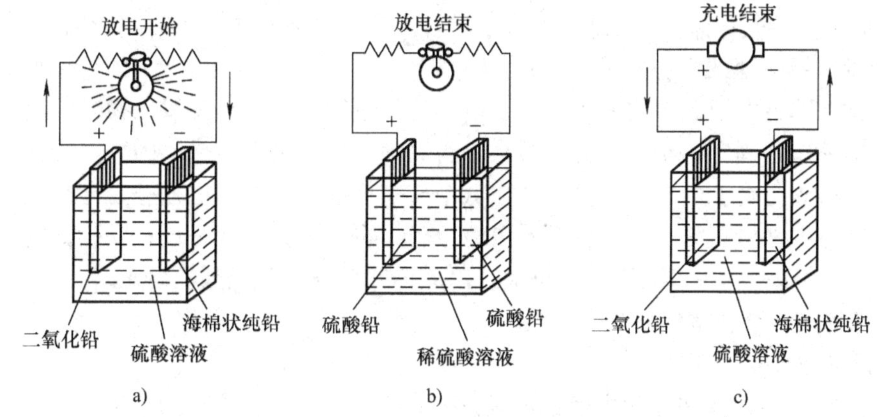

图3-12　蓄电池的工作原理图

a）放电　b）放电结束　c）充电

（1）蓄电池的放电过程　当蓄电池充足电时，正极板上的活性物质是二氧化铅PbO_2，负极板上的活性物质是纯铅Pb。由于正负极板是两种不同的导体，与电解液起化学反应后，使正极板带正电，负极板带负电，在两极板间产生了约2V的电位差。当蓄电池接上负载放电时，在电位差的作用下，电流由正极通过负载流向负极，与此同时，两极板上的活性物质与电解液发生化学反应，两极板由原来的二氧化铅和海绵状铅逐渐变成硫酸铅，电解液中的硫酸成分逐渐减少，电解液的密度下降。

其放电化学反应式如下：

$$PbO_2 + 2H_2SO_4 + Pb \rightarrow \quad PbSO_4 + 2H_2O + PbSO_4$$

正极板　电解液　负极板　正极板　电解液　负极板

（2）蓄电池的充电过程　充电过程是放电过程的逆反应，在充电过程中，极板上的活性物质和电解液完全恢复到放电前的状态，即正负极板上的硫酸铅绝大部分变为二氧化铅与海绵状铅，电解液密度增加，充电结束。

其充电化学反应式如下：

$$PbSO_4 + H_2O + \quad PbSO_4 \rightarrow PbO_2 + H_2SO_4 + \quad Pb$$

正极板　电解液　负极板　正极板　电解液　负极板

7. 免维护蓄电池的使用与维护

免维护蓄电池是严格密封的，所以不需要加注蒸馏水，但是要经常检查外壳有无裂纹和腐蚀情况。有电解液指示器的，要检查电解液液面和密度。

1）免维护蓄电池的使用寿命一般为 2 ~4 年，要延长其使用寿命，应该正确使用并注意保养，要求如下：

① 大电流使用时间不宜过长。使用起动机，每次起动的时间不得超过 5s，相邻两次起动之间的时间间隔应该在 15s 以上。

② 充电电压不要过高，因充电电压增高 10% ~12% 时，蓄电池的寿命将会缩短 2/3 左右。

③ 尽量避免蓄电池过放电和长期处于欠充电状态下工作，放完电的蓄电池应该在 24h 内充电。

④ 冬季使用蓄电池时应特别注意保持其处于充足电状态，以免电解液密度降低而结冰。保证不结冰的前提下，尽可能采用密度偏低的电解液，如果液面过低需要补加蒸馏水时，应在充电时进行，以使蒸馏水较快地与电解液混合。冷起动前，注意预热发动机。

2）免维护蓄电池的维护要求如下：

① 经常清除蓄电池表面的灰尘污物，电极柱和电线夹头上出现氧化物时应及时清除。

② 检查蓄电池固定得是否牢固，极柱是否晃动，接头是否连接紧固。

③ 经常检查蓄电池的放电程度，如果低于规定标准，要立即进行补充充电。

④ 拆卸蓄电池电缆时，应先拆下蓄电池负极，再拆下蓄电池正极；安装蓄电池电缆时，应先安装蓄电池正极，再安装蓄电池负极，以免拆卸过程中造成蓄电池短路。

8. 蓄电池的检查和检测

（1）蓄电池外观检查

1）检查蓄电池接线柱。检查极柱及接头上是否有白色或绿白色的腐蚀物，如图 3-13 所示。使用钢丝刷或砂纸刷除腐锈物，必要时拆下接头清洁后再装回。可用润滑脂涂抹在极柱及接头上。最后检查蓄电池正极的橡胶保护套有无定位及是否破裂。

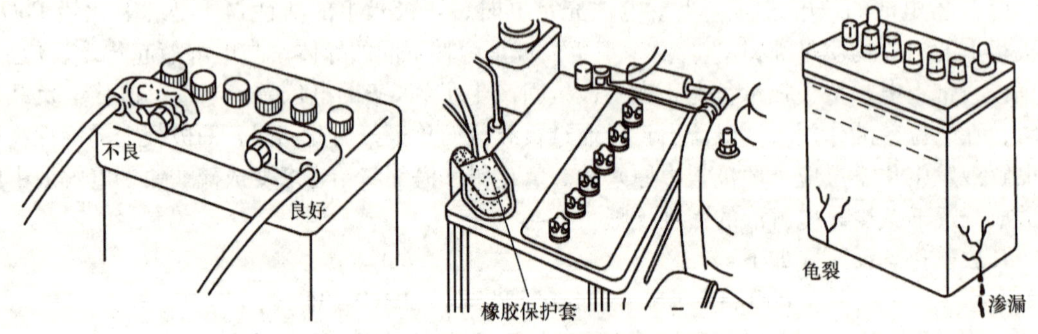

图 3-13　蓄电池外观检查项目

2）蓄电池外壳的检查。检查蓄电池外壳是否龟裂、渗漏或变形。外壳变形时，注意是否因过度充电所引起。

（2）蓄电池的拆卸和安装

1）蓄电池的拆卸，如图 3-14 所示。

① 如果音响装置设有防盗密码，则应先查询防盗密码并记录后再进行操作。

② 关闭车上所有的电气设备。

③ 先断开蓄电池负极电缆，再断开蓄电池正极电缆。

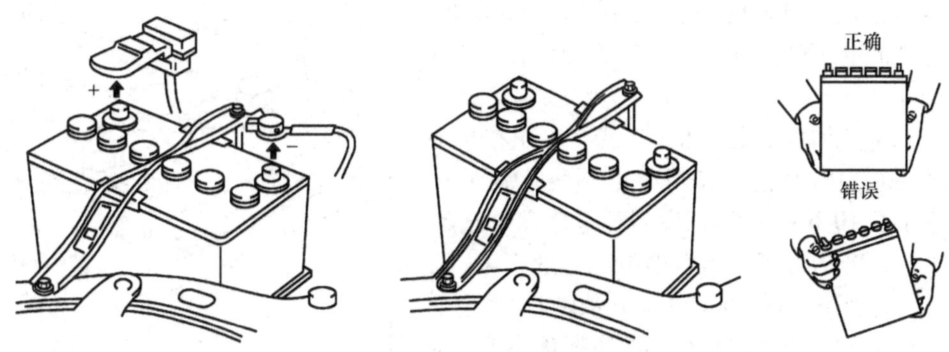

图 3-14　拆卸蓄电池

④ 从蓄电池压杆上拆卸蓄电池压杆箍带紧固螺母。

⑤ 拆卸蓄电池托架下螺栓，从托架中安全正确地取出蓄电池。

2）蓄电池的安装

① 安装蓄电池托架，紧固蓄电池托架上、下和侧螺栓，拧紧力矩为 20N · m。

② 将蓄电池负极电缆卡子卡入蓄电池托架侧部的孔中，将蓄电池装入托架。

③ 从蓄电池托架洞口，通过压杆箍带孔，带上蓄电池压杆，轻微紧固螺母，将蓄电池压杆箍带连接到蓄电池上，如图 3-15 所示，紧固蓄电池箍带至蓄电池压杆的螺母，拧紧力矩为 5N · m。

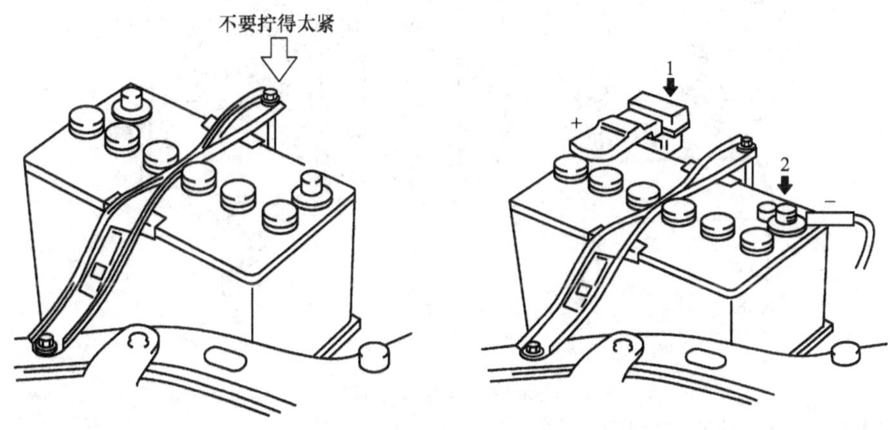

图 3-15　安装蓄电池

④ 连接蓄电池正极和负极电缆。紧固蓄电池电缆的螺母，拧紧力矩为 5N · m。

（3）电解液液面高度的检查

1）蓄电池的壳体为透明或半透明材料制成的，在上面有正常液位范围标记（图 3-16），电解液的液位必须在该范围之内。必须定期检查电解液的高度，如果密度足够，则添加蒸馏水；如果密度不够，则添加专用电解液。

2）对于有观察窗的免维护蓄电池，可直接通过观察窗检查观察孔的颜色，如果观察孔出现透明色，说明液面过低，应更换蓄电池。

（4）蓄电池端电压的检测

1）用高率放电计测量蓄电池动态时的端电压。如图 3-17 所示，将高率放电计的两触针用力迅速压紧在蓄电池的正、负极柱上，测量5s，观察放电计的电压值，测量时间尽可能短，一般不超过15s。

对于12V整体蓄电池，若指针指示电压在9.6V以下，说明蓄电池性能不良或存电不足，需充电；若指针指示在10.6～11.6V，说明蓄电池存电充足，不需要充电；若指针指示蓄电池电压迅速下降，则说明蓄电池有短路、断路或严重硫化故障。

2）用万用表测量蓄电池的静态端电压。如图3-18所示，将万用表置于直流20V档，正表笔接蓄电池的正极端，负表笔接蓄电池的负极端，读出指示

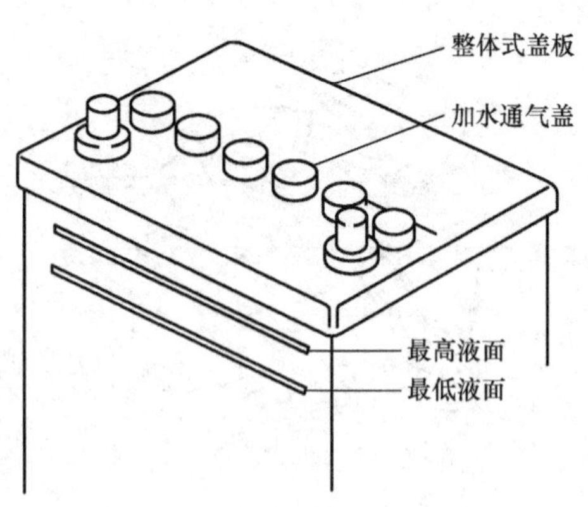

图3-16　液位标记检查

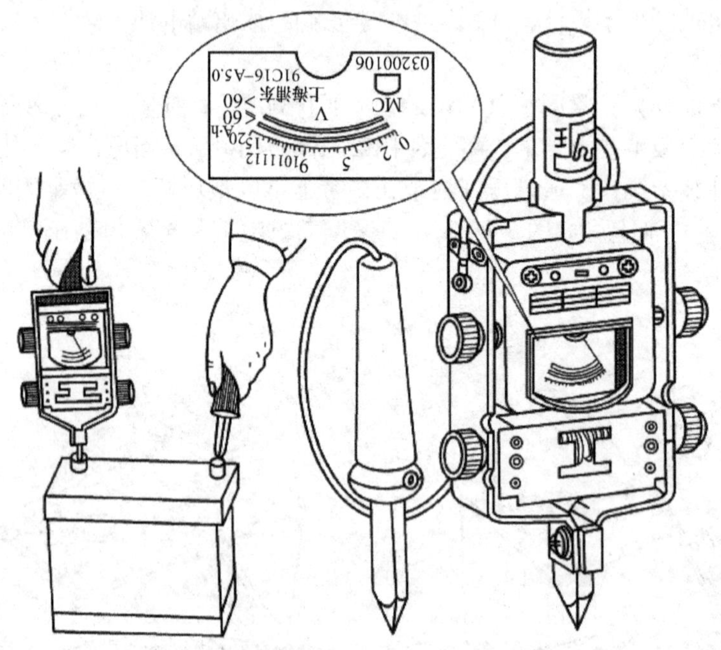

图3-17　高率放电计

电压值，12V以上为正常值，电压值低于12V，表明蓄电池已放电，需进行补充充电。

（5）电解液密度的检查方法　电解液密度与放电程度的关系是密度每下降0.01g/cm^{3}相当于蓄电池放电6%，当判定蓄电池在夏季放电超过50%，冬季放电超过25%时不宜再使用，应及时进行充电，否则会使蓄电池早期损坏。放电程度可通过用浮子式密度计和反射镜式密度计（图3-19）测量电解液密度来估算，或用高率放电计测量单格电池电压来判定。

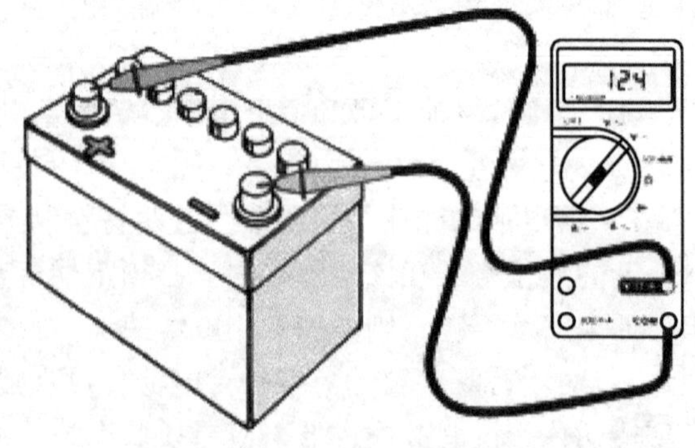

图3-18　用万用表测蓄电池电压

使用此处的刻度读取风窗洗涤液的冰点值。冰点达不到-25°C,建议更换。
°C
1.40
1.35
1.30
1.25
1.20
1.15
1.10
kg/l
电量足
中等
充电
G13
丙烯
G11G12
乙烯
水平面

1.28

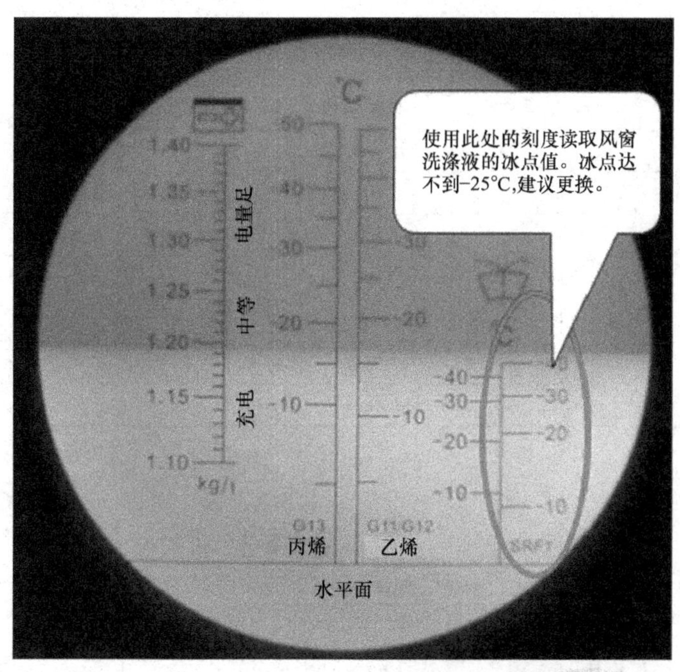

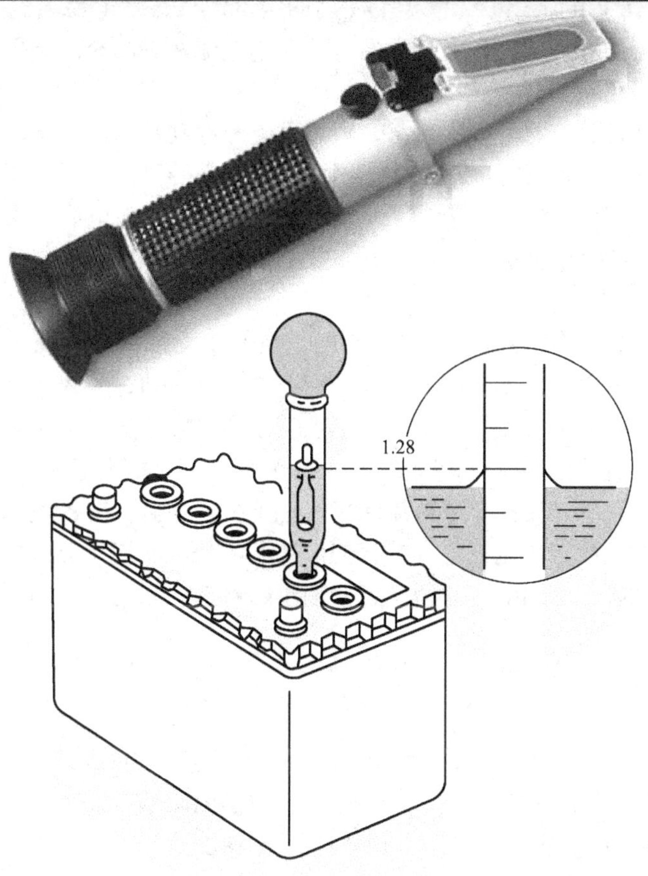

图 3-19　密度计

测量密度时，同时放入温度计测量电解液温度。读取密度，并进行温度校正。蓄电池电解液正常的密度值见表3-3。

表3-3　不同温度下蓄电池电解液密度

温度条件	蓄电池状态	电解液密度/(g/cm³)
常温下	放电	1.12
	半充电	1.20
	全充电	1.28
高温下	放电	1.08
	半充电	1.14
	全充电	1.23

9. 蓄电池的充电

无论是启用修复的蓄电池，还是装在车上使用的蓄电池以及存放的蓄电池，都须对其进行充电，这是关系到电池容量及寿命的问题。

（1）充电方法

1）蓄电池在车上定电压充电。汽车上使用的蓄电池依靠发电机充电，是定电压充电方法，采用的是并联连接方式。在充电过程中，加在蓄电池两端的充电电压保持恒定不变的充电方法，称为定电压充电。

其特点是充电开始时，充电电流很大，随着蓄电池电动势的不断增高，充电电流逐渐减小。充电终了，充电电流将自动减小至零，因而不需要人照管。同时由于定电压法充电速度快，4~5h内蓄电池就可获得本身容量的90%~95%，比一般充电时间大大缩短。所以特别适合对具有不同容量的蓄电池进行充电。其主要缺点是不能调整充电电流，因而不能保证蓄电池彻底充足电。

2）蓄电池用充电机定电流补充充电。蓄电池在使用中，如果发现起动机运转无力，灯光比平时暗淡，冬季放电超过25%，夏季放电超过50%，储存不用已近一个月的蓄电池，都必须进行定电流补充充电。另外，由于汽车上使用的蓄电池进行的是定电压充电，不可能使蓄电池充足，为了有效防止硫化，最好每2~3个月进行一次定电流补充充电。

蓄电池在充电过程中，使其充电电流保持恒定不变，随着蓄电池电动势的逐渐提高，逐步增加充电电压的方法叫定电流充电。补充充电采用的是串联连接方式，所有串联支路的蓄电池，其容量最好相同，否则电流必须按容量最小的蓄电池来选定，而容量大的蓄电池则不容易充足或充得太慢。

（2）充电操作步骤

1）一般充电

① 将充电机(图3-20)电源插头插在500W以上的专用线束插座中。

② 将红色夹夹在蓄电池正(+)极，黑色夹夹在蓄电池负(-)极，如图3-21所示。

③ 将切换开关扳在正确电压侧，如12V或24V等。

④ 转动调节器至规定的充电电流，补充充电一般为额定容量的1/10，初充电一般为额定容量的1/15。

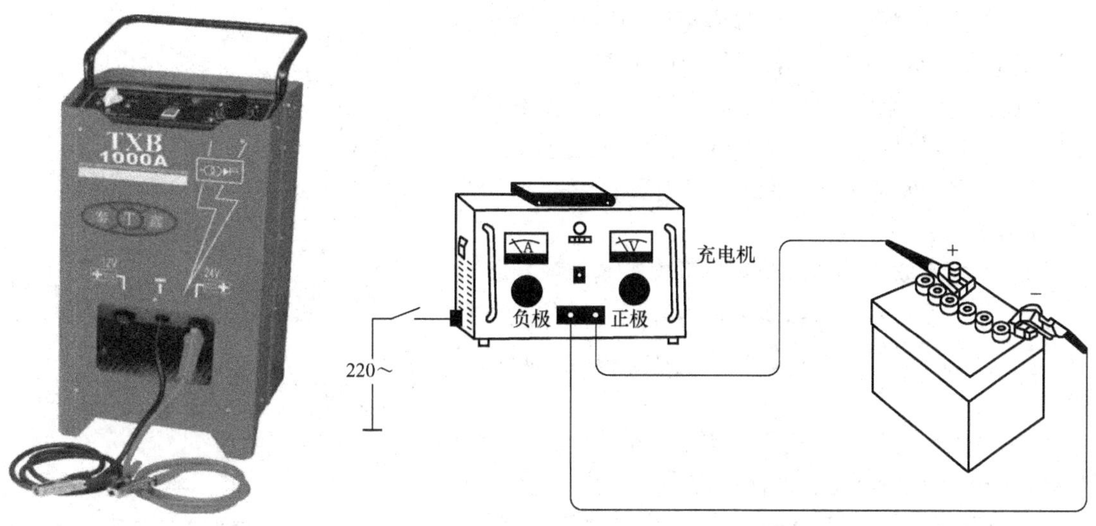

图 3-20　充电机

图 3-21　充电机与蓄电池的连接

⑤ 可根据表 3-4 的充电时间将蓄电池充满电。

表 3-4　剩余电量状况与充电时间的关系

剩余电量情况（密度值，单位：g/cm^3）	充电时间/h
几乎没有剩余电量（密度 1.10 以下）	10
只点小灯也暗（密度 1.15 以下）	8
前照灯暗（密度 1.20 以下）	7
发动机起动有困难（密度 1.23 以下）	6

⑥ 充完电后，先关闭充电机开关，再拆下蓄电池的连接线，并收放整齐。

⑦ 装回加水通气盖，并将蓄电池表面的电解液擦拭干净，将蓄电池摆放整齐。

2）快速充电

① 车上蓄电池充电前，必须先拆下蓄电池的搭铁线。

② 将快速充电机插头插在 500W 以上的线束插座中。

③ 将红色夹夹在蓄电池正（+）极，黑色夹夹在蓄电池负（－）极。

④ 将切换开关扳在正确电压侧，如单一蓄电池在 12V 侧。

⑤ 旋转电流调节器至充电电流为蓄电池额定容量安培数的 1/2，例如 100A · h 时，充电电流为 50A。

⑥ 利用定时器，设定充电时间，例如 30min。

⑦ 测量电解液温度，超过 45℃时，降低充电电流或停止充电。

⑧ 充电完成后，先关闭充电机开关，再拆下蓄电池的连接线，并收放整齐。

3）充电注意事项。充电的种类很多，但注意事项基本相同，如图 3-22 所示。

① 严格遵守各种充电方法的充电规范。

② 充电过程中，要密切观察各单格电池的电压和密度变化，及时判断其充电程度和技术状况。

③ 在充电过程中，密切注意电池的温度。当电解液温度上升到40℃时，应立即将充电电流减半，减小充电电流后，如果电解液温度仍继续升高，应该停止充电，待温度降低到35℃以下时，再继续充电。

④ 充电时要经常备用冷水、10%苏打溶液或10%的氨水溶液。

⑤ 充电室要安装通风装置，并要严禁有明火。

⑥ 充电设备不应和蓄电池放置在同一工作间，充电时应先接牢电池线，停止充电时应先切断电源，严防产生火花。

⑦ 就车充电时，一定要将蓄电池负极断开，否则充电机的高电压会将电控系统的电器元件损坏。

⑧ 如果蓄电池长时间未使用，如库存蓄电池等，必须以小电流进行充电。

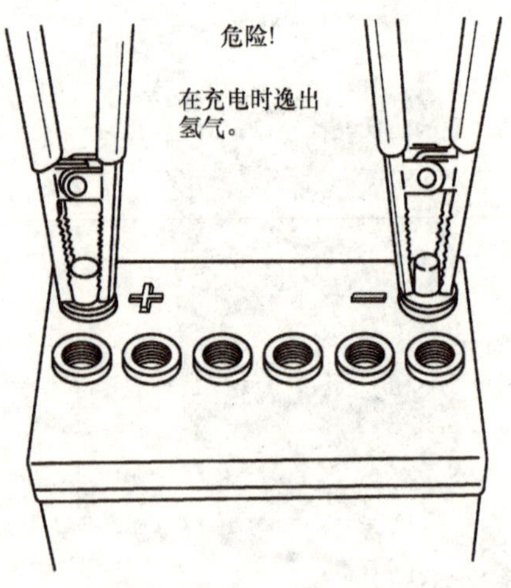

图 3-22　充电注意事项

相关链接

在极冷气候下，加注蒸馏水时，蓄电池必须立即加以充电，直到电解液充分混合，以防冻结。

10. 蓄电池的常见故障诊断与排除

（1）极板硫化

1）故障现象

① 电池容量降低，用高率放电计检测，单格电压迅速下降。

② 电解液的密度下降到低于规定的正常数值。

③ 蓄电池在开始充电及充电完毕时电压过高，可达2.7V以上。

④ 蓄电池在充电时过早地产生气泡，甚至一开始充电就有气泡。

⑤ 蓄电池在充电时电解液温度上升得过快，易超过45℃。

⑥ 蓄电池放电时电压下降过快(用低放电率放电)，过早地降至终止电压。

⑦ 在极板上生成坚硬、不易溶解的白色大颗粒。

2）故障原因

① 蓄电池在放电与半放电状态下长期放置，由于硫酸铅在昼夜温度差存在情况下，不断在电解液中有溶解与结晶两个相反的过程交替发生，产生再结晶，经过多次再结晶，便在极板上形成粗大的不易溶解的硫酸铅晶体。

② 蓄电池经常过量放电或小电流深放电，从而在极板细小孔隙的内层生成硫酸铅，平时充电不易恢复。

③ 电解液液面过低，极板上部的活性物质露在空气中被氧化，汽车行驶时电解液的波动使其接触氧化了的活性物质，生成粗晶粒的硫酸铅。

④ 初充电不彻底或不进行定期补充充电。蓄电池初充电不彻底或使用期间不进行定期补充充电，使其在半充电状态长期使用，极板上的放电产物硫酸铅长期存在，也会通过再结

晶形成粗大的颗粒。

⑤ 电解液不纯或其他原因导致蓄电池自行放电，均会产生硫酸铅，从而为硫酸铅再结晶提供物质基础。

3）故障排除。蓄电池出现轻度硫化故障，可用 2～3A 的小电流长时间充电，即过充电；或用全放、全充的充放电循环方法使活性物质还原。也可用去硫充电的方法消除。硫化严重的蓄电池应予报废。

（2）自放电

1）故障现象。充足电的蓄电池放置不用，逐渐失去电量的现象。普通蓄电池由于本身结构的原因，会产生一定的自放电。如果使用中自放电在一定范围内，可视为正常现象，如果超出一定范围放电就应视为故障。一般自放电的允许范围为每昼夜 1% 以内，如果每昼夜放电超过 2%，就应视为故障。

2）故障原因

① 电解液不纯，电解液中的杂质沉附于极板上产生局部放电。

② 蓄电池溢出的电解液堆积在盖板上，使正负极桩形成回路。

③ 蓄电池长期放置不用，硫酸下沉，下部密度较上部大，极板上下部发生电位差引起自行放电等。

④ 极板活性物质脱落，下部沉淀物过多使极板短路。

3）故障排除。发生自行放电故障后，应倒出电解液，取出极板组，抽出隔板，再用蒸馏水冲洗极板和隔板，然后重新组装，加入新的电解液重新充电。

（3）蓄电池容量达不到规定要求

1）故障现象

① 汽车起动时，起动机转速很快地减慢，转动无力。

② 按喇叭声音弱、无力。

③ 开启前照灯，灯光暗淡。

2）故障原因

① 使用新蓄电池前未按要求进行初充电。

② 发电机调节器电压调得过低，使蓄电池经常充电不足。

③ 经常长时间起动起动机，造成大电流放电致使极板损坏。

④ 电解液的相对密度低于规定值，或在电解液渗漏后，只加注蒸馏水，未及时补充电解液，致使电解液的相对密度降低。

⑤ 电解液的相对密度过高或电解液液面过低，造成极板的硫化。

3）故障排除

① 首先检查蓄电池的外部，看外壳是否良好，有无裂纹，表面是否清洁，极板上是否有腐蚀及污物。如有，则为蓄电池外部自放电故障，根据相应故障予以排除。

② 检查蓄电池搭铁线、极柱的连接夹子有无松动，蓄电池接线极柱与极板连接处有无断裂。如有，则为输出电阻过大，电压降低。

③ 测量蓄电池的电解波密度，如电解液密度低，说明充电不足或新蓄电池未按要求经过充、放电循环，使蓄电池未达到规定的容量。

④ 检查电液面高度，如果电液面高度不足，且在极板上有白色结晶物质存在，则可能

存在极板硫化故障。

⑤ 蓄电池充电后检查电解液密度，如果出现两个相邻的电池中电解液的密度有明显差别，如在6个单格电池中，5个电池的电解液密度为1.16g/cm³，另一个电池的密度为1.08g/cm³，则说明该单格电池内部有短路，不能使用。

⑥ 必要时检查发电机电压调节器的调节电压。

三、交流发电机及电压调节器

起动发动机时，需利用蓄电池供应起动机及点火系统等各种电器所需的电流。发动机起动后，必须由充电装置来提供点火系统、空调、音响以及其他电器的用电，并补充蓄电池在起动发动机时所消耗的电能。只有这样，发动机才能维持运转，熄火后才能再起动。充电系统就是将发动机一部分机械能转变为电能的装置，其系统组成如图3-23所示。充电系统主要由发电机、电压调节器、充电指示灯(也叫放电警告灯)及连接各电器部件的导线等组成。

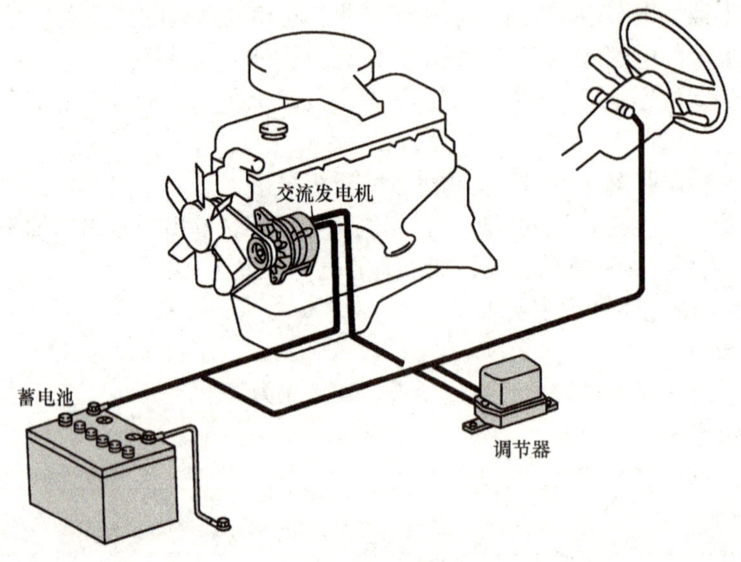

图3-23　充电系统组成

1. 发电机及电压调节器的功用

（1）发电机的功用　发电机是汽车的另一个电源，由曲轴带轮通过传动带驱动，其功用是在发动机怠速转速以上运转时，向除起动机以外的所有用电设备供电，同时还向蓄电池充电。

（2）电压调节器的功用　电压调节器是把发电机输出电压控制在规定范围内的调节装置，其功用是在发电机转速变化时，控制发电机输出电压，使其保持恒定，防止发电机电压过高而烧坏用电设备和导致蓄电池过量充电，同时也防止发电机电压过低而导致用电设备工作失常和蓄电池充电不足。

2. 交流发电机的结构

车用交流发电机是由一个三相同步交流发电机及用硅二极管组成的整流器所组成的，图3-24所示为普通硅整流发电机结构图，图3-25所示为采用IC调节器的硅整流发电机结构图。

图 3-24　普通硅整流发电机结构图

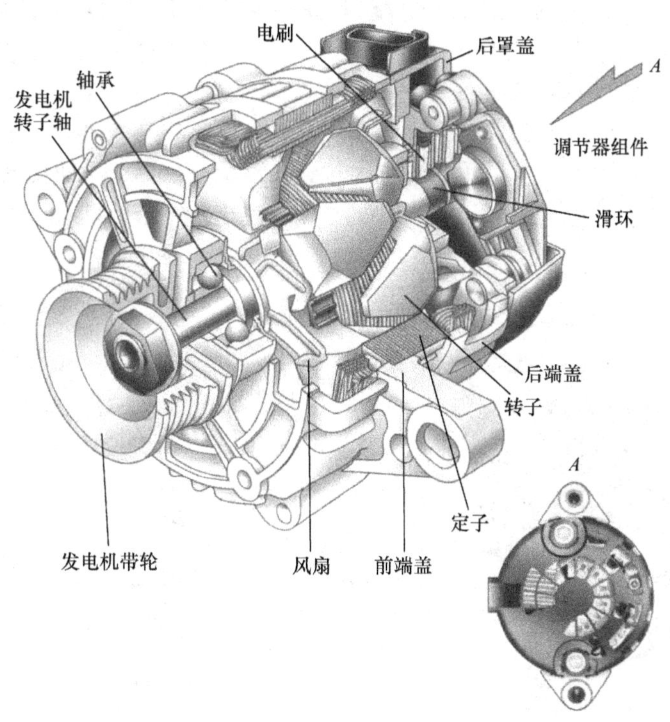

图 3-25　采用 IC 调节器的硅整流发电机结构图

（1）三相同步交流发电机　三相同步交流发电机由转子总成、定子总成、带轮、风扇、前后端盖及电刷等部件组成。

1）转子。交流发电机的转子是用来建立磁场的，主要由转子轴、励磁绕组、两块爪形磁极、集电环等组成，如图 3-26 所示。

转子轴由发动机曲轴通过传动带驱动，使转子在定子中旋转。两块低碳钢制成的爪形磁极交叉组合在一起，压装在转子轴上，爪形磁极一边全为 N 极，另一边全为 S 极，N 极、S 极相间排列，一般为 8～16 极。爪形磁极空腔内装有导磁用的铁心，称为磁轭。磁轭上绕有

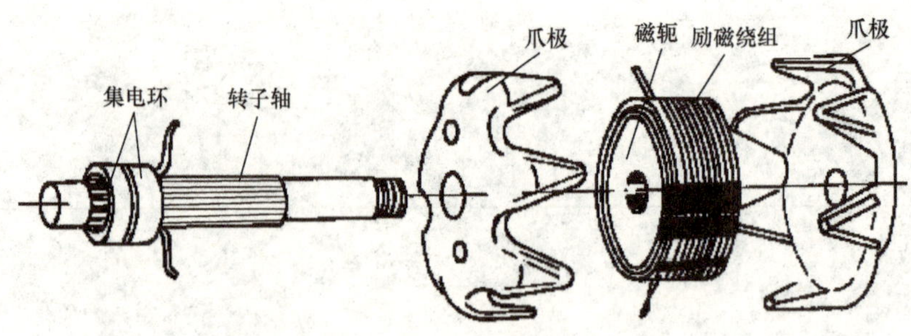

图 3-26　交流发电机的转子

励磁绕组，励磁绕组以细的漆包线绕成，其两根引出线分别焊在与转子轴绝缘的集电环上。集电环压装在转子轴上，与装在后端盖内的两个电刷相接触。两个电刷通过引线分别接在两个螺钉接线柱上。这两个接线柱即为发电机的接线柱“+”（+B 电压输出）和接线柱“-”（搭铁）。当这两个接线柱与直流电源相接时，便有电流流过励磁绕组，从而产生磁场。转子励磁绕组的电流流程：由调节器来的电流→电刷→滑环→励磁绕组→滑环→电刷→搭铁。

2）定子。定子由定子铁心和定子绕组组成，产生三相交流电。定子铁心由相互绝缘的内圆带嵌线槽的圆环状硅钢片叠成。嵌线槽内嵌入三相对称的定子绕组。绕组的接法有星形（即“Y”形）、三角形（即“△”形）两种方式，一般发电机采用星形联结，即每相绕组的首端分别与整流器的硅二极管相接，每相绕组的尾端接在一起，形成中性点 N，图 3-27 所示为定子绕组结构和星形联结图。星形联结多用在需要发动机低速时提供较高电压的场合，而三角形联结的发电机可以输出较大的电流。

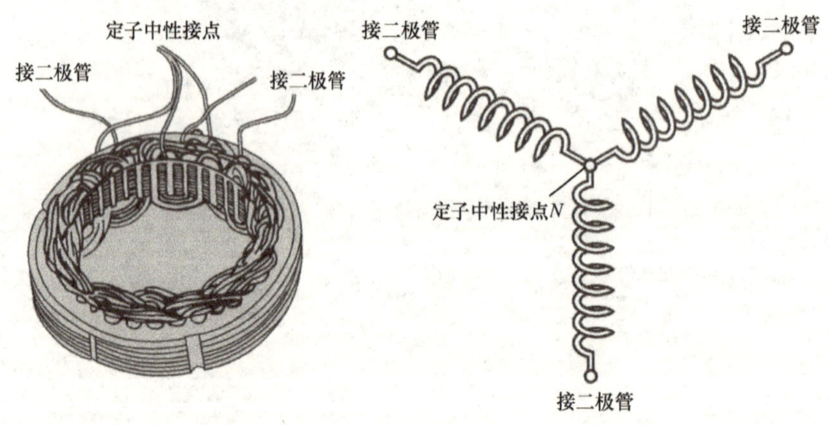

图 3-27　星形联结的定子绕组

3）带轮。通常用铸铁或铝合金制成，分单槽和双槽两种，利用风扇的半圆键装在风扇外侧的转轴上，再用弹簧垫片和螺母紧固。发动机工作时发动机通过风扇传动带带动带轮转动，并传给发电机。

4）风扇。一般用 1.5mm 厚的钢板冲制或用铝合金压铸而成，并用半圆键装在前端盖外侧的转轴上，发电机工作时，对发电机进行冷却。

5）前、后端盖。前端盖上装有轴承，支撑装有驱动带轮的转子轴，拆装时可以单独分离。后端盖上装有月牙形的整流板，正向二极管安装在整流板上，负向二极管直接安装在后端盖上，定子绕组与整流器相连，拆装时不能单独拆开后端盖，注意不要扯断定子绕组。两个端盖用螺栓固定在一起，然后固定在发动机上，结构如图 3-28 所示。每个端盖上还有一些沟槽，其作用是使转轴上的风扇吹来的空气能在发电机中流动，以冷却发电机。二极管工作时产生的热量也可随时被流动的空气带走。

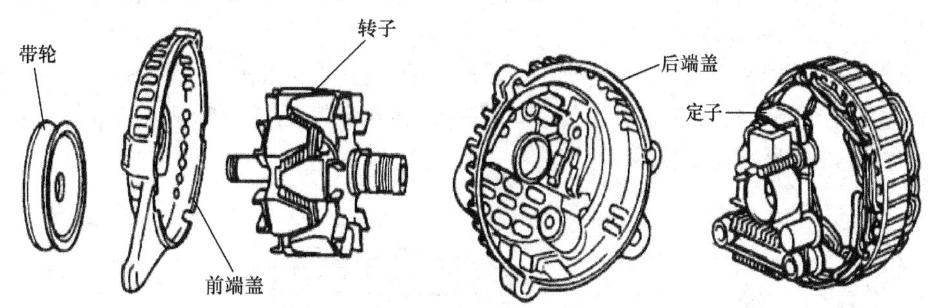

图 3-28　发电机前、后端盖

6）电刷与电刷架。两只电刷装在电刷架的方孔内，利用弹簧的压力使其与集电环保持良好的接触。电刷与电刷架的结构有外装式和内装式两种，其构造如图 3-29 所示。

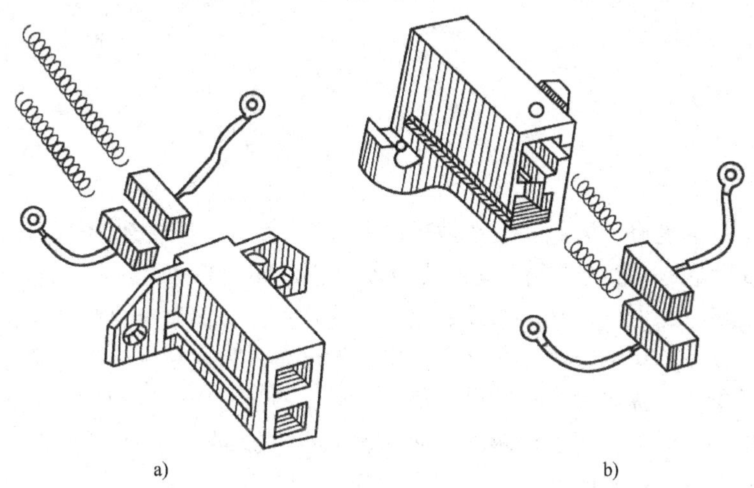

图 3-29　电刷和电刷架

a）外装式　b）内装式

搭铁电刷的引出线用螺钉直接固定在后端盖上（标记“ − ”），此方式称为内搭铁，如图 3-30a 所示；搭铁电刷的引出线与机壳绝缘接到后端盖外部的接线柱上（标记 F_2），这种方式称为外搭铁，如图 3-30b所示。内、外搭铁发电机必须与相对应的调节器匹配使用。

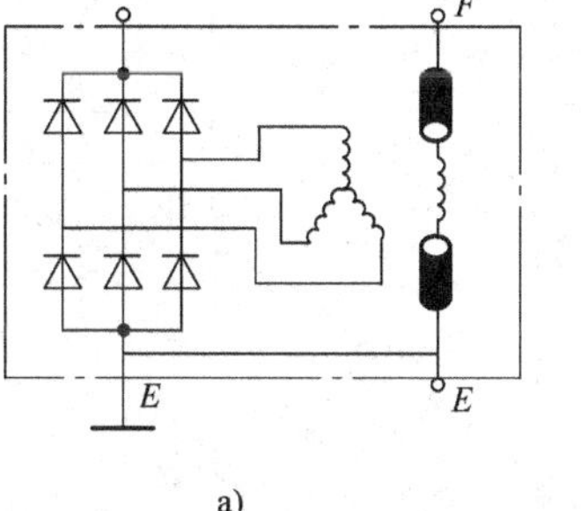

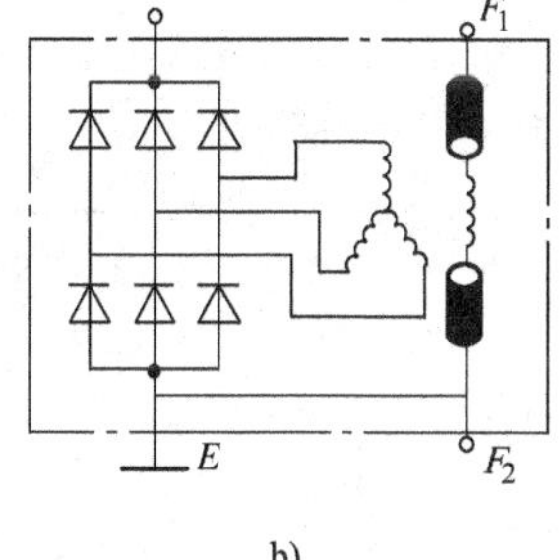

图 3-30　发电机的搭铁方式

a）内搭铁　b）外搭铁

（2）整流器　整流器的作用是把三相同步交流发电机产生的三

相交流电变成直流电输出，它一般有六个硅二极管接成三相桥式全波整流电路。

1）正极管。正极管其中心引线为二极管的正极，外壳为负极，在管壳底上一般标有红色标记。在负极搭铁的硅整流发电机中，三个正二极管的外壳压装在元件板的三个座孔内，共同组成发电机的正极，由一个与后端盖绝缘的元件板固定螺栓通至机壳外，作为发电机的电源接线柱“B”。

2）负极管。负极管其中心引线为二极管的负极，外壳为正极，管壳底部一般有黑色标记。三个负极管的外壳压装在后端盖的三个孔内，和发电机外壳一起成为发电机的负极，如图3-31所示为硅二极管的安装示意图。

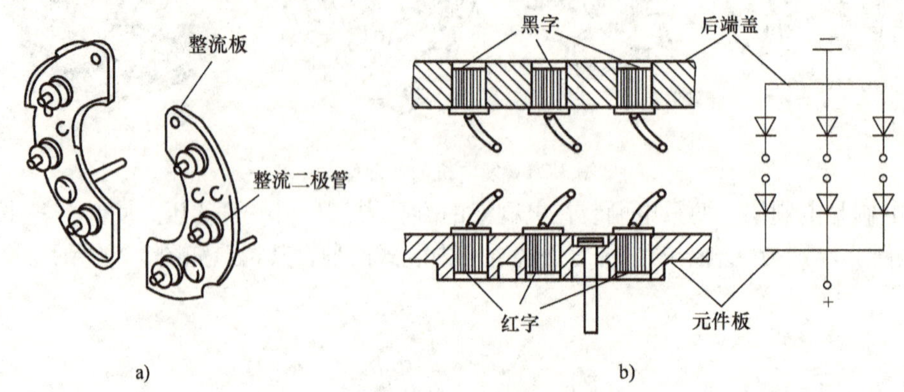

图3-31　硅二极管的安装示意图

a）结构图　b）硅二极管的安装示意图

整流器必须散热良好，因此安装在端盖的通风口上，利用风扇强制通风冷却。整流二极管温度超过150℃即失去整流作用。有些交流发电机的整流器采用9只二极管，增加的是3只小功率磁场二极管，专门用来供给励磁电流，这样可以提高发电机的电压调节精度。采用磁场二极管后，仅用简单的充电警告灯即可指示发电机的发电情况。另外，有些交流发电机为了提高中性点电压，提高发电机输出功率，增加了两只二极管对中性点电压进行整流，汇入发电机的输出端。同时具备上述两种功能的发电机整流器共有11只整流二极管，图3-32所示为几种不同的发电机整流器。

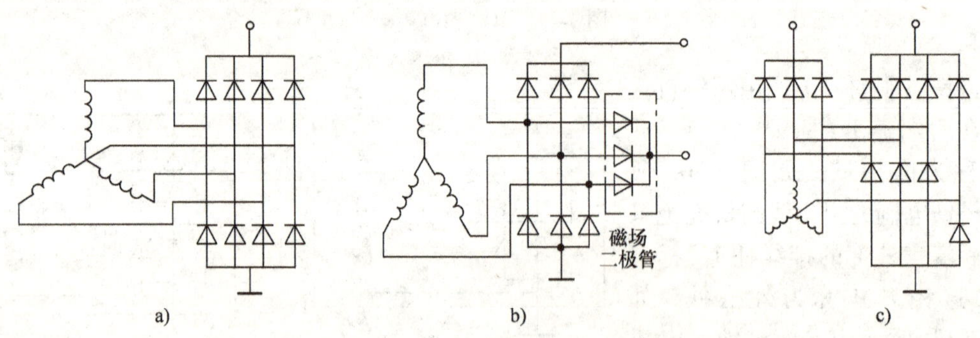

图3-32　8管、9管、11管发电机整流器

a）8管发电机整流器　b）9管发电机整流器　c）11管发电机整流器

3. 交流发电机的工作原理

（1）发电原理

1）电磁感应原理。导体在磁场内运动切割磁力线，在导体中会产生感应电压。如果将导体连成完整电路，则电路中会有电流。磁力线切割线圈，能在线圈中产生感应电压(电动势)，这种现象称为电磁感应。如图 3-33 所示，磁铁在线圈中旋转，在线圈中会产生电压，相当于磁铁在定子线圈中旋转，所以在定子线圈中产生电压。发电机是由电磁感应原理而产生电压与电流的。

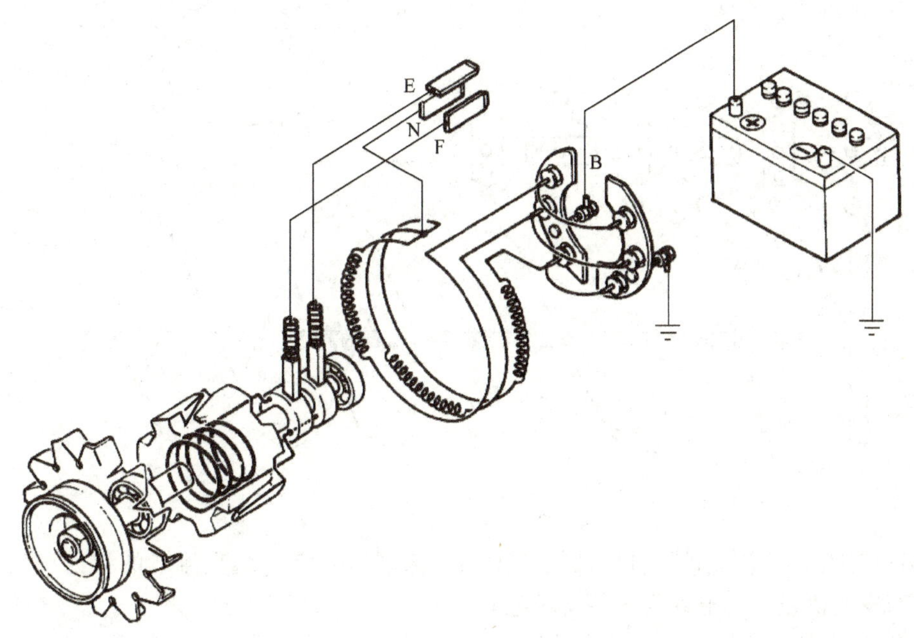

图 3-33　磁铁在线圈中旋转

2）三相交流电的产生。使磁铁在定子线圈中旋转，定子线圈中将产生电压。由于电流作用，定子线圈发电量越大，越易发热。因此，定子线圈装在发电机外层对冷却有好处。所以，所有交流发电机的发电线圈(定子绕组)都在外层，而旋转磁铁(转子铁心)都在定子线圈内，如图 3-34 所示。

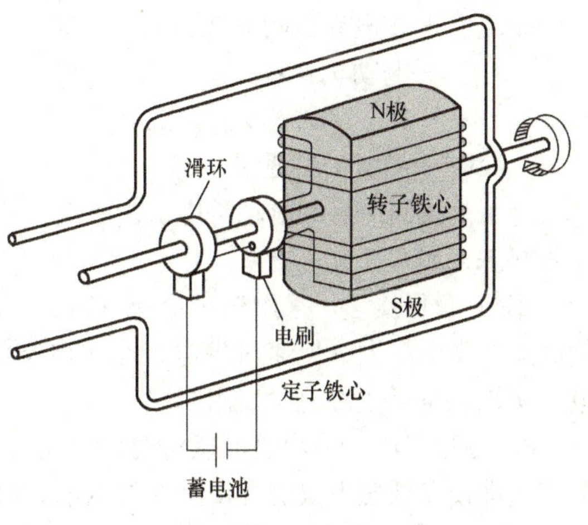

图 3-34　定子和转子在磁场中位置关系

当磁铁在线圈中旋转时，将在线圈中产生电动势。这样产生的为大小和方向都不断变化的交流电。线圈中产生的电压和磁铁位置的关系如图 3-35 所示。最大电压产生在磁铁的 S 极和 N 极最靠近线圈时。电压方向随磁铁转动半圈而变化一次。以这种方式形成的正弦波形电流，称为“单相交流电”。图中每 360°为一循环。

每组线圈 A、B、C 彼此相隔 120°。当磁铁在它们中间旋转时，便在每个线圈中产生交

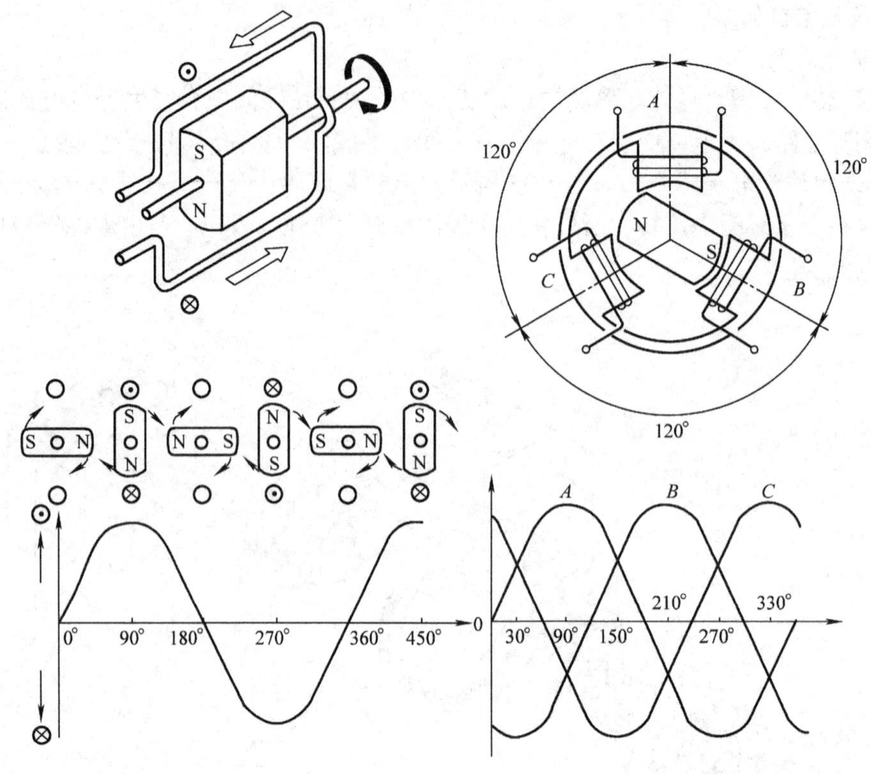

图 3-35　三相交流电产生

流电。图示表明三组交流电压与磁铁间的关系。像这样具有三组交流电的称为“三相交流电”。汽车发电机发出的电即为三相交流电。

三相交流电每相绕组的电动势有效值的大小与转子的转速及磁极的磁通量成正比。即

$$E_{\Phi} = C_1 n\Phi$$

式中　E_{Φ}——相电动势的有效值；

C_1——电动机常数；

n——转子的转速；

Φ——磁极的磁通量。

为了从线圈产生的电动势中引出电流，一般采用三角形接法和星形接法将三根定子线圈连接起来，如图 3-36 所示。

① 三角形接法。采用三角形接法时，三组线圈头尾相接，如图 3-36a 所示。这种接法使高速时发电量大，低速时发电量小。由于汽车发电机必须在低速下也能保证发出足够的电，所以三角形接法很少使用。

② 星形接法。采用星形接法时，只是将三组线圈尾部相接，如图 3-36b 所示。由于星形接法即使在低速下也能发出足够的电来，所以广泛地应用在汽车交流发电机上。

(2) 整流原理　整流器的作用就是利用二极管的单向导电性，将发电机产生的三相交流电转换成直流电，如图 3-37 所示。

当给二极管加上正向电压时，二极管正向偏置，二极管导通，呈现低阻状态；当给二极管加上反向电压时，二极管反向偏置，二极管截止，呈现高阻状态。利用二极管的单向导电

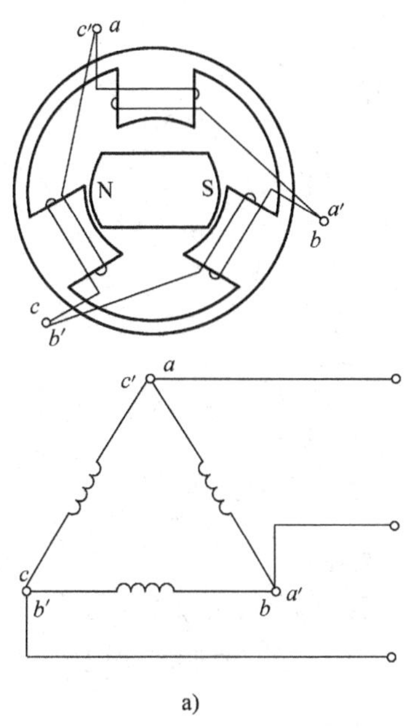

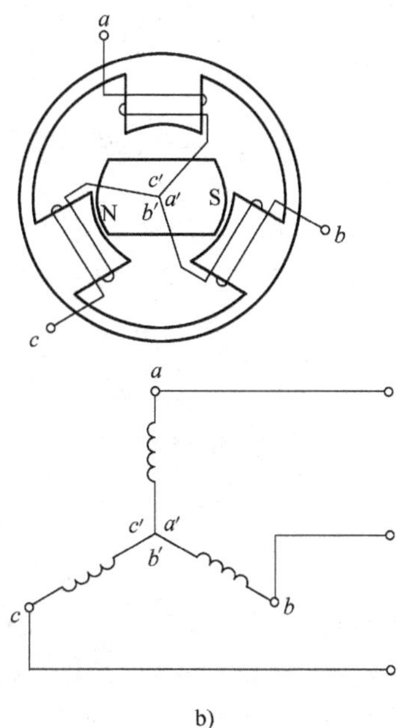

图 3-36　定子线圈的两种接法
a）三角形接法　b）星形接法

特性，便可把交流电变为直流电。

在图 3-38 所示的三相桥式整流电路中。正极接绕组始端的二极管为正极管；负极接绕组始端的二极管为负极管。二极管的导通原则如下：

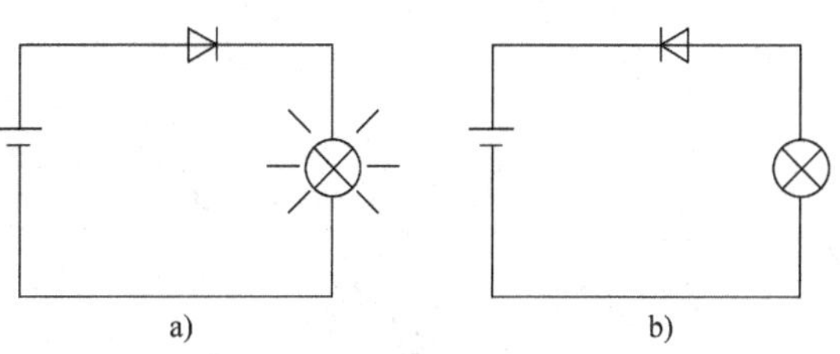

图 3-37　二极管的导通与截止
a）导通　b）截止

1）正极管的导通原则。由于三只正极管（VD_1、VD_2、VD_3）的正极分别接在发电机三相绕组的始端（A、B、C）上，它们的负极又连接在一起，所以三只正极管的导通原则是在某一瞬间，正极电位最高者导通。

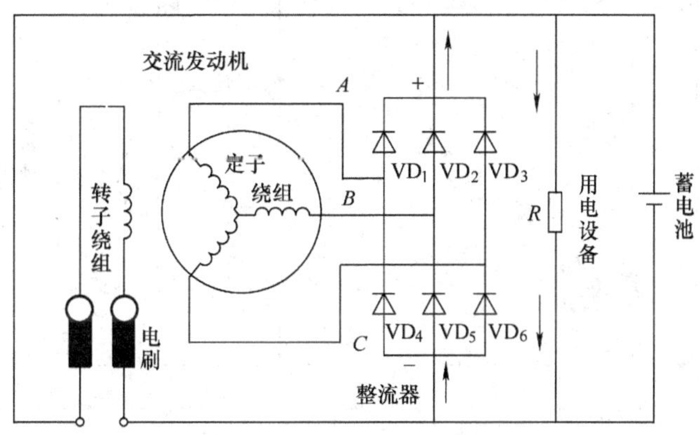

图 3-38　三相桥式整流电路

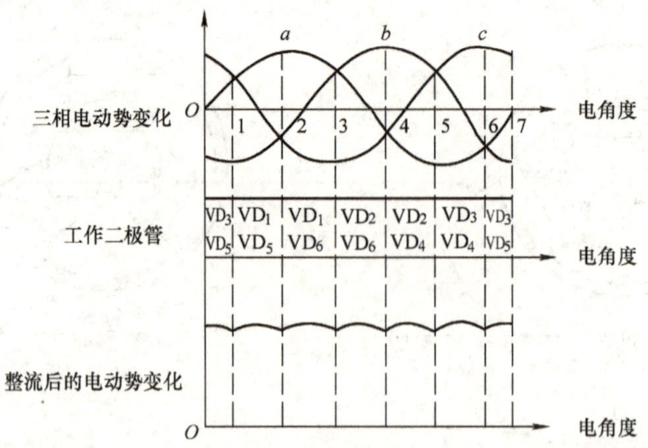

图 3-38　三相桥式整流电路(续)

2）负极管的导通原则。由于三只负极管(VD_4、VD_5、VD_6)的负极分别接在发电机三相绕组的始端，它们的正极又连接在一起，所以三只负极管的导通原则是在某一瞬间负极电位最低者导通。

根据上述原则，其整流过程如图 3-39 所示。

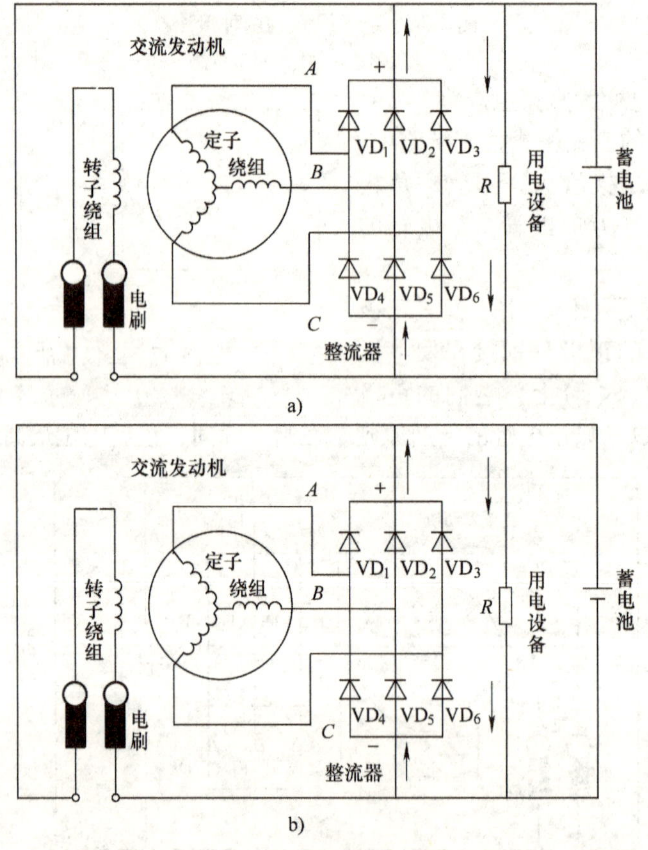

图 3-39　整流过程

a）电角度 0-1 的整流过程　b）电角度 1-2 的整流过程

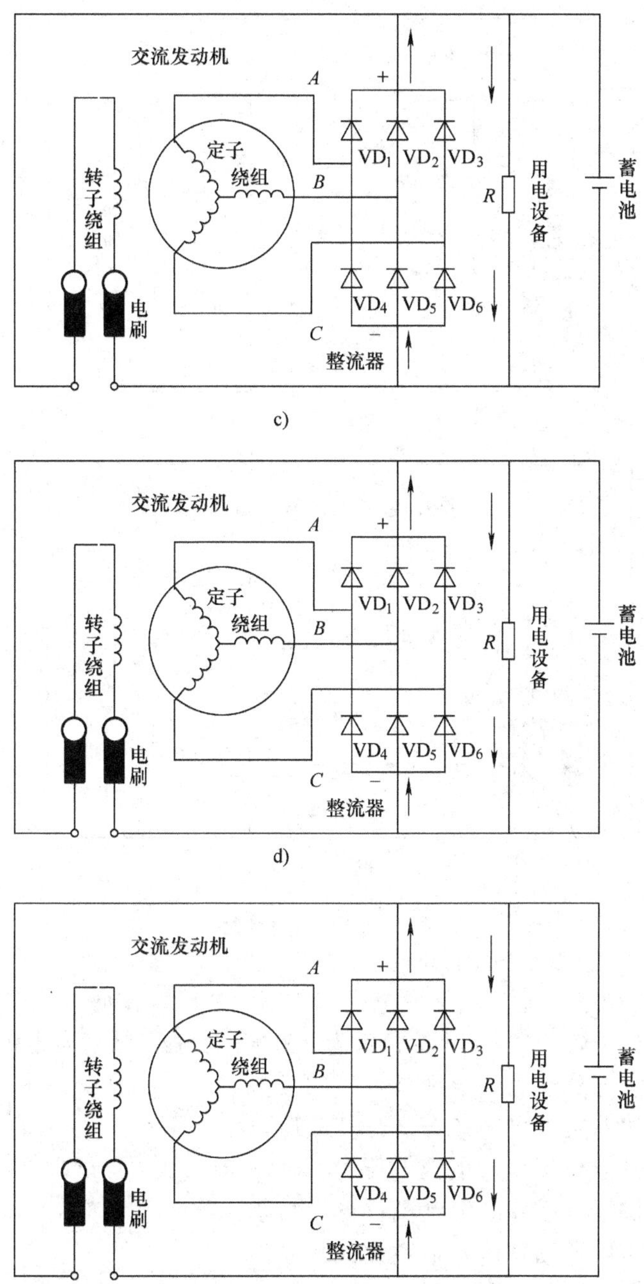

图 3-39　整流过程(续)

c）电角度 2-3 的整流过程　d）电角度 3-4 的整流过程　e）电角度 4-5 的整流过程

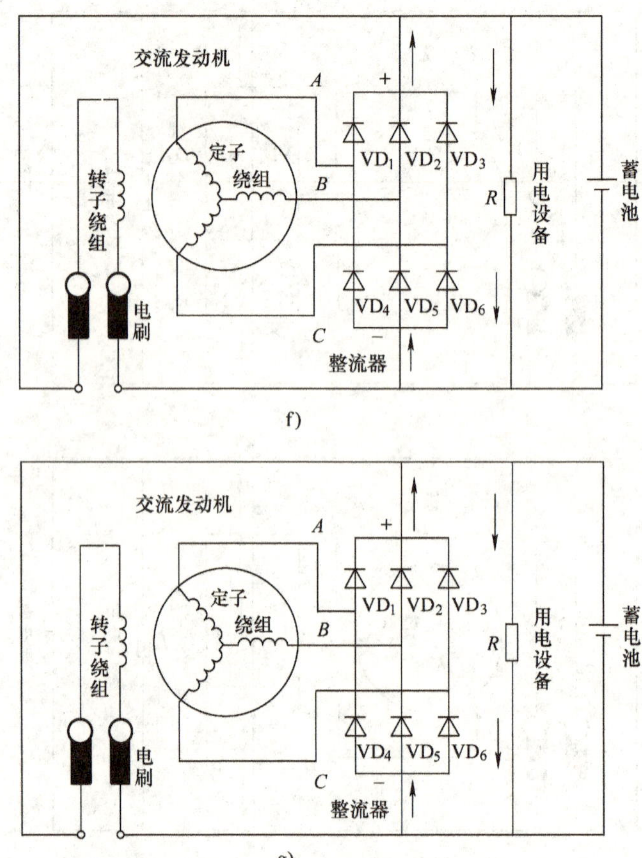

图 3-39　整流过程(续)

f）电角度 5-6 的整流过程　g）电角度 6-7 的整流过程

(3) 励磁方式　在汽车上，交流发电机和蓄电池并联，在低速时或发电机发电电压较低时，发电机的励磁电流由蓄电池供给，因为励磁电流较强，虽然发电机转速较低，但是也能产生较高的电压，由蓄电池供给励磁电流的发电方式叫他励发电。随着发电机转速升高，其电压也不断升高。当发电机电压高于蓄电池电压时，励磁电流由发电机自身供给，这种由发电机自身供给励磁电流的发电方式叫做自励发电。励磁方式是先他励后自励。励磁电路如图 3-40 所示。

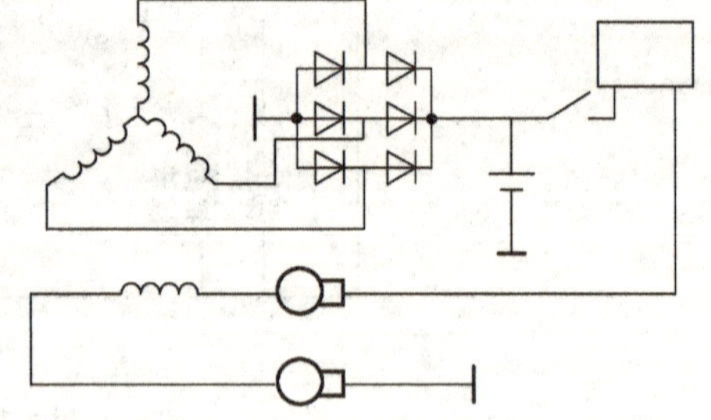

图 3-40　励磁电路

4. 电压调节器

(1) 电压调节方法　发电机在汽车上是按固定的传动比驱动旋转的，其转速 n 随发动机转速变化而在很大范围内变化。根据电磁感应原理，交流发电机发出的电压，随发电机速度和负载(输出电流)而变化。由于发动机的转速不断变化，交流发电机转速很难保持不变。因此，为了使发电机能提供固定不变的电压，必须采用调节器来控制电压。一般充电系统使用发电机的电压调节器来保持充电系统的电压稳定。

（2）电压调节器的功用　电压调节器是把发电机输出电压控制在规定范围内的调节装置，其功用是在发电机转速和发电机上的负载发生变化时自动控制发电机电压，使其保持恒定，防止发电机电压过高而烧坏用电设备和导致蓄电池过量充电，同时也防止发电机电压过低而导致用电设备工作失常和蓄电池充电不足。

（3）电压调节器的基本原理　根据电磁感应原理，发电机的感应电动势为 $E_{\Phi}=C_1 n\Phi$，即感应电动势 E_{Φ} 与发电机转速 n 和磁通 Φ 成正比；发电机的空载电压 $U=E_{\Phi}=C_1 n\Phi$，发电机在汽车上是按固定的传动比驱动旋转的，其转速 n 随发动机转速变化而在很大范围内变化。如果要在转速 n 变化时维持发电机电压恒定，就必须相应地改变磁极磁通 Φ。因为磁极磁通 Φ 取决于励磁电流的大小，所以在发电机转速变化时，只要自动调节励磁电流，就能使发电机电压保持恒定。电压调节器就是利用自动调节励磁电流使磁极磁通改变这一原理来调节发电机输出电压的。

交流发电机在低速时就要能发出足够的电压供汽车用电器及对蓄电池充电使用，因此在低速时需以较大的电流供应励磁绕组以产生强的磁场，使发电机能产生足够的电压。当交流发电机的转速升高后，必须降低流过励磁绕组的电流，以减弱磁场强度，来保持发电机的电压不继续升高，以免烧坏电器。电压调节器通常利用功率晶体管的开关特性，使励磁电流接通与切断，从而来调节励磁电流，以控制发电机输出电压。

（4）晶体管电压调节器　晶体管电压调节器又称电子调节器。它以稳压管作为电压感受元件，控制晶体管的通断来调节励磁电流，从而使发电机电压保持稳定。这种调节器在使用过程中无须维护，结构简单，体积小，质量轻。

晶体管电压调节器基本工作原理如图3-41所示。调节器的接线柱“+”接点火开关，接线柱 F 接发电机励磁绕组，“+”和 F 之间为晶体管的集电极与发射极之间形成的开关电路，“+”与“-”之间有两个电阻 R_1、R_2 组成的分压器，O 点电压正比于发电机电压，O 点与放大器之间接有稳压管 VD_w，用来感知电压。其工作过程：在发电机电压较低的情况下，分压器中间 O 点电压也较低，此时稳压管处于截止状态，此状态经放大器放大，给晶体管的基极一个高电位信号，使晶体管导通，励磁电流可以通过晶体管流入发电机励磁绕组，使发电机电压上升，当电压上升到调节器电压调整值时，O 点电压升高至稳压管的击穿电压，稳压管被击穿，此信号经放大器放大后给晶体管一个低电位信号，使晶体管截止，切断了励磁电流，发电机无励磁电流，电压便下降，这样又使晶体管导通，如此反复，使发电机的电压稳定在一定值。

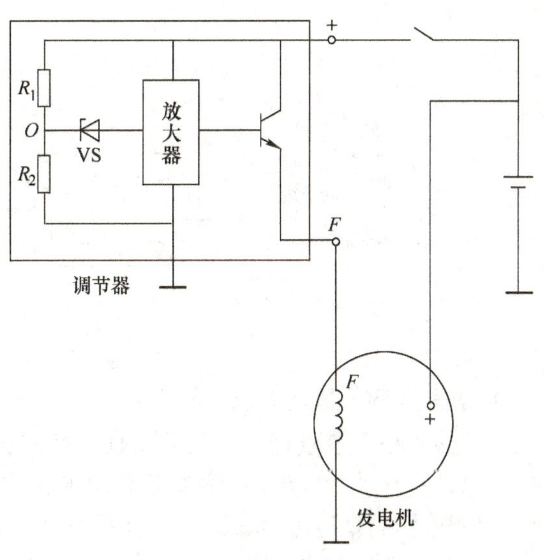

图3-41　晶体管电压调节器工作原理

从上述调节器的结构和工作情况看，电子调节器共有三个接线柱，即“+”、F 和“-”，在接线时不能接错。值得注意的是，电子调节器的接线方式根据发电机和调节器的形式而有所不同。虽然调节器的接头标注都一样，但接法完全不同，图3-42为发电机和调节器的两种接线方式。

图3-42a为励磁绕组内搭铁式，调节器装在发电机与点火开关之间，发电机励磁绕组有一端搭铁。图3-42b为励磁绕组外搭铁式，调节器装在发电机励磁绕组与搭铁之间，发电机励磁绕组无搭铁端，调节器控制励磁绕组搭铁。这两种形式的发电机与调节器不能互换，否则将会造成发电机电压失调或不发电。

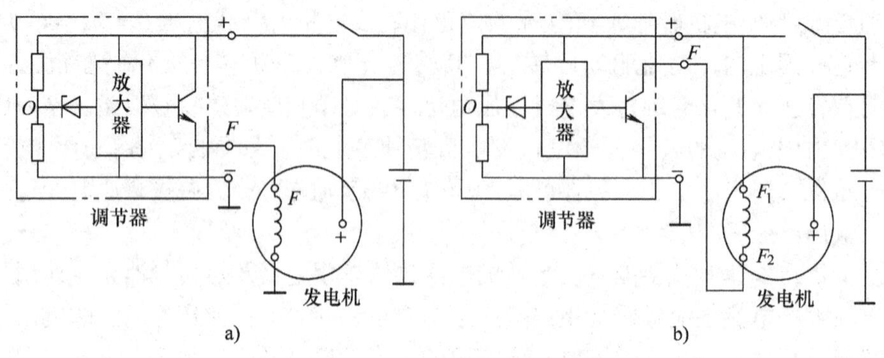

图3-42 发电机和电压调节器的两种接线方式

a）内搭铁式 b）外搭铁式

（5）集成电路调节器（IC电压调节器） 集成电路调节器是利用集成电路（IC）组成的调节器，体积很小，可方便地安装在发电机内部，与发电机组成一个整体，故装有集成电路调节器的交流发电机又称为整体式交流发电机。目前轿车上已大量采用集成电路调节器，如图3-43所示。

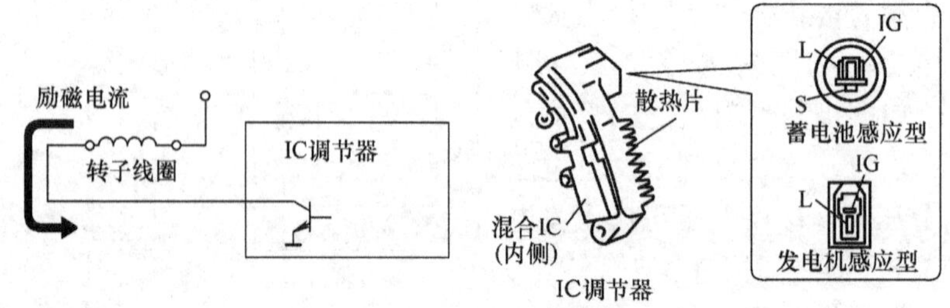

图3-43 IC电压调节器

集成电路调节器具有以下特点：

1）体积小、重量轻，因此可以直接装在发电机内部或壳体上，成为整体式交流发电机的一个部件，这样可以省去调节器和发电机之间的导线，减小了线路损失，减少了线路故障，使调节器的精度可达±0.3V，工作更为可靠。

2）耐高温性能好，可在130℃高温下正常工作。

3）更加抗振，使用寿命长。

集成电路调节器的基本工作原理与晶体管调节器完全一样，都是根据发电机或蓄电池的电压信号（输入信号），利用晶体管的开关特性控制发电机励磁电流来达到稳定发电机输出电压的目的。它也有内搭铁和外搭铁之分，而且以外搭铁使用较多。

集成电路调节器根据不同的电压检测方法可分为“蓄电池感应型”和“发电机感应型”。蓄电池感应型的IC调节器通过端子*S*（蓄电池检测端子）来检测蓄电池的电压，并把输出电压调节到规定的值；发电机感应型的IC调节器通过检测发电机的内部电压来把输出电压调节到规定的值。

IC调节器的主要功能：电压调节和当发电机停止发电或充电条件异常时发出警告。当检测到转子线圈开路或短路、端子*S*脱开、端子*B*脱开、过电压(由于端子*F*和*E*之间短路使蓄电池电压上升)时，IC调节器通过亮起充电警告灯发出警告。

5. 发电机的工作特性

交流发电机的工作特性是指发电机经整流后输出的直流电压、电流和转速之间的关系，它包括输出特性、空载特性和外特性，如图3-44所示。

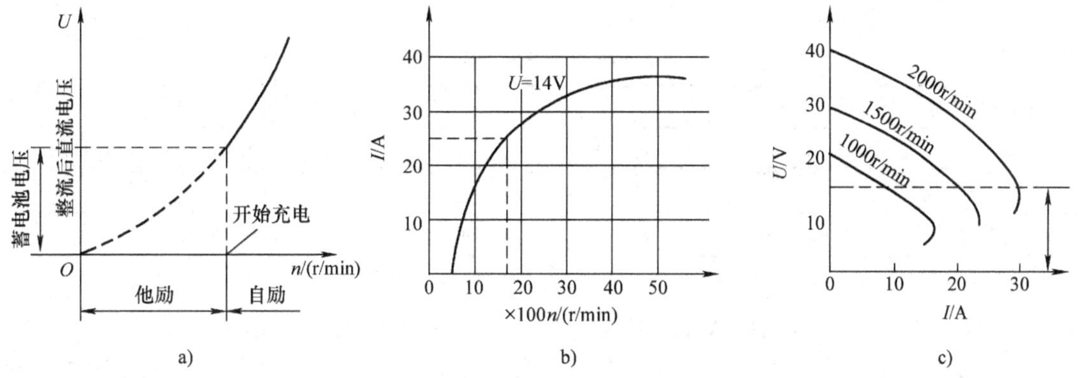

图3-44　发电机工作特性曲线

a）空载特性　b）输出特性　c）外特性

（1）空载特性　发电机的空载特性是指发电机空载运行时，发电机端电压和转速之间的关系，如图3-44a所示。空载特性可以用来判断该发电机低速充电性能的好坏，同时也可以看出发电机的输出电压是随着发电机的转速升高而升高的。

（2）输出特性　输出特性是指当发电机输出电压一定时，发电机输出电流随转速变化的规律，如图3-44b所示。对于12V系列的交流发电机，规定输出电压为14V；对于24V系列的交流发电机，规定输出电压为28V。从输出特性曲线中可以看出，当转速达到一定值后，发电机的输出电流几乎不再继续增加，具有限制输出电流的能力。这是由于随着定子绕组中的感应电动势增加，定子绕组的阻抗也随转速的升高而增加。同时，定子线圈输出电流增加时，电枢反应的增强也使感应电动势下降。由于上述两个原因，使发电机转速达到一定值后，其输出电流几乎不变。由于具有这种自我保护作用，交流发电机一般不需设置限流器。

（3）外特性　外特性是指发电机转速一定时，发电机端电压与输出电流之间的关系，如图3-44c所示。从外特性曲线可以看出，在转速变化时，发电机端电压有较大的变化。在转速恒定时，由于输出电流的变化对端电压也有很大影响，因此要使输出电流稳定，必须配用电压调节器。当发电机高速运转突然失去负载时，端电压会急剧升高，这时电气设备中的电子元件将有被击穿的危险。

6. 发电机型号

根据中华人民共和国汽车行业标准《汽车电气设备产品型号编制方法》(QC/T 73—1993)的规定，汽车交流发电机的型号主要包括以下几部分内容。

（1）产品代号　交流发电机的产品代号有 JF、JFZ、JFB 和 JFW 共 4 种，分别表示交流发电机、整体式交流发电机、带泵交流发电机和无刷交流发电机（字母 J、F、Z、B 和 W 分别为“交”“发”“整”“泵”和“无”字的汉语拼音第一个大写字母）。

（2）电压等级代号和电流等级代号　交流发电机的电压等级代号和电流等级代号分别用 1 位阿拉伯数字表示，其含义分别见表 3-5 和表 3-6。

表 3-5　电压等级代号

电压等级代号	1	2	3	4	5	6
电压等级/V	12	24	—	—	—	6

表 3-6　电流等级代号

电流等级代号	1	2	3	4	5
电流等级/A	≤19	20 ~ 29	30 ~ 39	40 ~ 49	50 ~ 59
电流等级代号	6	7	8	9	
电流等级/A	60 ~ 69	70 ~ 79	80 ~ 89	≥90	

（3）设计序号　按产品设计先后顺序，由 1 ~ 2 位阿拉伯数字组成。

（4）变形代号　交流发电机以调整臂位置作为变形代号。从驱动端看，在中间不加标记，在左边时用 Z 表示，在右边时用 Y 表示。

例如，JF152 表示交流发电机，其电压等级为 12V，电流等级 50 ~ 59A，第二次设计。

桑塔纳、奥迪 100 型乘用车用的 JFZ1913Z 型交流发电机是电压等级为 12V，电流等级≥90A，第 13 次设计，调整臂在左边的整体式交流发电机。

7. 发电机主要部件的检测

（1）传动带松紧度的检查与调整

1）经验法检查。先检查传动带是否有撕裂、磨光、浸油、裂缝等情况。如果传动带情况正常，以 98N 的力用拇指向下压，检查传动带的变形量，如图 3-45 所示。新传动带的变形量为 4 ~ 6.5mm；旧传动带的变形量为 7 ~ 10mm。各车型及不同形式传动带的规格稍有差异，请查阅修护手册。如果大于规定值，则说明传动带打滑，应予调整。

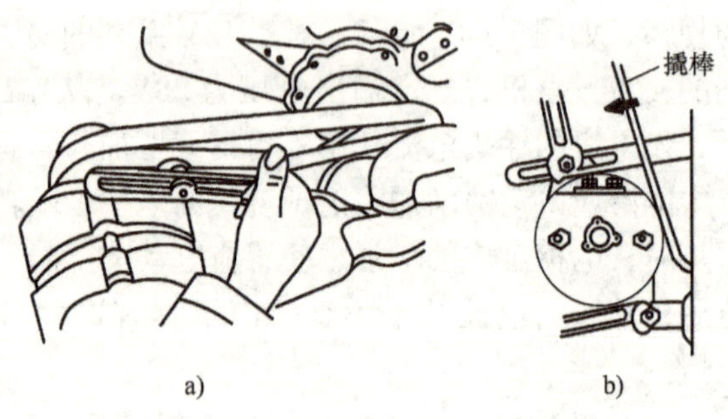

图 3-45　发电机传动带松紧度的检查与调整
a）松紧度的检查　b）张力的调整

所谓新、旧传动带的分法，装在发动机上运转时间未超过 5min 的传动带，称为“新传动带”；运转时间超过 5min 以上的传动带，称为“旧传动带”。因此新传动带安装调整后，让发动机运转 5min 以后，必须重新检查传动带的变形量或张力。

2）使用传动带张力器检查。使用传动带张力器检查传动带松紧度的方法如图 3-46 所示，新传动带的张力为 650 ~ 800N；旧传动带的张力为 500 ~ 650N。图中为三种不同形式的传动带张力器，中间的传动带张力器可检查空间较狭窄处传动带的松紧度。

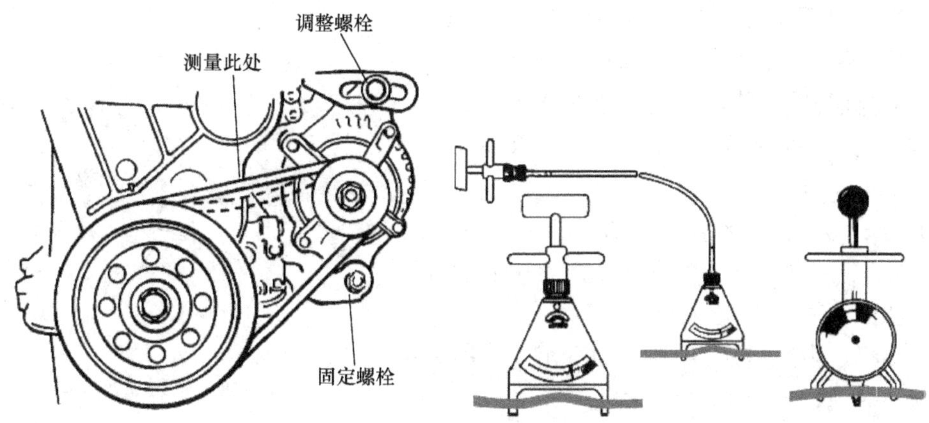

图 3-46 三种传动带张力器检查

3）传动带松紧度调整。拧松发电机固定螺栓和调整螺栓，用撬棒撬动发电机外壳，将发电机朝发动机的相反侧推移，调整好传动带松紧度后，锁紧固定螺栓及调整螺栓。传动带松紧度调整完成后，起动发动机，检查发电机运转是否正常及充电指示灯是否熄灭。

（2）电刷及电刷弹簧的检查与更换

1）电刷的检查。如图 3-47 所示，检查电刷外露的长度。一般不小于 7mm，否则应更换电刷或电刷弹簧。更换时先用烙铁将旧电刷的导线熔化（焊掉），换上新电刷后再将引线焊好，并注意新电刷与滑环的接触面应呈圆弧形。

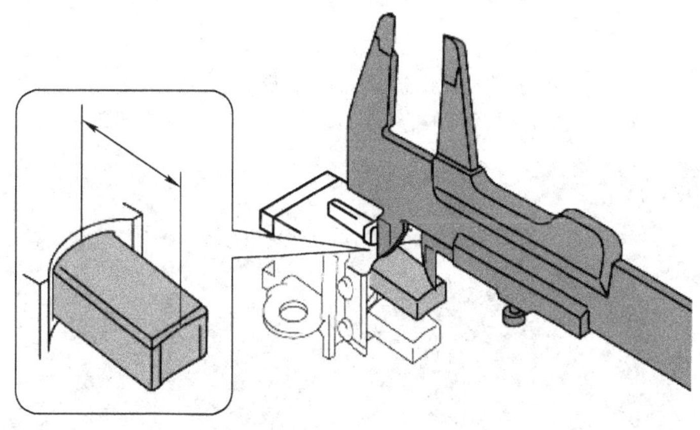

图 3-47 电刷的检查与更换

2）电刷弹簧的检查。使用弹簧秤测量电刷弹簧弹力，如图 3-48 所示，将电刷压入至伸出 2mm 时检查。电刷弹簧弹力的标准值为 3 ~ 4N，最低值为 2. 1N。弹力不足时需更换弹簧。

（3）转子的检查

1）滑环的检查。滑环表面应平滑，无刮痕或粗糙的状况。使用游标卡尺测量滑环外径，滑环标准外径为 32. 3 ~ 32. 5mm，滑环最小外径为 32. 1mm。

2）励磁绕组电阻的检查。使用万用表在冷态时检查，如图 3-49a 所示。若不导通时，更换转子。非 IC 调节器的励磁绕组电阻为 3.9 ~ 4.1Ω，IC 调节器的励磁绕组电阻为 2.8 ~ 3.0Ω。

3）绝缘性检查。使用电阻表检查滑环与磁极或滑环与转子轴间应不导通，如图 3-49b 所示。若导通，应更换转子。

（4）定子（或电枢）绕组的检查

1）定子线圈导通性的检查。使用万用表检查各组定子线圈之间应导通，如图 3-50a 所示。

2）定子线圈绝缘性的检查。检查定子线圈与铁心间应不导通，如图 3-50b 所示。

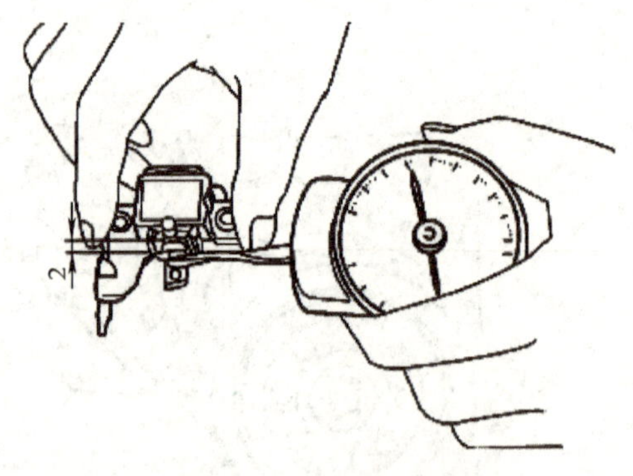

图 3-48 电刷弹簧检查

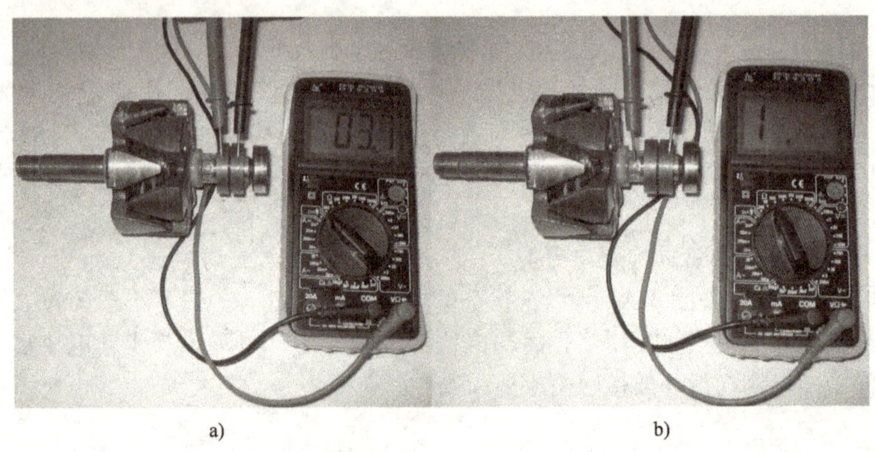

a)　　b)

图 3-49 发电机转子与励磁绕组的检查

a）励磁绕组电阻值的检查 b）励磁绕组与转子轴绝缘电阻的检查

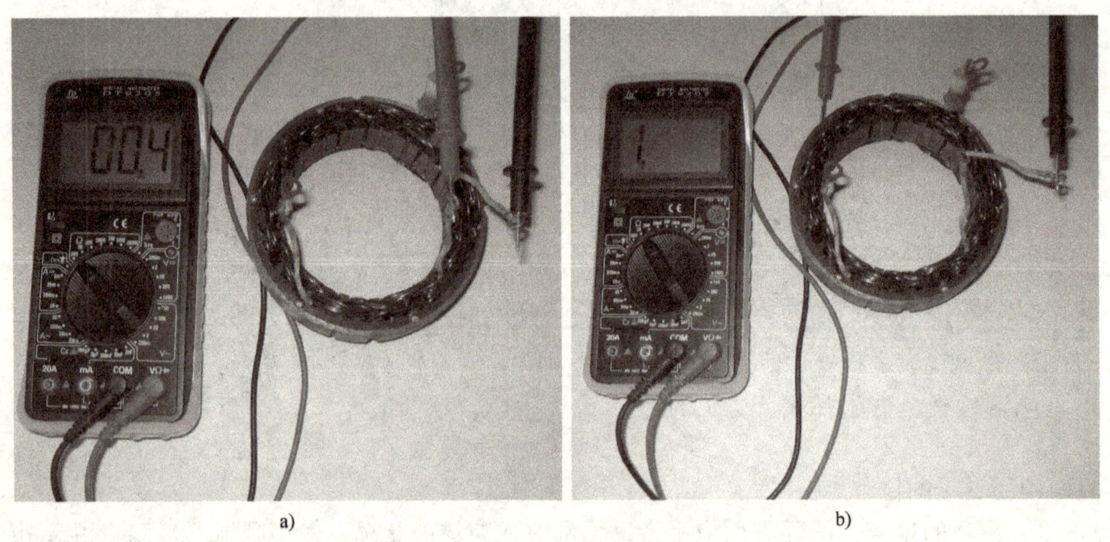

a)　　b)

图 3-50 定子（或电枢）绕组的检查

a）电枢绕组导通性的检查 b）电枢绕组与定子铁心绝缘性的检查

相关链接

使用数字式万用表检测时，当输入开路时，万用表显示值为“1”。当被测电阻超过所用量程范围时，万用表显示值也为“1”，此时换用高档量程(适用于非自动转换的万用表)。当在线测量电阻时，需确认被测电路已断开，且在电容全部放电后，方可检测。

（5）硅二极管的检查　如图3-51所示，若二次测量值一次大(大于10kΩ)，一次小(8～10Ω)，说明二极管性能良好。若二次均测得在1kΩ以上，说明此二极管已断路；若二次示值均很低，说明此二极管已被击穿。

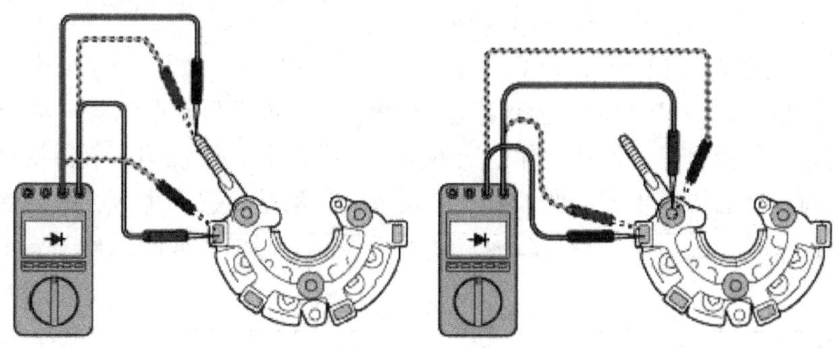

图3-51　硅二极管的检查

8. 电压调节器的检测

（1）电压调节器短路的检测　电压调节器短路检测又称满励磁测试。这种测试方法是将电压调节器短路，用蓄电池直接给发电机内的转子励磁绕组供电，使励磁绕组处于满励磁状态，进一步判断电压调节器是否失效。

满励磁测试步骤在发动机可工作的转速范围内使发电机输出最大化。为了保护元器件和电路，不允许输出电压高于16V。如果输出电压在参数范围内，电压调节器就是有问题的。在一个典型的带外搭铁电压调节器的充电系统中(以桑塔纳发电机为例)，进行满励磁状态测试，首先需要把电压调节器拆下，并在接线柱“F”和接线柱“－”之间使用短路线连接，如图3-52所示，然后，再将电压调节器装回，进行测试。起动发动机，并提高转速，如果输出电压在参数范围内，则表示电压调节器失效。

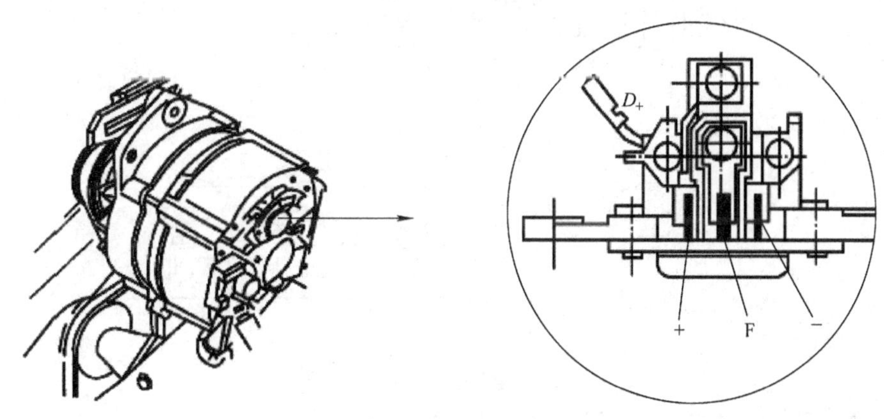

图3-52　电压调节器短路检测

（2）调节器调节电压的检测方法（稳压电源检测法） 使用可调直流稳压电源和测试灯试验其性能，检测设备包括可调直流稳压电源（输出电压为0～30V，电流为5A）和一只20W的汽车灯泡（代替发电机励磁绕组），接线方法如图3-53所示。

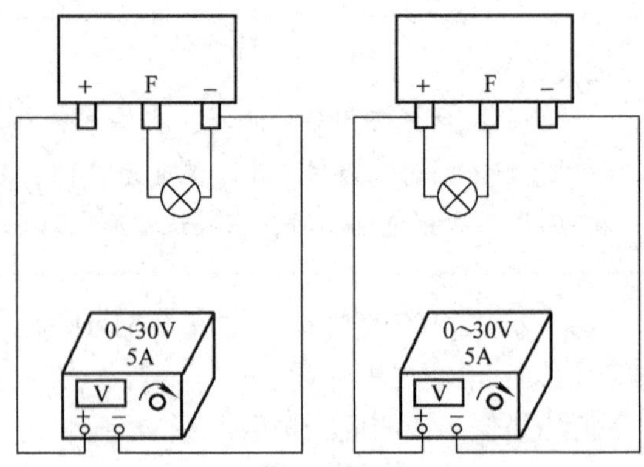

图3-53 调节器调节电压检测

调节直流稳压电源，使其输出电压从零逐渐升高，14V调节器当电压升高到6V（28V调节器电压升高到12V）时，测试灯开始点亮；随着电压的不断升高，测试灯逐渐变亮，14V调节器当电压升高到（14±0.5）V，28V调节器当电压升高到（28±1）V时，测试灯应立即熄灭。继续调节直流稳压电源，使电压逐渐降低，测试灯又重新变亮，且亮度随电压的降低逐渐减弱，则说明调节器良好。

当施加到调节器上的电压超过调节电压规定值时，测试灯仍不熄灭，或者起控电压数值与规定值相差较大时，说明调节器有故障，已不能起调节作用；如测试灯一直不亮，也说明调节器有故障。

相关链接

检查内搭铁式晶体管调节器时，测试灯应接在调节器“*F*”与“–”接线柱之间；检查外搭铁式晶体管调节器时，测试灯应接在调节器“*F*”与“+”接线柱之间。

（3）电压调节器就车检查

1）关闭所有电器负荷，如前照灯、空调、刮水器等。车辆行驶后不宜立刻检验，应待电压调节器冷却至适当温度后再检查。

2）接上电压表、电流表，如图3-54所示。

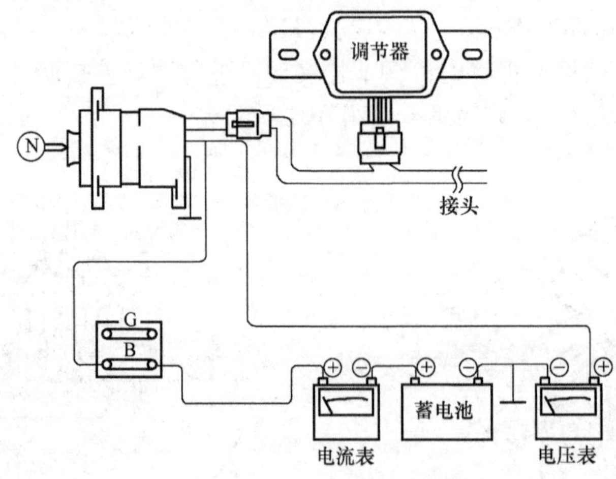

图3-54 电压调节器就车检查

3）起动发动机，暖车后以2500r/min的转速运转。

4）检查电流表，正常情形下，充电电流应在5A以下。

5）发动机转速在怠速与2500r/min间升降，检查电压表读数，若在14.4～15.1V范围内时，表示电压调节器功能正常。

9. 发电机的性能测试

（1）发电机电压测试　如果汽车装有催化式排气净化装置，在做此实验时，发动机的运转时间不得超过5min。

1）在发动机停转且不使用车上电器设备的情况下，测量蓄电池电压，并把这个电压作为参考电压或基准电压。

2）起动发动机，使发动机转速保持在2000r/min，在不使用车上电器设备的情况下，测量蓄电池电压，这个电压称为空载充电电压，空载充电电压应比参考电压高些，但差值不超过2V。

3）在发动机转速仍为2000r/min时，接通电器附件，如暖风机、空调和前照灯等，当电压稳定时测量蓄电池电压，这个电压称负载电压。负载电压至少应高于参考电压0.5V。如果电压在规定范围内，则硅整流发电机和调节器工作均正常。

4）检查结果不正常，可在充电电流为20A时检查充电线路压降，将电压表正极接发电机“电枢”（B +）接线柱，电压表负极接蓄电池正极桩头，电压表读数不得超过0.7V；将电压表正极接调节器壳体，另一端接发电机机体，电压表读数不得超过0.05V；当电压表一端接发电机机壳，另一端接蓄电池负极时，电压表读数不得超过0.05V。若示值不符，应清洁、紧固相应连接线头及安装架。

（2）“B”接线柱电流测试

1）熄火并拆掉蓄电池搭铁线（为了安全目的），从硅整流发电机“电枢（B +）”接线柱上拆下原有引线，将量程40A的电流表串接在拆下的引线接头与“电枢”接线柱之间，并将电压表正极接“电枢”接线柱，负极与发电机机体相接。

2）切断汽车所有电器开关。

3）装复蓄电池搭铁线，起动发动机，使发电机在高于额定负荷转速下工作，这时电流表读数应小于10A，电压表示值应在调节器规定的调压值范围内。

4）接通汽车主要用电设备（如前照灯、暖风机、空调、刮水器等），使电流表示值大于30A，此时电压表示值应大于蓄电池电压。

5）熄火，先拆去蓄电池搭铁线，拆除电压表、电流表，重新装复发电机“电枢”线和蓄电池搭铁线。

如该车有蓄电池搭铁线开关时，可用开关控制搭铁线通断，不必拆装搭铁线。若电压值超过规定电压上限，一般为调压器故障；若电压远低于电压下限，电流过小，应检查发电机个别二极管或个别电枢绕组是否有损坏等故障。

四、电源系统电路

汽车电源系统电路由蓄电池、交流发电机、调节器、电流表、放电警告灯继电器及放电警告灯等组成。

1. 发电机各端子名称和意义

带有集成电路调节器的整体式交流发电机与外部(蓄电池、线束)连接端子通常用“B+”(或“+B”、“BATT”)、“IG”、“L”、“S”、(或“R”)和“E”(或“-”)等符号表示，这些符号通常在发电机端盖上标出，其代表的含义如下。

端子“B+”(或“+B”、“+”、“BATT”)：发电机输出电压端子，用一根粗导线连接至蓄电池正极或起动机上。

端子“IG”：励磁端子，通过线束连接至点火开关，有的发电机上无此端子。

端子“L”：放电警告灯连接端子，通过线束接放电警告灯或放电指示继电器。

端子“S”(或“R”)：调节器的电压检测端子，通过导线直接连接蓄电池的正极。

端子“E”：发电机和调节器的搭铁端子。

2. 放电警告灯控制电路

现代汽车大部分都用放电警告灯来表示电源系统的工作情况。控制放电警告灯的方法常用的有三种：①利用交流发电机中性点电压，通过继电器或电子控制器进行控制；②利用交流发电机输出端电压，通过电子控制器进行控制；③利用九管交流发电机进行控制。

用来自动接通和断开蓄电池放电警告灯电路的继电器称为放电指示继电器。由于放电指示继电器一般都与电压调节器做成一体，因此称为带放电指示继电器的调节器。

(1) 利用中性点电压，通过放电指示继电器控制　如图3-55所示。

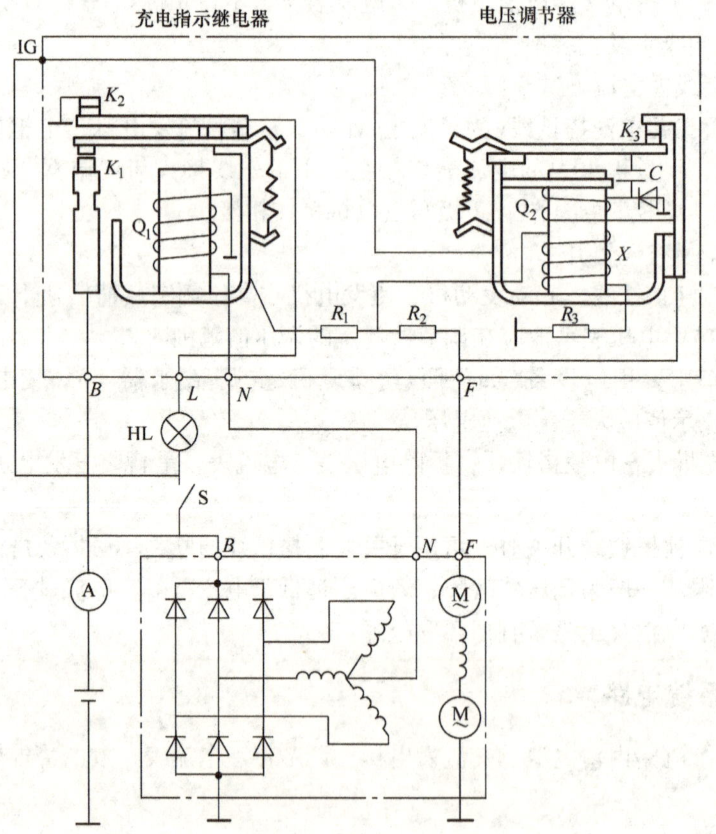

图3-55　利用中性点电压控制的放电警告灯电路

（2）利用九管发电机控制　九管发电机控制放电警告灯电路如图 3-56 所示。

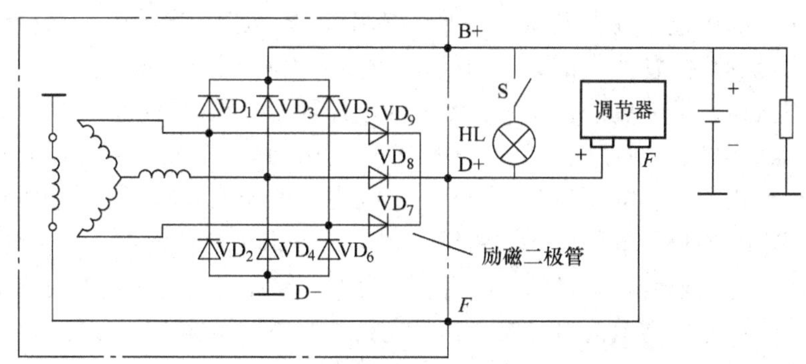

图 3-56　利用九管发电机控制的放电警告灯电路

接通点火开关，电流从蓄电池“+”极→点火开关 S→放电警告灯 HL→调节器电源接线柱“+”→磁场接线柱“F”→发电机励磁绕组→搭铁→蓄电池“-”极，构成回路。放电警告灯亮，表示不充电。

当发动机起动后，放电警告灯受蓄电池电压和励磁二极管输出端的电压“D+”的差值所控制。随发电机转速的升高，D+处电压升高，放电警告灯两端的电位差减小，灯就会自动变暗与熄灭。此后“B+”与“D+”等电位(都高于蓄电池电动势)，放电警告灯一直熄灭，表示发电机对蓄电池充电。

（3）利用 IC 调节器控制　利用集成电路 IC 调节器控制的放电警告灯电路如图 3-57 所示。调节器的 IG 端经点火开关接至蓄电池，用于检测蓄电池和发电机电压，从而控制晶体

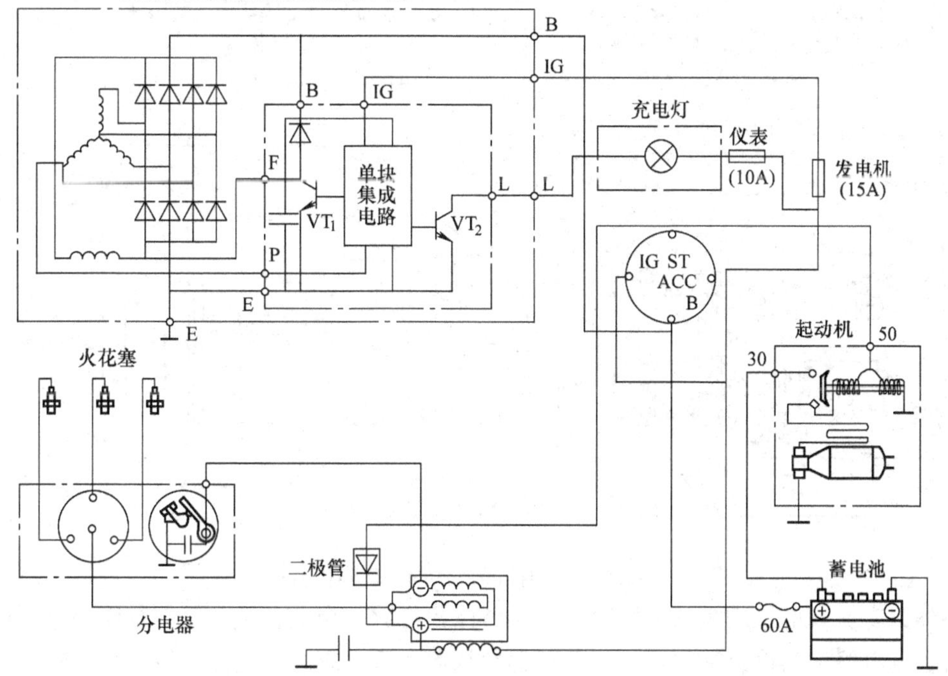

图 3-57　利用集成电路 IC 调节器控制的充电警告灯电路

管 VT_1 的导通与截止，控制发电机励磁电路。调节器的 P 端接至发电机定子绕组某一相上，该点电压为交流发电机直流输出电压的一半，单片集成电路调节器从 P 端检测到交流发电机的电压，从而控制晶体管 VT_2 的导通与截止，从而控制充电警告灯电路。

当点火开关接通，发电机未转动时，蓄电池电压经点火开关加到发电机 IG 端和调节器的 IG 端，调节器的电源就被接通，单片集成电路检测出这个电压，使 VT_1 导通，于是励磁电路接通。励磁电路为：蓄电池正极→60A 易熔线→点火开关电源端子 B→发电机输出端子 B→励磁绕组→调节器励磁端子 F→调节器晶体管 VT_1→调节器搭铁端子 E→蓄电池负极。

此时，交流发电机未运转不发电，P 端电压为零，单片集成电路检测出该电压使 VT_2 导通，于是充电警告灯亮，指示蓄电池放电。其电路：蓄电池正极→易熔线(60A)→点火开关端子 B→点火开关触点→点火开关端子 IG→仪表熔断器(10A)→充电警告灯→发电机线束插接器端子 L→IC 调节器晶体管 VT_2→搭铁端子 E→蓄电池负极。

当发电机输出电压高于蓄电池电压而低于调节电压时，单片集成电路控制 VT_1 导通，VT_2 截止，发电机励磁电路仍然接通，由他励转为自励，充电指示灯自动熄灭。

此外，集成电路调节器还有自我保护功能，当出现输入端 IG 与蓄电池之间有断路故障时，集成电路控制 VT_2 导通，使充电指示灯点亮，提醒驾驶人充电系统有故障；当发电机的电压超过调节电压时，集成电路自动控制 VT_2 截止，防止发电机发电电压过高。

3. 桑塔纳 2000 轿车电源系统电路

桑塔纳 2000 轿车充电系统电路如图 3-58 所示。

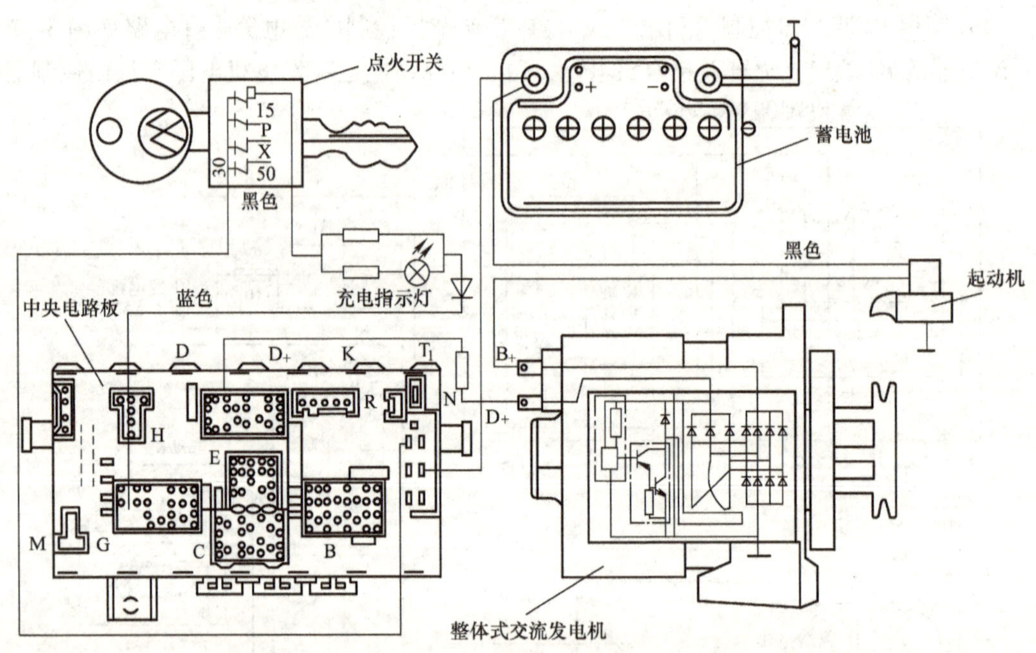

图 3-58　桑塔纳 2000 轿车电源系统电路

整体式交流发电机的 3 只正极管与 3 只负极管组成一个三相桥式全波整流电路，称为输出电流整流电路。其输出端“B +”用红色导线与起动机端子 30 连接(1996 年后部分轿车输出端“B +”用红色导线经 80A 易熔线与蓄电池正极柱连接，易熔线支架固定在蓄电池附近的发动机防火墙上)。3 只励磁二极管与 3 只负极管也组成一个三相桥式全波整流电路，称为励磁电流整流电路。其输出端“D+”用蓝色导线经蓄电池旁边的单端子插接器 T_1 后与中央电路板插座 D 的端子 D_4 连接，再经中央电路板内部线路与插座 A 的端子 A_{16} 相连。点火开关端子 30 用红色导线经中央电路板上的单端子插座 P 与蓄电池正极连接，点火开关端子 15 用黑色导线与仪表板左下方端子 14 黑色插座的端子 14 连接(图中未画出，可参见原版电路图)，经仪表板印制电路上的电阻 R_1、R_2 和放电警告灯(R_2 和放电警告灯串联后再与 R_1 并联)和二极管接回到端子 14 黑色插座端子 12，再用蓝色导线与中央电路板插座 A 的端子 A_{16} 连接。

由桑塔纳轿车原版电路图和充电系统电路图可见，放电警告灯及发电机励磁绕组电路为，蓄电池正极端子→中央电路板单端子插座端子 P→中央电路板内部电路→中央电路板单端子插座端子 P→点火开关端子 30→点火开关→点火开关端子 15→组合仪表板下方插接器的端子 14→电阻 R_2 和放电警告灯(发光二极管)→二极管→中央电路板 A_{16} 端子→中央电路板内部电路→中央电路板端子 D_4→单端子插接器 T_1(蓄电池旁边)→交流发电机端子 D+→发电机的励磁绕组→电子调节器功率管→搭铁→蓄电池负极。

五、电源系统检测及故障诊断

1. 电源系统故障诊断的基本方法

(1) 放电警告灯诊断　在装备有放电警告灯的汽车上，可利用放电警告灯来诊断充电系统有无故障，方法如下：

1) 首先预热发动机，起动发动机后，使其怠速或将发电机转速控制在 1200r/min 左右运转 10min，然后断开点火开关，使发动机停止运转。

2) 再接通点火开关(将点火开关转到“ON”位，并不起动发动机)，观察放电警告灯是否发亮。此时放电警告灯应当发亮，如果不亮，说明放电警告灯电路或充电指示控制器有故障。

3) 再次起动发动机，并逐渐升高发动机转速(即逐渐踩下加速踏板)，当发动机转速升高到 600~800r/min 时，放电警告灯自动熄灭，说明放电警告灯电路正常，发电机能够发电。此时调节器工作是否正常，还需用电压表或万用表进行检测诊断。

(2) 用电压表诊断

1) 将直流电压表(万用表拨到直流电压 DC 档)的正极接发电机输出端子 B，负极搭铁。

2) 记下此时电压表指示的电压，该电压即为蓄电池的空载电压，正常值为 12.0~12.6V。

3) 起动发动机，并逐渐踩下加速踏板使其转速升高，当发动机转速升到高于怠速转速(600~800r/min)，电压表指示的电压应高于蓄电池的空载电压，并随转速升高而稳定在某一调节电压值不变。

若电压表指示的电压高于调节器的调节电压，且随发电机转速升高而升高，则说明发电机能发电，调节器有故障；若电压表指示的电压随发电机转速升高而保持蓄电池空载电压值不变或低于蓄电池空载电压值，则说明发电机或调节器有故障，此时可将发电机和调节器从车上拆下分别进行检测，也可继续进行以下检测。

① 另取一根导线将调节器中大功率晶体管的集电极与发射极短接。方法：对外搭铁型调节器，导线的一端接发电机的励磁端子“F”，另一端接发电机的搭铁端子 E；对内搭铁型调节器，导线的一端接发电机的励磁端子 F，另一端接发电机的输出端子 B，这样便可将发电机励磁绕组的电路直接接通。

② 起动发动机，并将其转速升到比怠速稍高，观察电压表指示的电压，若仍等于或低于蓄电池空载电压，则说明发电机有故障(发电机不发电)；若此时电压表电压随转速升高而升高，则说明发电机能发电，故障出在调节器。

2. 电源系统检测

(1) 检测发电机空载输出电压

1) 将电压表并联到蓄电池电缆接头上，红表笔接蓄电池正极，黑表笔接蓄电池负极。

2) 测量蓄电池开路电压，一般情况下蓄电池开路电压为12V以上。

3) 把发动机转速提高到大约1500r/min，在无负载的情况下，充电系统电压应比开路电压高约2V，根据汽车型号的不同在13.5～15.0V。

4) 测量结果若低于13.5V，表明充电系统存在发电不足的问题；若高于15.0V，表明发电机的发电电压过高。

(2) 发电机输出电路的电压降的检测　如果发电机输出电路电阻过大，也会造成充电不良，所以要检查发电机端子B和蓄电池正极间的配线是否正常。

1) 检查发电机的安装状态是否正常；检查发电机传动带的张紧度是否正常；检查发电机运转时有无异响等。

2) 把点火开关转到“OFF”位置，拆下蓄电池的负极电缆。

3) 从端子B拆下发电机的输出线，在端子B和已拆下的输出线之间串联一个0～100A的测试用直流电流表，电路连接如图3-59所示。

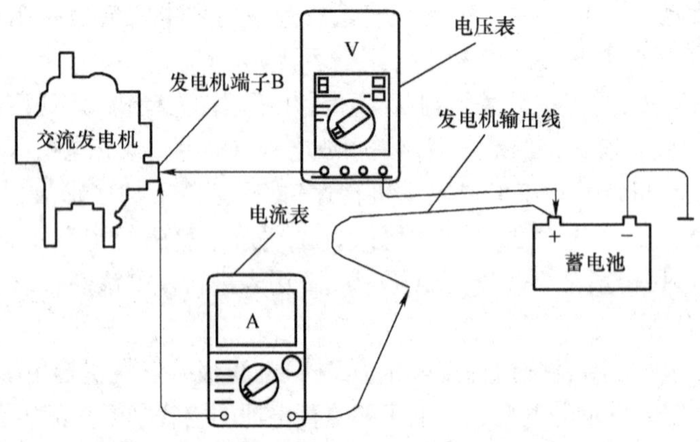

图3-59　发电机输出电路电压降的检查接线

如果采用钳形电流表，就可以不拆发电机输出线也能测量，这样可避免因连接不良而造成测量误差。

4) 把一个电压表接在交流发电机的B端子和蓄电池正极之间。

5) 连接蓄电池的负极电缆线。起动发动机，当转速为2500r/min的状态下，用打开或关闭前照灯和其他灯的方法来调整发电机的负载，使电流表指针指示在比30A稍高的位置。慢慢地降低发动机转速，使电流表的指示值为30A，并读取此时的电压表指示值，极限值为0.3V。若电压值高于极限值，可认为发电机的输出线不良，应检查发电机端子B和蓄电池正极间的配线。

相关链接

当发电机输出功率大而不能使电流表的指示值下降到30A时，调整到40A并读取电压的指示值，此时的极限值变成0.4V。

（3）发电机输出电流的检测　发电机输出电流检测的电路连接如图3-60所示。

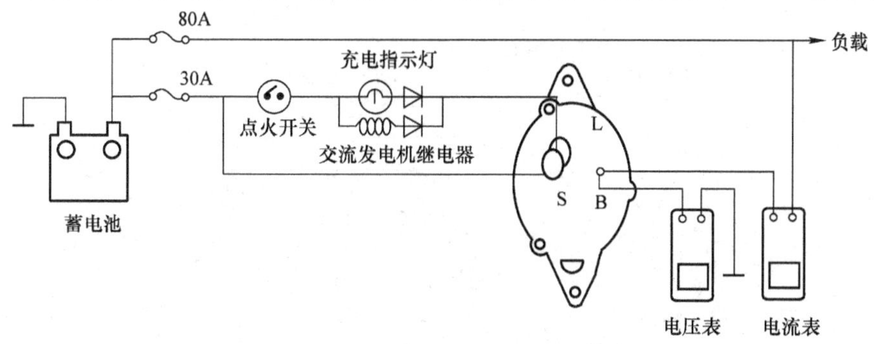

图3-60　发电机输出电流检测的电路

1）检查蓄电池的状态是否正常；检查发电机传动带的张紧度是否正常；检查发电机运转时有无异响等。

2）把点火开关转到“OFF”位置，拆下蓄电池的负极电缆。

3）从发电机的端子B拆下输出线，在端子B和已拆下的输出线之间串联一个0～100A的测试用直流电流表。

4）把一个0～20V的测试用电压表接到端子B和搭铁之间。把电压表的正极导线接到端子B上，把电压表的负极导线可靠搭铁。

5）连接蓄电池的负极电缆。检查电压表的读数是否与蓄电池的电压相同，若电压为0V，则认为发电机的端子B与蓄电池正极间的接线脱开或熔丝烧断。

6）将照明开关置于“ON”位置，前照灯点亮后，起动发动机。

7）把前照灯调到远光位置，取暖器送风机开关调到大风量位置，然后将发动机转速升高到2500r/min，观察该电流表上的最大输出电流值，极限值应为额定输出电流的70%。

8）电流表的读数值应大于极限值。若低于极限值而交流发电机的输出线正常时，从发动机上拆下交流发电机加以检查。

相关链接

① 额定输出电流值在交流发电机的铭牌上。

② 发动机起动后，由于充电电流急剧下降，因此必须快速地读取最大电流值。

③ 输出电流随电负载大小或交流发电机本身的温度而变。当交流发电机本身或周围环境温度过高时，也往往达不到规定的输出电流。在此情况下，待交流发电机冷却后再进行检测。

④ 若汽车的电负载小，即使发电机本身正常也不能获得规定的输出电流。这时打开前照灯，使蓄电池放电或者利用车上其他大功率用电设备等来增大电负载，再进行检测。

六、电源系统常见故障诊断与排除

电源系统部件常见故障部位如图3-61所示。电源系统的故障主要是以是否充电来表现的，主要有不充电、充电电流过小、充电电流过大和充电电流不稳等故障。发电机异响故障原因：发电机固定螺栓松动；发电机传动带松动或有故障；发电机轴承与轴颈配合松动或有故障。

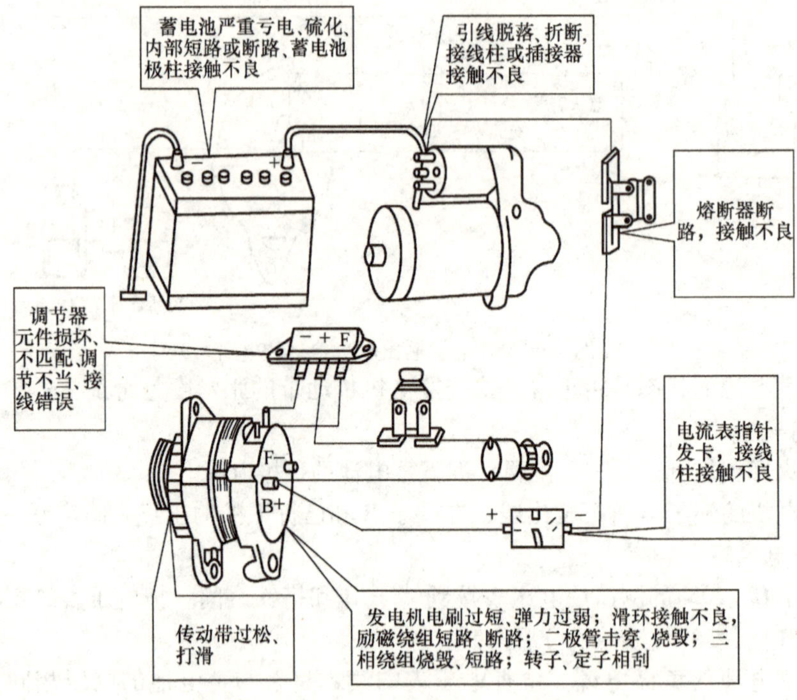

图3-61　电源系统部件常见故障部位

1. 不充电

（1）故障现象

1）发动机中高速运转，放电警告灯不熄灭，发动机熄火后无法再起动。

2）开前照灯、喇叭等，表现为电量不足或无电。

（2）故障原因

1）充电电路断路或短路故障。

2）发电机内部故障。

3）励磁电路断路或短路故障。

4）发电机传动带断裂或严重打滑。

（3）诊断思路与方法

1）检查发电机传动带的状况

① 检查发电机传动带是否断裂。

② 检查发电机传动带的松紧度，是否打滑；用手指压下传动带的中部，若压下量过大，说明发电机传动带过松，应调整。

2）检查充电电路发电机端子B+和蓄电池端各导线和接头有无断裂或松脱，检查发电机的接线是否正确。

3）断开充电电路和发电机端子B+，起动发动机，用万用表检查发电机端子B+。如果有电压，则发电机能发电，故障在充电电路；如果没电压，则故障在发电机或励磁电路。

4）断开励磁电路和发电机磁场接线柱IG，打开点火开关，但不起动发动机，用万用表测量励磁电路的电压值。

① 若有电压，说明励磁电路正常，故障在发电机本身。

② 若没有电压，说明励磁电路有故障。根据电路图逐一检测，排查故障点。

2. 充电电流过小

（1）故障现象

1）蓄电池在亏电情况下，发动机中速以上运转时，电流表指示充电电流过小。

2）蓄电池经常存电不足。

3）打开前照灯，灯光暗，按动电喇叭声音小。

（2）故障原因

1）发电机传动带轻微打滑或有松动导致传动不可靠。

2）充电电路接触不良或有锈蚀脏污。

3）发电机内部磁场减弱。

4）电压调节器调节不当。

（3）诊断思路与方法

1）外观检查

① 检查发电机传动带的松紧度，用手指按下传动带的中部，若压下量过大，说明发电机传动带过松，应调整。

② 检查充电电路各导线接头是否接触不良或锈蚀脏污。

2）拆下发电机接线柱B+和接线柱F的导线，用试灯的两根接线分别触及接线柱B+和接线柱F，起动发动机，并逐渐提高转速，同时观察试灯：

① 若试灯亮度不变或变化很小，说明故障在发电机。

② 若试灯随发动机转速增加而亮度增加，说明故障在调节器。

3）对于装有晶体管调节器的充电系统，可起动发动机，并使其略高于怠速运转，然后连接调节器的接线柱F与接线柱B-，逐渐提高发动机转速，观察电流表：

① 若电流表指示的充电电流增大，说明故障在调节器。

② 若电流表指示无变化，说明故障在发电机。

4）若是故障在发电机，应进行解体检查。

5）若是故障在调节器：

① 对于晶体管调节器，应更换。

② 对于触点式调节器，应拆下调节器盖进行检查：

a. 用手拉紧弹簧，起动发动机并以中速运转，若充电电流增大，说明调节器限额电压过低，应调整弹簧拉力。

b. 用螺钉旋具连接低速触点，若充电电流增大，说明低速触点烧蚀或脏污，应研磨或清洁。

3. 充电电流过大

（1）故障现象

1）在蓄电池不亏电的情况下，充电电流仍在10A以上。

2）蓄电池电解液损耗过快。

3）分电器断电器触点经常烧蚀，各种灯泡经常烧坏。

（2）故障原因　电压调节器调节不当。

（3）诊断思路与方法　充电电流过大的故障，一般都是电压调节器失调所致，所以在检查时，主要是对调节器进行检查。

1）对于装有晶体管调节器的充电系统，应检查发电机与调节器是否匹配，如果无匹配问题，则应更换调节器。

2）对于装有触点式调节器的充电系统，应进行弹簧弹力及衔铁间隙的调整，使之符合要求。

4. 充电电流不稳

（1）故障现象　发电机充电时电流不稳，电压忽高忽低，导致用电设备工作不良。

（2）故障原因

1）发电机外部电路接触不良。

2）发电机内部电路接触不良。

3）调节器触点烧蚀、脏污。

（3）诊断思路与方法　当充电电流不稳时，可将调节器接线柱B+与接线柱F上的导线拆下悬空，用一个试灯跨接在内搭铁式发电机接线柱B+与接线柱F之间。若试灯正常发光，则说明发电机正常发电，故障在发电机外部，充电电路或磁场接线柱松动接触不良；若试灯闪烁发光，则说明发电机不能正常放电，发电不稳，发电机内部电路有接触不良或调节器触点烧蚀脏污。

七、电源系统典型故障实例

故障1：全新帕萨特，经常在放两天后无法起动。

1）故障诊断：车辆接上V. A. S5052读取故障码，没有显示，如图3-62所示。

2）故障分析：蓄电池没电；起动机损坏或起动线路有故障。

3）故障排除

① 用蓄电池测试仪对蓄电池测试，充电后再测试，蓄电池良好，是由于车上有漏电或客户没完全关闭车上用电设备，在询问客户后排除以上疑问。

② 关闭所有用电器，用万用表串联到蓄电池负极测电流，测试结果200多mA，说明车上有漏电的地方，再次询问客户有无加装其他电子设备，客户回答没有加装任何电子设备。

③ 这时用依次拔熔丝的方法来确定车上的哪条电路漏电，当拔到前玻璃升降器熔丝时，电流减小，但电流还是大，当拔掉后玻璃升降器熔丝时电流恢复正常。说明漏电就在升降器这条电路上。

④ 拆开四个门板，断开四门的升降器电动机插头，查看电流（200mA），接着又断开四

01 - 编辑服务

控制单元	状态	代码
- 发动机电子装置	正常	0000
- 变速器电子设备	正常	0000
- 驾驶人侧车门电子设备	正常	0000
- 前排乘客车门电子设备	正常	0000
- 左后车门电子设备	正常	0000
- 右后车门电子设备	正常	0000
- 制动器电子系统	正常	0000
- 驻车制动器	正常	0000
- 转向角传感器	正常	0000
- 动力转向	正常	0000
- 转向柱锁	正常	0000
- 进入和起动许可	正常	0000
- 安全气囊	正常	0000

图 3-62　无故障码显示

门的升降器开关插头，电流恢复正常。紧接着查看升降器开关(图 3-63)，发现左后门升降器开关(图 3-64)有水垢，插上此开关电流变大。

4）故障总结：最后询问客户，客户经常在此处放湿毛巾，导致水进入开关。

故障 2：新帕萨特怠速不发电故障排除

1）故障诊断：据车主反映，该车充电指示灯常亮，接到此车后首先对车主描述的故障现象进行验证，当车辆起动大约 1min 后确实如车主描述的那样充电指示灯常亮，此时使用万用表对蓄电池电压进行测量，发现只有 12. 38V，当加速到 2000r/min 以上时仪表内的充电指示灯仍然不灭(图 3-65)，再次对蓄电池电压进行测量，发现蓄电池的工作电压达到 14. 30V 左右。

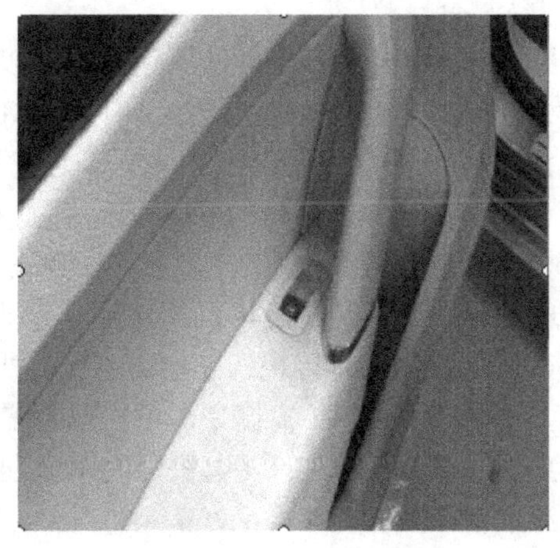

图 3-63　升降器开关

图 3-64　左后门升降器开关

由此可以判断此时发电机开始对车内用电器和蓄电池供电，使用 V. A. S5052 故障诊断仪对此车的所有控制单元进行检测，发现系统没有故障存储(图 3-66)，显示全部正常。在怠速时读取数据流发现第 4 组第 2 区显示的是蓄电池电压，充电时的标准值应该是 13 ~ 15V，当加速时显示与使用万用表测量的差不多，系统显示在 13. 60V。读取系统 53 组(图 3-67)发电机工作负荷怠速时在 0. 8%，工作时大约在 49%，此时验证了故障确实存在。

图 3-65　充电指示灯不灭

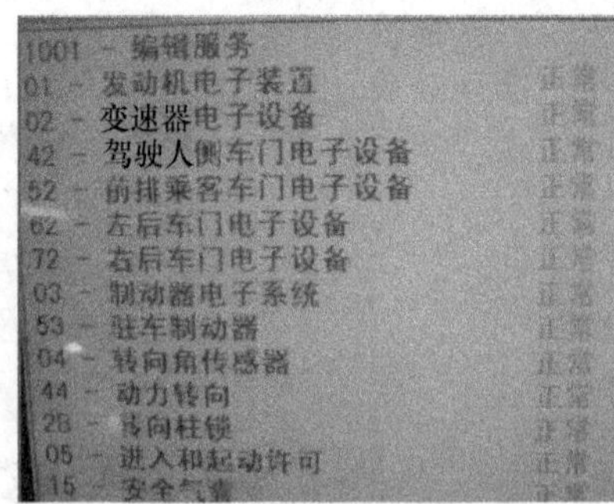

图 3-66　无故障存储

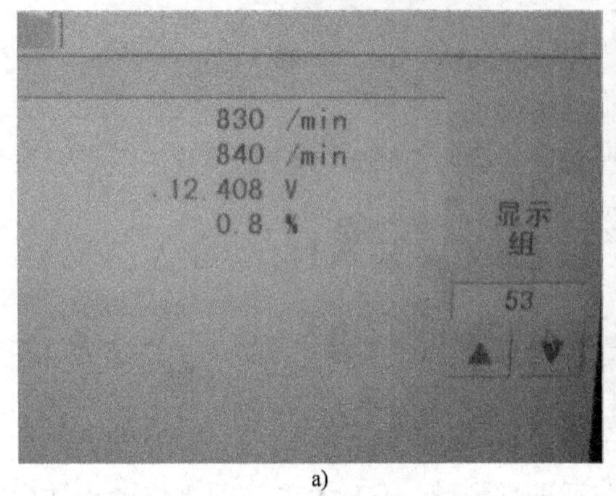

a)

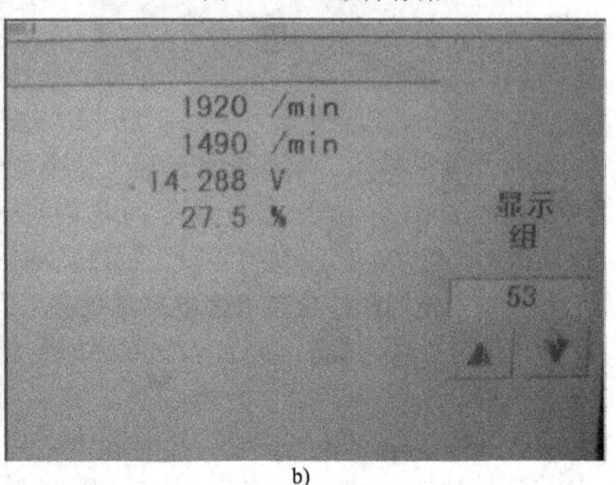

b)

图 3-67　第 53 组数据

a）怠速不发电时数据　b）故障车发电时数据

2）故障分析：由此故障现象进行分析可以看出，引起发电机不发电的原因主要有以下几点：①发电机内部线圈损坏；②发电机整流器故障；③电刷磨损过大；④充电指示灯损坏；⑤励磁电路故障；⑥其他故障。通过对以上原因进行分析可以看出，由于此车是新车，可以排除外围人为因素，也没有另外加装任何附件。为了把第一个怀疑的发电机本身先排除掉，于是更换新的发电机后试车，故障并没有排除。通过查阅相关技术资料，此车的发电机结构不同于以往的发电机，这款全新帕萨特车的发电机是在以往传统发电机的基础上为了节约油耗而进行全新设计的。由相关资料可以看出，该发电机不仅有传统的励磁电路，另外还增加了发电机的负荷控制系统，发电机的发电负荷由控制单元 J519 根据整车电网的所需用电量和蓄电池的实际电量进行控制，J519 根据发动机控制单元提供的发电机的充电电压信号进行发电机的负荷控制。对发电机负载控制主要有以下几点：

① 负载管理模式 1：点火开关打开，交流发电机起动。

a. 当蓄电池电压低于 12.7V 时，J519 要求提高怠速转速。

b. 当蓄电池电压低于 12.2V 时，依次关闭下列用电器：座椅加热后、风窗加热、车外后视镜加热、自动空调、信息娱乐系统。

② 负载管理模式 2：点火开关打开，交流发电机不起动。

当蓄电池电压低于 12.2V 时，依次关闭下列用电器：自动空调、信息娱乐系统。

③ 负载管理模式 3：点火开关关闭。

当蓄电池电压低于 11.8V 时，依次关闭下列用电器：车内照明灯、离家照明灯、信息娱乐系统。

3）故障排除：通过以上进行的故障分析可以看出，发电机的发电与否不仅与电路和相关的零件有关，更要注意的是要对发电机的负载控制进行分析。通过对电路的查阅并进行相关线路的检测，检查发电机上励磁线 DFM 和 L 线的接触情况，分别断开相关的连接插头 T4n（发动机舱前部,左前纵梁右侧）和 J519（T52c/32 棕色插头），测量电路的通断和对搭铁以及对正极的短路和断路情况，分别检查从发电机到 J519 的发电机电路连接，发现发电机插头 T2ax 到插头 T4n 以及到 J519 之间均正常。如图 3-68 所示为检测数据：

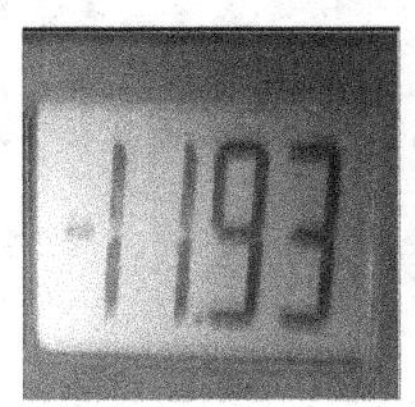

图 3-68　检测数据

打开点火开关：T4n/2 蓝色 DFM 线电压 11.93V。
T4n/1 棕红 L 线电压大约 6.28V。
T4n/2 至发电机电阻为 215Ω。
T4n/1 至发电机电阻值为 253Ω。

翻阅电路图，发现连接线 B344 到车载逆变器之间电路也正常。看来电路是没有什么问题了，那问题到底是出现在哪里了，电路和发电机都没有问题，难道是 J519 和车载逆变器出问题了吗？带着疑问对 J519 和逆变器的电路进行检查，并按相关电路图进行检查，发现车载逆变器上的 T3ak/3 是到 J519 上 T52c/32 的，也就是到发电机上的 T2ax1 蓝色 DFM 励磁线的（图 3-69），车载逆变器根据此信号对逆变器的工作情况进行控制，如果 DFM 电压是等于蓄电池电压的话，车载逆变器是不工作的；如果 DFM 电压达到发电机正常工作电压 13 ~ 15V 的话，车载逆变器才会工作。这种电路设计不仅巧妙利用发电机励磁电路的工作原理，更能简化电路，节约成本，并能够在很大程度上减小了蓄电池的电能消耗。通过分析后决定先易后难，先更换新的 J519 试试看，由于配件部没有 J519，从相同车辆上拆了相同的安装上并进行编码后试车，故障依旧，看来只有车载逆变器这一个元件了。于是拔下车载逆变器的插头再次试车并读取数据流，怠速时发电机的负载能到 49% 以上；从发动机读取发电机的工作电压，怠速时能够达到 13.75V，正常发电，故障排除。最后把车载逆变器从车上拆下来，检测发现逆变器内部端子 T3ak/2 和端子 T3ak1 短路（图 3-70）。更换新的车载逆变器后故障排除。

4）故障总结：通过以上故障案例排除可以看出，随着车辆装备电子化的逐步提高，尤其是新车型新技术在车上的应用，这对维修工作提出了更高的要求，平时我们不仅要进行实践学习，更要对理论知识特别是原理分析和基础性的知识进行学习；不仅对其结构要了若指掌，更要将学习到的相关知识再加上相关的设备辅助更好地应用到实际工作中去。本案例中的车载逆变器的信号线与负极线之间短路造成车辆在怠速时不发电就是一个很好的故障体现，由车载逆变器的电路图可以看出，车载逆变器共有三个端子，分别是信号线、工作电源线和负极线。只有信号线能够达到 13 ~ 15V，才能工作，正是由于信号线对负极短路，而

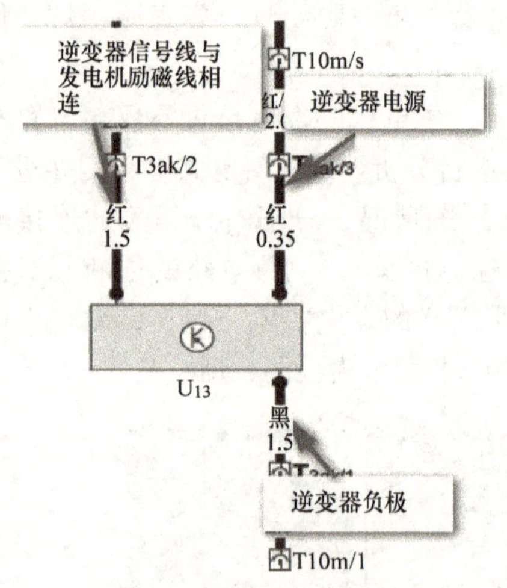

图 3-69　逆变器的连接

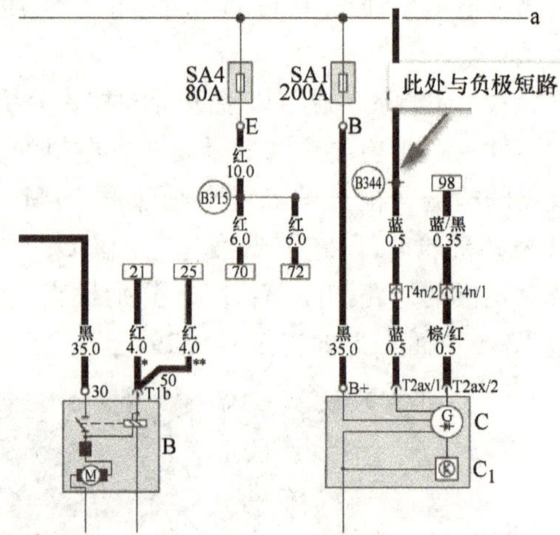

图 3-70　故障位置

J519 并没有判断出故障，而车辆在行驶时怠速工况是很少的，随着发动机转速的提高，励磁电流逐渐减小，发电机开始发电，励磁电压也开始升高，车载逆变器开始工作。怠速时由于励磁电压有部分被车载逆变器分压，造成励磁电路的电压降，以致出现怠速不发电的现象，而组合仪表内的充电指示灯是发光二极管做成的，由二极管原理可以看出，二极管的特点之一就是单向导通，如果加载到二极管两侧之间的电压相等的话二极管是不工作的，发电机在不工作时二极管两端有电压差，所以二极管开始点亮，以致出现客户所描述的现象。今后我们在对相关故障进行判断时一定要先把故障现象搞清楚，然后对故障进行分析和判断，不要盲目去更换零件，特别是新车型更要结合相关的资料逐步排除，每排除一个故障点最好都要进行记录，直至把故障完全排除，这样我们才能更好地为客户服务，提高客户满意度。

故障 3：新帕萨特怠速时充电指示灯亮，稍踩加速踏板后就熄灭

1）故障诊断：接诊断仪器，均显示正常，无故障。

2）故障分析：怠速时充电指示灯亮，踩加速踏板就熄灭，说明发电机的发电量较低。能造成发电量较低的有以下几种情况：

① 发电机本身故障。

② 电路故障。

③ BCM 故障。

3）故障排除：根据电路图（图 3-71）拔下插头 Ta2x，测 Ta2x/1 和 Ta2x/2 的电压，分别为 3V 和 11V，Ta2x/1 的电压比较低。正常时为蓄电池电压。

① 拆下 BCM。拔下 BCM 插头，测量 T52c/32 到 Ta2x/1 之间的电阻为 0.5Ω，正常，测量一端与搭铁线电阻，无搭铁现象。

② 更换 BCM。着车，充电指示灯熄灭，故障排除。

4）故障总结：此故障是由于 BCM 通过 L 线供给发电机的电压较低，使发电机在怠速时发电量小，踩加速踏板后由于发动机带动发电机转速升高，转子线圈产生的磁场变强，使发电量升高，指示灯熄灭。

故障 4：NMS 1.8 Tsi 仪表板上的发电机指示灯有时点亮

1）故障诊断：使用 V. A. S5052 检测，无故障码。

2）故障分析：打开点火开关，仪表板上充电指示灯正常点亮。起动发动机怠速运转，仪表板充电指示灯正常熄灭。于是连接车辆诊断仪 V. A. S5052 选择车辆自诊断，进入 01 发动机电子设备读取第四组，第二区显示发电量数值，为 13. 818V 正常值（图 3-72a）。根据客户提供的信息，此车辆已有两天行驶一段时间后，仪表充电指示灯才会点亮（中午的时候出现的次数多），熄火后再起动恢复正常。根据故障描述，最好的观察方法就是让故障再现。起动发动机怠速运转，打开所有用电器，增加发电机的负荷，以使故障能够提早出现。40min 后故障出现，读取第四组，第二区显示发电量数值为 11. 374V（图 3-72b），低于蓄电池电压，处于放电状态。

按图 3-73 ~ 图 3-75 所示进行检查，检查结果在图中。

检查车辆所有用电设备发现：指示灯不亮，测量逆变器内部插座没有 230V 电压输出。

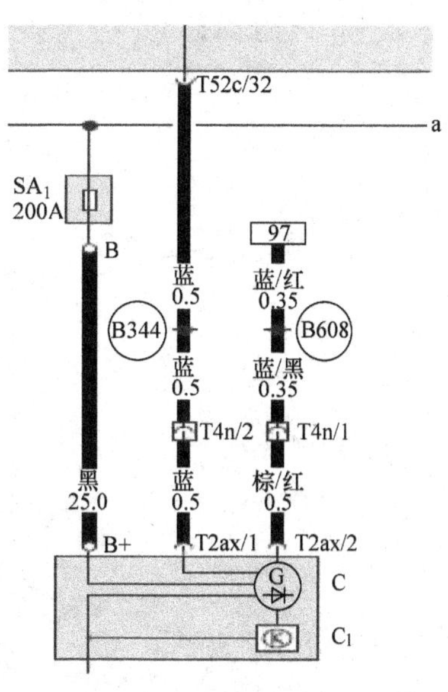

图 3-71　电路图

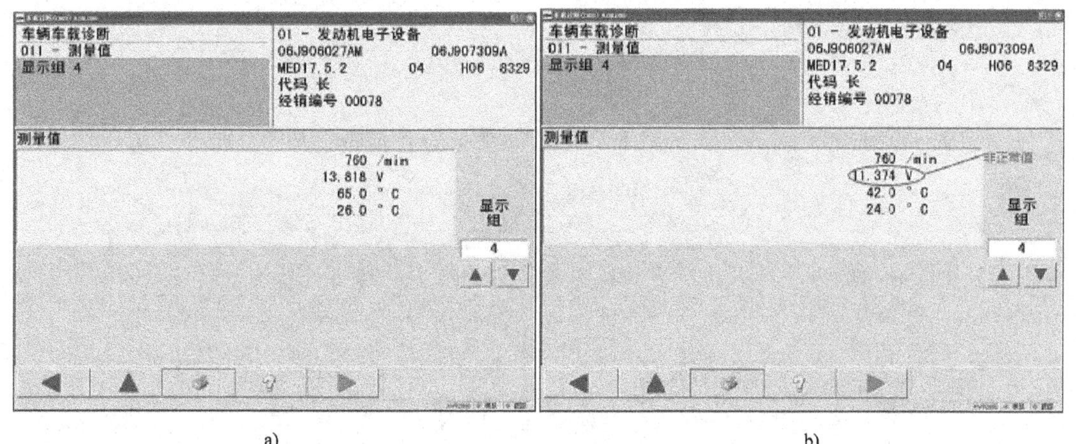

a)　　　　b)

图 3-72　检测数值

a）正常值　b）非正常值

继续查找此控制单元的电路图：在两组电路图中做标记连接处（图 3-76），当发动机起动运转时，由发电机提供给逆变器工作信号，逆变器方能正常工作。

3）故障排除：再次做飞线处理后，起动发动机，怠速运转 20min 后，逆变器指示灯熄灭的同时，仪表板的充电指示灯点亮指示（图 3-77），经过反复试验，确定为逆变器内部有短路，更换逆变器，故障排除。

4）故障总结：对于此车故障，将发电机有时不发电认为是简单的小故障，没有认真思考和分析电路图，BCMT52c/32—T2ax/1 之间的接点 B344 至逆变器供电，也是由发电机的励磁线提供给逆变器的，前提条件是发动机运转时发电机能够正常工作提供逆变器的供电，使逆变器正常工作。根据此故障的排除，仅仅凭借经验看问题往往是不够的，如果不再检查车辆用电器，查出逆变器不工作，直接将此故障定为励磁电路断路、短路，不但问题没有解决，反而降低了维修的一次交检合格率，从而降低了客户的满意度。

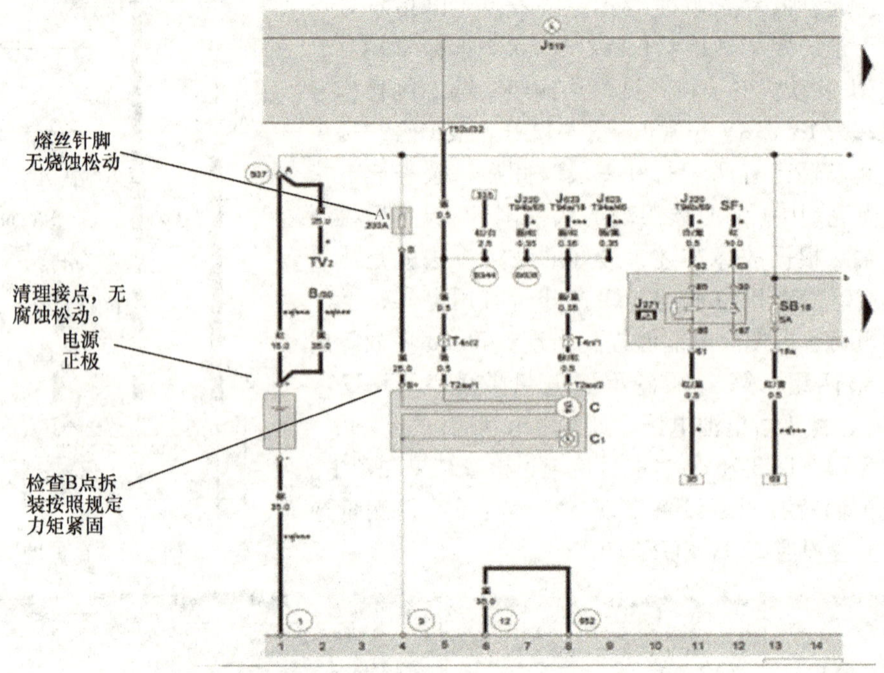

图 3-73　检测步骤(一)

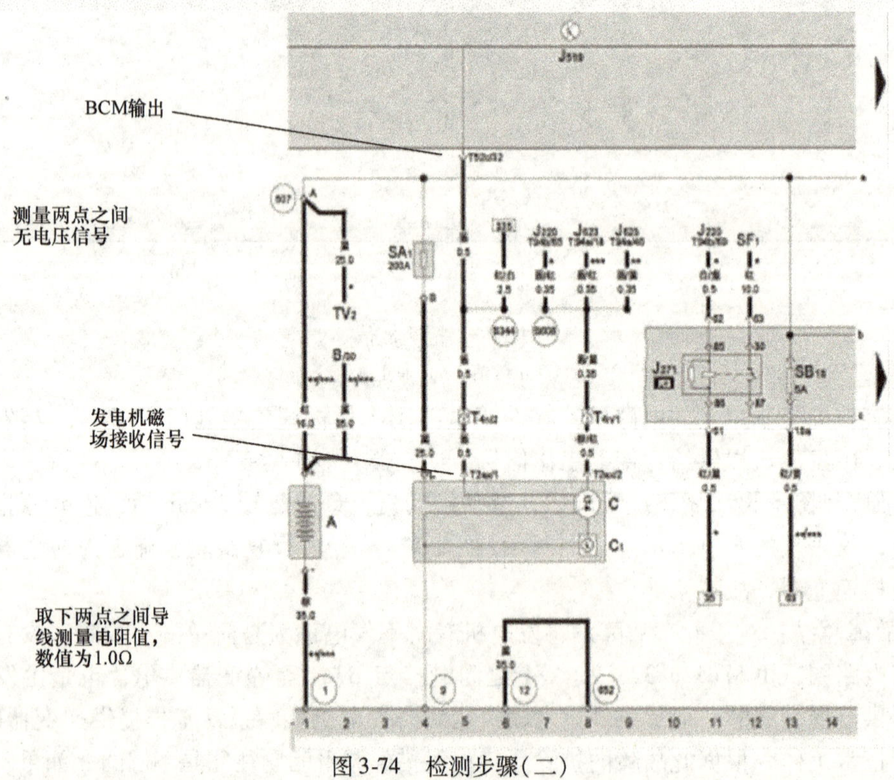

图 3-74　检测步骤(二)

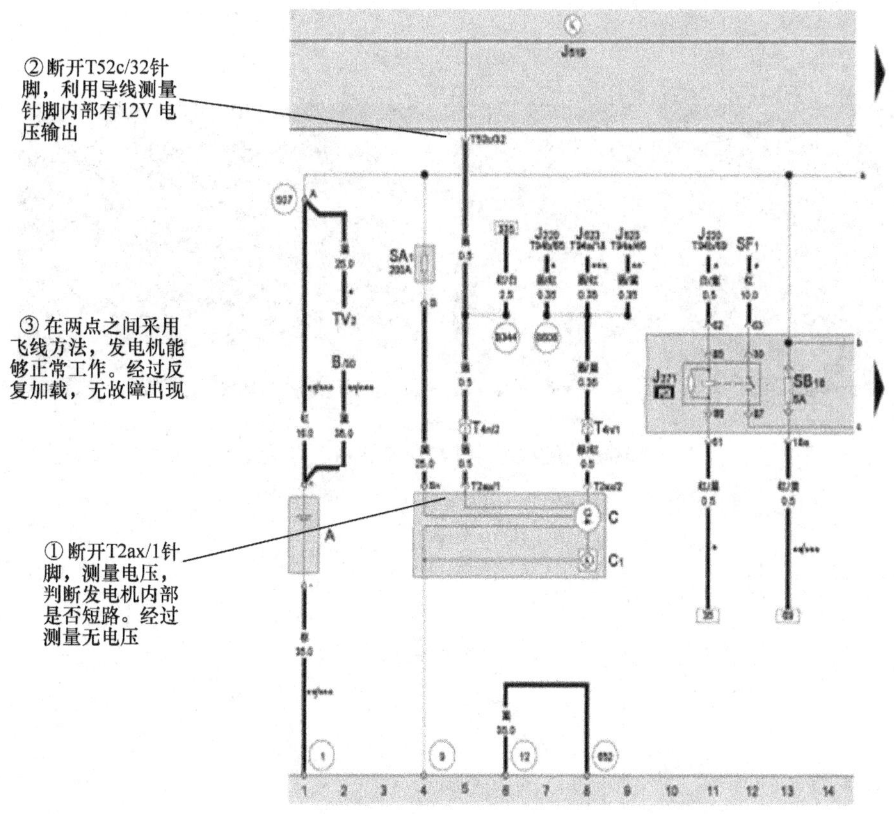

图 3-75　检测步骤(三)

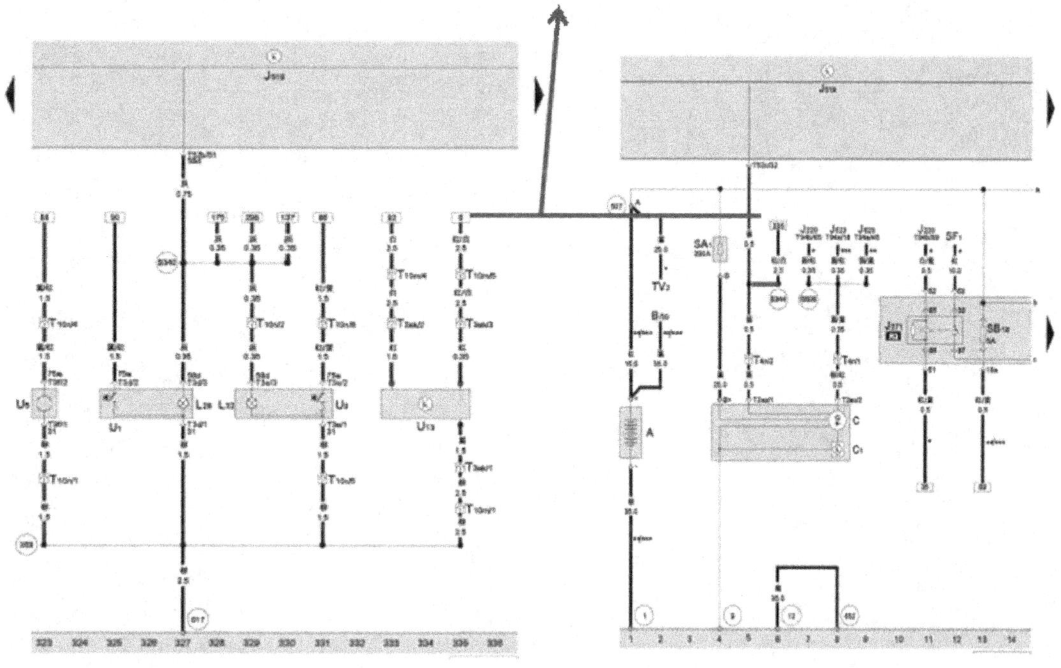

图 3-76　电路图

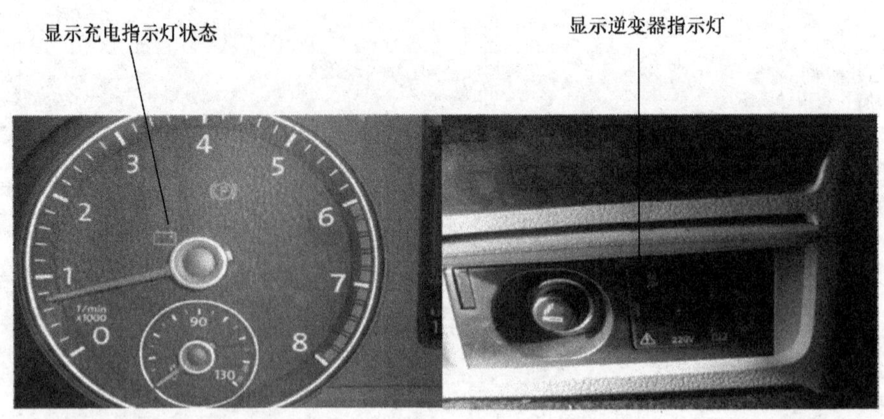

图 3-77　充电指示灯与逆变器指示灯状态

学习任务四　汽车起动系统故障诊断与排除

任务要求：

完成本学习任务后，你应该能够：

1）正确描述汽车起动系统的组成和工作原理。

2）正确描述汽车起动系统的各部件结构特点和作用。

3）识读和准确分析汽车起动系统控制电路，书写电路流程。

4）准确分析汽车起动系统常见故障的所有可能原因。

5）梳理诊断思路，制订排除汽车起动机不转、空转、运转无力、不能停转的工作方案。

6）根据工作方案，利用万用表对起动机及其电路元件进行检测，诊断和排除故障。

7）用企业标准验收任务完成情况，评价和反馈工作过程，完成学习拓展任务及任务工单4.1～4.4。

建议学时：18学时

任务引入：

1）一辆丰田威驰轿车，行驶总里程10万km，发现该车无法起动，没有任何起动征兆，检查后发现是起动机不转。

2）一辆丰田威驰轿车，行驶总里程10万km，发现该车起动困难，检查后发现是起动机运转无力。

3）一辆丰田威驰轿车，行驶总里程10万km，发现该车无法起动，起动机运转“呼呼”声音明显，检查后发现是起动机空转。

4）一辆丰田威驰轿车，行驶总里程10万km，发现该车起动后起动机不能停转。

任务分析：

1）初步诊断，确认故障现象。

2）查找资讯，学习相关知识，分析故障可能原因，分解成四个子任务。

① 起动机不转故障诊断与排除。

② 起动机运转无力故障诊断与排除。

③ 起动机空转故障诊断与排除。

④ 起动机不能停转故障诊断与排除。

3）制订工作计划，分析故障诊断思路。

4）根据故障现象和任务要求，确定所需要的检测仪器设备、工具，并对小组成员进行合理分工，制订详细的、可实施的故障诊断与排除工作方案。

5）实施试验，利用万用表对起动机及其电路元件进行检测，确定故障原因并维修更换，诊断和排除故障。

6）总结故障结论，写诊断报告。

7）用企业标准验收任务完成情况，评价工作过程，完成任务工单4.1～4.4。

资讯和相关知识：

一、概述

1. 起动系统的作用

汽车发动机必须先靠外力摇转曲轴才能进行正常的工作过程，起动系统的作用就是为起动发动机提供所需要的外力。电力起动具有操作简便、起动迅速、具有重复起动能力并且可以远距离控制的特点，在现代汽车上得到广泛采用。

2. 起动机的类型

常见的电力起动机主要有以下四种。

（1）电磁控制强制啮合式起动机　磁极采用电磁铁，传动机构中一般只是由简单的驱动齿轮、单向离合器和拨叉等组成，无特殊结构和装置。后三种起动机都是在此基础上进行改进的，工作原理相同。

（2）永磁起动机　电动机的磁极由永磁材料制成，取消了励磁绕组，可以使结构简化，体积小、质量轻。

（3）减速起动机　减速起动机采用高速、小型、低转矩电动机，在传动机构中设有减速装置。质量和体积比普通起动机可减小30%～35%。但结构和工艺比较复杂。

（4）永磁减速起动机　现代轿车常常采用永磁减速起动机，兼具永磁起动机和减速起动机的优点。

3. 起动系统的要求

为了完成起动的任务，不管何种起动机都要满足以下要求：

1）起动时应该平顺，起动机的齿轮与发动机的飞轮齿圈啮合要柔和，不应发生冲击。

2）发动机起动后，起动机的小齿轮应能自动打滑或脱离啮合。

3）发动机在工作中，起动机的小齿轮不能再进入啮合，防止发生冲击。

4）起动系统结构应简单，工作可靠。

4. 起动系统的组成

如图4-1所示，起动系统在广义上主要由蓄电池、起动机、起动继电器、点火开关、空档起动开关及相互连接的线束(起动电路)组成。在狭义上由起动机及其控制电路组成。

（1）蓄电池　蓄电池为起动机提供起动发动机所需要的大电流。

（2）点火开关　点火开关用来接通起动机控制电路并且控制全车的用电器工作。汽车的点火开关装在转向柱上，通常有5个档位，如图4-2所示。

1）锁止(LOCK)。钥匙在此位置才能拔出，也在此位置锁住转向盘，以防汽车无钥匙被移动或被开走。

2）关闭(OFF)。在此位置全车电路不通，但转向盘可以转动，以便不起动发动机移动

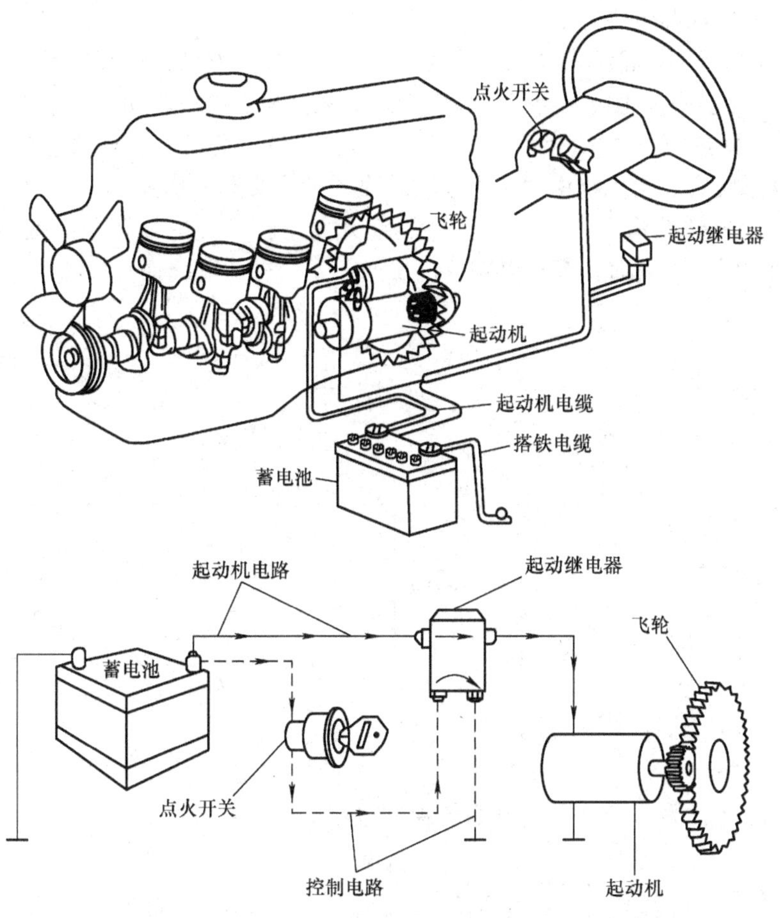

图 4-1　起动系统组成

汽车使用。

3）附件(ACC)。在此位置汽车附属电器的电路接通，如点烟器、收音机等，但点火系统不接通。不起动发动机听收音机时应在此位置。

4）运转(ON)。在此位置时点火系统及汽车各用电器均接通，一般汽车行驶时均在此位置。

5）起动(START)。由运转(ON)位置顺时针方向旋转钥匙即为起动位置，手放松时，钥匙又可回到运转(ON)位置。在起动位置，点火系统及起动系统均接通以起动发动机。

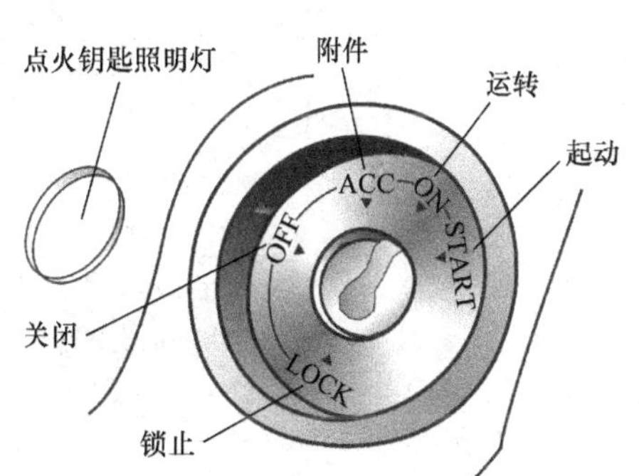

图 4-2　点火开关各档位置图

(3) 起动继电器　起动机的工作电流很大，为 50～300A，不方便直接控制，因此一般使用点火开关以较小的电流(3～5A)，经起动继电器中线圈产生的磁力来控制触点的开闭，以控制主电路的通断。

(4) 起动机　起动机是起动系统中的重要组成部分，起动机由直流串励式电动机、传动机构和电磁开关(也叫控制装置)三部分组成。

起动机主要完成两个主要任务：

1）利用起动机小齿轮与发动机飞轮齿圈啮合，以摇转发动机使其能起动。

2）发动机起动后，小齿轮与飞轮齿圈必须立刻分离，以免起动机受损。

（5）空档起动开关　空档起动开关是一种常开开关，是防止变速器不在空档或发动机运转中，起动系统突然产生作用而发生危险或损坏齿轮的安全装置。

装用自动变速器的汽车，都安装空档起动开关。自动变速器车只有变速杆在空档（N位）或驻车档（P位）位置时，起动电路才能接通，发动机才能起动，如图4-3所示。

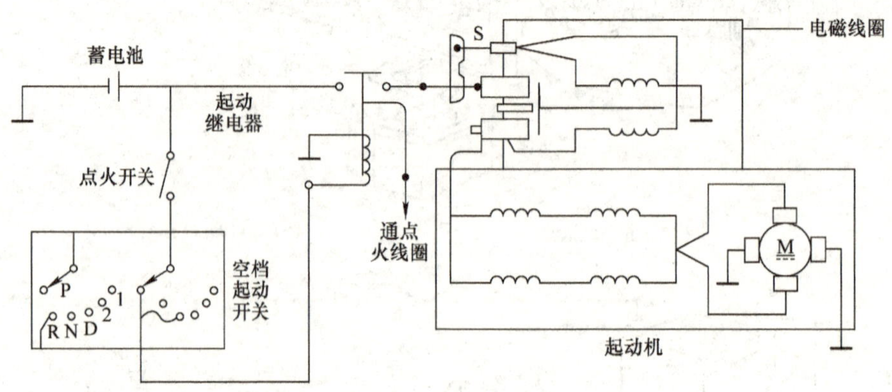

图4-3　空档起动开关电路图

（6）起动控制电路　汽车的起动系统控制电路如图4-4所示。

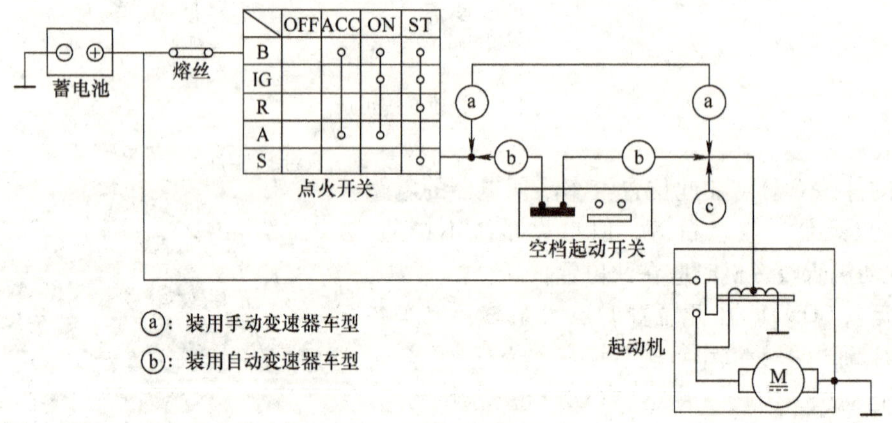

图4-4　起动系统控制电路

为保护全车电路，在蓄电池与点火开关间装有熔丝，如果电路发生严重短路漏电，电流超过熔丝规定电流时，熔丝烧断，以保护电路。

点火开关在“ST”位置时，至点火系统点火线圈的电流可由“IG”经“R”接头供应，不再流经外电阻。因起动起动机时，起动机消耗大量电流，使蓄电池电压降低1～2V，如此可使起动发动机时点火线圈的电压与平常运转时相同，能产生强烈火花，使发动机容易起动。

二、电磁控制强制啮合式起动机的组成、结构和工作原理

起动机一般由直流串励式电动机、传动机构和电磁开关(也称控制装置)三部分组成。如图 4-5 所示是其和发动机飞轮的啮合关系，图 4-6 所示是起动机的组成。由图可以看出，把点火开关旋至起动档时，电动机产生转矩开始转动，同时电磁开关把传动机构中的小齿轮推出，使其与发动机的飞轮齿圈啮合，这样就把电动机的转矩通过传动机构传递给飞轮，使发动机起动。

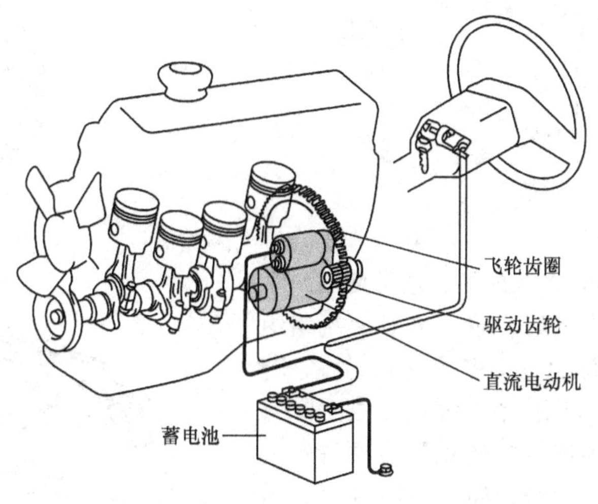

图 4-5　起动机和发动机的啮合关系

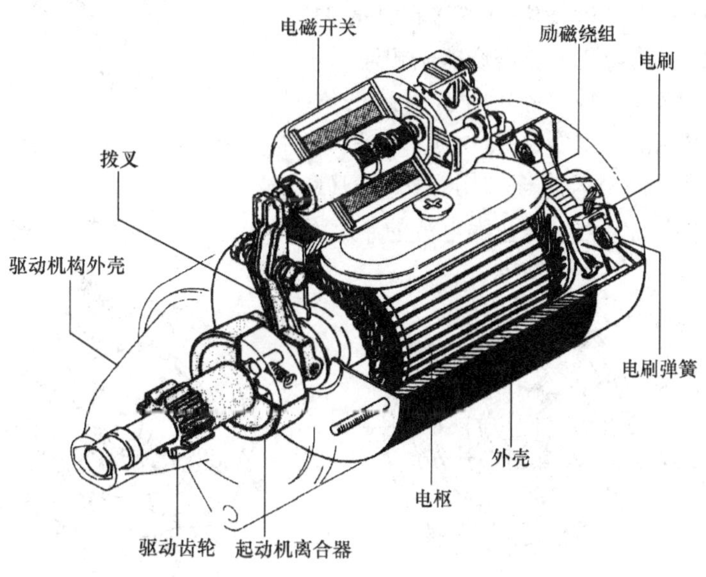

图 4-6　起动机的组成

1. 直流串励式电动机

直流电动机是将电能转化为机械能的装置，其功用是产生发动机起动时所需要的电磁转矩。一般均采用直流串励式电动机。“串励”是指电枢绕组与励磁绕组串联。

（1）直流电动机的结构　直流电动机由磁极、电枢、换向器和外壳等组成，如图4-7所示。

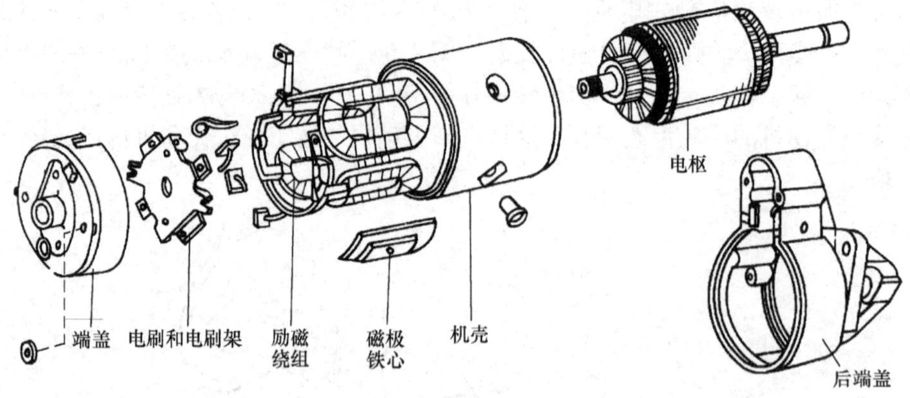

图4-7　直流电动机结构组成

1）磁极。磁极是软钢制成的，通常使用4个磁极，由固定在机壳上的磁极铁心和励磁绕组组成，作用是产生电枢转动时所需要的磁场。它与外壳精密配合，用螺钉固定在外壳上，如图4-8所示。4个励磁绕组的连接方法主要有两种：一种是4个励磁绕组相互串联，如图4-9a所示；另一种是4个励磁绕组两两串联后再并联（两串两并），如图4-9b所示。励磁绕组一端接在外壳的绝缘接线柱上，另一端与两个非搭铁电刷相连。

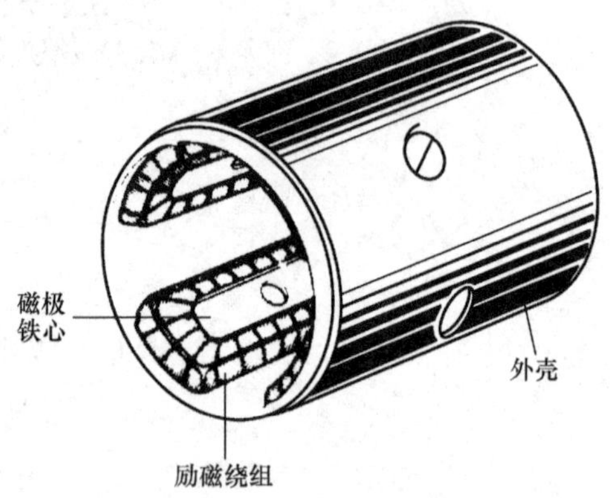

图4-8　起动机外壳与磁极

2）电枢。电枢包括轴、硅钢片叠合成的铁心、换向器及电枢线圈，如图4-10所示。电枢轴上有直槽或螺旋槽，供小齿轮移动用。铁心的硅钢片表面上涂有绝缘油，可以防止涡电流的产生而发热。电枢绕组绕在铁心上，每一槽中只

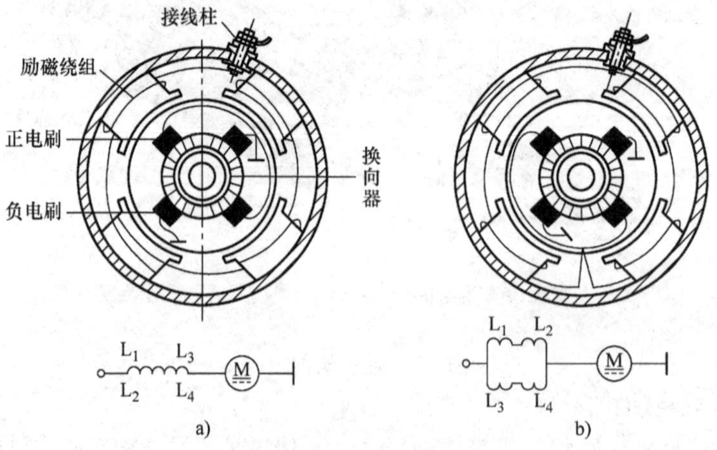

图4-9　励磁绕组的接法
a）串联式　b）两串两并

有两条，以绝缘纸包扎。

换向器装在电枢轴上，它由许多换向片组成。换向片嵌装在轴套上，各换向片之间均用云母片绝缘。

电枢绕组与励磁绕组的连接方式可分串联式、并联式与复联式，如图 4-11 所示。目前，多数起动机采用串联式连接方式。

3）电刷。电刷和换向器配合使用，用来连接励磁绕组和电枢绕组的电路，并使电枢轴上的电磁力矩保持固定方向。电刷装在端盖上的电刷架中，电刷弹簧使电刷与换向片之间具有适当的压力以保持配合，如图 4-12 所示。

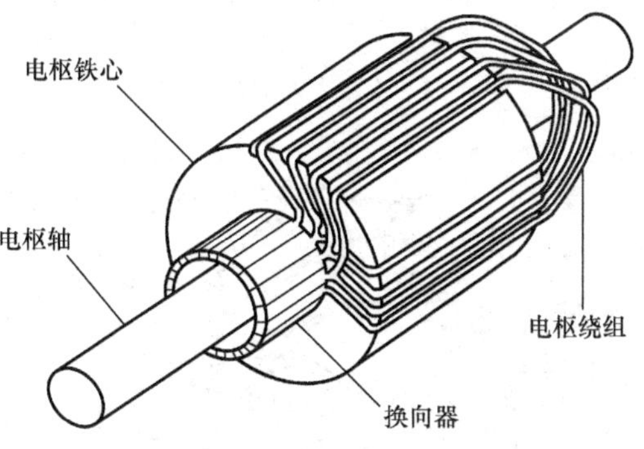

图 4-10　电枢总成

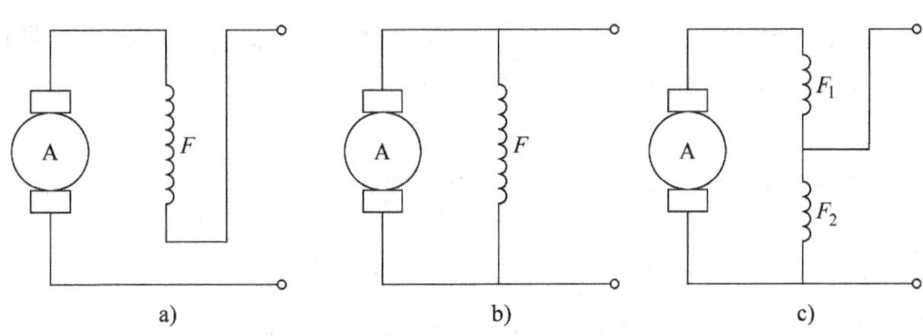

图 4-11　电枢绕组与励磁绕组的连接方式
a）串联式　b）并联式　c）复联式

以四磁极电动机为例，其中两个电刷与机壳绝缘，电流通过这两个电刷进入电枢绕组，另外两个为搭铁电刷，通过电枢绕组的电流通过这两个电刷搭铁。

4）机壳。机壳是电动机的磁极和电枢的安装机体，其中一端有四个检查窗口，便于进行电刷和换向器的维护，同时起动机的电磁开关也安装在机壳上，其上有一绝缘接线端，是电动机电流的引入线。

（2）直流电动机的工作原理　直流电动机是根据通电导体在磁场中受到电磁力作用而发生运动的原理制成的，电磁力的方向遵循左手定则。

如图 4-13 所示，电动机的电刷与直流电源相接，电流由正电刷和换向片 A 输入，经电枢绕组后从换向片 B 和负电刷输出，如图 4-13a 所示。此时绕组中的电流方向为 $a\rightarrow d$，由左手定则可以确定导体 ab 受向左的作用力 F_1，cd 受向右的作用力 F_2，且 F_1 与 F_2 相等，整个绕组受到逆时针的转矩作用而转动。当电枢转过半周时，如图 4-13b 所示，换向片 B 与正电刷接触，换向片 A 则与负电刷接触，绕组中的电流方向变为 $d\rightarrow a$，因而在 N 极和 S 极下面导体中的电流方向总是保持不变，电磁转矩的方向也就不变，使电枢受转矩作用仍按逆时针方向转动。这样在电源连续为电动机供电时，电枢就不停地按同一方向转动。当电动机有负载时，就可以将电源的电能转变为机械能输出。

由于一个线圈产生的转矩太小，转速又不稳定，为了增大电磁转矩和提高电动机运转的平顺性，实际使用的电动机采用多组电枢绕组和多对磁极。换向片的数量也随绕组匝数的增多而增加。对于结构一定的电动机，由电磁理论可以得出，其电磁转矩的大小与磁极磁通和

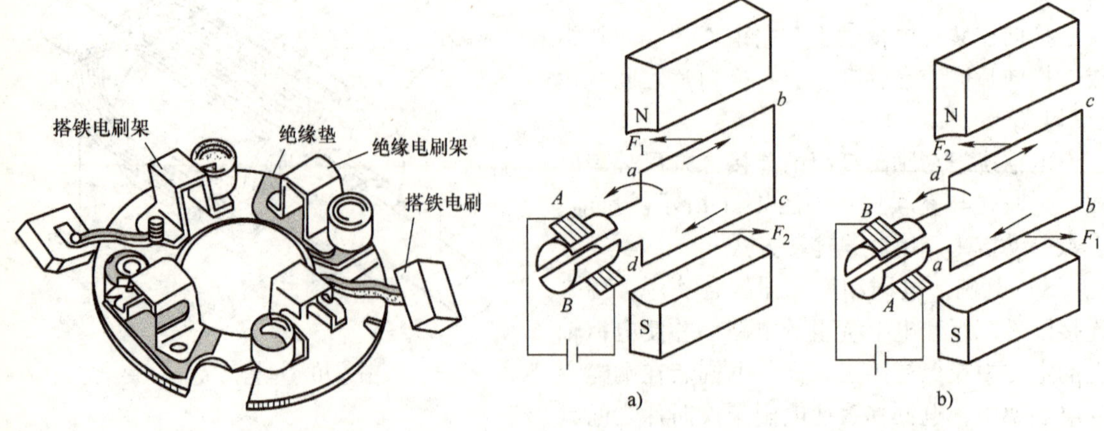

图 4-12　电刷及电刷架　　　　图 4-13　直流电动机的工作原理图

电枢电流成正比，其数学表达式为

$$M = C_m \Phi I_a$$

式中　C_m——电动机结构常数(取决于电动机的结构)；

Φ——磁极磁通；

I_a——电枢电流。

简单的理解就是，两片换向片分别与环状电枢线圈的两端连接，电刷一端与两换向器片接触，另一端分别接蓄电池的正极和负极。在环状电枢线圈中电流的方向交替变化，用左手定则判断可知，环状电枢线圈在电磁力矩作用下按顺时针方向连续转动。这样在电源连续对电动机供电时，其电枢线圈就不停地按同一方向转动。

为了增大输出力矩并使电动机运转均匀，实际的电动机中电枢采用多匝线圈，随线圈匝数的增多，换向片的数量也要增多。

相关链接

左手定则示意图：

电磁力方向

磁通方向

电流方向

(3) 直流电动机的工作特性　串联式连接方式的起动机具有如下特性：

1) 在最初摇转发动机时，起动机转速低，电枢产生的逆向电动势较小，使流经起动机的电流量大，产生的转矩大，适合最初起动用。即电动机的电流越大，电动机产生的转矩越大。

2) 当起动机转速升高时，产生的逆向电动势较大，故流经起动机的电流较小，使作用于起动机的电压增加，因此输出转矩降低，适合发动机达到一定转速时的要求。即电动机的转速越高，电枢线圈中产生的反电动势就越大，电流也随之下降。

起动机在初始起动期间和起动期间各项指标的比较见表 4-1。

表 4-1　起动机各阶段指标

项目＼阶段	初始起动期间	正常起动期间	项目＼阶段	初始起动期间	正常起动期间
电动机速度	较低	较高	电动机产生的转矩	较大	较小
电动机电流	较大	较小	电枢中的反向电动势	较小	较大

直流串励式电动机的转矩 M、转速 n 和功率 P 随电枢电流变化的规律，称为直流串励式电动机的特性。图 4-14 所示为直流串励式电动机的特性曲线，其中曲线 M、n 和 P 分别代表力矩特性、转速特性和功率特性。

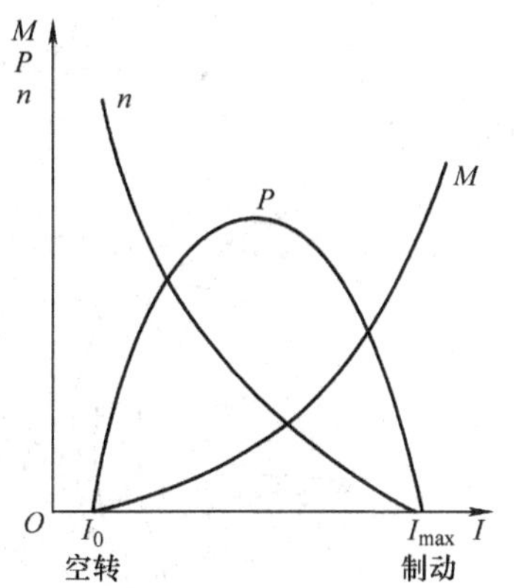

图 4-14　直流串励式电动机的特性

结合表 4-1 和图 4-14 可知，在起动机起动的瞬间，电枢转速为零，电枢电流达到最大值，力矩也相应达到最大值。使发动机的起动变得很容易。这就是汽车起动机采用串励式电动机的主要原因。

串励式电动机在输出力矩大时，电枢电流也大，电动机转速随电流的增加而急剧下降；反之，在输出力矩较小时，电动机转速又随电枢电流的减小而很快上升。

串励式电动机具有轻载转速高、重载转速低的特性，对保证起动安全可靠是非常有利的，是汽车上采用串励式电动机的一个重要原因。

串励式电动机的功率 P 可用下式表示：

$$P = Mn/9550$$

式中　M——电枢轴上的力矩(N · m)；

n——电枢转速(r/min)。

电动机完全制动时，转速和输出功率为零，力矩达到最大值。空载时电流最小，转速最大，输出功率也为零。当电枢电流接近制动电流一半时，电动机输出功率最大。

2. 传动机构

传动机构的作用是把直流电动机产生的转矩传递给飞轮齿圈，再通过飞轮齿圈把转矩传递给发动机的曲轴，使发动机起动；起动后，飞轮齿圈与驱动齿轮自动打滑脱离。减速型起动机的传动机构中设有减速机构，起减速增矩的作用。起动机小齿轮齿数与飞轮齿圈齿数比为 1∶15 ~ 1∶20，即传动比为 15∶1 ~ 20∶1。传动机构一般由驱动齿轮、单向离合器、拨叉、啮合弹簧等组成，其工作过程如图 4-15 所示。单向离合器是传动机构的主要部件，有滚柱式、摩擦片式、弹簧式等几种类型，其中，滚柱式单向离合器齿轮啮合稳定，且磨损小，为目前汽油机起动机使用最多的类型。

(1) 滚柱式单向离合器的构造　滚柱式单向离合器的构造如图 4-16 所示，驱动齿轮与外壳制成一体，外壳内装有十字块和 4 套滚柱、压帽弹簧。十字块与花键套筒固定连接，传动套筒内侧带键槽，套在电枢轴的花键部位上。滚柱式单向离合器通过改变滚柱在楔槽中的位置来实现分离和接合，以实现起动机驱动发动机，而发动机不能驱动起动机的单向传递动

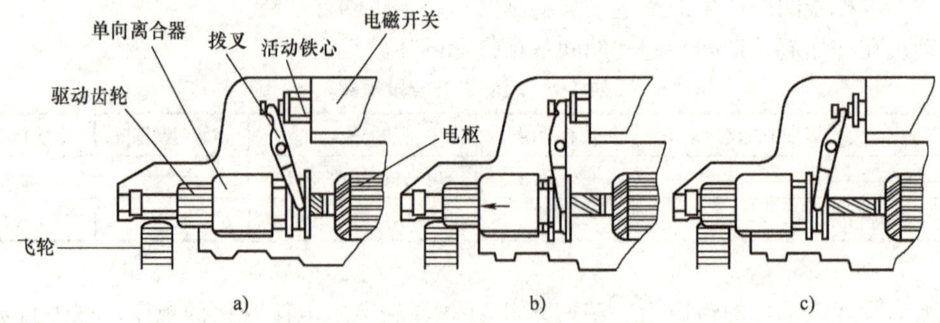

图 4-15　传动机构工作过程

a）发动机静止状态　b）驱动齿轮与飞轮齿圈正在啮合　c）完全啮合

力的作用。

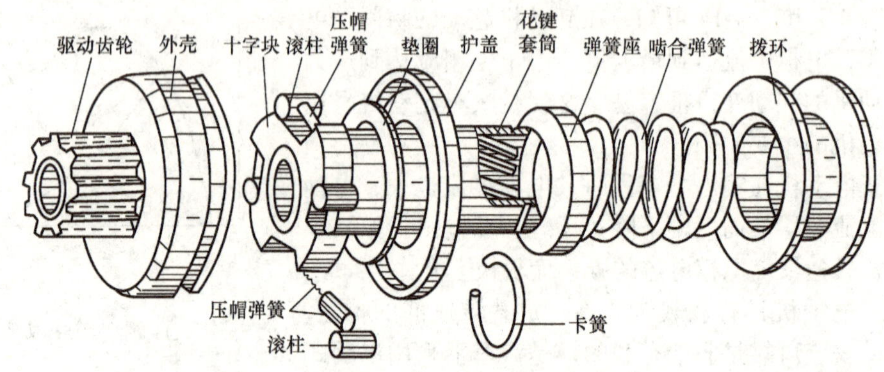

图 4-16　滚柱式单向离合器

（2）滚柱式单向离合器的工作过程　滚柱式单向离合器的工作过程如图 4-17 所示。小齿轮与单向离合器的内圈制成一体，为从动件，起动时动力传递顺序为电枢轴→空心轴→离合器外壳→离合器内圈→小齿轮，如图 4-17a 所示；发动机起动后，小齿轮转速大于电枢轴转速，小齿轮为主动件，滚柱移到楔槽较宽处，离合器分离，只有小齿轮空转，动力不会传到电枢轴，如图 4-17b 所示。

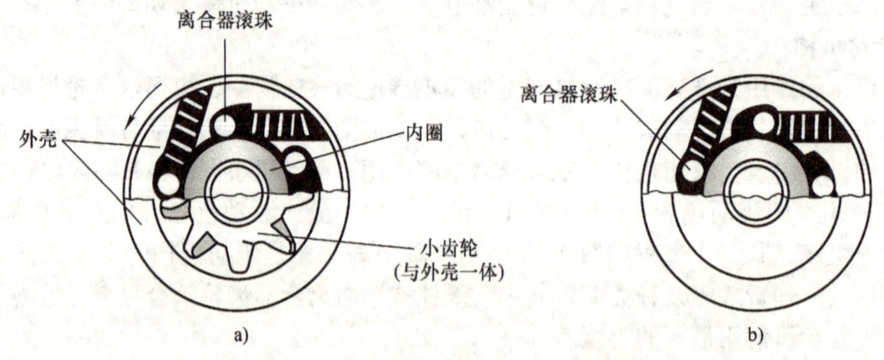

图 4-17　滚柱式单向离合器的工作过程

a）传动时工作原理　b）空转时工作原理

3. 电磁开关（控制装置）

电磁开关在起动机上称为控制装置，它的作用是控制驱动齿轮与飞轮齿圈的啮合与分离，并同时控制电动机电路的接通与切断。在现代汽车上，起动机均采用电磁式控制电路，电磁式控制装置是利用电磁开关的电磁力操纵拨叉，使驱动齿轮与飞轮啮合或分离。

（1）电磁开关（控制装置）的组成　电磁开关主要由吸引线圈、保持线圈、回位弹簧、可动铁心、接触片等组成，如图 4-18 所示。其中，端子 ST 接点火开关，通过点火开关再接电源；端子 B 直接接电源。

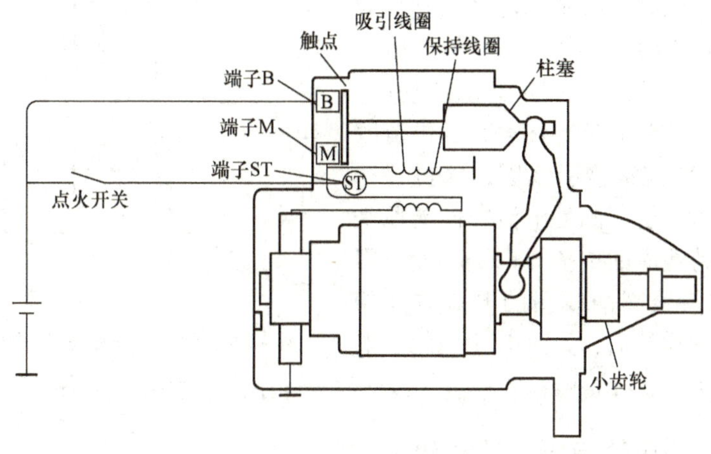

图 4-18　电磁开关结构原理图

（2）基本工作过程

1）当点火开关转到“ST”起动时。如图 4-19 所示，起动发动机时，当点火开关转到“ST”时，蓄电池电流由点火开关端子 B 经点火开关“SS”到起动机电磁开关的端子 ST。电流分两路：一路经较细的保持线圈（又称并联线圈）到外壳搭铁产生吸力；另一路经较粗的吸引线圈（又称串联线圈），经电磁线圈的端子 M 及起动机磁场线圈与电枢线圈搭铁，使起动机能缓慢旋转，并产生强大的电磁吸力。

2）起动机主开关接通时。如图 4-20 所示，保持线圈与吸引线圈的电流方向相同，磁力相加，产生的强吸力将柱塞吸引到线圈中，柱塞的移动使拨叉将驱动小齿轮拨向飞轮。因起动机电枢缓慢转动，故如果轮齿相碰时能很快滑开而使齿轮很容易啮合，齿轮啮合后，电枢因电流小，转矩小，故停止转动。当驱动小齿轮与飞轮啮合完成后，柱塞将电磁开关端子 B

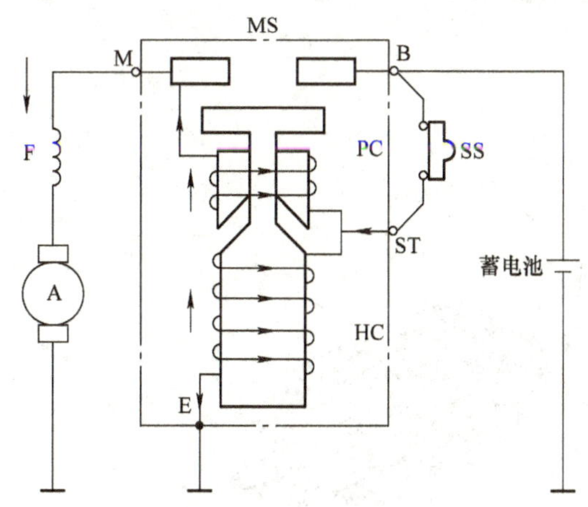

图 4-19　点火开关“ST”接通时的工作原理

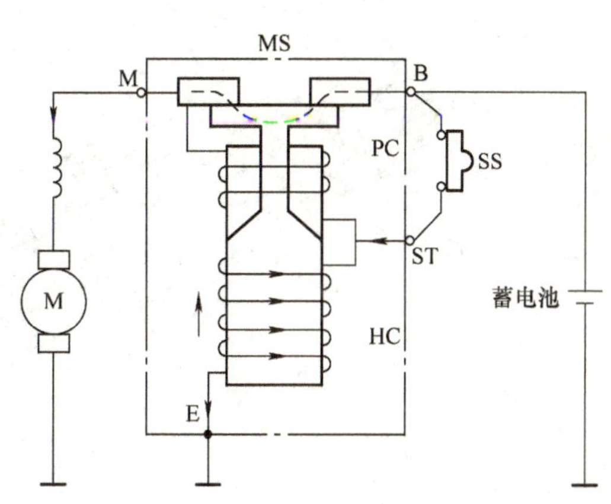

图 4-20　起动机主开关接通时工作原理

及端子 M 接通，大工作电流由蓄电池经电缆线直接通入起动机，使起动机产生强大转矩摇转发动机。此时吸引线圈两端电压相同而短路，无电流进入；保持线圈仍有电流。

发动机起动后，若点火开关仍在“ST”位置，驱动小齿轮仍与飞轮啮合，飞轮带动小齿轮高速空转。

3）点火开关复位到“ON”时。发动机起动后，松开点火开关，则点火开关自动由“ST”回到“ON”，此时“ST”的电流切断。因电磁开关端子 B、端子 M 已闭合，故电流改由端子 B 经端子 M 流入吸引线圈，通过保持线圈后搭铁，此时吸引线圈的电流方向与原来方向相反，而保持线圈的电流方向仍不变，因此吸引线圈与保持线圈两线圈的电流方向相反，产生的磁力互相抵消，如图 4-21 所示。电磁开关的磁力消失后，弹簧将柱塞推出，拨叉将驱动小齿轮拨回到原来位置。

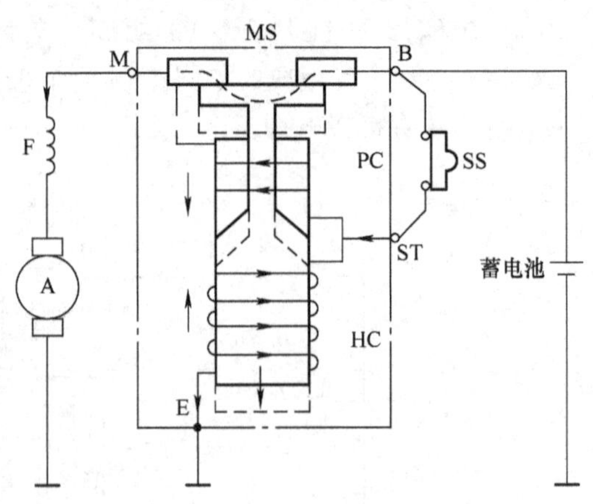

图 4-21　点火开关复位“ON”时工作原理

三、永磁起动机的组成、结构和工作原理

永磁起动机的组成、结构及工作原理与普通强制啮合式起动机的大致相同，只是磁极不

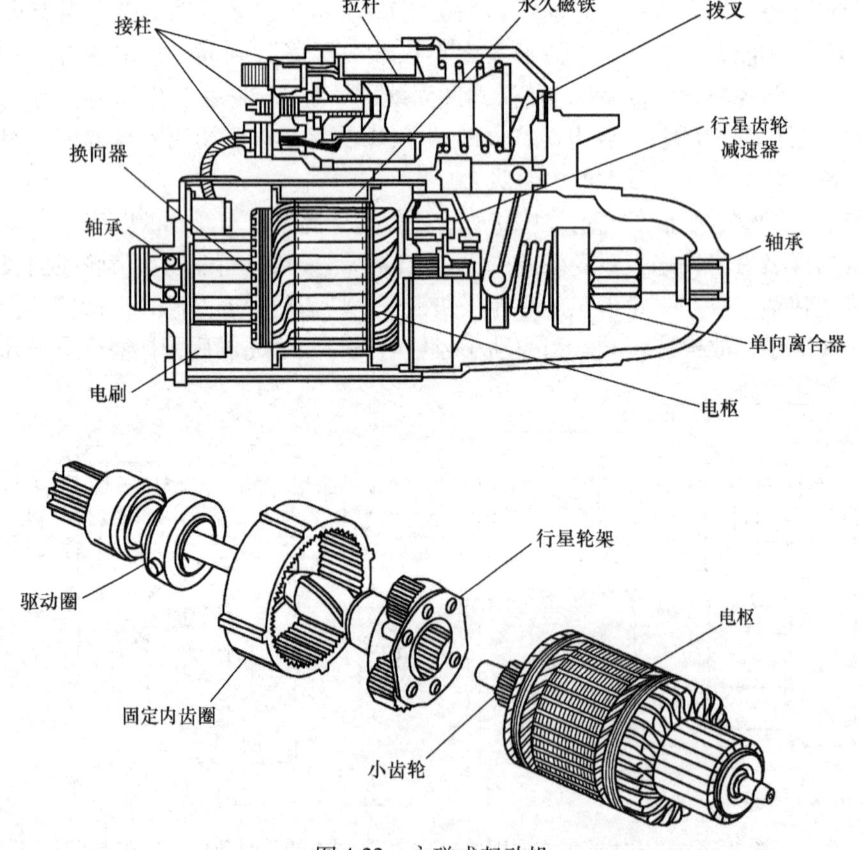

图 4-22　永磁式起动机

是铁心缠绕线圈的结构，而是直接以永久磁铁代替，不用通电给磁极。蓄电池的电流直接输入给电枢绕组。因为永久磁铁易碎，所以在搬运时要轻拿轻放，避免落地和振动。

永磁式起动机是用永磁材料作为磁极，取代普通型起动机中的励磁绕组和磁极铁心，使结构简化，体积减小，质量减轻，其结构如图 4-22 所示。为了增大起动转矩，在电枢轴与驱动齿轮之间装有行星齿轮减速器，称为永磁减速起动机。即由电枢带动小齿轮运转，小齿轮带动行星轮沿着固定的内齿圈转动，再由行星轮轴带动行星轮架及其驱动齿轮运转。这样，既降低了起动机驱动齿轮的转速，又加大了起动机的起动转矩。因为没有励磁绕组，故电流流经换向器和电刷直达电枢。

在电气控制方面，永磁式减速起动机与一般励磁绕组的起动机基本相同。

相关链接

搬运永磁式起动机要格外小心，永久磁铁比较脆，不慎跌落或被别的物体碰撞都会使其受损。

永磁式减速起动机用 4 块或 6 块永久磁铁磁场组件取代励磁绕组。

四、减速起动机的组成、结构和工作原理

现代汽油发动机多已采用减速起动机。与普通传统式起动机相比，其最大特点为小型化、轻量化及高转矩。但起动机小型化会造成散热不良，故将导线接头的锡焊改为铜焊，甚至将铜焊改为熔接方式，绝缘材料使用高耐热材料。而电枢线圈导线数的减少，使起动机小型化且高速化，高转速时转矩小，所以需用减速齿轮，使转矩增大。

减速起动机与常规起动机的主要区别是在传动机构和电枢轴之间安装了一套齿轮减速装置，通过减速装置把力矩传递给单向离合器，可以降低电动机的速度，增大输出力矩，减小起动机的体积和重量。

齿轮减速装置主要有平行轴外啮合减速齿轮装置和行星齿轮减速装置两种形式。

1. 平行轴式减速起动机

如图 4-23 所示，平行轴式减速起动机主要包括直流电动机、平行轴减速装置、传动机构和控制装置。在电枢轴上的惰轮驱动离合器轴上的较大齿轮，为第一次减速，减速比约为 3∶1；离合器轴上的小齿轮驱动飞轮齿圈时，为第二次减速。总减速比约为 45∶1，以提供较大的转矩。

（1）直流电动机　该直流电动机 4 个励磁绕组相互并联后再与电枢绕组串联，仍为串励式电动机，如图 4-24 所示，基本部件与常规起动机相似。

（2）传动机构及减速装置　如图 4-25 所示为减速装置中齿轮的啮合关系和传动机构中单向离合器示意图。

滚柱式单向离合器设置在减速齿轮内毂，其内毂制成楔形空腔，传动导管装入时，将空腔分割成 5 个楔形腔室，腔室内放置滚柱和弹簧。平时在弹簧张力作用下，滚柱滚向楔形腔室窄端，传递动力时，由滚柱将传动导管和减速齿轮卡紧成一体。单向离合器的工作原理和常规起动机中的滚柱式单向离合器工作原理相同，此处不再进行分析。

减速齿轮装置采用平行轴外啮合减速齿轮装置，该装置中设有三个齿轮，即电枢轴齿轮、惰轮（中间齿轮）及减速齿轮。从图中可以看出，与常规起动机相比，该减速装置传动

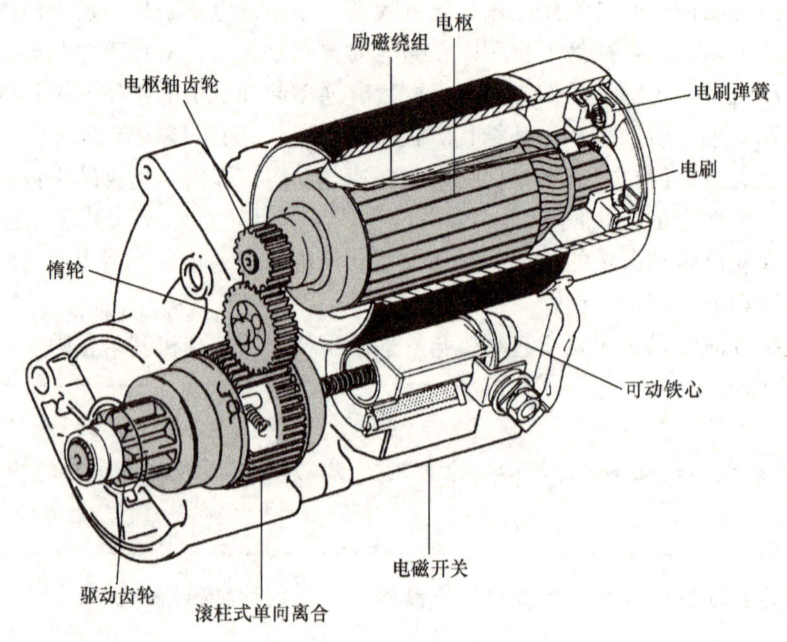

图 4-23　平行轴式减速起动机的构造

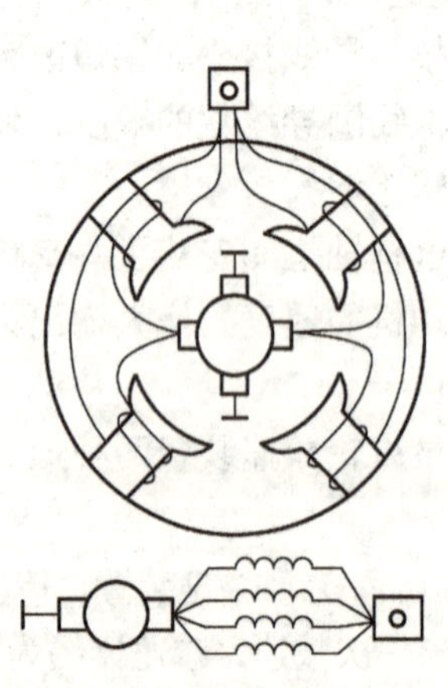
图 4-24　励磁绕组的连接

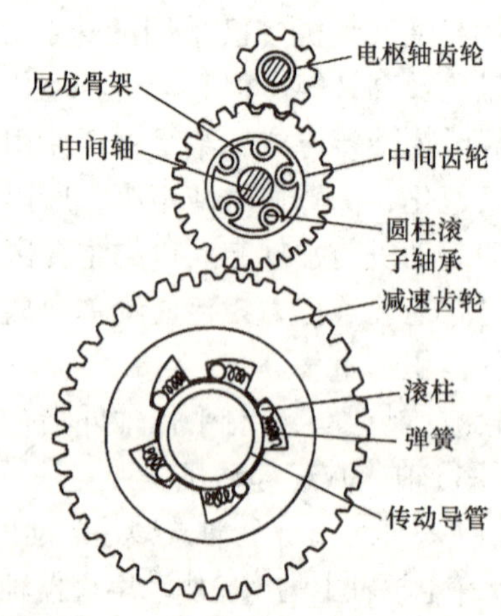

图 4-25　减速齿轮啮合关系和单向离合器

比较大，输出转矩也较大。

（3）控制装置及工作过程　如图 4-26 所示，控制装置的结构同传统式电磁控制装置大致相同，不同之处在于可动铁心的左端固装的挺杆，经钢球推动驱动齿轮轴，引铁右端绝缘地固装着接触片。起动机不工作时，触盘与触点分开，驱动齿轮与飞轮分离。

其工作过程如下：

接通起动开关，吸引线圈和保持线圈通电。此时的电流流向为蓄电池→点火开关→端子 50→保持线圈→搭铁，蓄电池→点火开关→端子 50→吸引线圈→端子 C 励磁绕组→电枢绕组→搭铁。此时电动机低速运转，如图 4-27 所示。

如图 4-28 所示，吸引线圈和保持线圈的电磁力吸引可动铁心左移，推动驱动齿轮轴，迫使驱动齿轮与飞轮啮合，这种动作过程称为直动齿轮式。驱动齿轮与飞轮齿圈进入啮合

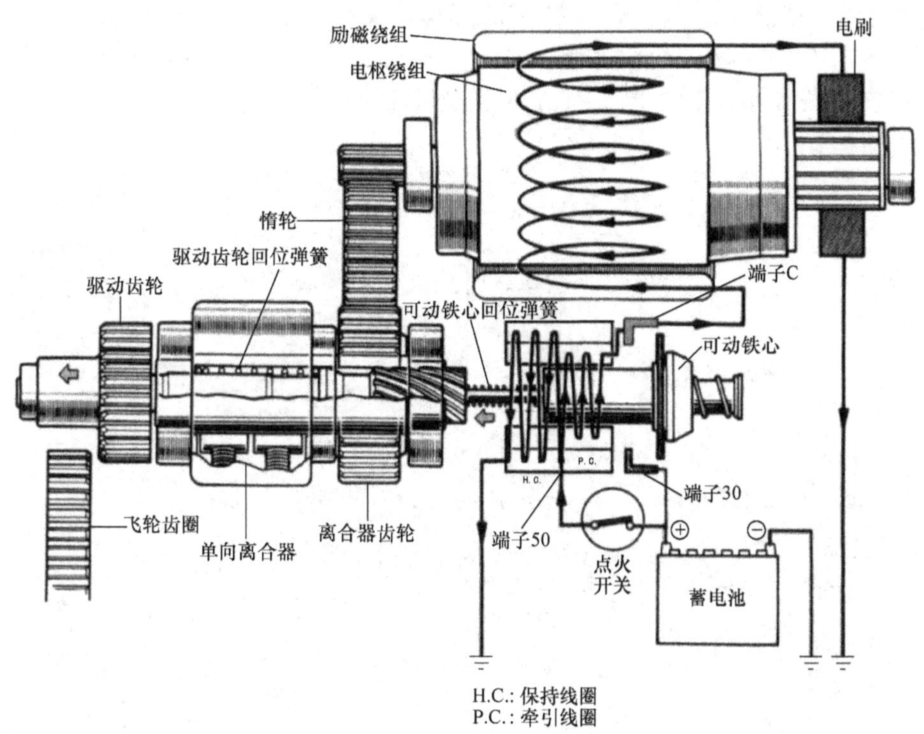

图 4-26　平行轴式减速起动机结构及电路图

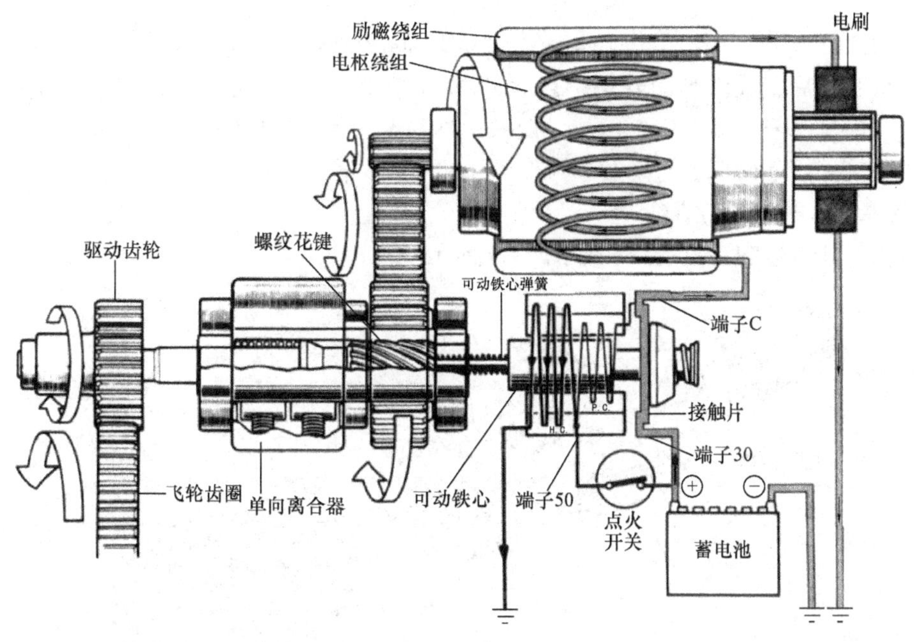

图 4-27　驱动齿轮和齿圈啮合过程

后，接触片和触点接触，此时电流的方向为蓄电池→点火开关→端子 50→保持线圈→搭铁。这样保持线圈产生的磁场使可动铁心保持在原位。同时电流还流经励磁绕组，电路为蓄电池

“+”→端子 30→接触片→端子 C→励磁绕组→电枢绕组→搭铁。这样电枢电路接通并开始旋转。电枢轴产生的力矩经电枢轴齿轮→惰轮→减速齿轮→滚柱式单向离合器→驱动齿轮轴→驱动齿轮→飞轮齿圈，带动曲轴旋转，使发动机起动。

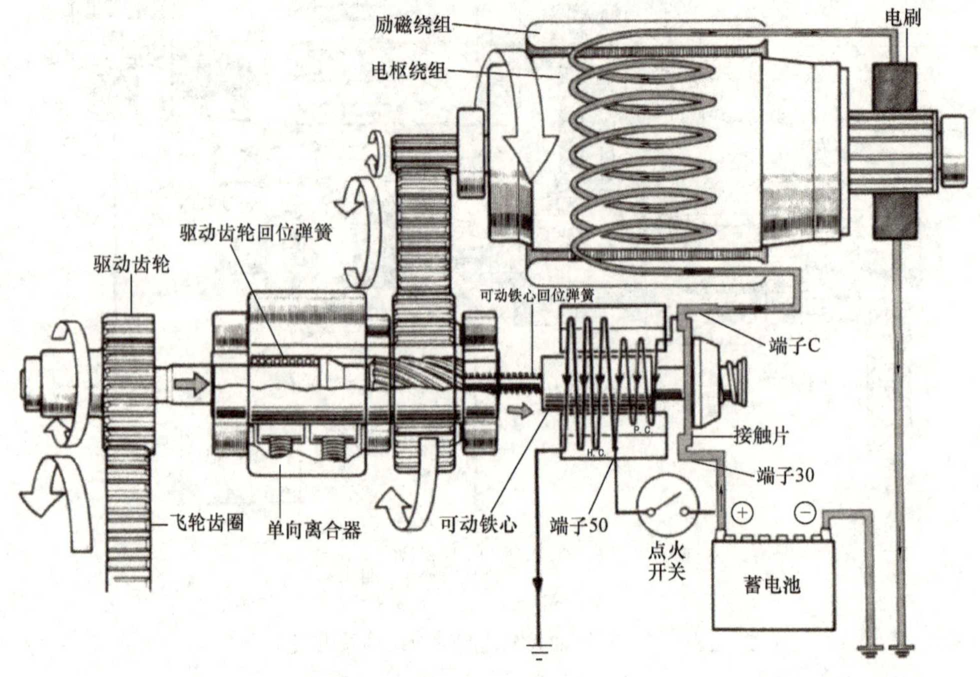

图 4-28　驱动齿轮和齿圈脱离

发动机起动后，放松起动开关，点火开关回到“ON”位置。吸引线圈和保持线圈断电，引铁在回位弹簧张力作用下回位，接触片与触点分离，电枢停止转动。同时，驱动齿轮轴在回位弹簧作用下回位，拖动驱动齿轮与飞轮分离，恢复到初始状态。

2. 行星齿轮式减速起动机

行星齿轮式减速起动机的结构如图 4-29 所示。

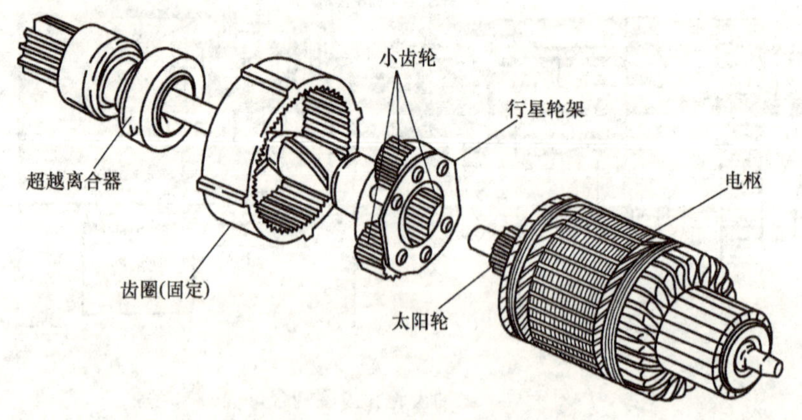

图 4-29　行星齿轮式减速起动机

（1）电动机　该电动机的结构有两类，一类与常规起动机类似，采用励磁绕组产生磁场。

另一类采用永久磁铁磁场代替励磁绕组，减小了起动机的体积，提高了起动性能。

（2）传动机构及减速齿轮装置　该起动机的传动机构采用滚柱式单向离合器，用拨叉拨动驱动齿轮使之移动。其结构与工作过程和传统式起动机类似。图 4-30 所示为拨叉的位置。

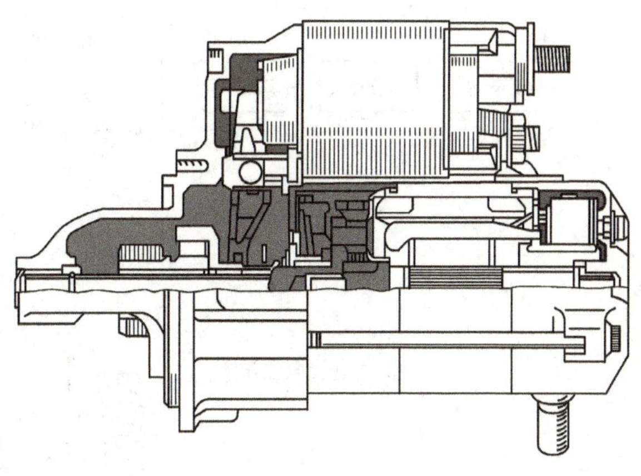

图 4-30　行星轮减速起动机的拨叉位置

行星齿轮减速装置中设有三个行星轮、一个太阳轮（电枢轴齿轮）及一个固定的内齿圈，其结构如图 4-31 所示。

内齿圈固定不动，行星轮支架是一个具有一定厚度的圆盘，圆盘和驱动齿轮轴制成一体。三个行星轮连同齿轮轴一起压装在圆盘上，行星轮在轴上可以边自转边公转。驱动齿轮轴一端制有螺旋键齿，与离合器传动导管内的螺旋键槽配合。

如图 4-32 所示，为了防止起动机中过大的转矩对齿轮造成损坏，弹簧垫圈把离合器片压紧在内齿轮上。这样当内齿圈承受的转矩过大时离合器片和弹簧垫圈可以吸收过大的转矩。

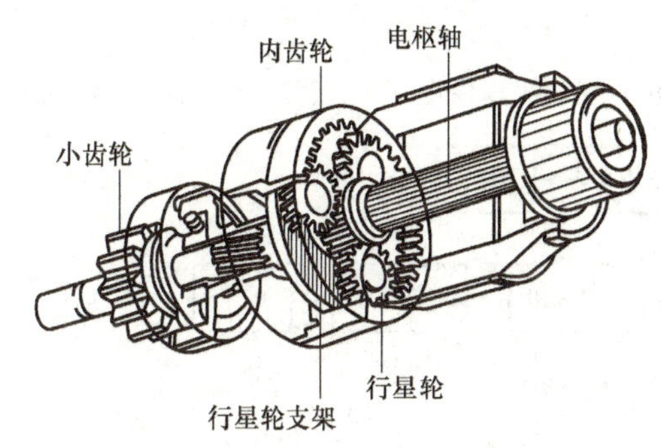

图 4-31　行星齿轮减速装置结构

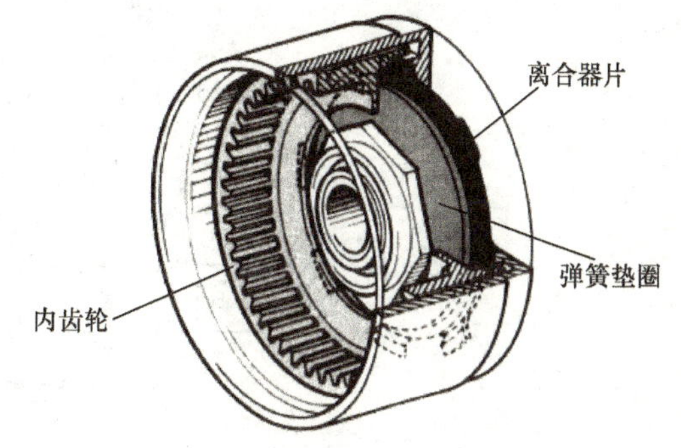

图 4-32　减速装置中内齿圈的结构

3. 减速起动机的工作原理

（1）起动开关在“ST”位置时　当起动开关转到“ST”位置时，电流经端子 ST 流进吸引线圈与保持线圈，流进吸引线圈的电流，经端子 M 进入励磁绕组与电枢绕组，如图 4-33 所示。由于吸引线圈的磁化作用导致电压降，使流入励磁绕组及电枢绕组的电流变小，故起动机只以低速转动，其电流流动方向如下：

此时保持线圈与吸引线圈所建立的磁场，克服柱塞复位弹簧的弹力，使柱塞向左移动，驱动小齿轮因此被向左推与飞轮齿圈啮合。由于起动机转速慢，故可顺利啮合，且螺旋齿条也有帮助平顺啮合的作用。

（2）当驱动小齿轮与飞轮齿圈完全啮合后　柱塞左侧的接触片使端子 M 与端子 B 接通，大工作电流流入起动机，使起动机高速旋转，如图 4-34 所示。而此时吸引线圈两端的电压相同而短路，电流不再流入，柱塞仅靠保持线圈的磁力保持在最左边的位置，其电流流动方向如下：

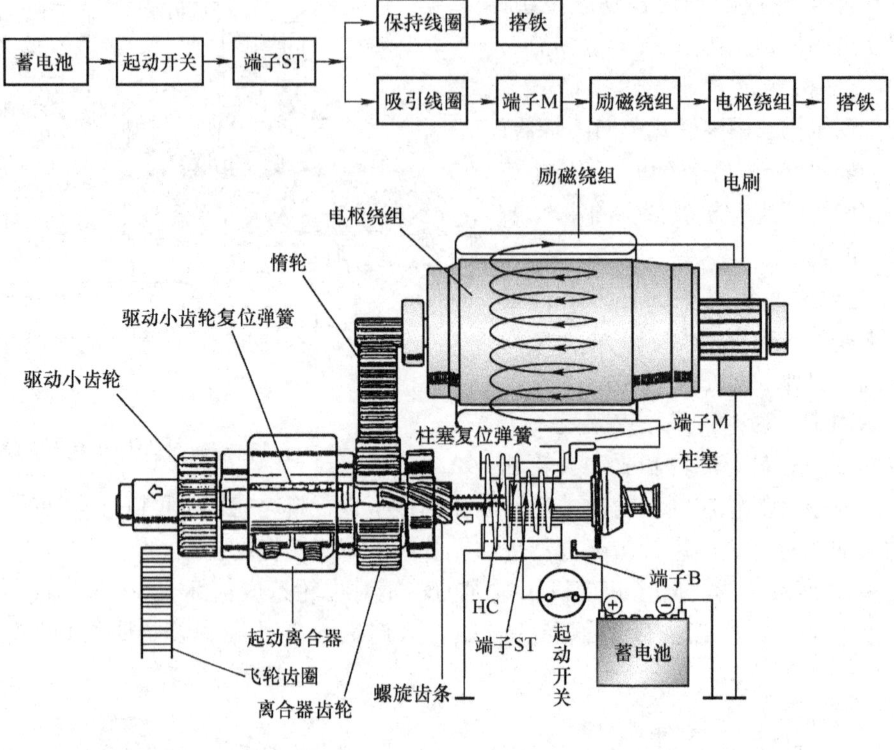

图 4-33　起动开关在“ST”位置时的工作原理

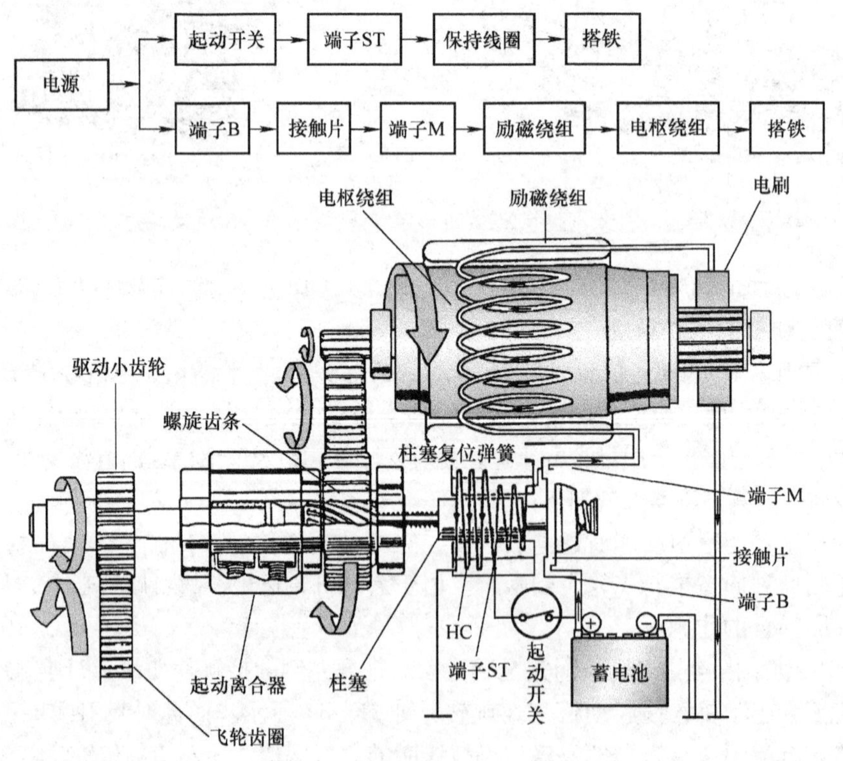

图 4-34　驱动齿轮与飞轮啮合（主开关接通）时工作原理

（3）松开起动开关回复“ON”位置时 端子 ST 电流切断，但主开关仍接通，因此电流由端子 M 经吸引线圈到保持线圈，吸引线圈与保持线圈的电流方向相反，磁力互相抵消，柱塞被复位弹簧推回右侧，因此主开关通过的大工作电流被切断，驱动小齿轮也与飞轮齿圈分离，如图 4-35 所示，其电流流动方向如下：

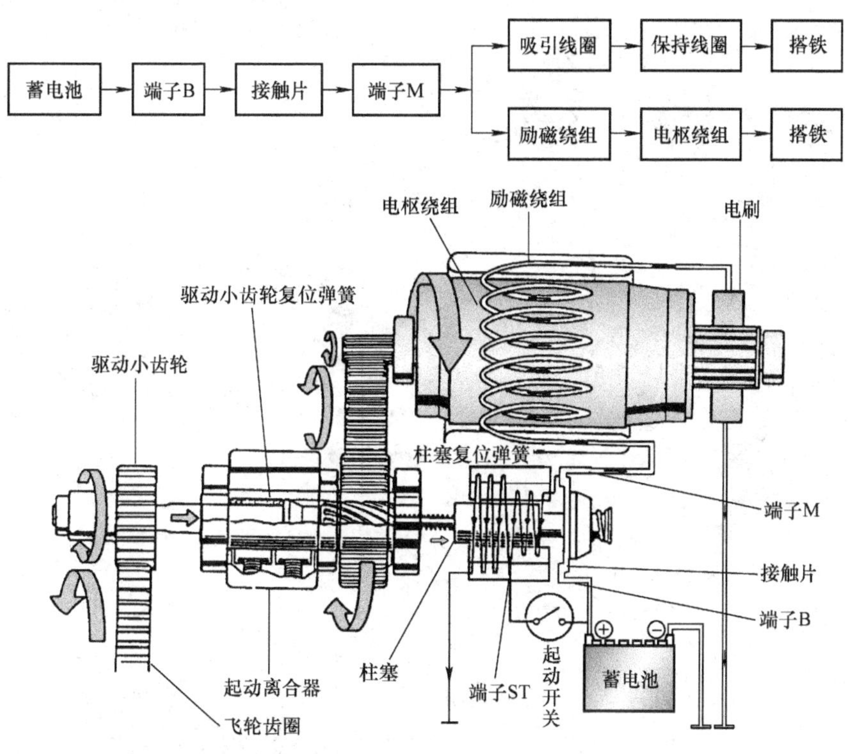

图 4-35 起动开关回复“ON”位置时的工作原理

4. 减速起动机的拆装与维护

（1）减速起动机的分解及检修 平行轴式减速起动机分解图如图 4-36 所示，行星齿轮式减速起动机的分解图如图 4-37 所示。

减速起动机的检修与普通型起动机基本相同。不同之处在于减速装置。因此此处只对不同的部件进行介绍。

（2）平行轴式减速起动机的检修

1）不解体检查。检查平行轴式减速起动机的减速装置时，减速装置一端与电枢轴连接，一手握住减速装置壳体，一手转动电枢，当沿顺时针方向或沿逆时针方向转动电枢时，减速装置输出轴应能灵活转动，否则应予润滑、修理或更换新品。

2）解体检查。解体检查时，电动机和电磁开关的检查和常规起动机相同。以下只讲解离合器、轴承的检查。

① 取下离合器总成。

② 检查驱动齿轮、惰轮和总成上的齿轮、飞轮齿圈是否有磨损或损坏。

③ 检查离合器，方法如图 4-38 所示。顺时针转动驱动齿轮，应能自由转动；逆时针转动驱动齿轮，应能锁住。

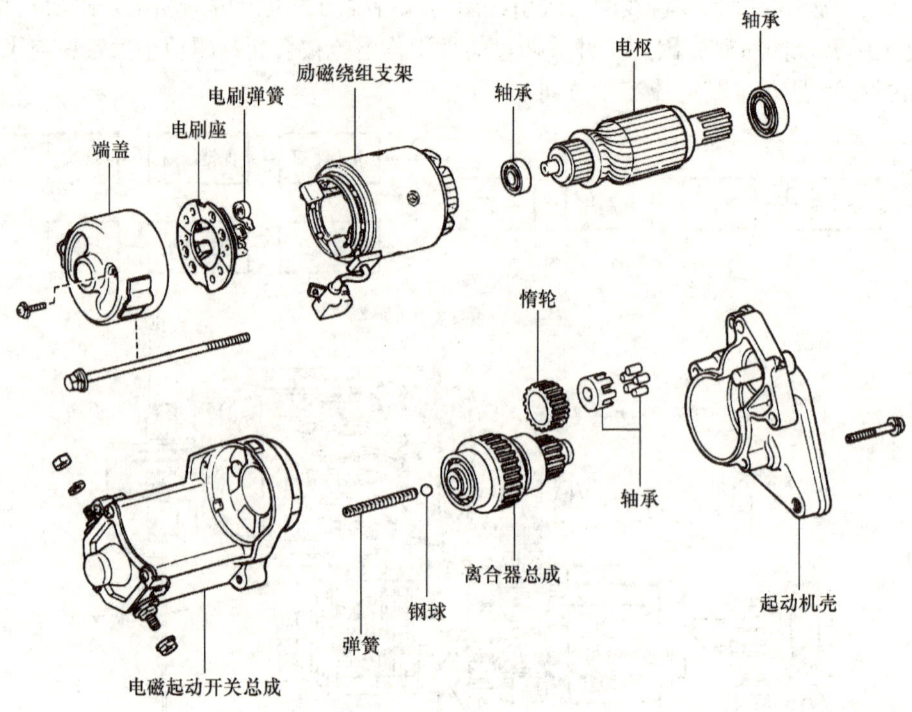

图 4-36　平行轴式减速起动机分解图

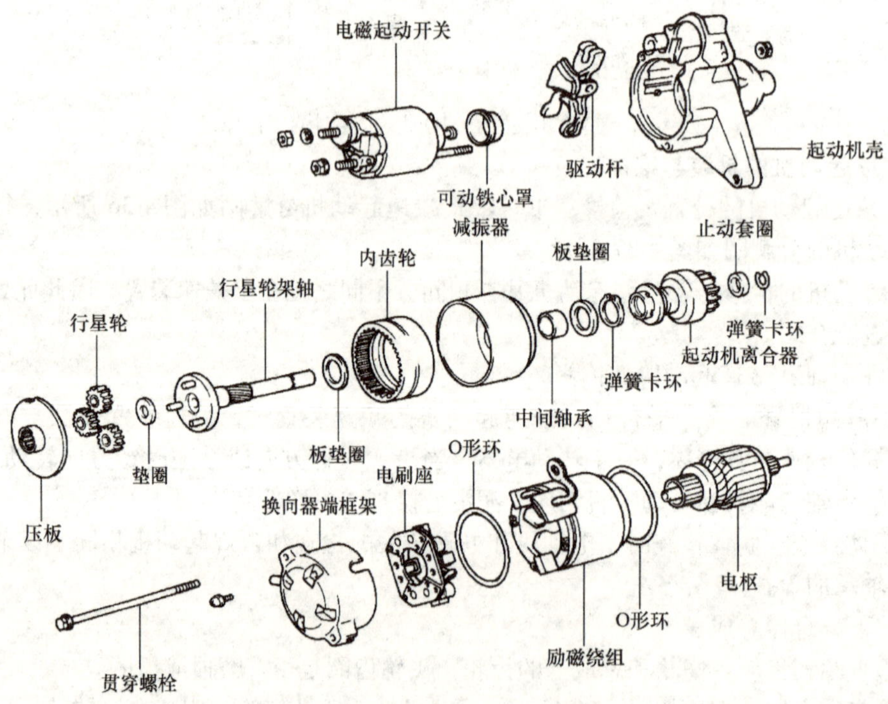

图 4-37　行星齿轮减速起动机分解图

④ 检查轴承。用手转动每个轴承，同时向内推，如图 4-39 所示。若感到阻力很大或轴承卡住，则需要更换。更换方法如图 4-40 所示。注意要用专用工具和压具进行安装。

图 4-38　离合器的检查

（3）行星齿轮式减速起动机的检修　电磁开关、电枢、电刷及电刷架、操纵机构和单向离合器的检查同常规起动机。

行星轮应转动自如，内齿圈无变形、开裂、烧焦等现象。由于内齿圈采用塑料制造，使用中常出现载荷过大而烧焦卡死现象。

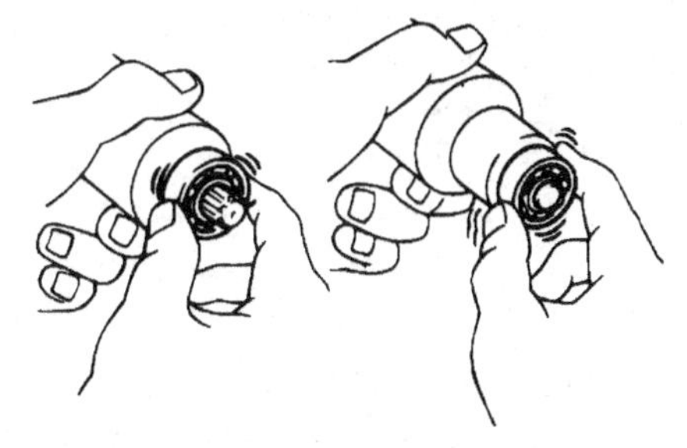

图 4-39　轴承的检查

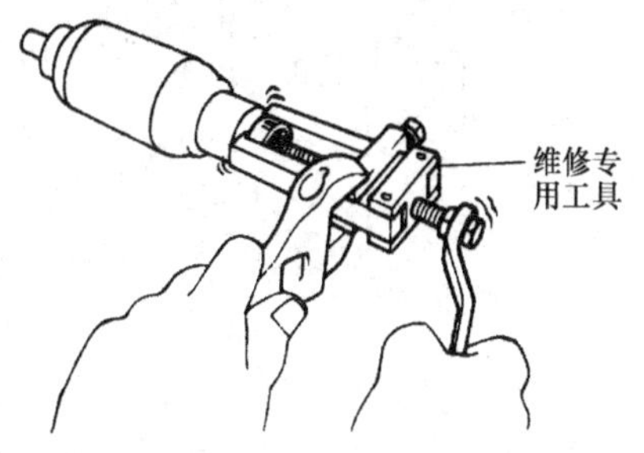

图 4-40　轴承的拆卸

（4）减速起动机的组装　起动机装复时应注意换向器及电刷表面不得有油污；在组装零件之前，首先在各轴承、旋转部位和滑动部位上涂敷高温润滑脂，电枢轴与单向离合器配合花键、轴承等配合部位涂少量润滑脂。

五、起动系统控制电路

起动系统的控制电路指除起动机本身电路以外的起动系统电路。起动系统的控制电路随车型的不同而有所不同，大体上可以分为无起动继电器的控制电路、有起动继电器的控制电路和带有保护继电器的控制电路。

1. 无起动继电器的起动控制电路

无起动继电器的起动控制电路如图 4-41 所示。

（1）丰田车系无起动继电器的控制电路实例分析　如图 4-42、图 4-43、图 4-44 所示为丰田 AE 系列中常用的起动机控制电路及其工作过程。

如图 4-42 所示，当点火开关位于起动档时，电流的流向为蓄电池“+”→点火开关起动开关→端子 50→保持线圈→搭铁；同时吸引线圈中也通过电流，方向为蓄电池“+”→点火开关起动开关→端子 50→吸引

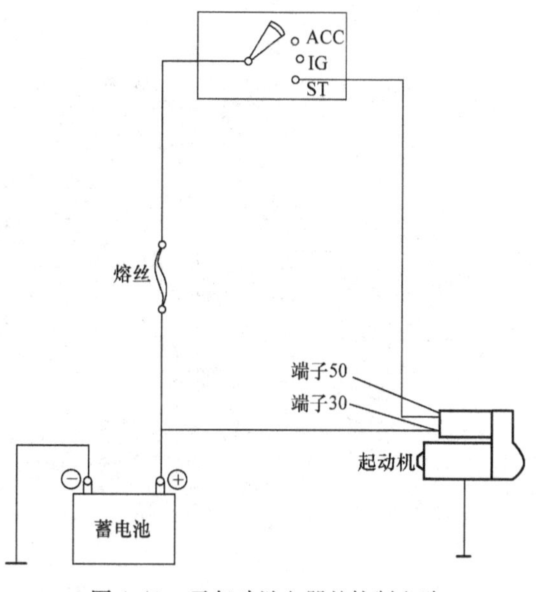

图 4-41　无起动继电器的控制电路

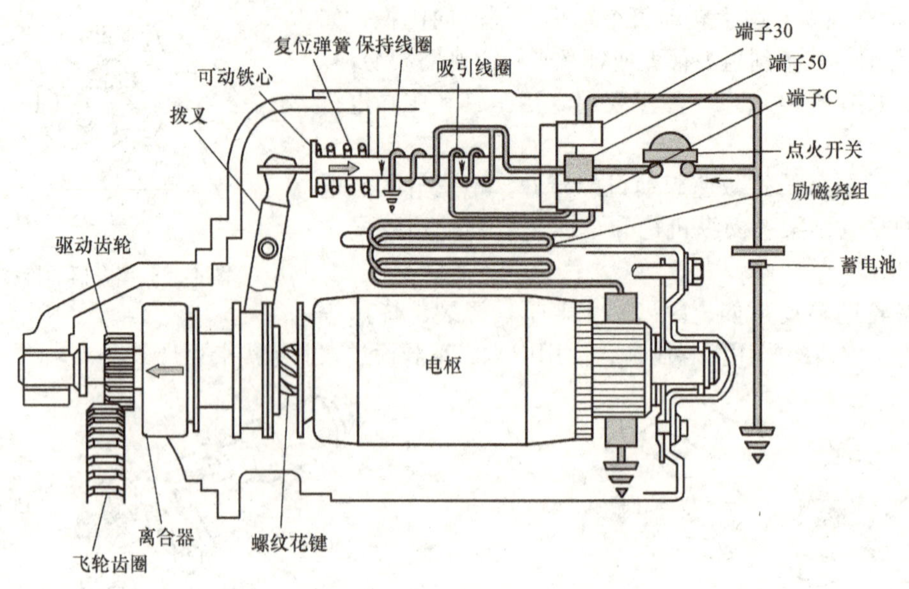

图 4-42　点火开关位于起动位置时

线圈→端子 C→励磁绕组→电枢绕组→搭铁。此时由于吸引线圈和励磁绕组中的电流非常小，电动机低速运转。同时吸引线圈和保持线圈中产生的磁场吸引可动铁心向右运动，克服回位弹簧的作用力，拉动拨叉向左运动，拨叉使离合器的小齿轮向左和飞轮的齿圈啮合。这个过程电动机的转速低，可以保证齿轮之间平顺啮合。

当小齿轮和飞轮齿圈完全啮合以后，如图 4-43 所示，与可动铁心连在一起的接触片向右运动，和端子 30 及端子 C 接触，从而接通了主开关，通过起动机的电流增大，电动机的

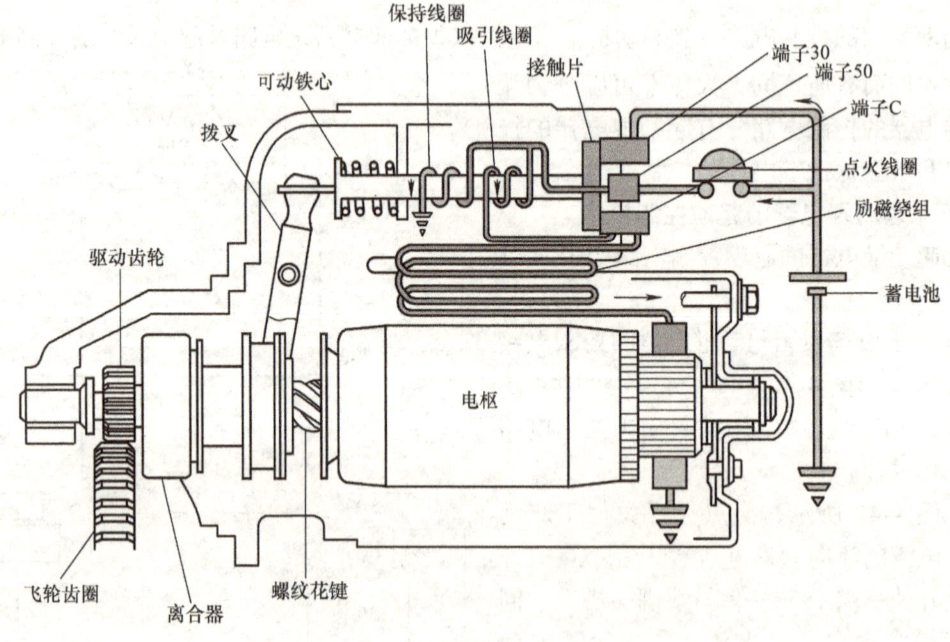

图 4-43　小齿轮和飞轮齿圈完全啮合时

转速升高。而电枢轴上的螺纹使小齿轮和飞轮齿圈更加牢固地啮合。此时吸引线圈两端的电压相等，所以无电流通过。保持线圈产生的磁力使可动铁心保持在原位不动。此时的电流方向分别为蓄电池“+”→点火开关起动开关→端子 50→保持线圈→搭铁；蓄电池“+”→端子 30 接触片→端子 C→励磁绕组→电枢绕组→搭铁。

发动机起动以后，点火开关会从“START”位置回到“ON”位置，这就切断了端子 50 上的电压。这时，接触片和端子 30 及端子 C 仍保持接触。如图 4-44 所示，电路中的电路流程为蓄电池“+”→端子 30→接触片→端子 C→吸引线圈→保持线圈→搭铁。同时电流还经过端子 C→励磁绕组→电枢绕组→搭铁。由于此时吸引线圈和保持线圈的电流方向相反，产生的磁力相互抵消，在复位弹簧的作用下，可动铁心向左运动，使得小齿轮与飞轮齿圈脱离，同时，接触片和两个端子断开，切断电动机中的电流，整个起动过程结束。

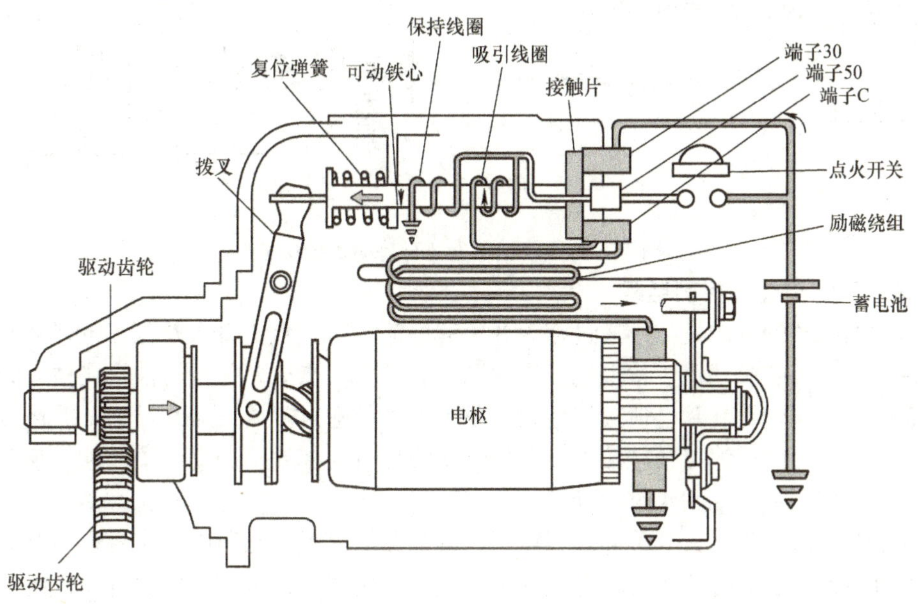

图 4-44　起动完成后

（2）普通桑塔纳轿车的无起动继电器的控制电路实例分析　桑塔纳轿车采用 QD1225 型起动机，起动系统的控制电路采用无起动继电器的起动电路，如图 4-45 所示，在其控制电路中，点火开关接线柱 30 接电源，由红/黑色导线从点火开关上接线柱 50 送至中央电路板 B8，再通过中央电路板 C18，引到起动机电磁开关接线柱 50。用黑色导线连接蓄电池正极与起动机接线柱 30。

工作过程如下：

点火开关 1 拨到第 2 档，其端子 30 与端子 50 接通，使起动机的电磁开关通电，使起动机进入工作状态。其电路为：蓄电池正极端子→红色导线→中央电路板的单端子插座 P 端子→中央电路板内部线路→中央电路板单端子插座端子 P→红色导线→点火开关端子 30→点火开关→点火开关端子 50→中央电路板端子 B8→中央电路板内部线路→中央电路板端子 C18→起动机端子 50→进入电磁开关。

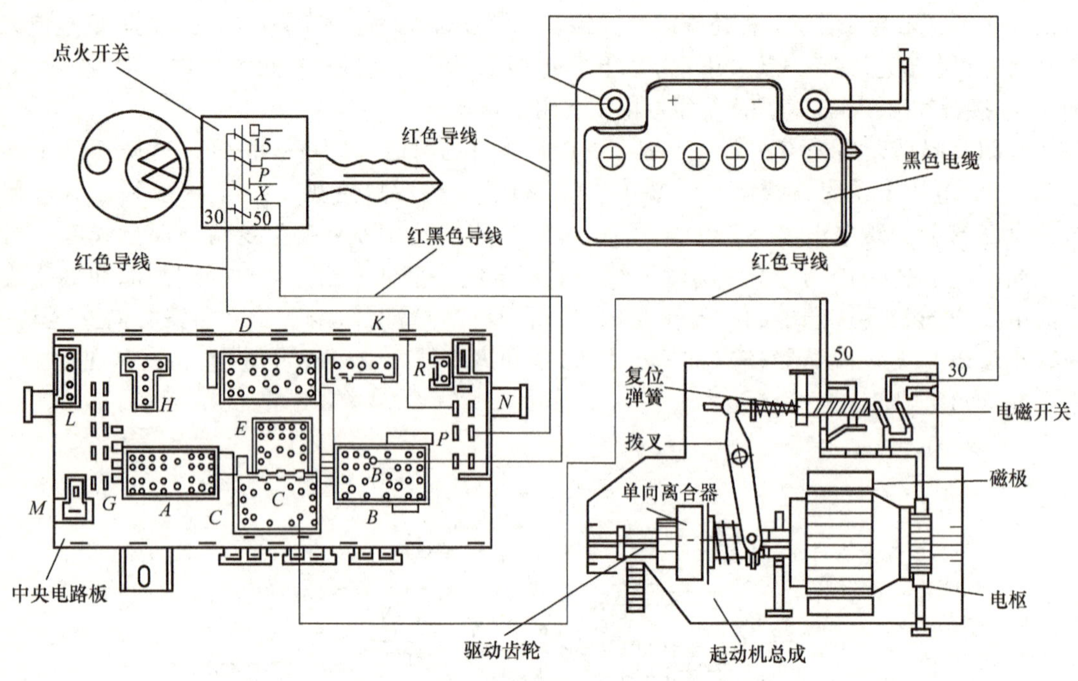

图 4-45　桑塔纳系列轿车起动系统线路

2. 带起动继电器的控制电路

装起动继电器的目的是减小通过点火开关的电流，防止点火开关烧损。起动继电器有 4 个接线柱，分别标有起动机、蓄电池、搭铁和点火开关，点火开关与搭铁接线柱之间是继电器的电磁线圈，起动机和蓄电池接线柱之间是继电器的触点。接线时，点火开关接线柱接点火开关的起动档，蓄电池接线柱接电源，搭铁接线柱直接搭铁，起动机接线柱接起动机电磁开关上起动机接线柱，如图 4-46 所示。

发动机起动时，将点火开关起动档接通，继电器的电磁线圈通电，使触点闭合，电源的电流便经继电器的触点通往起动机电磁开关的起动机接线柱，电磁开关通电后，便控制起动机进入工作状态，从电路中可以看出，起动期间流经点火开关起动档和继电器线圈的电流较小，大电流经过继电器开关流入起动机，保护了点火开关。

3. 空档起动开关或离合器起动开关的起动机控制电路

带空档起动开关或离合器起动开关控制的起动机控制电路如图 4-47 所示。

装用自动变速器的汽车需安装起动安全开关（又称抑制开关），起动安全开关是一种常开开关，是防止变速器不在空档或发动机运转中，起动系统突然产生作用而发生危险或损坏齿轮安全装置。起动安全开关串接在起动继电器控制电路中，使起动电路必须选择在空档（N 位）或驻车档（P 位）时才能作用。

有些装用手动变速器的汽车，装用离合器起动开关，起到起动安全保护的作用。起动时只有踩下离合器踏板，使离合器开关接合，起动机才能起动，以防止变速器不在空档时起动发动机发生危险。离合器起动开关串接在起动继电器控制电路中，只有当离合器起动开关接通时，离合器起动继电器线圈通电，触点闭合，才能使起动电路接通。

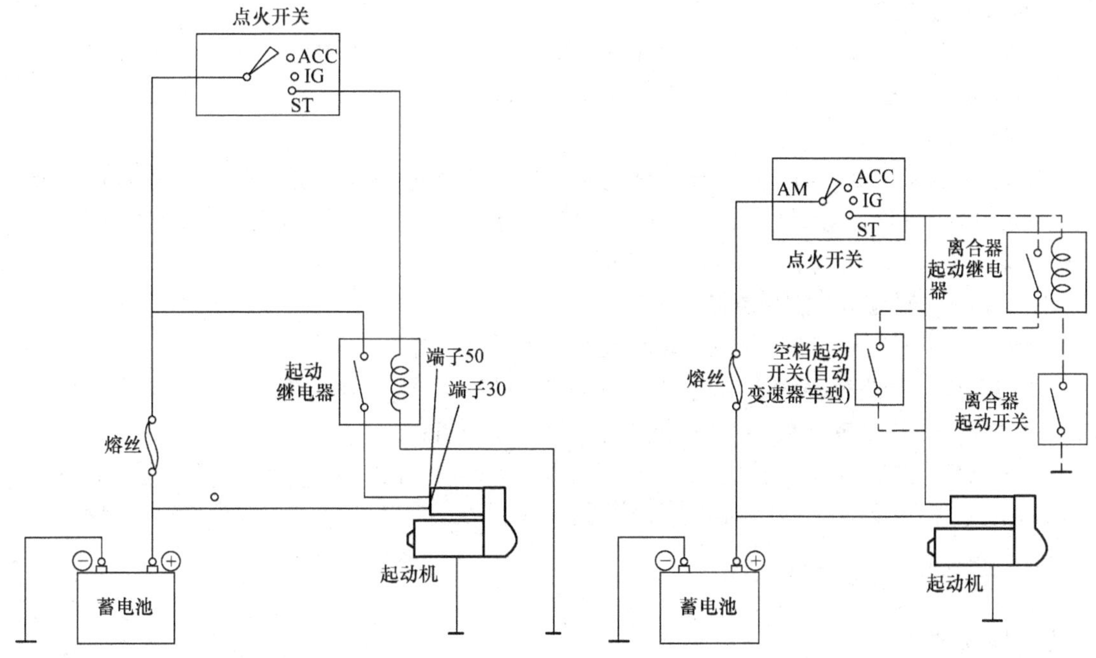

图 4-46　带起动继电器的控制电路

图 4-47　带空档起动开关或离合器起动开关控制的起动机控制电路

六、卡罗拉轿车起动系统电路图

卡罗拉轿车起动系统电路图如图 4-48 所示。

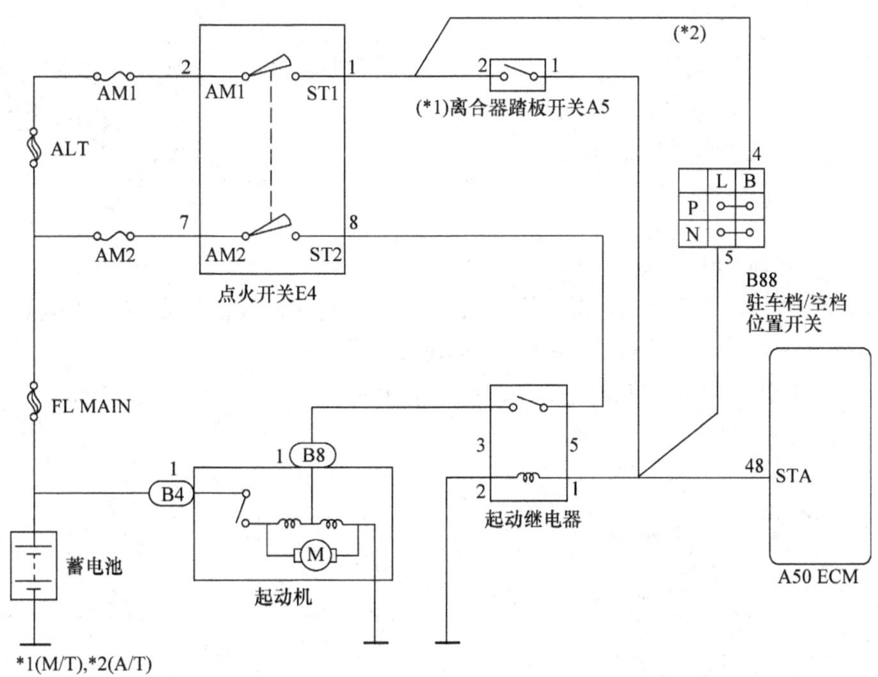

图 4-48　卡罗拉轿车起动系统电路图

1. 起动机主电路

起动机主电路是真正让电动机旋转的电路，其电路流程为蓄电池“+”→起动机主接线柱→起动机开关触盘→直流电动机电枢绕组→搭铁。

2. 起动机控制电路

起动机主电路是否接通，依赖于控制电路。只有在控制电路导通的情况下，主电路才能接通。控制电路流程为蓄电池“+”→FL MAIN 熔丝→AM2 熔丝→点火开关(AM2-ST2)→ST 继电器开关→起动机电磁开关→保持线圈→搭铁。

3. 起动机控制电路的控制电路

起动机控制电路的导通又受控于起动继电器线圈是否有电。

1）自动档车电路流程为蓄电池“+”→FL MAIN 熔丝→AM1 熔丝→点火开关(AM1-ST1)→驻车档/空档位置开关(4-5)→起动继电器线圈→搭铁。

2）手动档车电路流程为蓄电池“+”→FL MAIN 熔丝→AM1 熔丝→点火开关(AM1-ST1)→离合器踏板开关 A5→起动继电器线圈→搭铁。

七、起动机的拆装与检测

1. 起动机的拆装

（1）起动机的分解　起动机解体前应清洁外部的油污和灰尘，然后按下列步骤进行解体。

1）旋出防尘盖固定螺钉，取下防尘盖，用专用钢丝钩取出电刷；拆下电枢轴上止推圈处的卡簧，如图 4-49 所示。

2）用扳手旋出两紧固穿心螺栓，取下前端盖，抽出电枢，如图 4-50 所示。

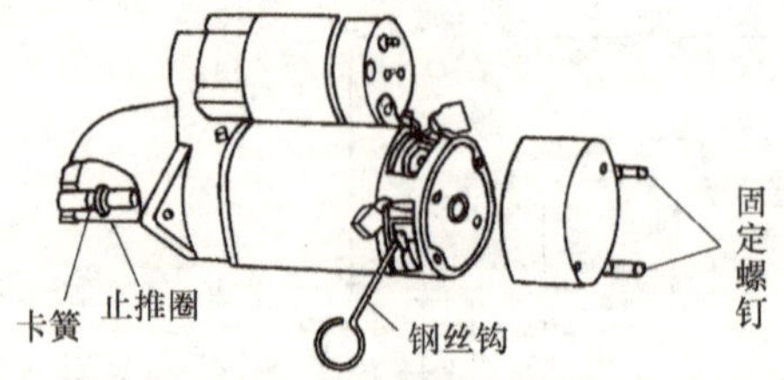

图 4-49　拆卸电刷

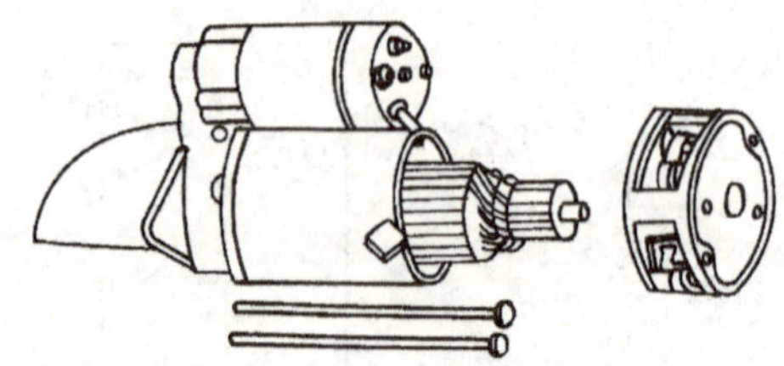

图 4-50　拆卸前端盖和电枢

3）拆下电磁开关主接线柱与电动机接线柱间的导电片；旋出后端盖上的电磁开关紧固螺钉，使电磁开关后端盖与中间壳体分离，如图 4-51 所示。

4）从后端盖上旋下中间支撑板紧固螺钉，取下中间支撑板，旋出拨叉轴销螺钉，抽出拨叉，取出离合器，如图 4-52 所示。

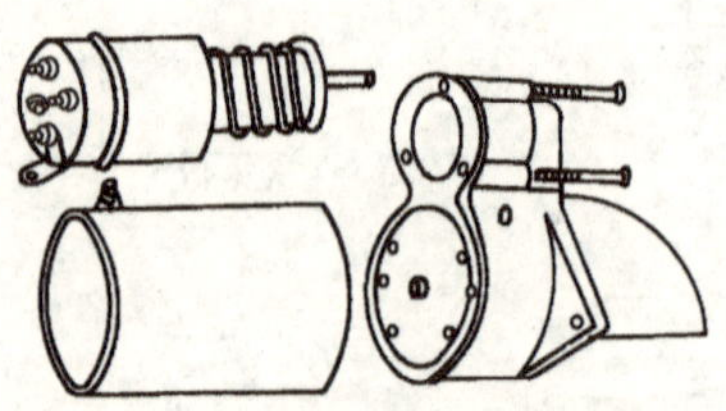

图 4-51　拆卸电磁开关

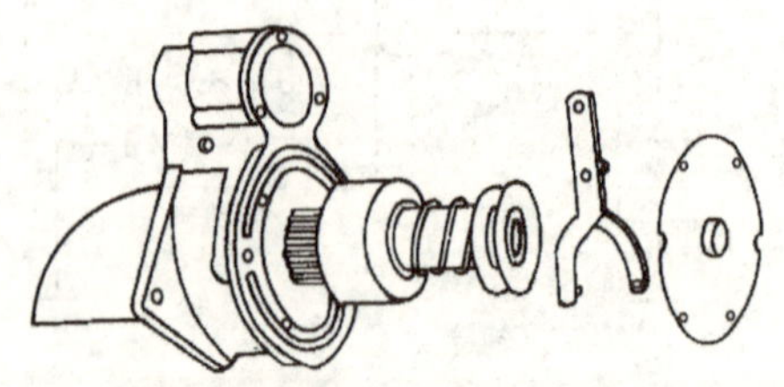

图 4-52　拆下离合器

5）将已解体的机械部分侵入清洗液中清洗，电气部分用棉纱沾少量汽油擦拭干净。必要时，可分解电磁开关，其步骤如下：

① 拆下电磁开关前端固定螺钉，取下前端盖。

② 取下触盘锁片、触盘、弹簧、抽出引铁。

③ 取下固定铁心卡簧及固定铁心，抽出铜套及吸引线圈和保持线圈。

（2）起动机的装复　起动机的形式不同，具体装复的步骤不可能完全相同，但基本原则是按分解时的相反步骤进行。

装复的一般步骤：先将离合器和移动叉装入后端盖内，再装中间轴承支撑板，将电枢轴装入后端盖内，装上电动机外壳和前端盖，并用长螺栓结合紧，然后装电刷和防尘罩，装起动机开关可早可晚。

2. 起动机的检测

起动机的检测分为解体检测和不解体检测两种，解体测试随解体过程一同进行。不解体测试可以在拆卸之前或装复以后进行。

（1）起动机的不解体检测　在进行起动机的解体之前，最好进行不解体检测，通过不解体的性能检测，大致可以找出故障。起动机组装完毕之后也应进行性能检测，以保证起动机正常运行。在进行以下的检测时，应尽快完成，以免烧坏电动机中的线圈。

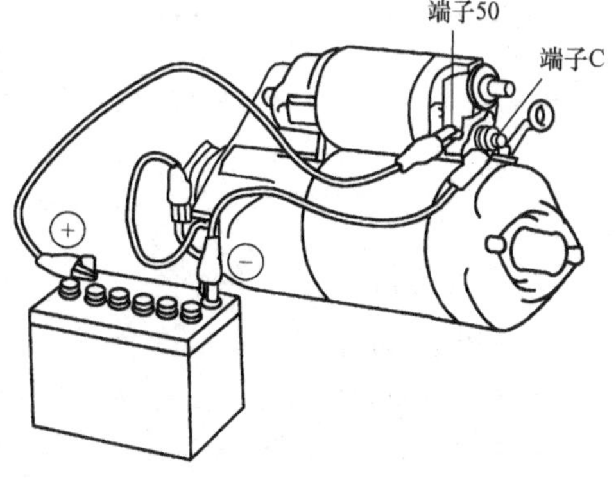

图 4-53　电磁开关吸引线圈功能试验

注：驱动齿轮应能伸出，否则表明其功能不正常。

1）吸引线圈性能测试。

① 先把励磁绕组的引线断开。

② 按着图 4-53 所示的方法连接蓄电池与电磁起动开关。

2）保持线圈性能测试。接线方法如图 4-54 所示，在驱动齿轮移出之后从端子 C 上拆下导线。

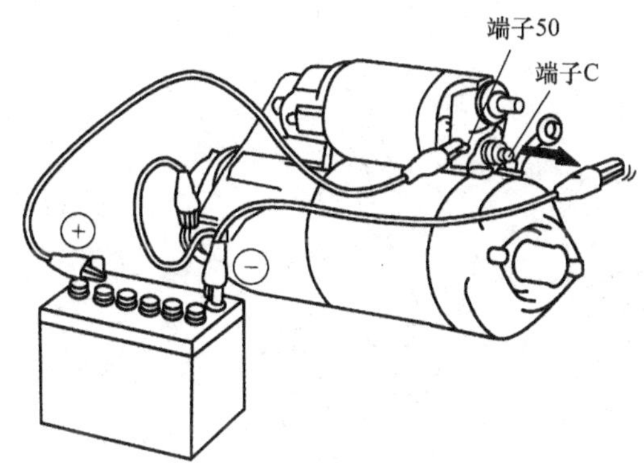

图 4-54　保持线圈性能试验

注：驱动齿轮仍能保留在伸出位置，否则表明保持线圈损坏或搭铁不正确。

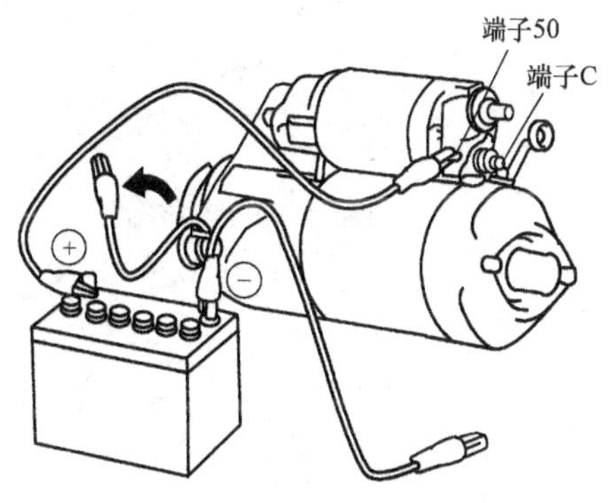

图 4-55　驱动齿轮复位试验

注：拆下蓄电池负极接外壳的接线夹后，驱动齿轮能迅速返回原始位置即为正常。

3）驱动齿轮复位测试，如图 4-55 所示。

4）驱动齿轮间隙的检查。按图 4-56 所示连接蓄电池和电磁开关，按图 4-57 所示进行驱动齿轮间隙的测量。

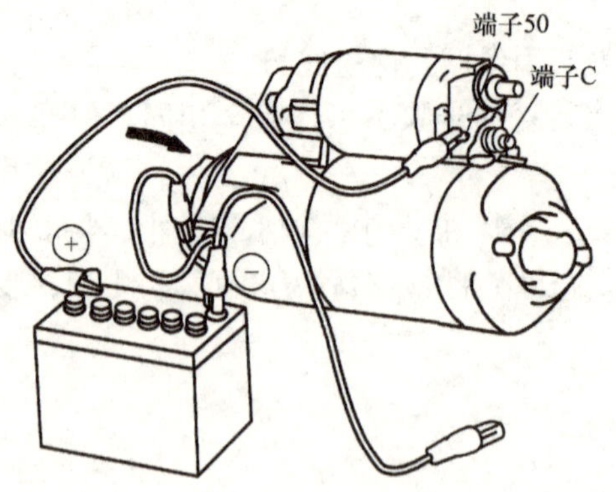

图 4-56　驱动齿轮间隙检查时的接线

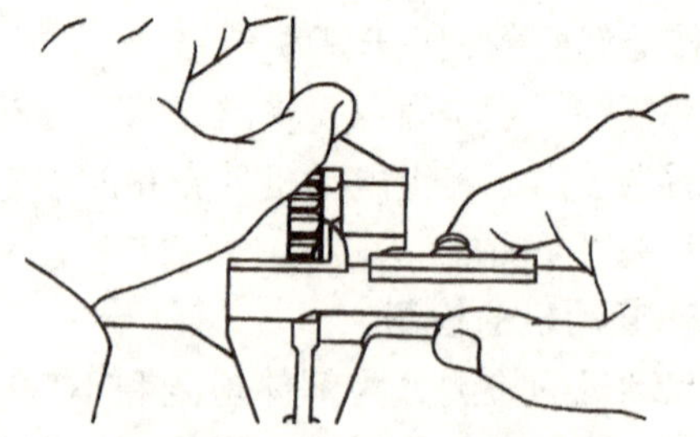

图 4-57　驱动齿轮间隙的测量

注：测量时先把驱动齿轮推向电枢方向，消除间隙后测驱动齿轮端和止动套圈间的间隙，并和标准值进行比较。

5）空载测试，如图 4-58 所示。

① 固定起动机。

② 按图 4-58 所示的方法连接导线。

③ 检查起动机应该平稳运转，同时驱动齿轮应移出。

④ 读取电流表的数值，应符合标准值。

⑤ 断开端子 50 后，起动机应立即停止转动，同时驱动齿轮缩回。

（2）起动机的解体检测

1）直流电动机的检修

① 励磁绕组的检查，如图 4-59 所示。

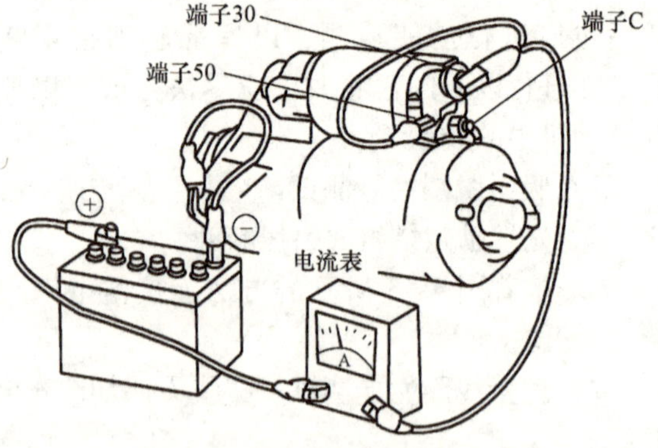

图 4-58　起动机的空载测试

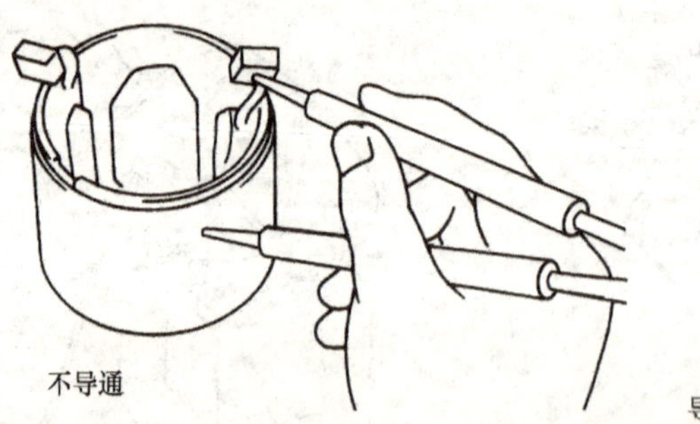

图 4-59　励磁绕组及其外壳的检查

注：用万用表检查励磁绕组两电刷之间的导通性时，应导通。用万用表检查励磁绕组和定子外壳之间的导通性时，不应导通。

② 电枢的检查，如图4-60～图4-65所示。

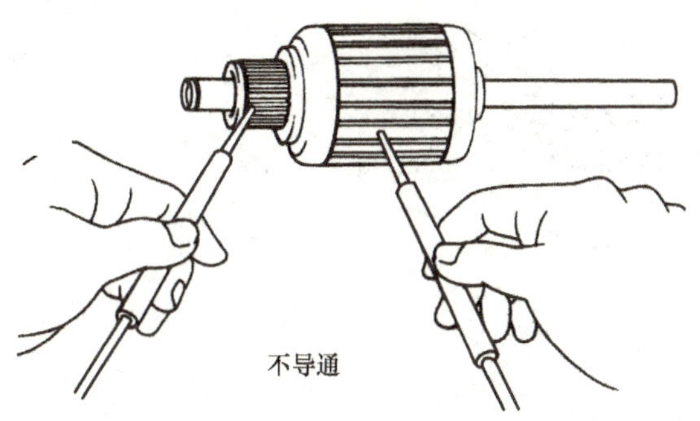

图4-60　换向器的检查

注：换向器和电枢绕组铁心之间不应导通。

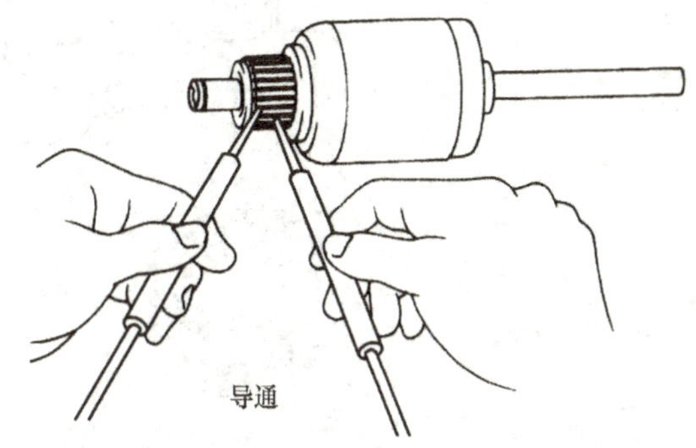

图4-61　电枢绕组（即换向片与换向片间）的检查

注：换向片之间应导通。

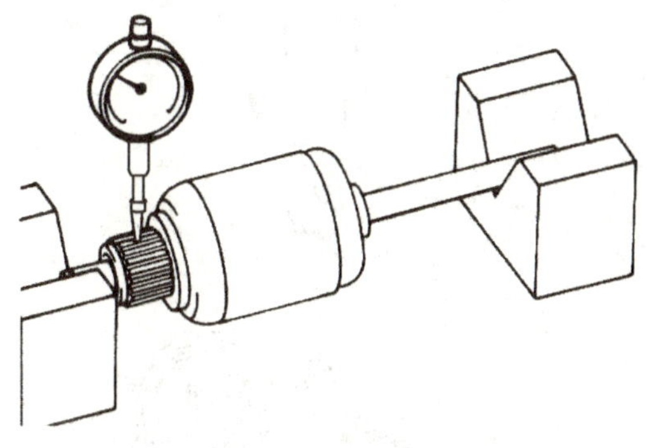

图4-62　换向器径向圆跳动检查

注：其径向圆跳动不应超过0.03mm，最新的标准为0.02mm。

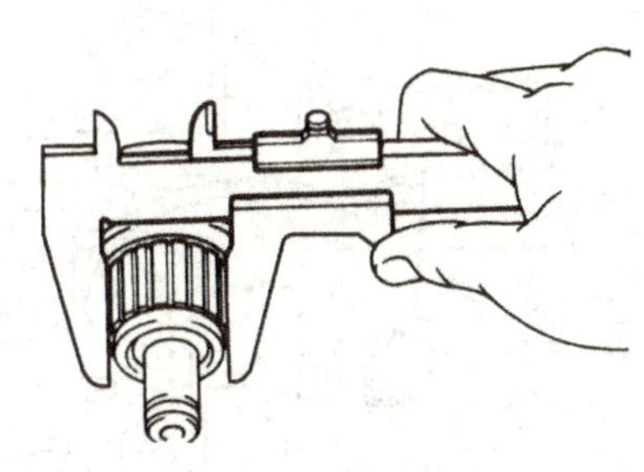

图4-63　换向器最小直径的检查

注：检查时应和标准值进行比较，若测得的直径小于最小值应更换电枢。

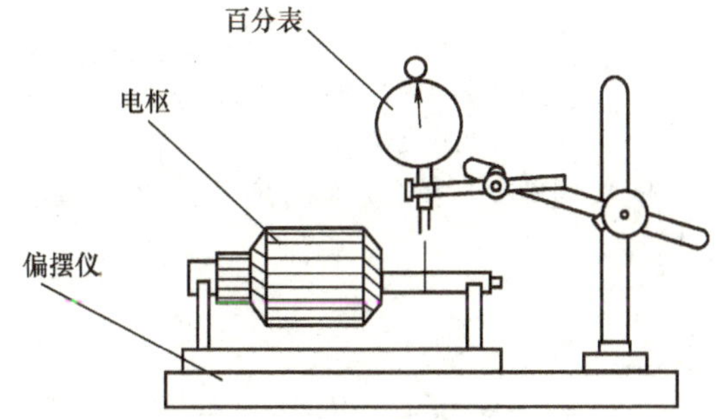

图4-64　电枢轴径向圆跳动检查

注：其径向圆跳动不应大于0.08mm，否则应进行校正或更换电枢。

图4-65　换向器绝缘片的检查

注：首先换向片应洁净，无异物。绝缘片的深度为0.5～0.8mm，最小深度为0.2mm，太高应使用锉刀进行修整。

③ 电刷、电刷架及电刷弹簧的检查，如图4-66～图4-68所示。

2）传动机构的检修。单向离合器的安装与检查如图4-69所示。

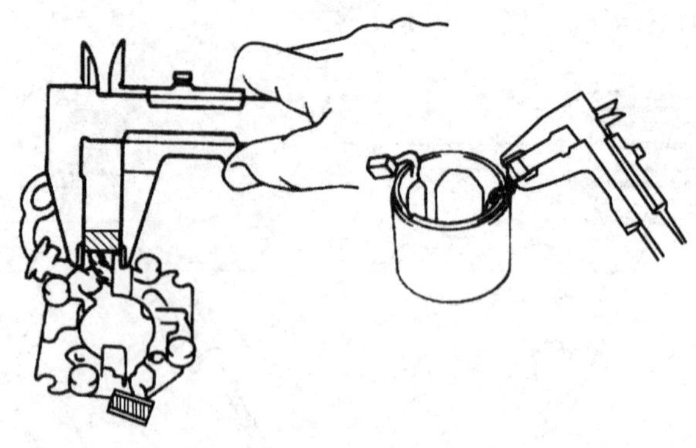

图 4-66　电刷的检查

注：测量电刷的长度时要结合具体的标准，不小于最小长度标准即可。

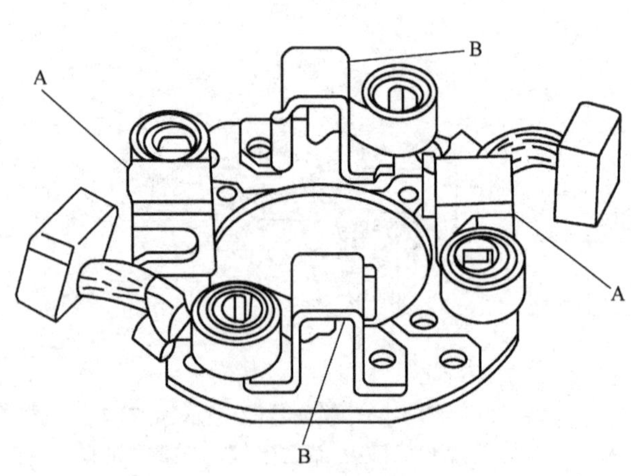

图 4-67　电刷架的检查

注：检查正电刷架 A 和负电刷架 B 之间不应导通。若导通应进行电刷架总成的更换。

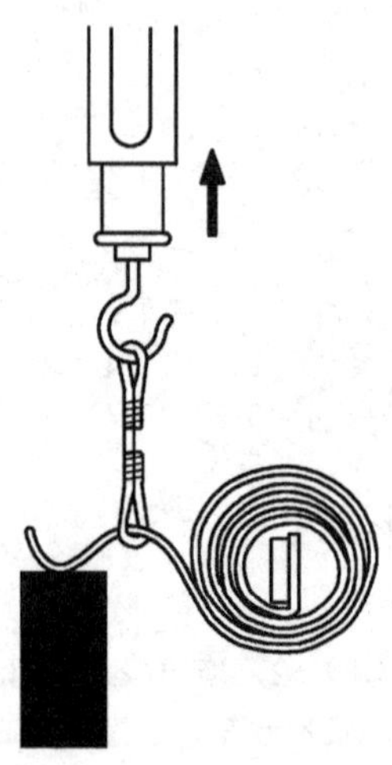

图 4-68　电刷弹簧的检查

注：不同型号起动机的弹簧压力是不同的，若测得弹簧的张力不在规定的范围之内要更换电刷弹簧。

将单向离合器及驱动齿轮总成装到电枢轴上，握住电枢，当转动单向离合器外座圈时，驱动齿轮总成应能沿电枢轴自如滑动，如图 4-70 所示。

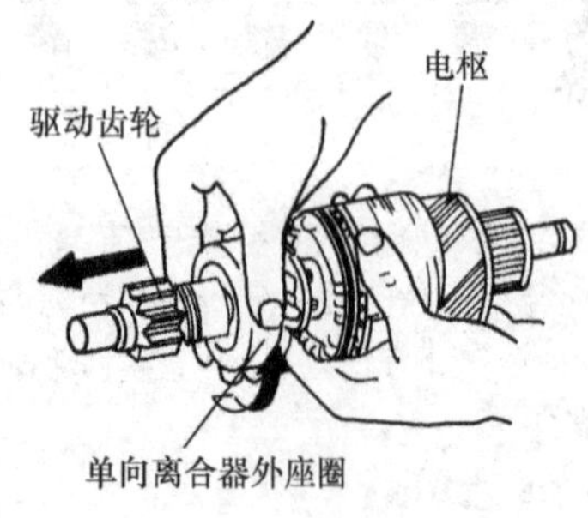

图 4-69　单向离合器的安装与检查

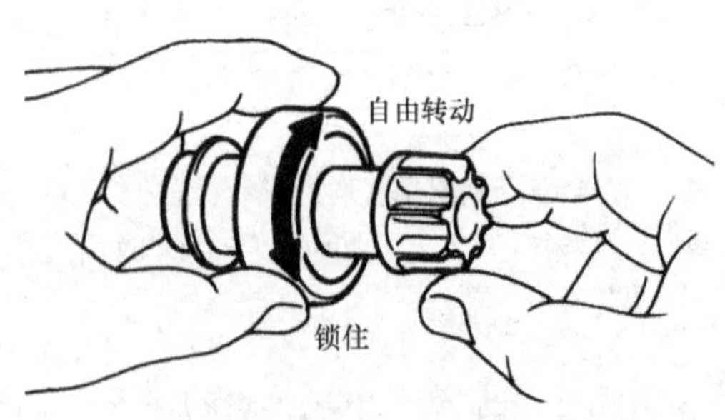

图 4-70　单向离合器的其他检查

检查小齿轮和花键及飞轮齿圈有无磨损或损坏，在确保驱动齿轮无损坏的情况下，握住外座圈，转动驱动齿轮，应能自由转动；反转时应锁住，否则应更换单向离合器。

3）电磁开关的检修。电磁开关在解体情况下检查的项目和方法如图 4-71 ~ 图 4-74 所示。

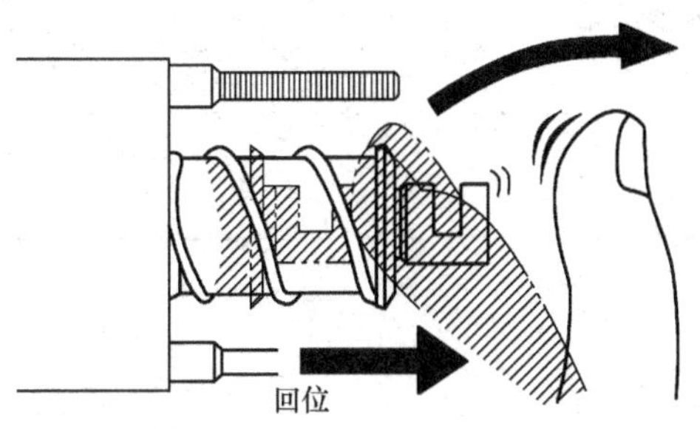

图 4-71　可动铁心的检查

注：推入可动铁心，然后松开，可动铁心应能迅速回位。

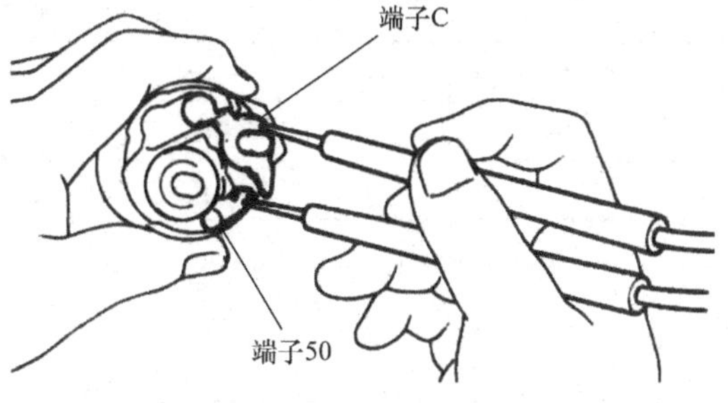

图 4-72　吸引线圈的开路检查

注：用万用表连接端子 50 和端子 C，应导通。并且电阻的阻值应在标准范围内。可以进行不解体检查。

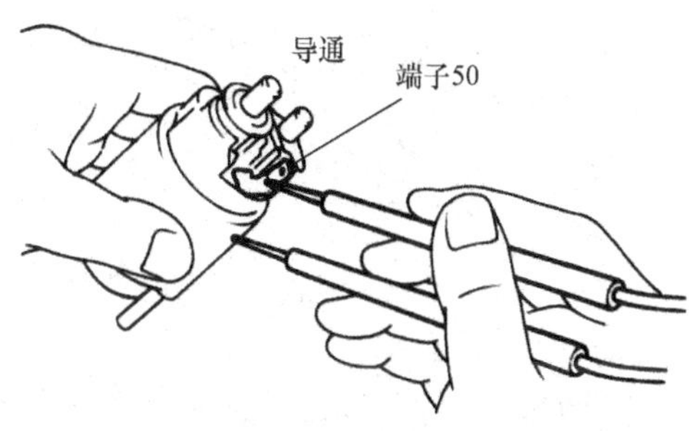

图 4-73　保持线圈的开路检查

注：用万用表连接端子 50 和搭铁，应导通，并且电阻的阻值在标准范围内。可以进行不解体检查。

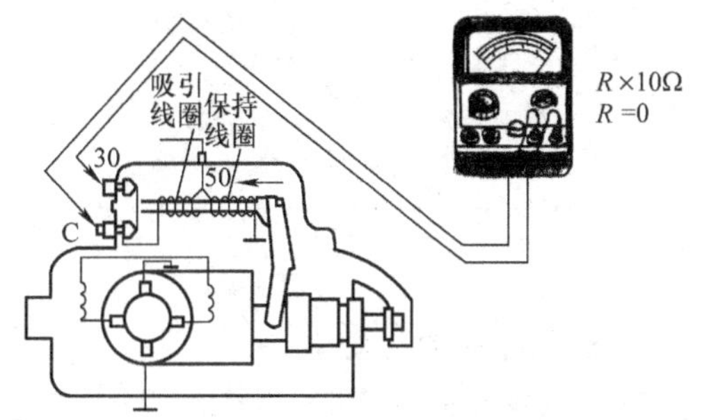

图 4-74　电磁开关接触片的检查

注：检查时可用手推动活动铁心，使其触盘与两接线柱接触，然后用万用表连接端子 30 和端子 C，应导通，并且在正常情况下电阻的阻值为 0Ω。

解体检查结束之后，按起动机装复的步骤进行装复，在装复之后应进行性能测试。

八、起动电路的检查

1. 起动机及其电路检查思路

1）短接蓄电池正极起动机主接线柱，如果起动机正常工作，则说明起动机的电动机正常，故障在电磁开关或控制电路；如果起动机依然存在故障，则说明故障在电动机，检查维修或更换电动机。

2）在电动机正常的情况下，继续短接蓄电池正极起动机电磁开关接线柱，如果起动机工作正常，则说明电磁开关正常，故障在控制电路，检查电路，维修或更换。

2. 起动机电路的检查

1）用万用表测量起动机接线柱 30 电压，正常值应为蓄电池电压。如果没有电压或电压不符合规定，则说明蓄电池正极接线柱与起动机接线柱 30 之间电路有故障。

2）断开起动机电磁开关上的线束插接器 50，将点火开关置于“START”位置，并保持住，用万用表测量线束插接器50插座电压，应为蓄电池电压，否则说明起动机控制电路有故障。

3. 起动继电器的检查

拆下起动继电器，用万用表根据表4-2的内容对起动继电器进行检查，如图4-75～图4-77所示。如果检查结果与规定值不相符，则更换起动继电器。

表4-2　起动继电器检查表

测 量 端 子	检 查 条 件	规 定 值
2—4	在端子1和端子3之间施加蓄电池电压	小于1Ω
2—4	在端子1和端子3之间不施加蓄电池电压	10kΩ或更大

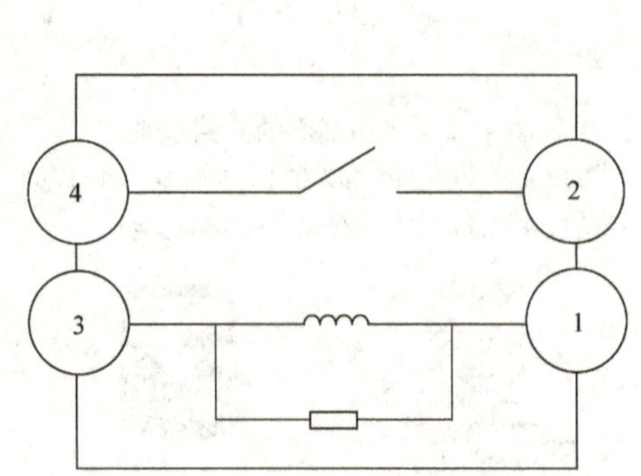

图4-75　起动继电器内部电路

图4-76　起动继电器线圈和开关的检查

4. 点火开关的检查

拆下点火开关，其端子如图4-78所示，用万用表根据表4-3的内容对点火开关进行检查。如果测量结果与规定值不相符，则更换点火开关。

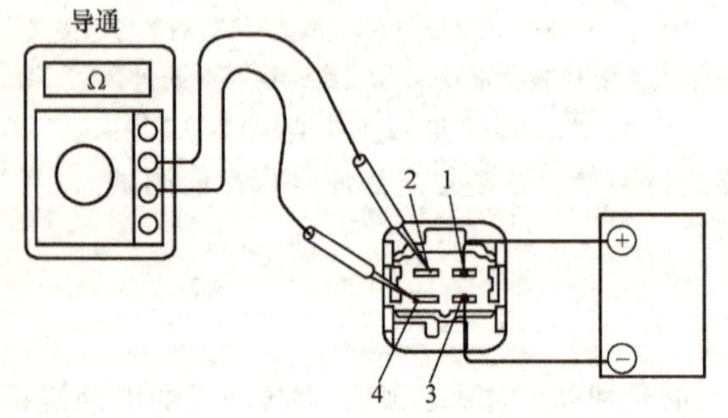

图4-77　起动继电器工作情况的检查

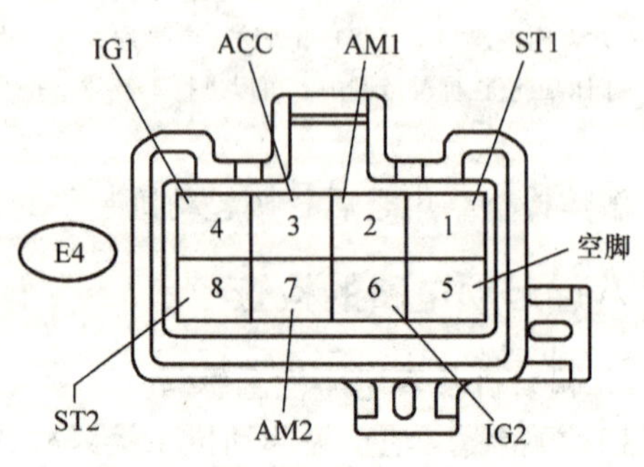

图4-78　点火开关端子示意图

表4-3　点火开关测量表

测 量 端 子	开 关 状 态	规 定 值	测 量 端 子	开 关 状 态	规 定 值
所有端子之间	LOCK	大于10kΩ或更大	1(ST1)—2(AM1) 1(ST1)—4(IG1) 6(IG2)—7(AM2) 6(IG2)—8(ST2)	START	小于1Ω
2(AM1)—3(ACC)	ACC	小于1Ω			
2(AM1)—3(ACC) 2(AM1)—4(IG1) 6(IG2)—7(AM2)	ON	小于1Ω			

九、起动系统常见故障诊断

1. 起动机不转

（1）故障现象　将点火开关旋至起动档，起动机驱动齿轮不向外伸出，起动机不转。

（2）故障原因

1）蓄电池无电。

2）起动机内部电路断路。

3）起动机电磁开关故障。

4）起动机控制电路断路。

（3）诊断思路与方法　此种故障可能由蓄电池及电路连接造成，也有可能由起动机本身造成，首先应进行区分，方法如下：用螺钉旋具或粗导线短接起动机电磁开关上的两个主电路接线柱。

若起动机不转，说明电动机有故障，应解体检修。

若起动机运转，说明电动机正常，故障在起动机本身以外的电路，在电磁开关或者是控制电路。

诊断流程如图 4-79 所示。

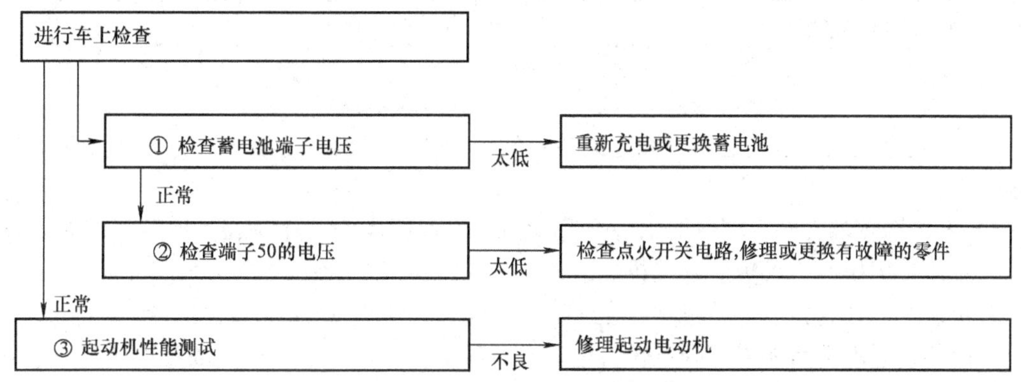

图 4-79　起动机不转故障诊断流程图

1）在车上检查蓄电池的状况和电源导线连接情况。可以按喇叭或开前照灯，若喇叭响声变小或前照灯灯光暗，说明蓄电池容量过低或电源导线接触不良；也可以在点火开关位于起动档时，测量蓄电池两端的电压，不应低于 9.6V。

若蓄电池良好，应检查端子 50 的电压，若电压过低(<8V)，应对蓄电池的正极线、搭铁线、各接线柱及点火开关进行检查，若接线柱有脏污或松脱，应清洁或紧固；若点火开关损坏，应进行修理和更换。

2）若故障仍然存在，说明故障在起动机本身，此时应进行起动机的性能测试(吸引和保持线圈测试等)或解体测试，进行故障诊断和排除。

2. 起动机转动无力

（1）故障现象　将点火开关旋至起动档，驱动齿轮发出“咔哒”声向外移出，但是起动机不转动或转动缓慢无力。

（2）故障原因

1）蓄电池亏电。

2）起动机内部电路短路(电枢绕组)。

3）起动机电磁开关内部触点烧蚀或接触不良。

4）电刷接触不良。

5）起动机电源线路接触不良。

（3）诊断思路与方法　诊断流程如图 4-80 所示。

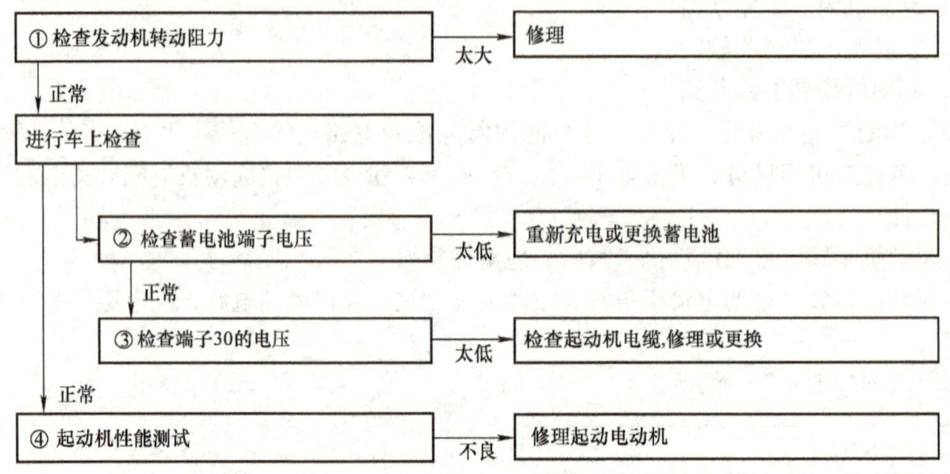

图 4-80　起动机运转无力故障诊断图

1）首先应该检查蓄电池容量和电源导线的连接情况，确认蓄电池容量是否足够，电路连接是否良好。

2）若故障依然存在，要区分故障在起动机或发动机本身，还是在主电路接线柱之前的电路，方法是用螺钉旋具短接起动机电磁开关的主电路两个接线柱。

若短接后起动有力且运转正常，说明起动机电磁开关内主触点和接触盘接触不良。

若短接后起动仍然无力，则可认为电动机有故障，需进一步拆检。故障可能是由主开关接触不良、电刷和换向器之间电阻过大或接触不良、单向离合器打滑等引起的。

3）如果在接通起动开关后，起动机有连续的“咔哒”声。短接起动机电磁开关的两个主接线柱，起动机转动正常，说明电磁开关保持线圈断路或短路。

3. 起动机空转

（1）故障现象　接通点火开关起动档，起动机只是空转，不能带动发动机运转。

（2）故障原因

1）起动机空转时，有较轻的摩擦声音，原因是起动机驱动齿轮不能与飞轮轮齿啮合。

2）起动机空转时，速度较快但无碰齿声音，原因是单向离合器打滑或电磁开关铁心(开关盘)行程太短。

3）起动机空转时，有严重的碰撞轮齿的声音，原因是飞轮轮齿或起动机驱动齿轮严重磨损。

（3）诊断思路与方法

1）起动机空转时，有较轻的摩擦声音，起动机驱动齿轮不能与飞轮轮齿啮合而产生空转，即驱动齿轮还没有啮合到飞轮轮齿中，电磁开关就提前接通，说明主回路的接触盘行程过短，应拆下起动机，进行起动机接通时刻的调整。

2）起动机空转时，有严重的碰擦轮齿的声音，说明飞轮轮齿或起动机驱动齿轮严重磨损，应拆下起动机进一步检查，根据实际情况更换驱动齿轮或飞轮齿圈。

3）起动机空转时，速度较快但无碰齿声音，说明起动机单向离合器打滑，即驱动齿轮已经啮入飞轮轮齿中，但不能带动飞轮旋转，只是起动机电枢轴在空转，应更换单向离合器总成。

4. 起动机不能停转

（1）故障现象 起动机起动后，松开点火开关，驱动齿轮不能退出，依然和飞轮啮合，起动机不能停转。

（2）故障原因

1）点火开关不回位。

2）电磁开关触点烧结不能分离。

3）电磁开关活动触点回位弹簧太软或折断。

4）单向离合器在转子轴上卡滞。

（3）诊断思路与方法

1）起动机不能停转时，首先应迅速拆除蓄电池搭铁线，以防起动机被烧毁。

2）接着应检查单向离合器在转子轴上是否卡滞；点火开关是否回位；电磁开关触点是否烧结不能分离；电磁开关活动触点回位弹簧是否太软或折断。

学习任务五　汽车点火系统故障诊断与排除

任务要求：

完成本学习任务后，你应该能够：

1）正确描述汽车点火系统的组成和工作原理。

2）正确描述汽车电子点火系统的工作特点和工作原理。

3）识读和正确分析汽车点火系统的工作电路。

4）准确分析汽车无火、个别缸断火、低速断火、高速断火时的所有可能原因。

5）梳理诊断思路，制订排除汽车无火、个别缸断火、低速断火、高速断火故障的工作方案。

6）根据工作方案，利用万用表检测汽车点火系统的基本元件、控制元件和电路元件，诊断和排除故障。

7）用企业标准验收任务完成情况，评价和反馈工作过程，完成学习拓展任务及任务工单5.1～5.4。

建议学时：18学时

任务引入：

1）一辆丰田威驰轿车，行驶总里程12.5万km，发现该车发动机有油无火不起动。

2）一辆丰田威驰轿车，行驶总里程12.5万km，发现该车发动机怠速不稳，加速无力。

3）一辆丰田威驰轿车，行驶总里程12.5万km，发现该车发动机不易起动，怠速时有明显的振动，容易熄火。

4）一辆丰田威驰轿车，行驶总里程12.5万km，发现该车发动机低速工作状况良好，但高速时运转不稳，排气管发出“突突”声响。

任务分析：

1）初步诊断，确认故障现象。

2）查找资讯，学习相关知识，分析故障可能原因，分解成四个子任务。

① 点火系统无火故障的诊断与排除。

② 点火系统个别缸断火故障的诊断与排除。

③ 点火系统低速断火故障的诊断与排除。

④ 点火系统高速断火故障的诊断与排除。

3）制订工作计划，分析故障诊断思路。

4）根据故障现象和任务要求，确定所需要的检测仪器设备、工具，并对小组成员进行合理分工，制订详细的、可实施的故障诊断与排除工作方案。

5）实施试验进行检测，利用万用表对点火系统电路元件进行检测，确定故障原因并维修更换，诊断和排除故障。

6）总结故障结论，写诊断报告。

7）用企业标准验收任务完成情况，评价工作过程，完成任务工单 5.1～5.4。

资讯和相关知识：

一、点火系统的作用及类型

点火系统的作用是将汽车电源提供的低压电转变为高压电，并按照发动机各缸的点火顺序和点火时刻的要求，适时准确地将高压电送至各缸的火花塞，使火花塞跳火，点燃气缸内的可燃混合气。按点火方式的不同，点火系统可分为传统点火系统、电子点火系统和微机控制点火系统。

二、传统点火系统

1. 传统点火系统的组成

传统点火系统的组成如图 5-1 所示，传统点火系统示意图如图 5-2 所示。传统点火系统主要由电源、点火开关、点火线圈、分电器(包括断电器、配电器、电容器和点火提前调节装置等)、火花塞、附加电阻及附加电阻短接装置、高低压导线等部件组成。蓄电池或发电机供给点火系统所需要的电能。点火开关接通或断开点火系统电源。点火线圈存储点火能量，并将蓄电池电压转变为点火高压，是升压变压器。分电器由断电器和点火提前调节装置等部分组成。断电器的作用是接通或切断点火线圈初级回路；配电器的作用是将点火线圈产生的点火高压，按照发动机的工作顺序输送给各缸火花塞；点火提前调节装置的作用是随发动机转速、负荷和汽油辛烷值变化调节点火提前角。火花塞将点火高压引入气缸燃烧室，并在电极间产生电火花，点燃混合气。

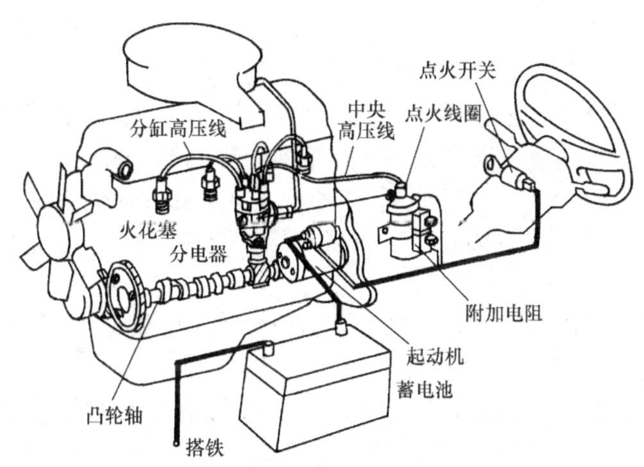

图 5-1　传统点火系统的组成及安装位置

（1）电源　点火系统的电源是蓄电池或发电机，作用是供给点火系统所需的电能。发动机起动时由蓄电池供电，正常工作时由发电机供电。

（2）点火开关　点火开关的作用是接通或断开点火系统初级电路，控制发动机起动、工作和熄火。

（3）点火线圈　点火线圈(图 5-3)将汽车电源提供的 12V 低压电转变成能击穿火花塞电极间隙的 15～20kV 的高压直流电。按其磁路结构形式的不同，点火线圈一般分为开磁路式和闭磁路式两种。开磁路点火线圈多用于传统(有触点式)点火系统，闭磁路点火线圈多用于电子点火系统。

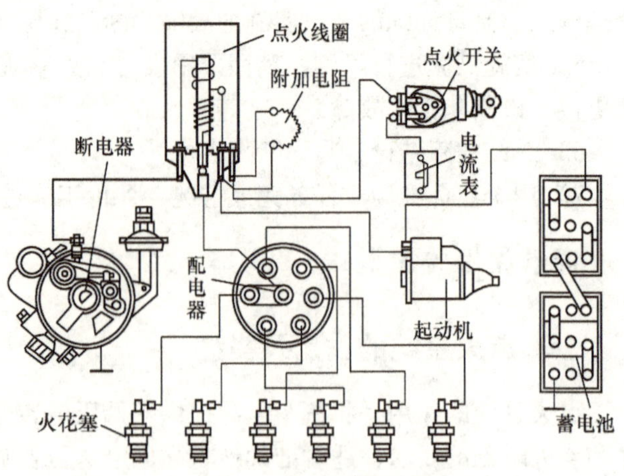

图 5-2　传统点火系统示意图

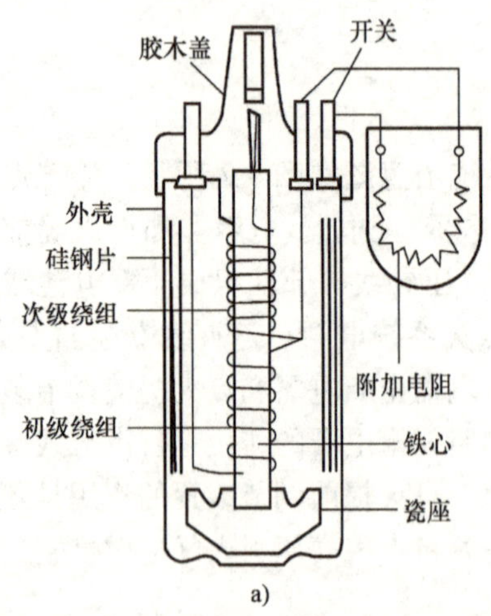

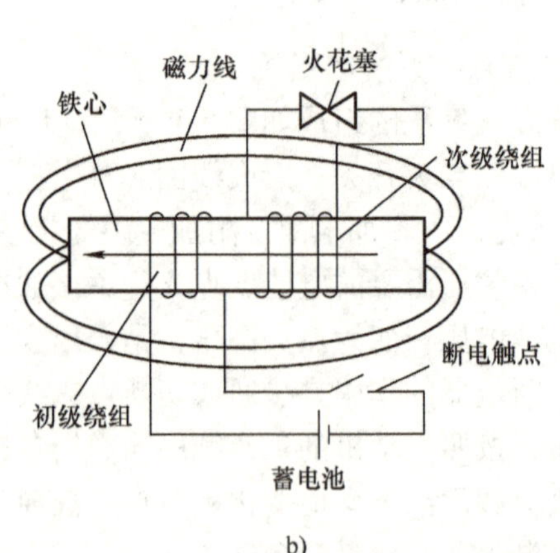

图 5-3　点火线圈

a）开磁路点火线圈　b）闭磁路点火线圈

（4）分电器　分电器的结构如图 5-4 所示，主要由断电器、配电器、点火提前调节装置和电容器等组成，其功用是接通和断开点火线圈初级电路，使点火线圈次级电路产生高压电，并按发动机点火顺序将高压电分送到各气缸火花塞，随发动机转速、负荷和燃油牌号的变化，自动或人为地调节点火提前角。电容器与断电器触点并联，以减小触点分开时的火花，延长触点使用寿命。

1）配电器。配电器由分火头和分电器盖组成，其作用是按发动机的工作顺序将高压电分配到各缸火花塞上。

2）断电器。断电器由一对触点和凸轮组成，其作用是周期性地接通和切断初级(低压)电路。

3）电容器。电容器安装在分电器的外壳上，它与断电器触点并联，其作用是当触点打开时，可以减小触点火花，延长触点的使用寿命，加快初级电流的衰减速度，提高次级电压。

4）点火提前调节装置。点火提前调节装置可分为离心式点火提前调节装置和真空式点

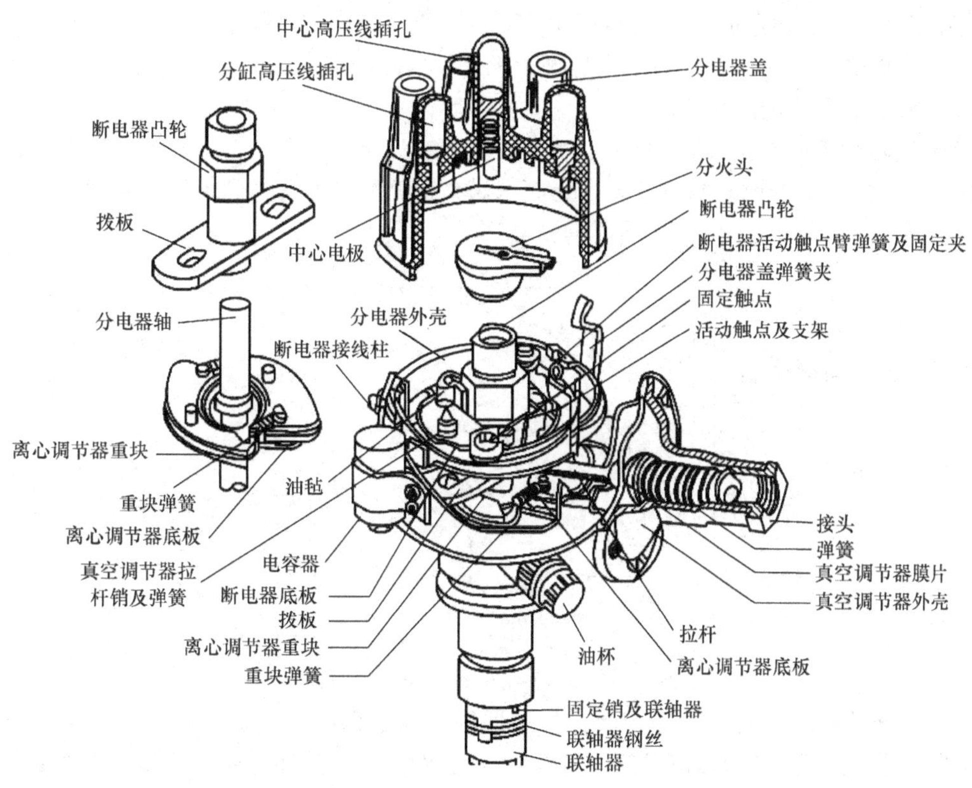

图 5-4　分电器结构图

火提前调节装置。

① 离心式点火提前调节装置。离心式点火提前调节装置的作用是当发动机转速发生变化时自动调整点火提前角。当发动机转速升高时，点火提前角增大；反之，当转速降低时，使点火提前角减小。

② 真空式点火提前调节装置。真空式点火提前调节装置的作用是当发动机负荷发生变化时自动调整点火提前角。当发动机负荷小时，点火提前角增大；当发动机负荷增大时，点火提前角减小；怠速时，点火提前角位于最小值。

（5）高压导线　高压导线用以连接点火线圈与分电器中心插孔以及分电器旁电极和各缸火花塞。由于工作电压很高(一般在 15kV 以上)，电流较小，因此高压导线的绝缘包层很厚，耐压性能好，但线芯截面积很小。汽车用高压线有铜芯线和阻尼线两种。

（6）火花塞　火花塞的作用是将高压电引入气缸燃烧室，通过其电极间的间隙产生电火花点燃可燃混合气。火花塞的结构如图 5-5 所示，主要由接线帽、陶瓷体、中心电极、侧电极和壳体等组成。

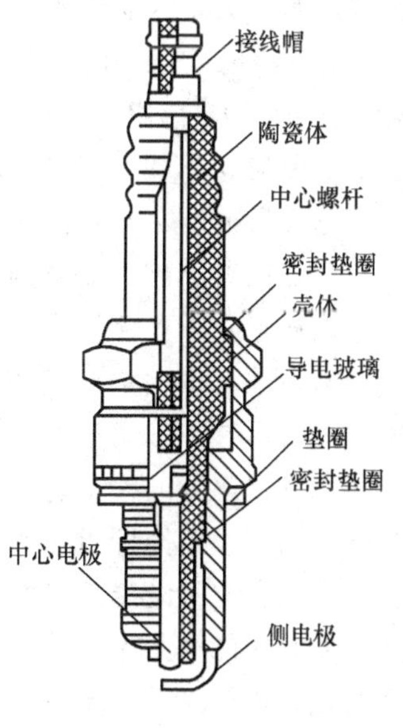

图 5-5　火花塞结构图

火花塞电极一般采用耐高温、耐腐蚀的镍锰合金钢或铬锰钨、镍锰硅等合金制成，也有采用镍包铜材料制成的，以提高散热性能。火花塞电极间隙一般为0.6~0.8mm，电子点火系统火花塞的间隙可增大至1.0~1.2mm。

（7）附加电阻　附加电阻的作用是改善正常工作时的点火性能和起动时的点火性能。

2. 传统点火系统的点火原理

传统点火系统的基本工作原理如图5-6所示。在传统点火系统中，蓄电池或发电机供给12V低电压，经点火线圈和断电器转变为高电压，再经配电器分送到各缸火花塞，使电极间产生电火花。

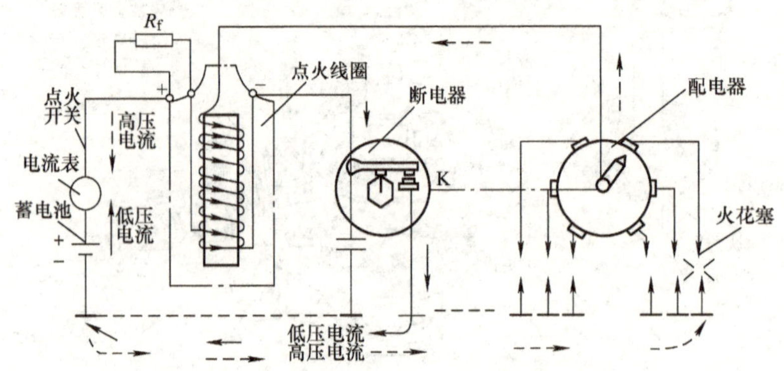

图5-6　传统点火系统基本工作原理

当点火开关接通、发动机运转时，分电器轴和断电器凸轮在发动机凸轮轴的驱动下旋转，使断电器触点交替地闭合和打开。在触点闭合时，点火线圈的初级绕组形成回路，产生初级电流 i_1，初级电流所流过的电路称为低压电路。

低压电路的电路流程：蓄电池正极→电流表→点火开关→点火线圈“+开关”接线柱→附加电阻 R_f→点火线圈“开关”接线柱→点火线圈初级绕组 W_1→点火线圈“-”接线柱→断电器触点K→搭铁→蓄电池负极。

初级电流在初级绕组 W_1 中逐渐增大至某一值并建立较强的磁场。当触点打开时，初级电路被切断，初级电流及磁场迅速消失，由电磁感应定律 $e = d\phi/dt = -Ldi/dt$ 可知，在两个绕组中都感应出电动势。由于初级电流迅速消失，变化率 di/dt 很大，在初级绕组中，可感应出200~300V的自感电动势 U_1。由变压器原理可知：$U_2/U_1 = W_2/W_1$，次级电压 $U_2 = U_1W_2/W_1$。由于次级绕组 W_2 的匝数多，因而在次级绕组内就感应出15~20kV的互感电动势 U_2，U_2 称为次级点火高压。U_2 通过高压线输送给火花塞，击穿火花塞的电极间隙产生火花，点燃混合气。

从点火线圈到火花塞的电路称为高压电路。

高压电路的电路流程：次级绕组 W_2→附加电阻→“+开关”接线柱→点火开关→电流表→蓄电池→搭铁→火花塞侧电极→中心电极→配电器（旁电极、分火头）→次级绕组 W_2（i_2 用虚线表示）。

发动机工作时，上述过程周而复始地重复进行，若要发动机停止工作，只要断开点火开关、切断初级电路即可。

传统点火系统虽然在汽车上应用的历史悠久，但由于传统点火系统本身存在的固有的缺点，使其性能满足不了现代发动机对点火系统的要求，所以目前正处于淘汰的阶段，取而代之的是各种类型的电子点火系统。电子点火系统在发动机高速时的点火性能、点火能量方面有了很大的改善，提高了起动时的点火性能，同时还使无线电干扰减小，达到或基本达到了现代发动机对点火系统的要求。

三、普通电子点火系统

普通电子点火系统的组成如图 5-7 所示。普通电子点火系统的组成与传统点火系统的组成区别只在于分电器。普通电子点火系统中依然有分电器的存在，但是与传统分电器不同，没有了断电器结构，用点火信号发生器取代凸轮，用点火控制器取代触点，从而克服传统点火系统因触点磨损、烧蚀、间隙发生改变等造成点火正时不对、感应高压电降低、不点火及排气污染、经常需要维护调整等不足之处，其他的工作过程与传统点火系统基本一致。

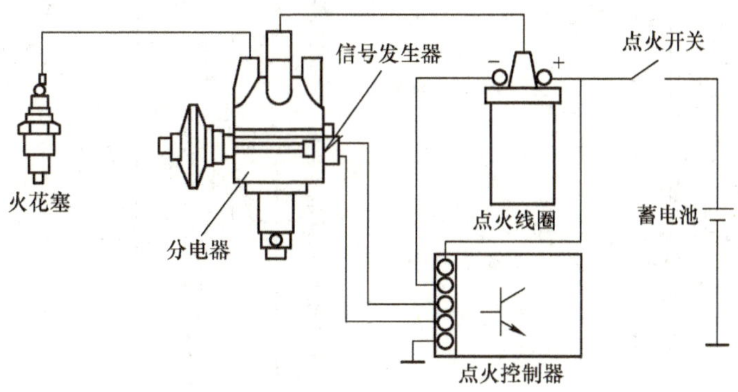

图 5-7　普通电子点火系统的组成

根据点火信号发生器产生信号方法的不同，有分电器电子点火系统可分为磁感应式、霍尔式和光电式三种类型。

1. 磁感应式点火信号发生器的结构与原理

磁感应式点火信号发生器的功用是产生信号电压，输送给点火控制器，通过点火控制器来控制点火系统的工作，其结构如图 5-8 所示。信号发生器在分电器内，主要由转子、感应线圈和永久磁铁等组成。

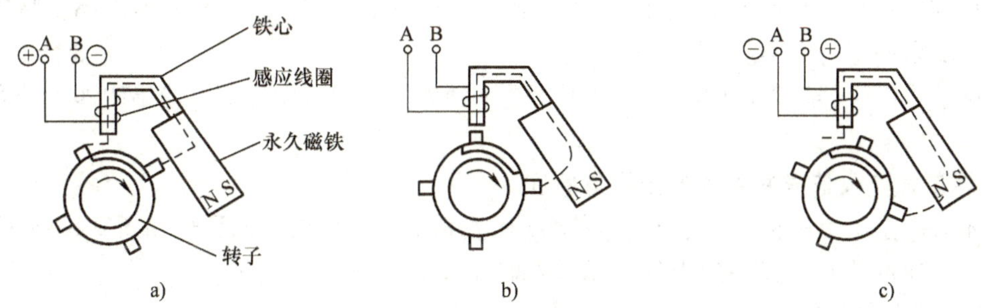

图 5-8　磁感应式点火信号发生器工作原理

a）转子与铁心靠近时　b）转子与铁心对正时　c）转子与铁心离开时

信号发生器的转子是由分电器轴带动的，转子上的凸齿数与发动机的气缸数相等，其工作原理如下：

永久磁铁的磁路：N 极→空气间隙→转子→空气间隙→铁心→S 极。当发动机工作时，分电器轴带动信号发生器的转子旋转，使转子与铁心之间的空气间隙发生有规律的变化，因此穿过感应线圈的磁通量也变化，从而在感应线圈中产生感应电动势。

当转子中的凸齿逐渐接近铁心时，如图 5-8a 所示，磁通量逐渐增加。此时感应线圈的磁通和感应电动势的变化情况如图 5-9a 中的 0° ~45°的波形所示。

当转子凸齿与铁心对正时，如图 5-8b 所示，穿过感应线圈的磁通量最大。此时感应线圈的感应电动势为 0，如图 5-9a 中的转子 45°转角所对应的情况。

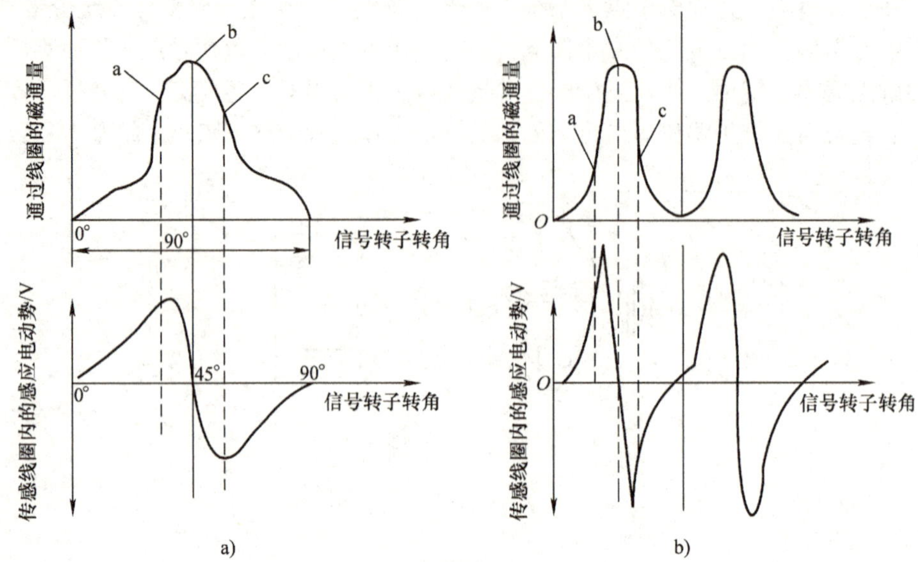

图 5-9　不同转速时感应线圈内磁通及感应电动势的变化情况

a）低速时　b）高速时

当转子的凸齿离开铁心时，如图 5-8c 所示，磁通量逐渐减小。此时感应线圈的磁通和感应电动势的变化情况如图 5-9a 中的 45° ~90°的波形所示。

可见，转子每转过一个凸齿，感应线圈中的感应电动势正好变化一个周期，即转子每转 90°产生一个交变信号，转子每转一周，便产生 4 个交变信号。该信号输出给点火控制器，通过点火控制器来控制点火系统的工作。此信号发生器的缺点是发动机转速的高低将影响信号发生器输出信号的大小。

这种信号发生器在工作中不需要电源，是一种无源的信号发生器，输出线即为信号线圈的两端。

2. 霍尔式点火信号发生器的结构与原理

霍尔效应是由美国物理学家霍尔于 1897 年发现的，霍尔效应的原理如图 5-10 所示。

当电流通过放在磁场中的半导体基片（即霍尔元件），且电流方向与磁场方向垂直时，在同时垂直于电流与磁场的方向上，半导体基片内产生一个与电流大小和磁场强度成正比的电压，这个电压就称为霍尔电压 U_H，用公式表示如下：

$$U_H = \frac{R_H}{d} IB$$

式中　R_H——霍尔系数；

d——基片厚度；

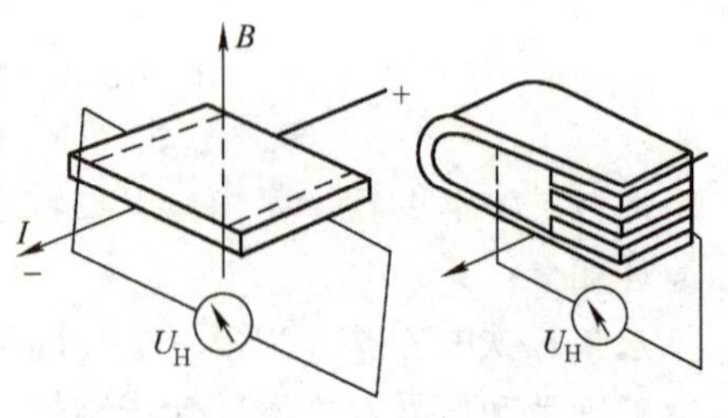

图 5-10　霍尔效应原理

I——通过基片的电流；

B——磁感应强度。

由上式可知，霍尔电压与通过霍尔元件的电流及磁感应强度成正比，当电流为定值时，霍尔电压只与磁感应强度成正比，利用这一效应制成了霍尔效应发生器。

霍尔式点火信号传感器结构如图5-11所示，主要由转子和定子组成，其工作原理如图5-12所示。转子即触发叶轮，由分电器轴带动，其叶片数与发动机气缸数相等。

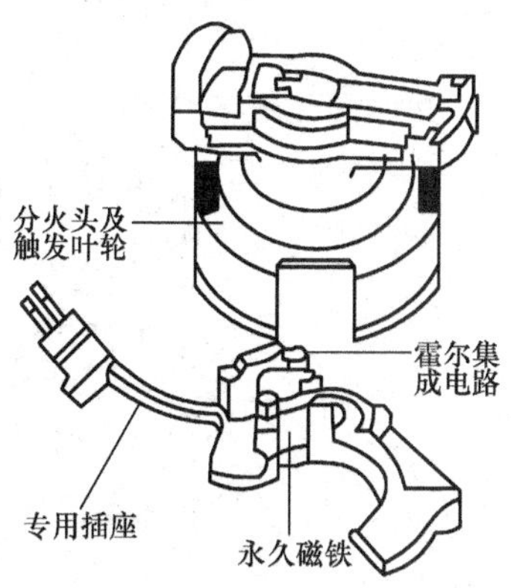

图5-11　霍尔式信号发生器结构

定子由永久磁铁、霍尔元件和导磁板等组成。带导磁板的永久磁铁与霍尔元件对置安装于分电器底板上，其间留有一定的间隙。触发叶轮的叶片可在间隙中转动。发动机运转时，触发叶轮随分电器轴转动。当叶片进入永久磁铁与霍尔元件之间的间隙时，磁力线便被触发叶轮的叶片所阻断而不能通过，因此，霍尔元件此时不产生霍尔电压；当触发叶轮的叶片转离永久磁铁与霍尔元件之间的间隙时，永久磁铁的磁力线便通过导磁板穿过间隙作用于霍尔元件上，于是通电的霍尔元件便产生霍尔电压。

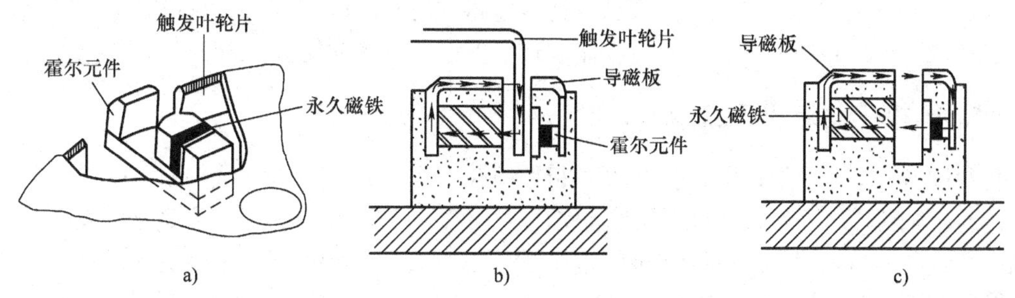

图5-12　霍尔式点火信号发生器的工作原理

a）结构原理　b）叶轮片在霍尔元件与永久磁铁之间　c）叶轮片离开霍尔元件与永久磁铁之间

发动机每完成一个工作循环，曲轴转两周，分电器轴及触发叶轮转一周，霍尔元件被交替地隔磁四次，因而随之产生四次霍尔电压。由于霍尔元件产生的霍尔电压为毫伏级，因此霍尔点火信号发生器输出的信号电压是把微弱的霍尔电压经放大、脉冲整形、变换后以矩形脉冲输出的电压。放大及转换信号由霍尔集成电路来完成。

3. 光电式点火信号发生器的结构与原理

光电式点火系统的核心元件是光电式信号发生器，主要由光源（发光二极管）、光接收器（光敏晶体管）和遮光盘三部分构成。其结果和工作原理如图5-13所示。使用一个发光二极管（LED）及一个感光的光敏晶体管以产生电压信号。信号转子是一个有槽的圆盘，随分电器轴旋转，当槽对正信号产生器时，LED的光束触及光敏晶体管，使其产生电压送出信号；遮光时无信号产生。

4. 点火控制器的结构及工作原理

点火控制器又称点火模块，其外形如图5-14所示。控制器壳体用铝铸造而成，以利于散热，内部电路用导热树脂封装在铸铝壳体内，壳体上封装有插座，用以与点火电路的线束

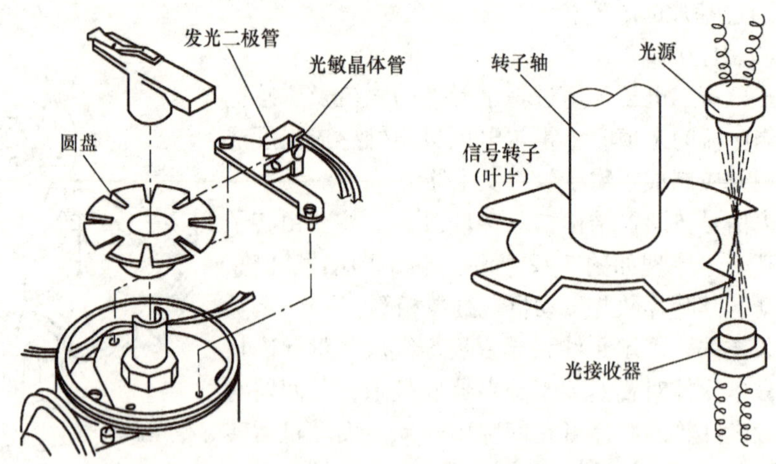

图 5-13 光电式点火信号发生器结构和工作原理

插头连接。控制器内部为混合集成电路，由专用点火集成电路(IC)和辅助电路组成，主要利用晶体管的开关作用，来控制点火系统初级电路的通断。此外，点火控制器还具有点火线圈限流控制、导通角控制、停车断电控制和过压保护控制等功能。

四、微机控制点火系统(ESA)

现代汽车电控喷射式发动机均已采用微机控制点火系统(ESA)，其组成如图 5-15 所示，主要由传感器、电控单元(ECU)及执行器(点火控制器)组成。该装置可根据传感器送来的发动机各种参数进行运算、判断，然后进行点火时刻的调节，这样可以节约燃料，减少空气污染。一般认为，发动机电子控制装置的节能效果在 15% 以上，而效果更明显的则是在环境保护方面。此外，新型发动机电子控制装置还有自适应控制、智能控制及自诊断操作等。传感器用来检测发动机工作状态，并将信号传给 ECU；ECU 负责对传感器传送的信号进行分析、比较、处理，向执行器发出控制命令；执行器接收 ECU 发出的控制指令，并按指令对点火线圈初级绕组电流进行控制，以产生足够的点火高压电。微机控制点火系统的各组成部分及功用见表 5-1。

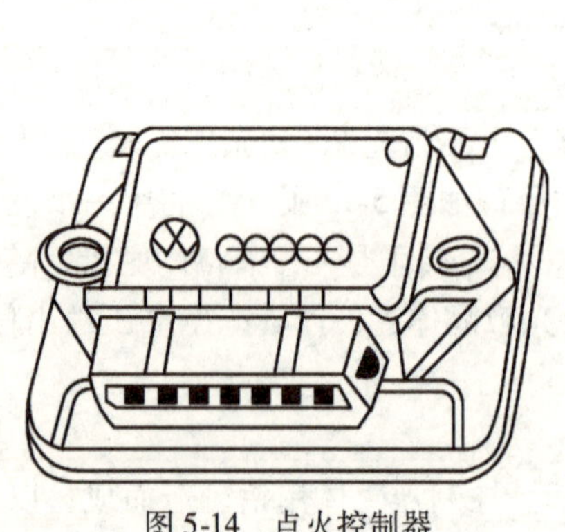

图 5-14 点火控制器

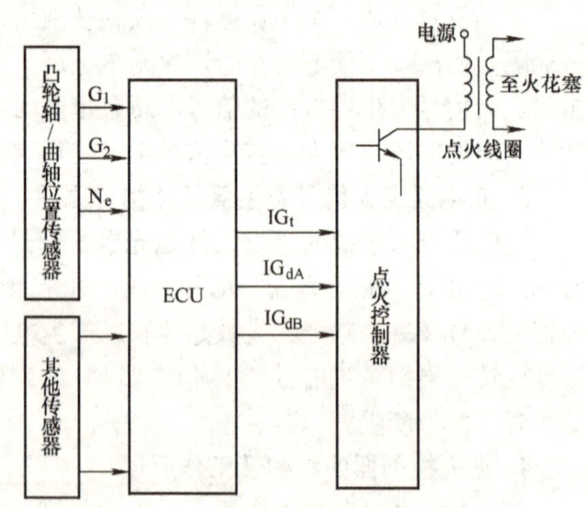

图 5-15 微机控制电子点火系统的组成

表 5-1　微机控制点火系统的组成及功用

组　成		功　用
传感器	空气流量计（L 型）	检测进气量（负荷）信号输入 ECU，点火系统的主控制信号
	进气歧管绝对压力传感器（D 型）	
	曲轴位置传感器（N_e 信号）	检测曲轴转角（转速）信号输入 ECU，确认点火时间，点火系统的主控制信号
	凸轮轴位置传感器（G_1、G_2 信号）	检测凸轮轴转角信号输入 ECU，确认点火顺序，点火系统的主控制信号
	节气门位置传感器	检测节气门开度信号输入 ECU，点火提前角的修正信号
	冷却液温度传感器	检测发动机冷却液温度信号输入 ECU，点火提前角的修正信号
	起动开关	向 ECU 输入发动机正在起动中的信号，点火提前角的修正信号
	空调开关 A/C	向 ECU 输入空调的工作信号，点火提前角的修正信号
	进气温度传感器	检测进气温度信号输入 ECU，点火提前角的修正信号
	空档位置开关	检测 P 位或 N 位信号输入 ECU，点火提前角的修正信号
	爆燃传感器	检测发动机的爆燃信号输入 ECU，点火提前角的修正信号
	发电机负荷信号	检测发电机负荷信号输入 ECU，点火提前角的修正信号
执行器	点火控制器	根据 ECU 输出的点火控制信号控制点火线圈初级电路的通断，产生次级高压。同时，向 ECU 反馈点火确认信号
ECU		根据各传感器输入的信号，计算出最佳点火提前角，并将点火控制信号输送给点火控制器

相关链接

影响点火提前角的主要因素有发动机转速、进气歧管绝对压力（负荷）、辛烷值。除此之外，还与发动机燃烧室形状、燃烧室内温度、空燃比、燃油品种等有关。而微机控制点火系统能综合地考虑发动机工况的变化和运行条件，选择最佳的点火提前角。

微机控制点火系统按照有无分电器可分为有分电器式微机控制点火系统和无分电器式微机控制点火系统。

1. 有分电器微机控制点火系统

有分电器式微机控制点火系统的组成如图 5-16 所示，该系统中仍然保留着普通电子点火系统中使用的分电器、高压线等结构。

2. 无分电器式微机控制点火系统

无分电器的微机控制点火系统又称直接点火系统，它取消分电器、主高压线、分火头等装置，直接将点火线圈次级绕组的两端与火花塞相连，即把点火线圈产生的高压电直接送给火花塞进行点火。无分电器式微机控制点火系统的结构如图 5-17 所示。

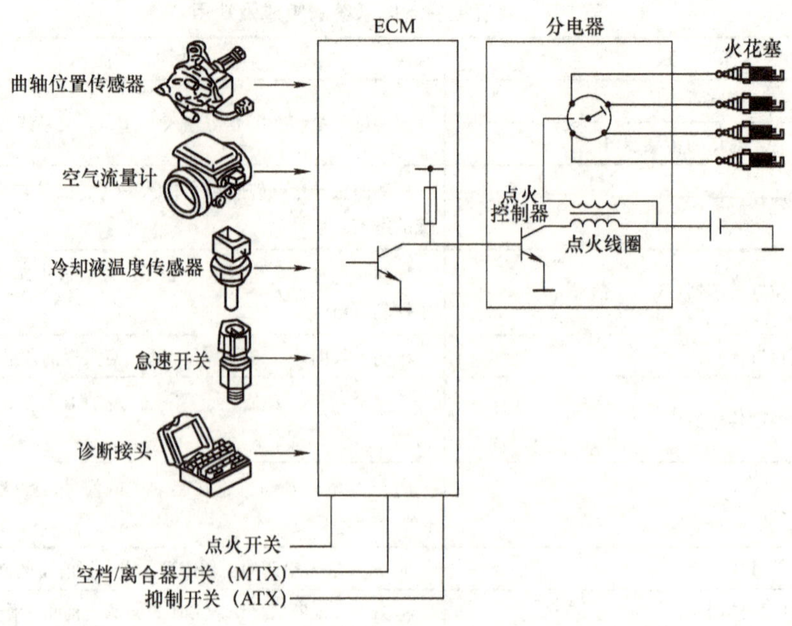

图 5-16　有分电器微机控制点火系统的组成

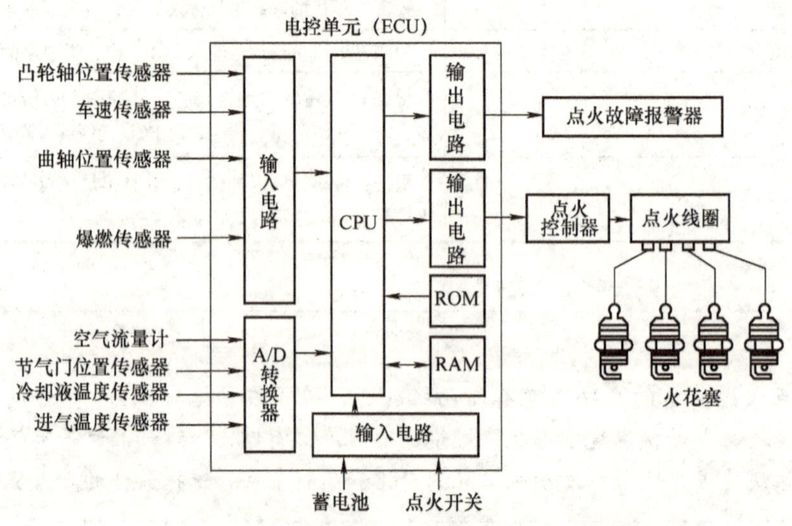

图 5-17　无分电器微机控制点火系统的组成

无分电器的微机控制点火系统与其他点火系统相比具有所需要的维护更少、减少了高压电传送的耗损、不需进行点火正时调整、电磁波干扰更少、提高点火时间的精确度等优点。

无分电器的微机控制点火系统按配电方式的不同可分为双缸同时点火的配电方式、二极管配电点火方式和独立点火配电方式三种类型，如图 5-18 所示。

（1）双缸同时点火的配电方式　双缸同时点火的配电方式是两个火花塞共用一个点火线圈且同时点火，故这种方式只能用在缸数为双数的发动机上，也叫分组点火，其电路图如图 5-19 所示。

发动机 ECU 交替控制点火线圈内的两个功率晶体管的通断，使点火线圈的初级电

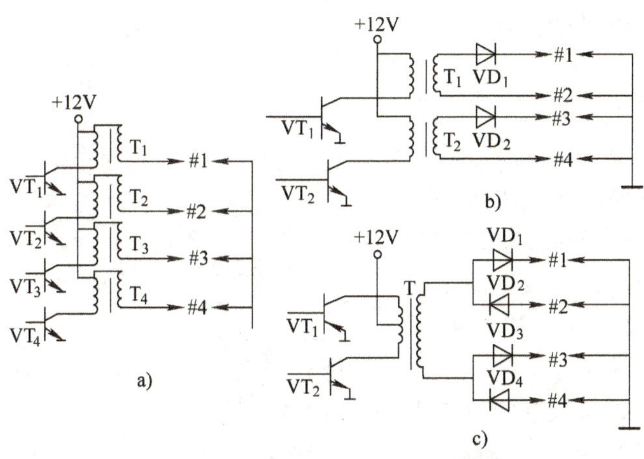

图 5-18　高压电配电方式

a）单独点火方式　b）双缸同时点火方式　c）二极管配电点火方式

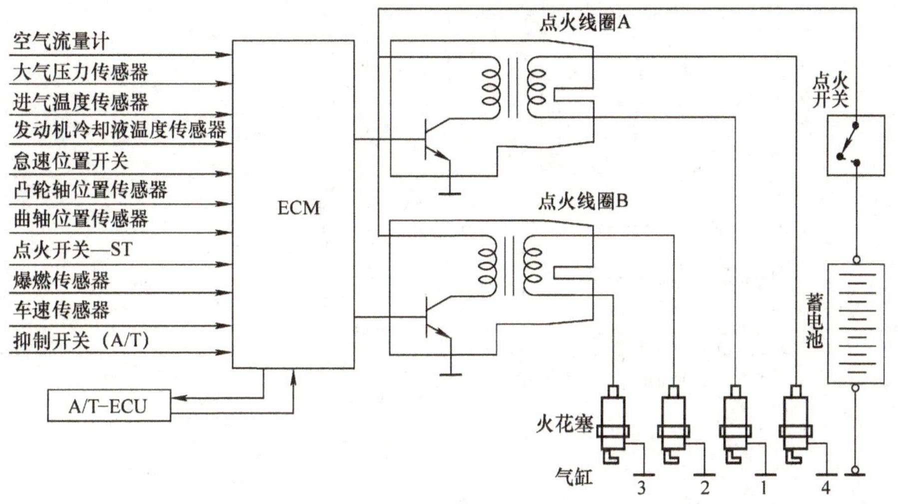

图 5-19　双缸同时点火（分组点火）电路图

流根据点火顺序 1→3→4→2 中断并产生高压电，点火线圈 A 和 B 分别提供高压电给 1、4 缸及 2、3 缸。此种形式点火系统取消了分电器、分火头和中央高压线，但仍保留了点火线圈与火花塞之间的高压线。串联在高压回路的二极管，可用来防止点火线圈在初级绕组导通瞬间所产生的次级电压（1000 ~ 2000V）加在火花塞上发生误点火而消耗点火能量。

双缸同时点火要求共用一个点火线圈的两个气缸工作相位差 360° 曲轴转角，点火时，同时点火的两个气缸中处于排气行程的气缸由于缸内气体压力较小，且缸内混合气又处于后燃期，易产生火花，这样放电能量损失小，而大部分点火高压和点火能量被加在压缩行程的火花塞上，故处于压缩行程的火花塞的跳火情况与单独点火的火花塞跳火情况基本相同，如图 5-20 所示。

（2）独立点火配电方式　独立点火配电方式的点火系统可将点火线圈直接安装在火花塞的顶上，这样不仅取消了分电器，也同时取消了高压线，故点火性能较好，相比而言，其结构及点火控制电路最复杂，其控制原理如图 5-21 所示。

（3）二极管配电点火方式　二极管配电点火方式的点火系统特点是，4 个气缸共用一个点火线圈，该点火线圈为内装双初级绕组、双输出次级绕组的特制点火线圈，且利用 4 个二极管的单向导电性交替完成对 1 缸、4 缸和 2 缸、3 缸配电过程，如图 5-22 所示。

这种点火配电方式与双缸同时点火配电方式相比有相同的特性，但对点火线圈要求较高。

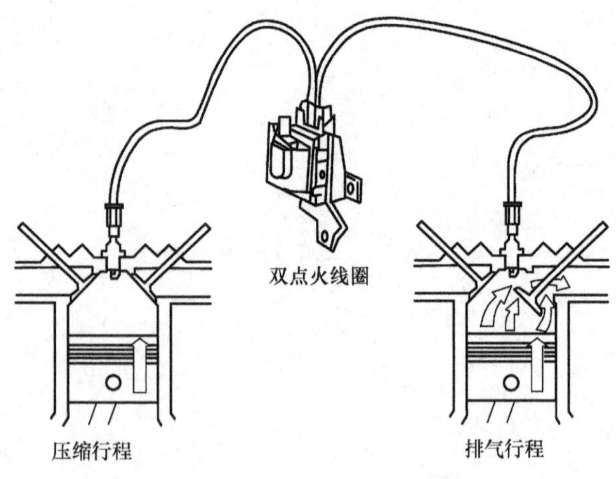

图 5-20　双缸同时点火原理图

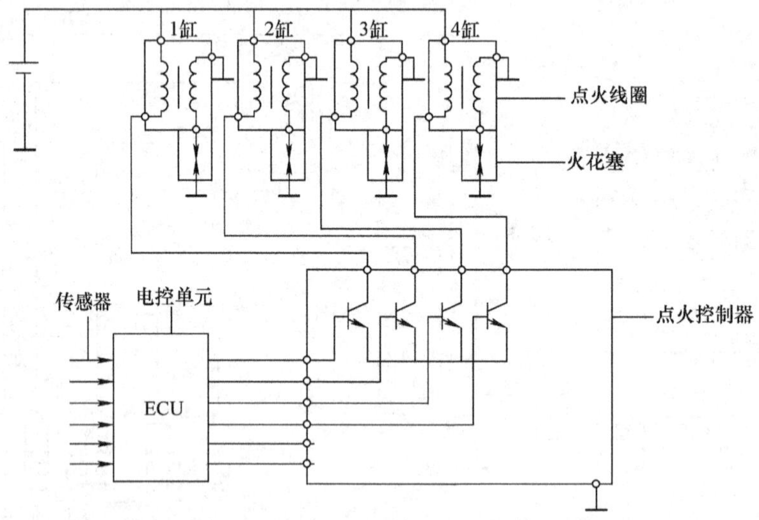

图 5-21　独立点火配电方式点火系统控制原理图

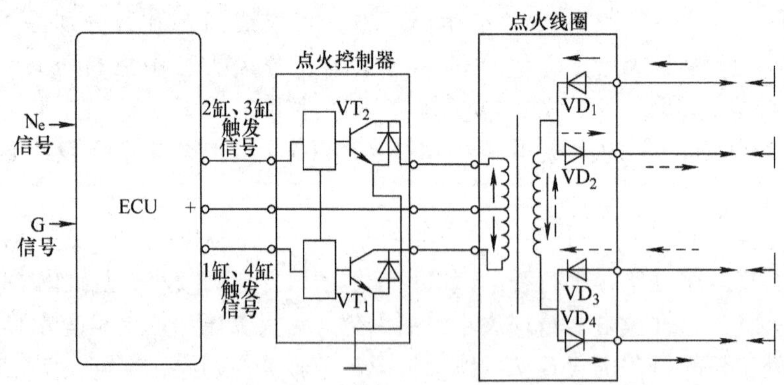

图 5-22　二极管配电点火方式的点火系统控制原理图

五、点火控制

在电子控制的点火系统中，电控单元（ECU）不仅可以产生一个点火信号，而且还可以对点火信号的位置（决定点火时刻）和形状（决定初级回路闭合角的大小）进行控制。在发动机控制系统中，点火控制包括点火正时控制、通电时间（闭合角）控制和爆燃控制三个方面。

1. 点火正时控制

点火正时控制即点火提前角的控制，ECU根据汽油机的各种工况信号对点火时刻进行控制。首先根据发动机的转速和进气压力信号或空气流量信号从存储器的数据中找到相应的基本点火提前角，然后根据有关传感器信号值加以修正，得出实际的点火提前角。实际点火提前角由三部分组成：初始点火提前角、基本点火提前角和修正点火提前角。点火提前角的修正包括暖机修正、过热修正、空燃比反馈修正和怠速稳定性的修正。

点火时间控制可分为两个阶段控制，第一阶段是起动时点火时间控制，第二阶段是起动后点火时间控制。

（1）起动时点火时间控制　起动时发动机转速通常都低于500r/min，由于进气量或进气歧管压力信号不稳定，故根据发动机形式，将点火时间固定在一定值。通常由ECU内的备用IC直接设定固定点火时间。

（2）起动后点火时间控制　起动后的点火提前角 = 初始点火提前角 + 基本点火提前角 + 修正点火提前角。

基本点火提前角是由进气量或进气歧管压力信号与发动机转速信号决定的。在ESA中，基本点火提前角相当于传统式的离心提前与真空提前角度。有些形式的发动机存储器中储存有两组基本点火提前角数据，要使用哪一组，是由汽油的辛烷值而定的，驾驶人可通过手动开关控制，或系统可自动切换。修正点火提前角是由各相关传感器的信号为基础而修正的。

（3）点火时间修正控制

1）低温修正。根据冷却液温度传感器等信号，在低温时，ECU使点火提前，以保持低温运转性能。当气温极低时，点火提前修正可达约15°。

2）暖车修正。根据冷却液温度传感器等信号，当发动机冷却液温度低时，ECU使点火提前，以改善驾驶性能。有些发动机在暖车修正时，会根据空气流量计信号，以适当增大点火提前角度。

3）怠速稳定修正。怠速运转时，转速因空调等的发动机负荷改变而变化时，ECU会改变点火时间，使怠速转速稳定。ECU不断地计算发动机转速平均值，若转速低于目标转速时，ECU使点火提前；若转速高于目标转速时，ECU使点火延后。最大点火提前角修正值为±5°，当发动机转速超过预设值时，怠速稳定修正不再起作用。

4）高温修正。根据冷却液温度传感器信号，当冷却液温度过高时，为避免发动机过热与爆燃，ECU会使点火滞后，高温修正时的最大点火滞后为5°。

5）空燃比反馈修正。发动机的空燃比反馈系统作用时，转速会随喷油量的增加或减少而变化，而怠速对空燃比的改变特别敏感。因此根据氧传感器、节气门位置传感器、车速传感器等信号，配合空燃比反馈修正的喷油量，ECU将点火提前，以确保怠速稳定。空燃比反馈修正的最大点火提前角度为5°，在汽车行驶时，此修正会停止作用。

6）转矩控制修正。配备电子控制自动变速器的汽车，在换档时，行星轮组的离合器或制动器接合时会产生某种程度的振动。因此根据曲轴位置传感器、节气门位置传感器、冷却液温度传感器等信号，在档位开始变化时，ECU 使点火滞后，减小发动机转矩，以降低向上或向下换档产生的振动。当冷却液温度或蓄电池电压低于预设值时，转矩控制修正不起作用。

7）爆燃修正。当发动机产生爆燃时，ECU 根据信号的程度，分成强、中、弱三种，爆燃较强时，点火滞后较多；爆燃较弱时，点火滞后较少。当爆燃停止时，ECU 停止点火延迟，并开始提前点火，一次一个固定角度。爆燃修正时的最大点火提前角度为 10°。

2. 闭合角的控制

点火线圈的通电时间就是它以建立磁场的形式蓄积点火能量的时间，这段时间所对应的曲轴转角叫做闭合角。通电时间控制的原则是在不影响火花放电的前提下，保证点火线圈有足够的时间蓄积能量而又不会造成过热损失和破坏。

3. 爆燃控制

当发生剧烈爆燃时，发动机各部分温度上升，使输出功率下降，严重时还会引起活塞烧结、活塞环粘着、轴承破坏和气门烧蚀等。推迟点火可以减轻甚至避免爆燃，爆燃控制的目的就是根据爆燃传感器的信号调整点火时刻，使汽油发动机工作在临界爆燃状态。

六、火花塞

1. 火花塞的工作条件及要求

1）火花塞应能承受冲击性高压电的作用，其绝缘体应在 30kV 高压的作用下保证良好的绝缘性能。

2）发动机气缸内燃烧气体的温度（1500～2000℃）与进入气缸的新鲜混合气的温度（50～60℃）相差很大，火花塞要能承受这种温度的剧烈变化，使其裙部保持一定的温度，不得产生局部过热或过冷。

3）火花塞要能承受住混合气燃烧所产生的巨大的冲击力（5.88～6.86MPa）。此外在火花塞制造中，经铜垫圈传给绝缘体的压力高达 34300N，因此，火花塞的主要零件要有足够的强度。

4）火花塞在工作中要受到燃烧产物中多种活性气体和物质（臭氧、一氧化碳、氧化硫等）的腐蚀作用，因此要求火花塞的电极采用难熔、耐蚀的材料制成。

5）密封性要好。在高温、高压下应保证气缸不漏气，具有良好的密封性。

2. 影响火花塞跳火性能的因素

（1）火花塞电极形状的影响　火花塞电极的形状对放电性能有很大影响，一般电极有比较尖锐的棱角，比较容易放电，如果电极是球面的形状，则放电较困难。随着使用时间的增加，电极的棱角部分会慢慢烧蚀变圆，放电性能变差。越尖锐的电极烧蚀越快，使用寿命越短。

（2）火花塞电极间隙的影响　一般火花塞的电极间隙越大，所需要的放电电压越高。为保证发动机在任何情况下可靠点火，传统的蓄电池点火系统火花塞的间隙为 0.6～0.8mm；当采用电子点火时，间隙可增大至 1.0～1.2mm。

（3）气缸压缩压力的影响　气缸的压缩压力越大，火花放电就越困难，所需的电压也就越高。在发动机全负荷、车辆低速运行时，混合气温度低时，都会使点火电压上升，造成点火困难。

（4）电极温度的影响　火花塞的电极温度越高，所需的电压越低。

3. 火花塞的热特性

火花塞发火部位的热量向发动机冷却系统散发的性能，称为火花塞的热特性，它对选择适合于发动机种类和工作条件的火花塞是十分重要的。火花塞的尺寸全世界是统一的，任何汽车上都可以通用，但由于汽油发动机类型有区别，因此火花塞也会分为两种基本类型：冷型和热型，它反映了火花塞的热特性。

目前世界各国对火花塞的热特性的表示方法不完全相同，但比较通行的做法是用热值表示。所谓热值是指火花塞散掉所吸热量的程度。通常用阿拉伯数字表示热值的高低，一般数值越大，表示火花塞越冷。我国以火花塞绝缘体裙部的长度来标定火花塞的热特性，用热值3～9来表示，见表5-2。

表5-2　火花塞裙部长度与热值

裙部长度/mm	15.5	13.5	11.5	9.5	7.5	5.5	3.5
热值	3	4	5	6	7	8	9
特性		热 ←→ 冷					

火花塞的热值可以从型号上查出，也可以从火花塞结构上区分。热值多数用数字表示，美洲式和日本日立公司火花塞数值大的为热型；欧洲式和日本电装公司NGK火花塞数字小的为热型。在结构上，中心电极短的为热型，长的为冷型。在普通的轿车上，用5号热值的火花塞较多。如图5-23所示为热特性不同的火花塞。

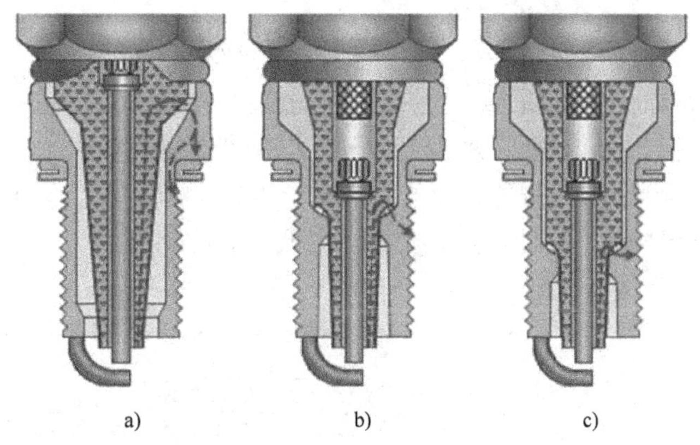

图5-23　热特性不同的火花塞
a）低热值火花塞　b）中热值火花塞　c）高热值火花塞

4. 火花塞的正确选用

火花塞要有适当的温度才能工作良好，如绝缘体裙部温度过低，则火花塞会产生积炭而漏电，以致不能点火；如绝缘体裙部温度过高，当混合气与炽热的绝缘体接触时，会将混合气点燃，形成早燃引起爆燃，甚至在进气行程燃烧，产生回火等不正常燃烧现象，使发动机功率下降、油耗增加、发动机过热。实践证明，火花塞绝缘体保持在500～600℃温度时，落在绝缘体上的油滴能立即烧去不会形成积炭，高于这个温度会早燃，低于这个温度则有积炭。在不同发动机上的温度会不一样，设计者就利用绝缘体裙部的长度来解决这个矛盾。火花塞的裙部是陶瓷绝缘体暴露在燃烧室内的部分，有些裙部短受热面积小，散热快，因此裙部温度低些，称为冷型火花塞，适用于高速高压缩比的大功率发动机；有些裙部细长受热面积大，散热慢，因此裙部温度高些，称为热型火花塞，适用于中低速低压缩比的小功率发动机。转速、功率和压缩比介于两者之间的发动机，应采用热值中等的火花塞。

相关链接

对于具体型号的发动机，制造厂已为其匹配了相应热值的火花塞，在使用中如果要更换火花塞，应选用厂家规定型号的火花塞，保证热值匹配。

相关链接

因为现代轿车大多数采用压缩比较高的发动机，当然产生的热量也会很大，如果采用的火花塞型号或热值与发动机不相符，必然产生爆燃和过热，导致发动机转速不稳或行驶无力。所以在选择火花塞时若是高压缩比的发动机必须配合使用热值较低(即散热效果好)的火花塞。假如是高转速的发动机，也应选择火花塞散热较好、热值较低的火花塞，这样才能保证发动机正常运转。

火花塞选型时除了要考虑外形、螺纹规格、旋入长度等基本要求外，最主要的当属对热值的选择。在使用中，如果火花塞因积炭而断火，表明火花塞裙部温度低，应选用热型火花塞；若发现炽热点火，表明火花塞裙部温度高，应选用冷型火花塞。

5. 火花塞的类型

(1) 断电触头(俗称白金)尖形火花塞　如图 5-24 所示，断电触头尖形火花塞的结构基本与前述的火花塞相同，只是中心电极和侧电极都覆盖一层很薄的断电触头薄膜。断电触头薄膜非常耐蚀，大大延长了火花塞的使用寿命(从普通火花塞的 10000km 延长到 100000km)。另外，为了改善火花塞的放电性能，这种火花塞的中心电极的直径减小，电极间隙增大，在使用过程中也不必调整火花塞间隙。

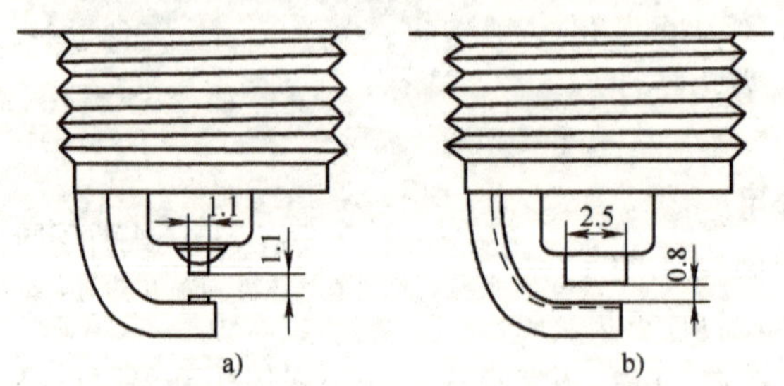

图 5-24　断电触头尖形火花塞与普通火花塞电极的比较

a) 断电触头尖形火花塞　b) 普通形火花塞

如图 5-25 所示，为了区别普通火花塞和断电触头尖型火花塞，断电触头尖型火花塞的陶瓷绝缘体的上部有五条深蓝色的条纹。

(2) 多极火花塞　如图 5-26 所示，多极火花塞的侧电极一般为两个以上，其优点是点火可靠，电极间隙不需经常调整，故在电极容易烧蚀和火花塞间隙不能经常调整的汽油机上采用，特别是一些对点火要求较高的发动机已广泛采用多极火花塞。

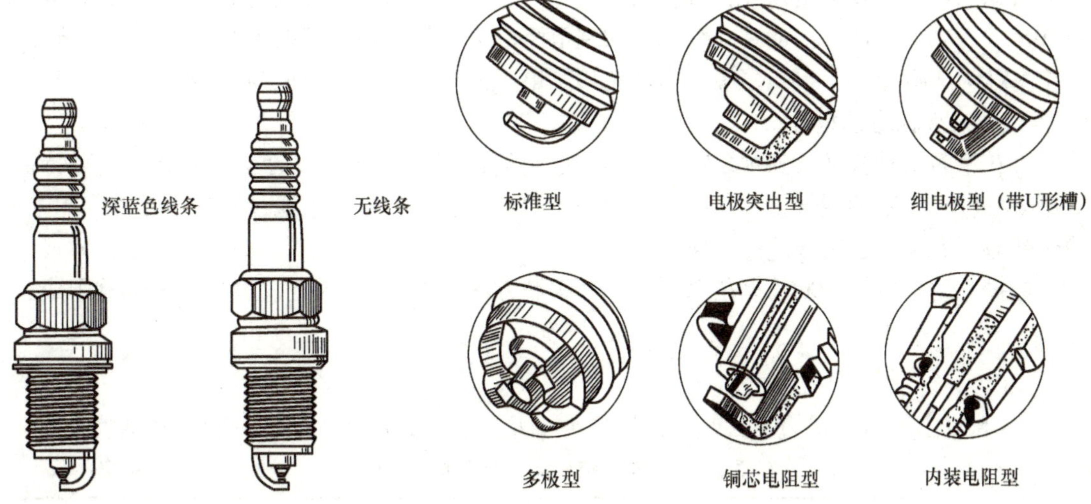

图 5-25　断电触头尖形火花塞的标记

图 5-26　不同类型的火花塞

相关链接

目前市场上出现相当多的所谓“多极式”火花塞，在使用一段时间以后都会出现一边点火现象，多点跳火的效果就不存在了。由于多极跳火需要较高的电压，发动机又经常在高转速下工作，实践证明，普通发动机还是选用一般的火花塞效果更好。因为点火系统的供电电压是固定的，若跳火电压超过这个系统所能提供的电压，也就没有办法生出额外的火花。

（3）突出型火花塞　如图 5-26 所示，突出型火花塞的绝缘体裙部较长，突出于壳体端面之外，具有吸收热量大、抗污能力好的优点，能直接受到进气的冷却，不易产生炽热点火，热适应范围宽，是应用范围最广的火花塞之一。

（4）细电极型火花塞　如图 5-26 所示，这种火花塞电极很细，特点是火花强烈，点火能力好，在寒冷条件下也能保证发动机迅速可靠起动，热范围较宽，能满足多种用途。

（5）铜芯电阻型火花塞　如图 5-26 所示，这种火花塞在高速发动机上普遍采用，其内部的电极导热性能良好，热值较普通火花塞提高 10% ~40%，高速时能限制炽热点火，而火花塞裙部的加长，使热值的下限拓宽，同时也提高了电极的耐油污、抗烧蚀的能力。

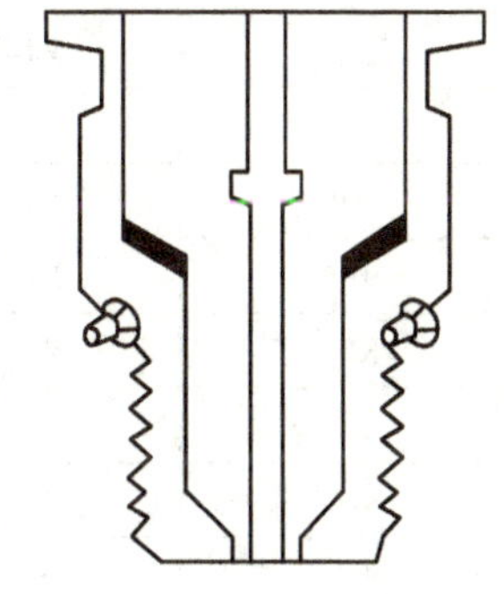
图 5-27　沿面跳火型火花塞

（6）沿面跳火型火花塞　如图 5-27 所示，沿面跳火型火花塞又称沿面间隙型火花塞，是一种最冷型的火花塞。其中心电极与壳体端面之间的间隙是同心的，它必须与点火能量大、电压上升率快的电容放电型点火系统配合使用，可完全避免火花塞的炽热点火，即使在油污的情况下也能正常发火。其缺点是可燃混合气不易接近电极，故在稀混合气的情况下，不能充分发挥汽油机的功能。另外，由于点火能量增大，中心电极很容易烧蚀。

火花塞除了上述类型以外，有些火花塞为了抑制点火系统对无线电的干扰，在内部加装5～10kΩ 的电阻或在外部加装屏蔽罩。加装电阻的火花塞称为电阻型火花塞，加装屏蔽罩的火花塞称为屏蔽型火花塞。富康轿车即装用了电阻型火花塞，其阻值为5kΩ。

6. 国产火花塞的型号

火花塞的型号含义各国规定都不一样，但它们都表示了火花塞的主要性能及安装特征。知道了各种火花塞的型号含义，在没有相关资料的情况下，也可以通过其型号知道它的主要性能参数，有利于选用合适的代换件。

根据 QC/T 430—2005《火花塞产品型号编制方法》的规定，火花塞型号由三部分组成：

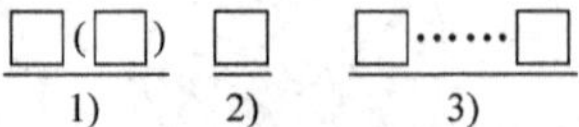

1）用汉语拼音字母表示火花塞的结构类型及主要形式尺寸，各字母的含义见表5-3。

表5-3 火花塞结构类型及主要形式尺寸 单位：mm

代表字母	螺纹规格	安装座型式	螺纹旋合长度	六角对边
J	M8×1	平座	19	16
W	M9×1	平座	19	16
A	M10×1	平座	12.7	16
B	M10×1	平座	19	16
CZ	M12×1.25	锥座	11.2	16
DZ	M12×1.25	锥座	17.5	16
C	M12×1.25	平座	12.7	17.5
D	M12×1.25	平座	19	17.5
CH	M12×1.25	平座	26.5	17.5
DE	M12×1.25	平座	12.7	16
DF	M12×1.25	平座	19	16
DK				
DH	M12×1.25	平座	26.5	16
VH	M12×1.25	平座	26.5	14
E	M14×1.25	平座	12.7	20.8
F	M14×1.25	平座	*19	20.8
FH	M14×1.25	平座	26.5	20.8
H	M14×1.25	平座	11	20.8
KE	M14×1.25	平座	12.7	16
K	M14×1.25	平座	19	16
KH	M14×1.25	平座	26.5	16
G	M14×1.25	平座	9.5	20.8
GL	M14×1.25	矮型平座	9.5	20.8
L	M14×1.25	矮型平座	9.5	19
Z	M14×1.25	平座	11	19

（续）

代表字母	螺纹规格	安装座型式	螺纹旋合长度	六角对边
M	M14×1.25	矮型平座	11	19
N	M14×1.25	矮型锥座	7.8	19
P	M14×1.25	锥座	11.2	16
Q	M14×1.25	锥座	17.5	16
QH	M14×1.25	锥座	25	16
R	M18×1.5	平座	12	26
RF	M18×1.5	平座	19	26
RH	M18×1.5	平座	26.5	26
SE	M18×1.5	平座	12.7	20.8
S	M18×1.5	平座	19	20.8
SH	M18×1.5	平座	26.5	20.8
T	M18×1.25	锥座	10.9	20.8
TF	M18×1.25	锥座	17.5	20.8
TH	M18×1.25	锥座	25	20.8
R	M18×1.25	平座	12	20.8
S	M18×1.25	平座	19	(22)
T	M18×1.25	锥座	10.9	20.8

2）用阿拉伯数字表示火花塞的热值，从热型到冷型以1、2、3、4……表示。

3）用若干字母和阿拉伯数字表示火花塞派生产品结构特征、发火端特征、材料特征及技术要求，见表5-4。

表5-4　火花塞特征及其代表字母或数字

字母或数字	代表特征	字母或数字	代表特征
R	电阻型火花塞	N	铱金电极
B	半导体型火花塞	S	银电极
H	环状电极火花塞	V	V形槽中心电极
Y	沿面放电型火花塞	U	U形槽侧电极
F	半螺纹	X	点火间隙1.1mm及以上
E	绝缘体突出型点火位置3mm	0	加强的中心电极
L	绝缘体突出型点火位置4mm	1	细电极
K	绝缘体突出型点火位置5mm	2	快热结构
Z	绝缘体突出型点火位置7mm	3	瓷绝缘体涂硅胶
T	绝缘体突出型点火位置3mm以下	4	整体接线螺杆
D	双侧极	5	—
J	三侧极	6	—
Q	四侧极	7	—
C	Ni-Cu复合电极	8	—
P	铂金电极	9	—
G	钇金电极	—	—

国外火花塞的规格型号可查阅相关技术手册，在此不再述及。

7. 火花塞的使用

（1）火花塞的型号规格必须符合发动机要求　对于某型号的发动机，其火花塞的型号规格是通过试验确定的。因此在使用中，必须配用发动机制造厂家或公司推荐的火花塞使用型号。如果火花塞的热值选择不当，就可能引起炽热点火或积炭。热值选择是否恰当，可察看火花塞裙部的颜色进行判断。若其裙部呈褐色或浅茶色，则说明热值选择正常；若裙部呈灰色，说明热值过低而导致火花塞过热；若裙部覆盖有黑色炭粒，说明热值过高而导致火花塞积炭。如果螺纹长度不符合要求，也会导致发动机工作失常。若螺纹过长，火花塞伸入燃烧室过深，就会导致活塞损坏、火花塞过热或火花塞螺纹焦化导致拆卸困难。若螺纹过短，火花塞不能伸入燃烧室，就会导致混合气难以点着、火花塞温度达不到自净温度而易积炭或气缸盖上火花塞安装座孔下段螺纹焦化。

（2）合理选用火花塞密封垫圈　安装平座型火花塞时，应配用一只密封垫圈。密封垫圈不得多用或少用。如无密封垫圈，火花塞座孔就不能保证密封；如多装密封垫圈，火花塞就易积炭。安装锥座型火花塞时，不得使用密封垫圈。

8. 火花塞的维护

（1）火花塞应定期拆下清洗和清除积炭　在一般情况下，汽车每运行5000km，火花塞应拆下清洗一次并将积炭清除。积炭严重的火花塞应用汽油或酒精浸泡清洗，并用毛刷刷净表面。积炭的主要原因：火花塞的型号选择不当，即火花塞热值偏高，其裙部温度偏低；混合气过浓或混合气中润滑油过多所致；发动机起动频繁或经常长时间起动；发动机长时间低速运转；曲轴箱润滑油过多；活塞环磨损过多；点火时间过迟。

（2）火花塞电极间隙应定期调整　在一般情况下，汽车每行驶15000～20000km，火花塞电极间隙应调整一次。火花塞电极间隙过大通常是电极烧蚀所致。电极间隙应用火花塞专用量规进行测量和调整。如果其电极间隙不当，最好用特制的工具弯曲其旁（侧）电极进行调整，如图5-28所示。

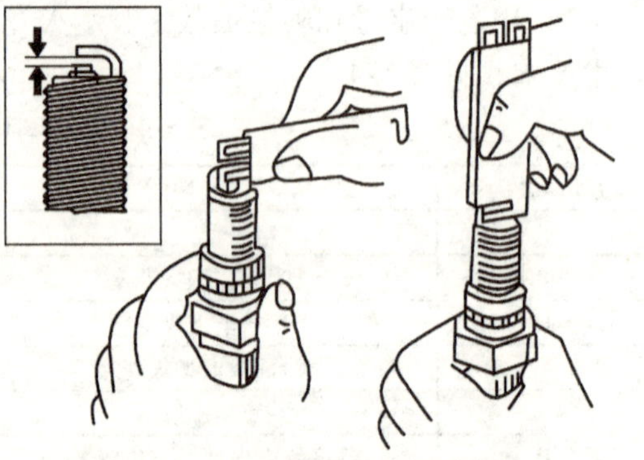

图5-28　火花塞电极间隙的检查调整

七、点火系统电路图

卡罗拉轿车点火系统电路如图5-29所示，从图中可以看出为无分电器电子单独点火系统。IGT为点火正时信号，IGF为点火确认信号。

八、点火系统检测

1. 点火系统检测流程

点火系统检测流程如图5-30所示。

2. 利用故障诊断仪对点火系统进行故障自诊断

（1）读取故障码

1）将故障诊断仪连接到诊断插口DLC3。

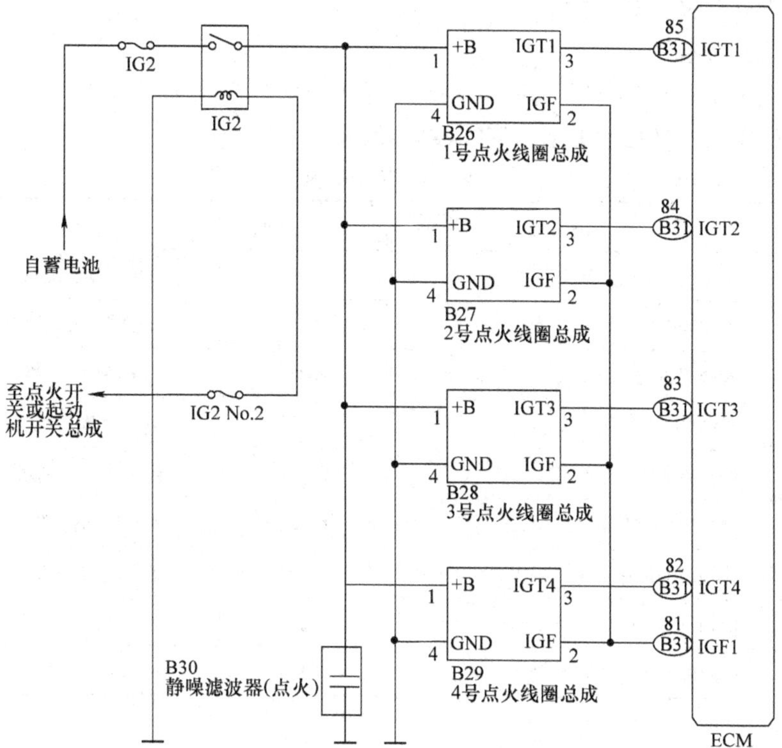

图 5-29　卡罗拉轿车点火系统电路图

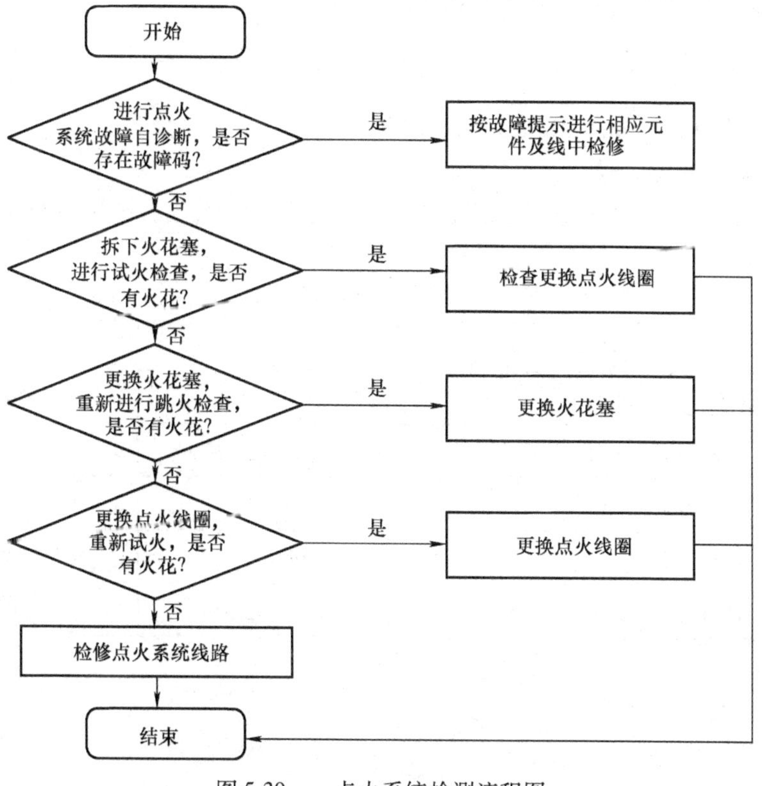

图 5-30　点火系统检测流程图

2）将点火开关置于 ON 位置。

3）开启故障诊断仪。

4）选择菜单项 Powertrain/EngineandECT/DTC。

5）读取故障码，并记录下来。故障码见表 5-5。

表 5-5　点火系统故障码表

故障码	故障内容	故障码	故障内容
P0301	检测到 1 号气缸缺火	P0342	凸轮轴位置传感器 A 电路低输入
P0302	检测到 2 号气缸缺火	P0343	凸轮轴位置传感器 A 电路高输入
P0303	检测到 3 号气缸缺火	P0351	点火线圈 A 初级/次级电路故障
P0304	检测到 4 号气缸缺火	P0352	点火线圈 B 初级/次级电路故障
P0327	爆燃传感器电路低输入	P0353	点火线圈 C 初级/次级电路故障
P0328	爆燃传感器电路高输入	P0354	点火线圈 D 初级/次级电路故障
P0335	曲轴位置传感器 A 电路故障	P0365	凸轮轴位置传感器 B 电路故障
P0339	曲轴位置传感器 A 电路间歇故障	P0367	凸轮轴位置传感器 B 电路低输入
P0340	凸轮轴位置传感器 A 电路故障	P0368	凸轮轴位置传感器 B 电路高输入

（2）清除故障码

1）将故障诊断仪连接到诊断插口 DLC3 上。

2）将点火开关置于 ON 位置。

3）开启故障诊断仪。

4）选择菜单项 Powertrain/Engine and ECT/DTC/Clear。

3. 检查曲轴位置传感器

断开曲轴位置传感器的插接器，用万用表对曲轴位置传感器及线路进行检测，检测内容及方法见表 5-6。

表 5-6　曲轴位置传感器检测表

检测内容	万用表档位	规定值
传感器 1 端子与 2 端子之间的电阻	20kΩ 电阻档	1850～2450Ω
插接器 1 插座与 ECM122 端子之间的电阻	200Ω 电阻档	小于 1Ω
插接器 2 插座与 ECM121 端子之间的电阻	200Ω 电阻档	小于 1Ω
插接器 1 插座与车身搭铁之间的电阻	200kΩ 电阻档	大于 10kΩ 或更大
插接器 1 插座与车身搭铁之间的电阻	200kΩ 电阻档	大于 10kΩ 或更大

4. 检查凸轮轴位置传感器

断开凸轮轴位置传感器插接器，用万用表对传感器及线路进行检测，检测内容及方法见表 5-7。

表 5-7　凸轮轴位置传感器检测表

	检测内容	万用表档位	规定值
进气凸轮轴	插接器 3 插座与车身搭铁之间的电压	直流电压 20V	4.5～5.5V
	插接器 2 插座与 ECM98 端子之间的电阻	200Ω 电阻档	小于 1Ω
	插接器 1 插座与 ECM99 端子之间的电阻	200Ω 电阻档	小于 1Ω
	插接器 2 插座与车身搭铁之间的电阻	200kΩ 电阻档	大于 10kΩ 或更大
	插接器 1 插座与车身搭铁之间的电阻	200kΩ 电阻档	大于 10kΩ 或更大
排气凸轮轴	插接器 3 插座与车身搭铁之间的电压	直流电压 20V	4.5～5.5V
	插接器 2 插座与 ECM75 端子之间的电阻	200Ω 电阻档	小于 1Ω
	插接器 1 插座与 ECM76 端子之间的电阻	200Ω 电阻档	小于 1Ω
	插接器 2 插座与车身搭铁之间的电阻	200kΩ 电阻档	大于 10kΩ 或更大
	插接器 1 插座与车身搭铁之间的电阻	200kΩ 电阻档	大于 10kΩ 或更大

5. 检查火花塞

1）外观检查火花塞的中央电极、搭铁电极、螺纹、垫片及瓷体等，并将积炭清除。检查火花塞间隙，使用火花塞间隙测量规检查火花塞间隙。火花塞间隙应为 1.0～1.1mm，如图 5-31 所示。

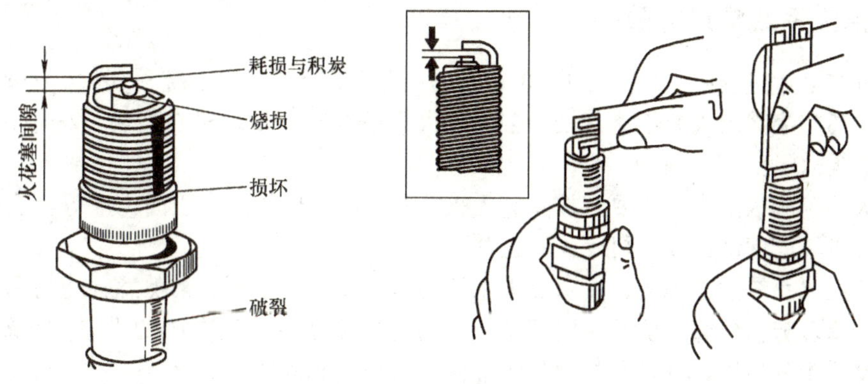

图 5-31　火花塞外观及间隙检查

2）火花塞在使用中或清洗后，都应检查电极间隙是否符合规定标准；绝缘体有无裂纹；绝缘体在壳体内有无松动；侧电极焊接处有无开裂或严重烧损。如有缺陷，都应更换火花塞。

3）将火花塞放在气缸盖上，把中央高压线对准火花塞接线端子做跳火试验。如两电极之间有火花，说明火花塞良好；如两电极之间无火花，说明火花塞失效，应予更换新品。

4）在发动机怠速时，用螺钉旋具将火花塞壳体搭铁使电极被短路。如短路时发动机运转不稳，说明该火花塞工作良好；如短路时发动机转速无变化，说明该火花塞应予换新。

5）起动发动机并预热 15～20min 后，将发动机熄火。然后用手触摸火花塞瓷心，如温度很低，说明该火花塞工作不良，应予更换新品。

相关链接

火花塞间隙并非越大越好

许多驾驶人认为，适当增大火花塞间隙能提高点火能力且可以节油。但若火花塞的间隙过大，在发动机高转速时易造成断路缺火或根本不能跳火；反之，若间隙过小，则火花能量小，不易点燃混合气，易产生积炭，也不利于跳火，甚至不能跳火。因此，火花塞的电极间隙必须按规定调整。

6. 检测点火系统电路

断开点火线圈总成插接器，将点火开关置于ON位置，用万用表对点火线圈总成线束插接器进行检测，具体检测方法见表5-8。如果测量结果与规定值不相符，则说明点火系统电路存在故障。

表5-8　点火电路检测表

测量端子	测量条件	规定值
4与搭铁	点火开关置于ON(万用表直流电压20V)	蓄电池电压
1与搭铁	万用表电阻200Ω档	小于1Ω

九、点火系统常见故障

发动机在运行过程中出现故障的50%都是由供油系统和点火系统引起的。一般情况下，发动机在运转中突然熄火并不能起动，多为点火系统故障。发动机在运转过程中逐渐熄火，多为燃油系统故障。

在点火系统的故障中，主要的故障有无火、断火、火弱及点火正时失准等。这些故障将会造成发动机不能起动或发动机工作不正常。

在诊断点火系统的故障时，要对点火系统的电路及工作原理非常熟悉，能利用点火系统的基本工作原理分析故障可能发生的部位，并通过更换零件验证自己的设想。诊断故障时，要本着先易后难的原则，逐步查找故障的部位，直至找到故障点。

电子点火系统在出现故障时判断故障的基本思路是首先要区分故障在低压电路还是在高压电路。区分的方法即拔下分电器盖上的中央高压线对机体试火，若有强烈的火花，说明低压电路良好，故障发生在高压电路；若无火花或火花弱，故障发生在低压电路。

1. 火花塞的常见故障

（1）火花塞上有沉积物　火花塞上的沉积物有积炭、积油、积灰等，它们会使火花塞漏电或击穿电压升高，从而导致发动机缺火或不能工作。

（2）火花塞烧损　火花塞绝缘体起皱、破裂、电极烧蚀、熔化等都表明火花塞已烧损。火花塞绝缘体破裂会导致漏电，火花塞电极烧蚀、熔化都会使其击穿电压升高，这些都会使点火系统的工作不可靠或完全不点火。

在现代汽车技术中，无论采用传统的化油器式还是先进的电喷式汽油机，火花塞都占据关键性地位。工作良好的火花塞，不仅可以提高发动机功率，而且还可以改进燃油消耗，降低排放指标，因此我们在使用中要注意火花塞的使用寿命，按要求定期更换火花塞，充分发挥其优异性能，减少发动机故障，降低成本。

2. 点火系统无火

（1）故障现象　起动时只有起动机的运转声音和油泵的短暂运转声音，发动机无法起动。

（2）故障原因

1）点火控制器(或点火模块)损坏。

2）曲轴位置传感器(或信号发生器)损坏。

3）点火线圈损坏。

4）点火系统初级电路断路或短路。

5）中央高压线或分电器分火头损坏。

（3）故障诊断与排除　首先确认曲轴位置传感器是否良好，安装位置有无松动；接着检查点火模块(或点火控制器)是否完好；然后检查点火线圈的电阻值是否在规定范围之内；最后检查高压线和其他电路的连接情况，是否出现断裂和搭铁。如果出现任一情况不符合要求，都要及时更换。

3. 个别缸断火

发动机断火是指吸入气缸的混合气不能连续点火的现象。

（1）故障现象　发动机运转不正常，转速不平稳，有振抖现象，排气管冒黑烟并有放炮声。

（2）故障原因

1）该缸点火线圈损坏。

2）该缸分缸高压线损坏。

3）该缸火花塞油污、积炭或烧坏严重。

4）该缸气缸压力不足。

（3）故障诊断与排除　个别缸断火，可以用螺钉旋具逐缸对火花塞搭铁短路试火判断。如果经短路后，发动机振动加大，说明此缸工作，没有断火故障；如果经短路后，发动机振动没有变化，说明被短路的该缸有断火故障。这时可以检查该缸火花塞、点火线圈或分缸高压线的损坏情况以及气缸压力，必要时更换新件。

4. 低速断火

（1）故障现象　发动机不易起动，怠速时有明显的抖动，容易熄火。

（2）故障原因

1）火花塞间隙过小或烧蚀。

2）点火线圈有短路故障。

3）点火控制器(点火模块)内部电容损坏。

4）混合气过浓。

（3）故障诊断与排除　在排除混合气浓度合适的基础上：

1）检查火花塞间隙是否过小。火花塞间隙应该在规定范围之内，如果不符合要求，要及时调整。

2）检测点火线圈初级绕组和次级绕组的电阻值，应该在规定范围之内，如果不符合要求，要及时更换。

3）用示波器读取点火波形，观察点火次级电压是否符合要求。如果不符合标准，要更换点火模块（或点火控制器）。

5. 高速断火

（1）故障现象　发动机低速工作状况良好，但高速时运转不稳，排气管有“突突”的放炮声。

（2）故障原因

1）火花塞积炭过多或间隙过大。

2）点火线圈与发动机不匹配或损坏。

3）点火控制器（或点火模块）内部电容性能差或搭铁不良。

（3）故障诊断与排除

1）检查火花塞间隙是否过大。火花塞间隙应该在规定范围之内，如果不符合要求，要及时调整。

2）检测点火线圈初级绕组和次级绕组的电阻值，应该在规定范围之内，如果不符合要求，要及时更换。

3）用示波器读取点火波形，观察点火次级电压是否符合要求。如果不符合标准，要更换点火模块（或点火控制器）。

现代轿车的电子点火系统的故障多与点火模块、点火线圈及火花塞有关，所以在出现点火系统故障时，首先用故障诊断仪读取点火系统的数据流和点火波形以及故障码，排除点火模块的故障嫌疑；接着用万用表检测点火线圈的电阻，确认点火线圈是否良好；最后检查火花塞的间隙值和积炭烧损情况。

6. 高压火花弱

（1）故障现象　发动机起动困难，起动后运转不稳，怠速难以维持，有时“回火”，排气管有时有“突突”声，甚至“放炮”，发动机动力不足，易过热。

（2）故障原因

1）蓄电池存电不足。

2）点火系统连接线接触不良。

3）点火线圈内部短路。

4）火花塞工作不良。

5）触发叶轮与霍尔发生器之间的间隙不均匀或磁感应式发生器间隙不准。

（3）故障的诊断与排除

1）拔下火花塞端部的高压线，使其端部对机体7～9mm。接通点火开关至起动档，观察跳火情况。

若火花强，拆下火花塞检查其跳火情况，性能不良应更换。

若火花弱，检查高压线、点火线圈等。

2）拔下中央高压线，使其端部对机体7～9mm。接通点火开关至起动档，观察跳火情况。

若火花强，检查高压电路部分。

若火花弱，检查低压电路部分。

3）高压线电阻良好，检查点火系统连接导线是否接触不良。

十、点火系统故障实例

故障1：帕萨特领驭1.8T怠速抖动，2000r/min以上不能稳定运转

1）故障现象：帕萨特领驭1.8T怠速抖动，2000r/min以上不能稳定运转，转速上下波动。在其他维修站检查过正时系统，更换过G28、G40、凸轮轴调节器等，故障未能排除。

2）故障诊断：

① 电脑检测自诊断和引导性故障码如图5-32所示。

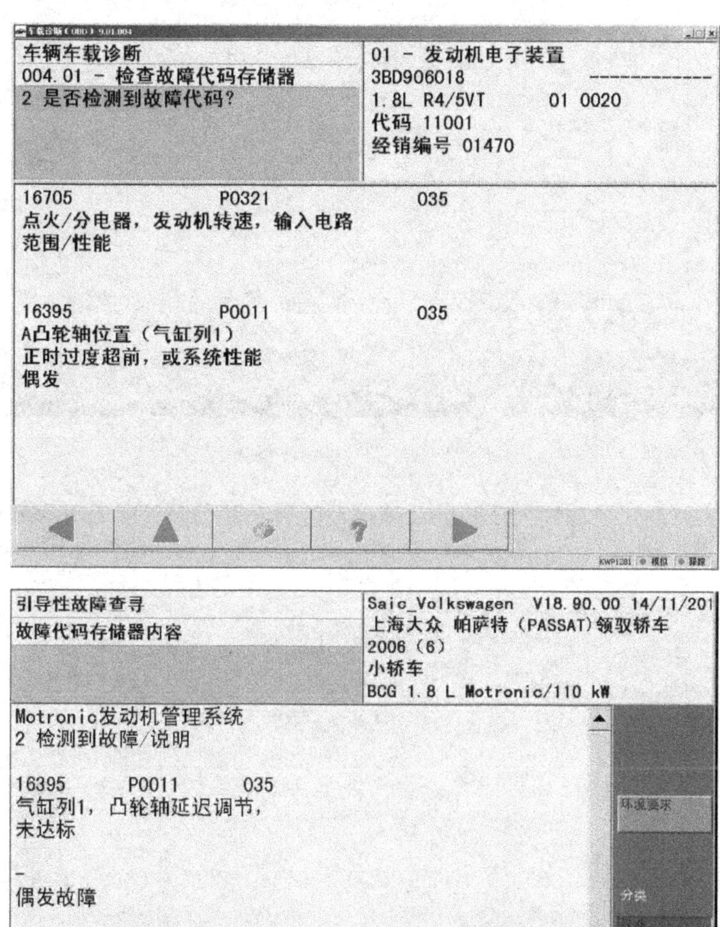

图5-32　查询故障码

② 根据故障码16705和16395，可以很明确得知G28信号和凸轮轴调节器有问题，基本判断是正时不对或有信号偏差。

③ 常规检查各个正时标记、凸轮轴调节器链节均正常。

④ 测试 G28 和 G40 的对照波形如图 5-33 所示。

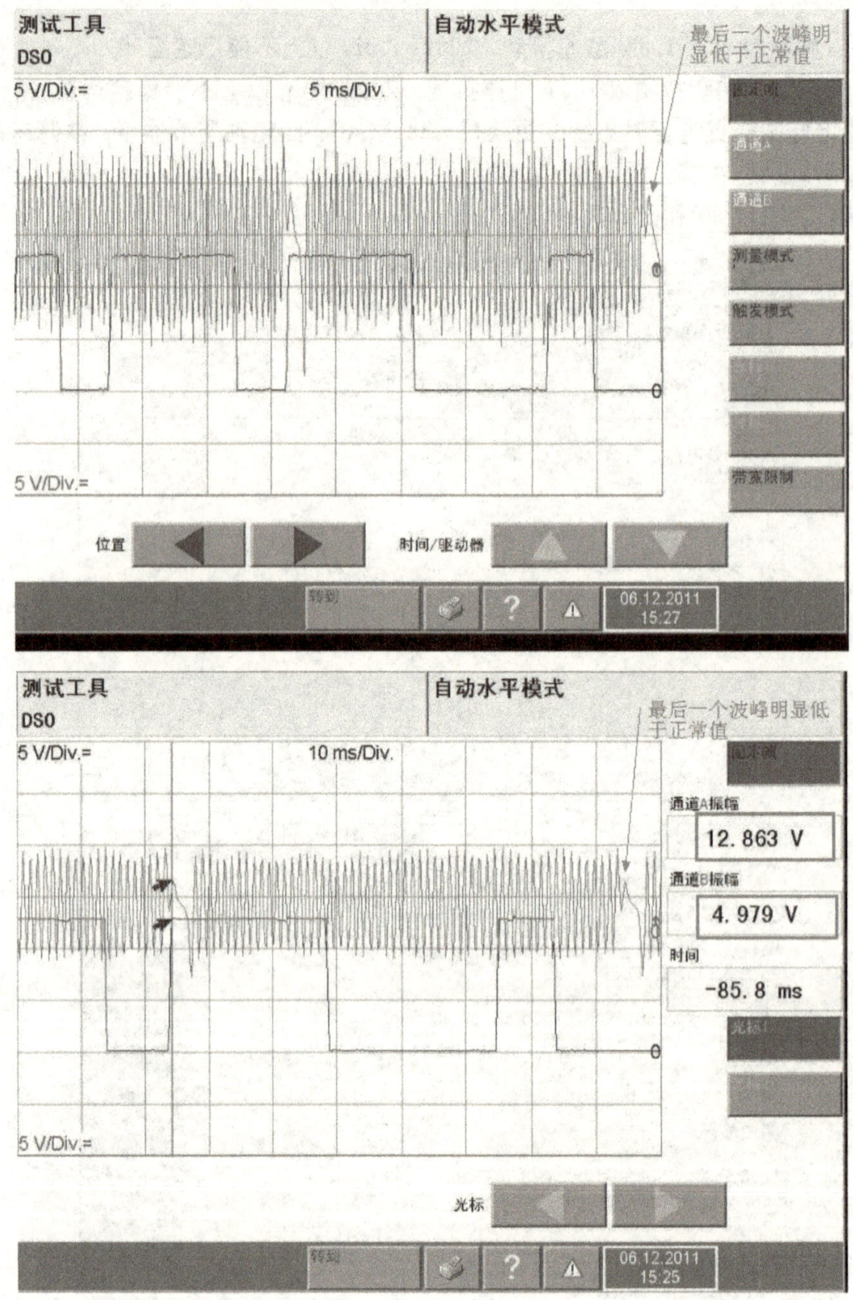

图 5-33 对照波形

3）故障分析：通过波形检测结果，不难发现，G28 信号波形最后一个波峰明显低于正常值，正常应为 12V，最后一个波峰只有不到 5V，应该正是问题所在。

4）故障排除：拆下油底壳检查发现，G28 信号轮缺口边上的一个方孔明显变形（图 5-34），修复信号轮，装复试车，一切正常。

5）故障总结：G28 信号轮装在油底壳内，怎么会变形呢，问题有点蹊跷。其实 G28 信号轮是被异物撞击所致，这个异物又是哪来的呢？究其原因，还是人为惹的祸：修理工在更换调节器密封垫时，误将定位销碰掉至气缸盖，车辆起动后定位销掉落，与旋转的信号轮碰撞，导致信号轮变形，最终导致了这起人为故障。

图 5-34　故障部位

故障 2：新帕萨特 2.0TSI 发动机失火

1）故障现象：怠速抖动，2.0TSI 新帕萨特发动机怠速失火，加速到 1500r/min 以上工作正常。

2）故障确认：

① 车辆在怠速时 OBD 灯闪烁，发动机抖动，发动机转速在 1500r/min 以上正常。

② 读取发动机故障码：771　P0303 3 缸检测到不发火。

3）故障诊断：怠速状态失火影响的因素：点火线圈、火花塞、喷油器、配气机构（气门、液压挺杆、缸盖、活塞等）、燃油品质、积炭、漏气等……

① 读取该车在怠速发抖时的数据流，发现只有 3 缸失火。

② 发动机转速在 1500r/min 以上时，故障消失。

③ 拆检点火线圈、火花塞未发现问题，并将 3 缸火花塞、点火线圈与 2 缸互换，故障依旧。

④ 用内窥镜检查发动机内部未发现异常现象。

⑤ 在对点火系统进行检查后，对燃油系统也进行了相同方法的检查，未能排除故障。

⑥ 对 4 个气缸的气缸压力进行了测量，测量结果是 1.31MPa、1.30MPa、1.22MPa、1.33MPa，结果完全符合正常的标准值：1.1 ~ 1.4MPa。

由于故障在 3 缸，重点连续测试了几次缸压，结果发现 3 缸缸压始终会在 0.7MPa 左右的时候有一个明显的停顿，后指针继续达到 1.2MPa。对比其他缸的压力指示，并且影响 3 缸失火的外部因素均排除，决定拆检缸盖。

拆解气缸盖后发现：该车故障原因主要是由于液压挺杆支撑滚柱摇臂的滚子迸裂，导致气门升程缩短，使充气效率降低，出现怠速失火。

4）故障分析：EA888 发动机配气系统采用双顶置凸轮轴和液压挺杆支撑滚柱摇臂（图 5-35），由凸轮轴驱动滚柱摇臂带动气门工作的 4 气门设计。

通过滚柱摇臂的作用放大了凸轮轴凸轮的行程，实际较小的凸轮可以达到较高的气门升程。

液压挺杆起到消除凸轮轴和滚柱摇臂之间的间隙的作用。

在怠速时由于发动机转速低，本身进气量小，空气流速慢，当有一个气门由于故障不能正常开启时，气缸内的进气量受到影响，该气缸充气不足，而此时发动机仍然按照平均的喷油量给该缸喷油，最终该缸因混合气浓而失火。1500r/min 以上时发动机进气量大，空气流速快，当其中一个气门开启出现故障时对发动机充气的影响相对较小。

a)

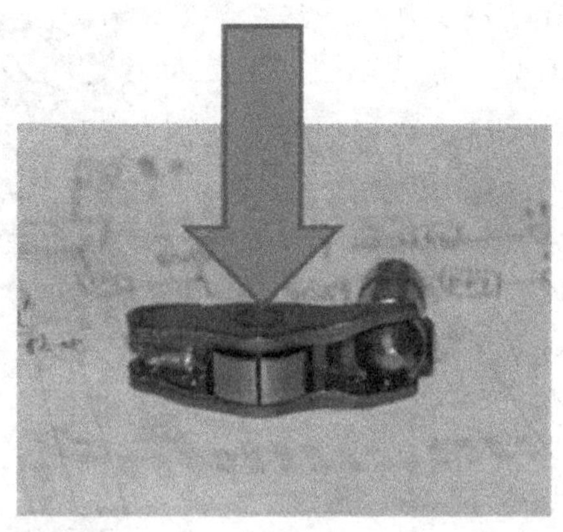

b)

图 5-35　液压挺杆支撑滚柱摇臂的结构与故障部位

a）结构　b）故障部位

5）故障总结：

① 导致发动机失火的原因有很多：点火系统、喷油系统、配气机构（混合气浓度）等，对于失火故障的维修，首先应该知道失火故障产生的原理和控制单元监测的原理。通过原理进行分析排除，慢慢地缩小检查范围，这样才能最终找到故障产生的原因。

② 在维修过程中对自己做过的步骤，一定要做到“我确定、我肯定”，这样才能在维修过程中避免走弯路。

故障 3：昊锐 1.8T 发动机不易起动

1）故障现象：客户到维修站报修发动机怠速抖动及不易起动。首先试车，发现发动机在怠速时抖动严重，加速无力且熄火后不易起动。询问客户车辆相关情况，车辆在出现不易起动前 1 个月发动机油底壳被撞坏，并更换过。

2）故障诊断：调取故障码，如图 5-36 所示。

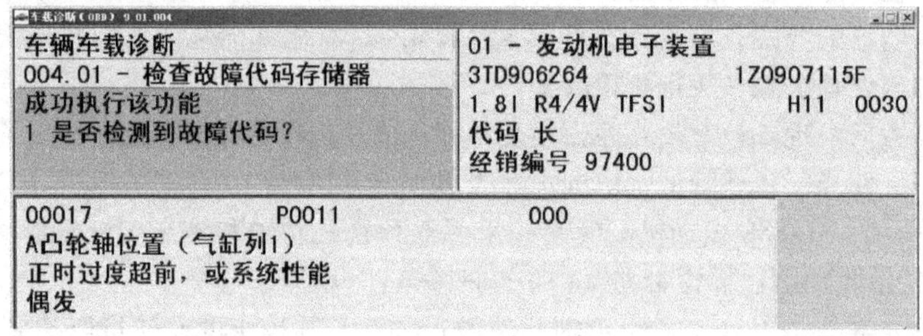

图 5-36　调取故障码

当出现此故障码时，同时观察数据块第 92 组数据（图 5-37），发现理论值与实际值完全不相符。其中机油压力正常怠速时应为 0.16MPa，3000r/min 时机油压力应为 0.34MPa。

根据以上故障码及数据块分析，此车辆为正时错误，并对此车辆进行拆检。

为确认此车正时跳齿齿数，在拆卸过程中将曲轴转到 1 缸上止点（图 5-38）并用油漆将

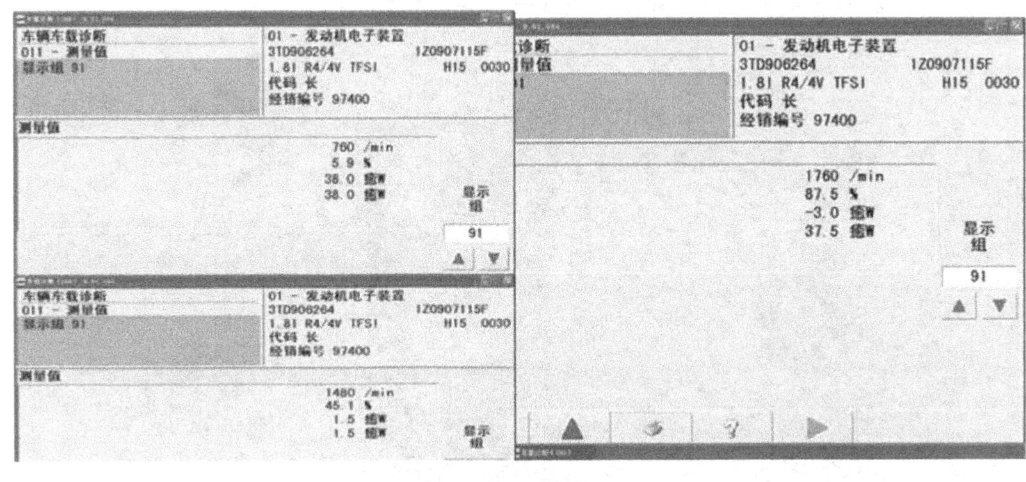

a)　　　　　　　　　　b)

图 5-37　观察数据

a）正常车辆数据块　b）故障车辆数据块

正时链做标记，标记完后拆下正时链分别记录 3 个正时记号点之间的齿数(正常车辆凸轮轴间齿数为 11 齿,左侧 38 齿,右侧为 39 齿)。此车左侧为 40 齿(图 5-39)。

图 5-38　曲轴转到 1 缸上止点

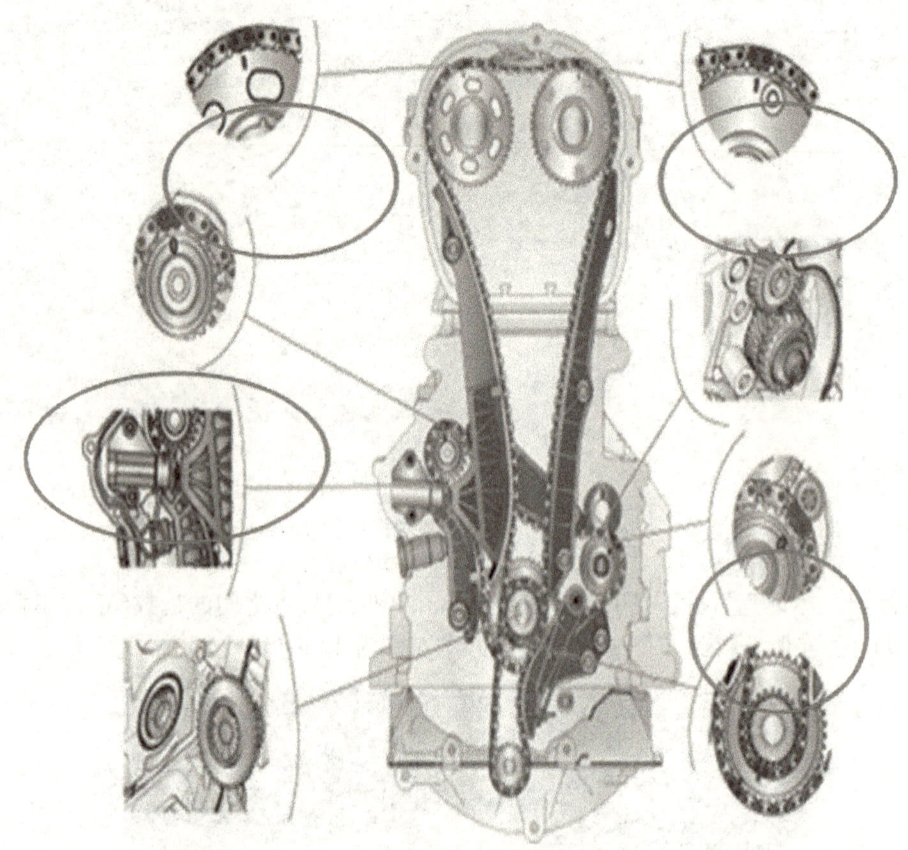

图 5-39　记录齿数

更换相关部件后安装正时链后试车，再读取第 91 组数据时发现理论值与实际值不相符并出现与前相同的故障码(图 5-40)。

车辆车载诊断
011 - 测量值
显示组 91

01 - 发动机电子装置
3TD906264　1Z0907115F
1.8l R4/4V TFSI　H15　0030
代码 长
经销编号 97400

测量值

1760 /min
87.5 %
-3.0 瘉W
37.5 瘉W

显示组
91

图 5-40　读取第 91 组数据

再次拆卸正时链盖用相同的方法记录，此时发现此车辆正时未跳齿，正时正常。同时检查拆卸下的零件时发现凸轮轴轴承座中少了回位弹簧，在拆卸过程中未找到。并检查油道即

VVT，在检查 VVT 控制阀时发现故障点。

此车故障点(图 5-41 与图 5-42)为两个：

① 客户行驶过程中油底壳撞击，导致机油压力不足以正时跳齿。

② VVT 控制阀卡死，导致 VVT 不能正常调整。

更换 VVT 控制阀，重新调整正时，故障排除。

3）故障总结：在维修车辆时经常遇到同一故障现象可能出现数个故障点，在检测过程中应该对每一个相关的部位进行检查，以提高一次维修合格率。

图 5-41　故障点(一)

图 5-42　故障点(二)

学习任务六　根据仪表显示进行故障诊断与排除

任务要求：

完成本学习任务后，你应该能够：

1）认识仪表板上的各种仪表图形标志。

2）正确描述汽车各种仪表的作用和工作条件。

3）正确使用故障诊断仪读取故障码和数据流及清除故障码。

4）准确分析汽车仪表显示不正常时的所有可能故障原因。

5）梳理诊断思路，制订排除汽车各种仪表显示故障的工作方案。

6）根据工作方案和仪表的显示，利用故障诊断仪和万用表诊断汽车发动机系统、底盘系统，排除故障。

7）用企业标准验收任务完成情况，评价和反馈工作过程，完成学习拓展任务及任务工单6.1~6.3。

建议学时：18 学时

任务引入：

1）一辆丰田威驰轿车，发现该车燃油表指示不准。

2）一辆丰田威驰轿车，发现该车车速里程表不准。

3）一辆丰田威驰轿车，发现该车高温时冷却液温度表常亮（一直指示高温状态）。

任务分析：

1）初步诊断，确认故障现象。

2）查找资讯，学习相关知识，分析故障可能原因，分解成三个子任务。

① 根据燃油表指示进行故障检修。

② 根据车速里程表指示进行故障检修。

③ 根据冷却液温度表指示进行故障检修。

3）制订工作计划，分析故障诊断思路。

4）根据故障现象和任务要求，确定所需要的检测仪器设备、工具，并对小组成员进行合理分工，制订详细的、可实施的故障诊断与排除工作方案。

5）实施试验进行检测，利用故障诊断仪和万用表对汽车的各个仪表系统及其传感器进行检测，确定故障原因并维修更换排除故障。

6）总结故障结论，写诊断报告。

7）用企业标准验收任务完成情况，评价工作过程，完成任务工单6.1~6.3。

资讯及相关知识：

为了使驾驶人随时掌握车辆的各种状况，并及时发现和排除潜在的故障，汽车上在驾驶人座位前方的仪表板上装有各种测量仪表。一般计量、测量仪表及报警指示灯在仪表板上的布置如图 6-1 所示。

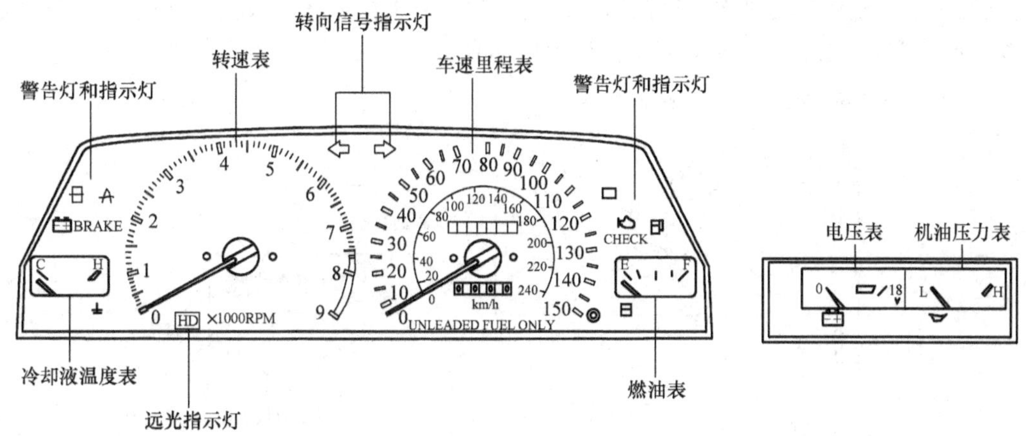

图 6-1　仪表板总成

现代汽车除了车速表、转速表、燃油表及冷却液温度表外，为了提高对驾驶人的警示作用，利用各种警告及指示灯来代替仪表，如机油压力警告灯取代机油压力表，充电警告灯取代电流表等。

由于传统的仪表为驾驶人提供的数据信息已远远不能满足现代汽车新技术的发展要求，所以电子显示组合仪表逐渐成为汽车仪表发展的主流。它相对于传统仪表具有易于辨认、精确度高、可靠性好及显示模式的自由化等特点，能够利用各种传感器传来的信号并根据这些信号进行计算，以确定车辆的行驶速度、发动机转速、发动机冷却液温度、燃油量及车辆其他情况的测量数据，并将这些数据以数字或条形图形式显示出来。采用数字显示的仪表有车速表、发动机转速表、燃油表、冷却液温度表等，如图 6-2 所示。

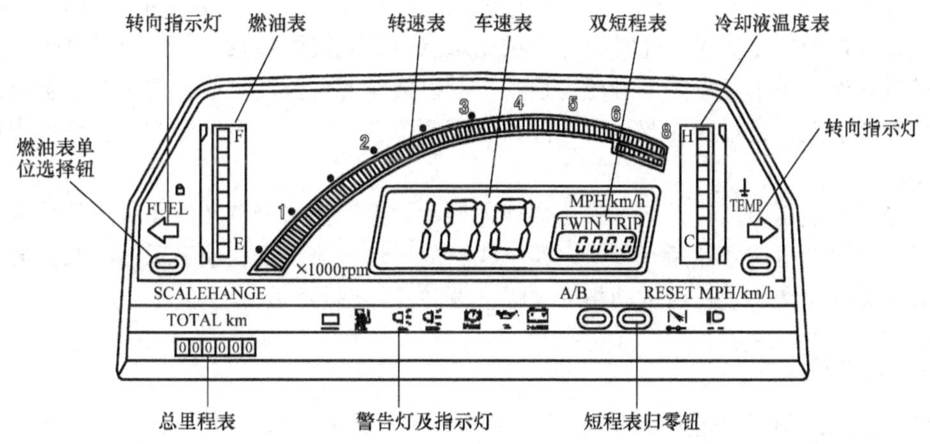

图 6-2　电子显示组合仪表板

有些行车信息的显示，并不要求很高的精确度。以发动机冷却液温度为例，模拟式温度表的指针指在约中间稍下方的位置时，驾驶人一看就能确定冷却液温度是在适当的范围；若是以数字显示温度为98℃，驾驶人反而不易确认冷却液温度是否正确。

一、机油压力表

机油压力表显示发动机内的机油压力，使驾驶人易于检测润滑系统的故障，是一种电热式(双金属片型)的仪表，一般安装主油道或机油泵上，其结构如图6-3所示。

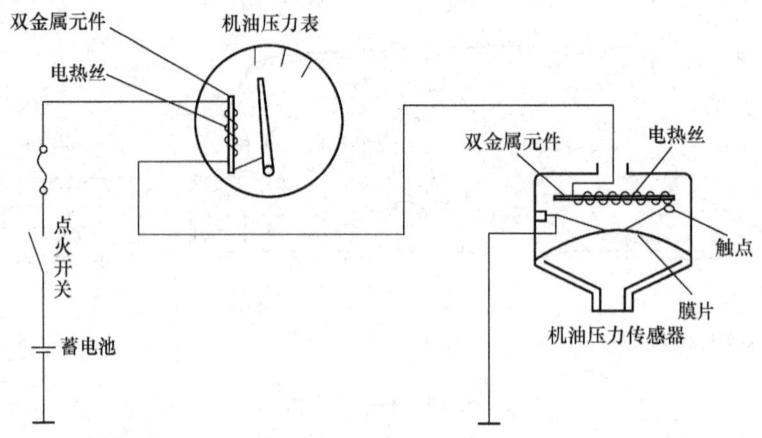

图6-3　机油压力表电路

相关链接

"双金属片"通常是指线胀系数不同的两种金属或合金结合成的金属条。温度改变时，由于两金属的伸缩程度不同，便会翘曲。很多仪表都是由双金属片元件与电热丝组成的。

机油压力表的工作有三种情况，其一是当无机油压力时，传感器中的双金属元件上的触点断开，此时接通点火开关，也无电流经过触点，故指针保持在0位不动，如图6-4所示。

其二是当机油压力低时，此时膜片会推动触点而产生轻微接触，使电流经过传感器和显示器中的电热丝。由于触点的接触压力很小，所以极弱的电流便可使传感器的双金属元件发生翘曲而断开触点，显示器的双金属元件的温度便不会上升，只会轻微翘曲，结果指针偏转量很微小。

其三是当机油压力高时，此时膜片会强力推动触点，使双金属元件与触点的接触压力增大，要通过很强的电流才能断开，所以整个线路的平均电流增大，使显示器的双金属元件的温度上升，翘曲度增大，从而带动指针大幅度偏转，如图6-5所示。

二、燃油表

燃油表是用来显示油箱中的剩余燃油量的。它有两种类型，电热式[双金属片电阻型(热偶片型)]和电磁式(交叉线圈型)。

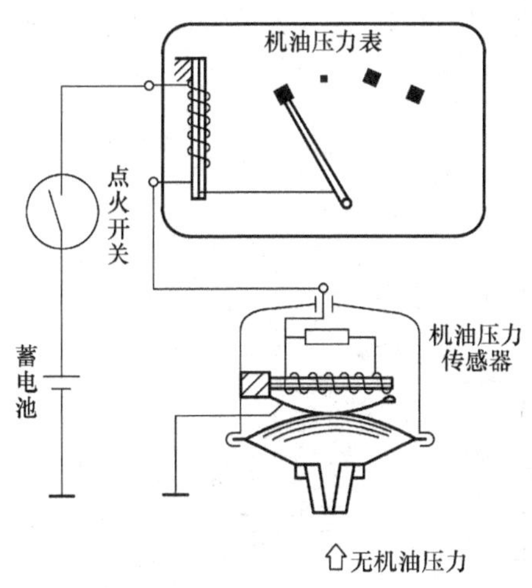

图 6-4 无机油压力时的工作情况

图 6-5 机油压力高时的工作情况

1. 电热式燃油表

(1) 电热式燃油表的原理 电热式燃油表利用热偶片弯曲拉动仪表的指针，以指示正确读数，其构造简单，成本低。热偶片是两片线胀系数相差很大的金属片，一般使用黄铜与弹簧钢重叠在一起而成，如图 6-6 所示，将线胀系数极小的弹簧钢置上侧，线胀系数大的黄铜置下侧，当加热后，尾端即向上弯，热偶片的弯曲量 A 与温度的变化成正比。

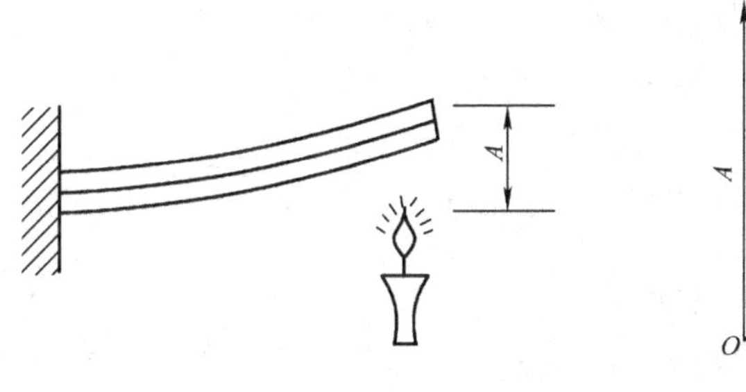

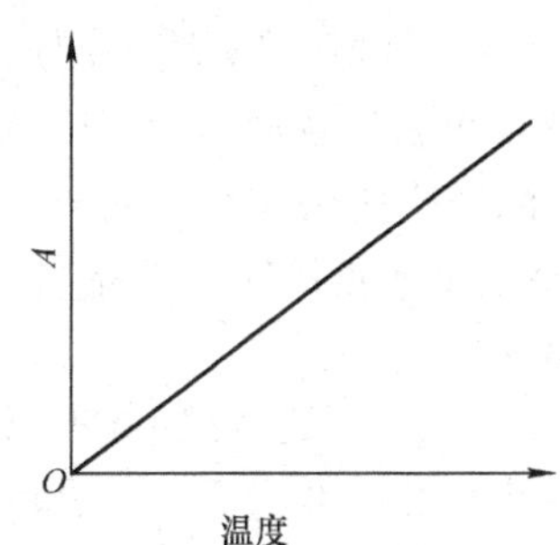

图 6-6 热偶片的作用

热偶片若只用一片，则热偶片会因外界温度的变化而弯曲，使表的指示失准，如图 6-7a 所示。为避免表的指示受外界温度的影响，使用两片 U 形热偶片，如图 6-7b 所示，如此外界温度变化时，固定端与自由端的弯曲量相同，因外界温度变动所产生的弯曲量互相抵消，因此表的指针不会因温度变动而发生指示误差，这就是热偶片的温度补偿原理。

(2) 电热式燃油表的构造及工作过程 如图 6-8 所示为电热式燃油表及可变电阻式传

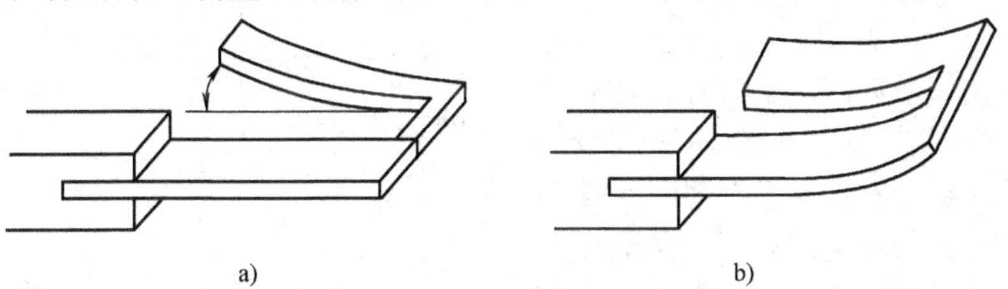

图 6-7 热偶片的温度补偿

a) 仅一片热偶片 b) 两片均为热偶片

感器的构造。传感器装在油箱内，油箱中的浮筒随油量的多少而升降，经过连杆使传感器中的电阻值发生变化。

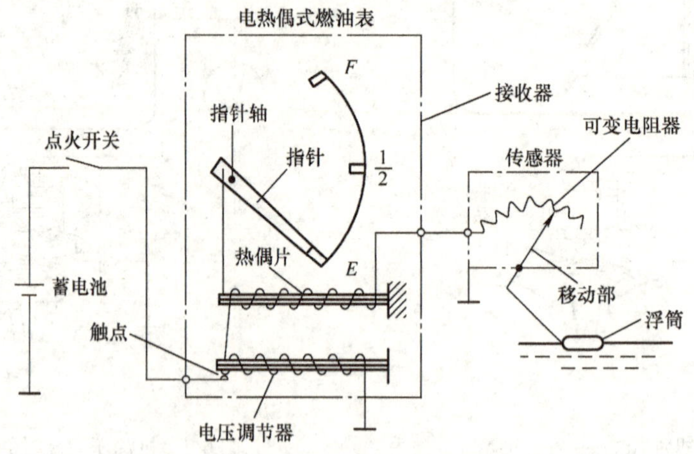

图 6-8　电热式燃油表及可变电阻传感器的构造与作用

当油箱油量少时，浮筒降到下面位置，传感器的电阻变大，电流由蓄电池→点火开关→电压调节器→燃油表接收器电热线→传感器电阻→搭铁。因电阻值大，通过热偶片电热线的电流小，产生热量少，热偶片弯曲量少，指针指在 E(无油)附近。

当油量多时，浮子的位置高，传感器的输出电阻小，流过热偶片的电流增大，产生热量多，热偶片弯曲最大，指针指在 F(满油)附近。

(3) 电热式仪表要装稳压器　电热式仪表是利用电流流经绕在热偶片外的电热线产生热量，使热偶片弯曲，仪表的指针移动，以指示正确读数。

当电源电压发生变化，如发动机低速或高速运转时，发电机发出不同电压，电压高则流经电热线的电流较大，产生的热量较多，热偶片的弯曲量大，指针的读数会较高；电压低时，指针的读数会较低，这样就会造成仪表的指示失准。为使电热式仪表的指示不受电源电压变动的影响，所有电热式仪表的前面一定装有电源稳压器，使流到仪表的电流量保持一定，不因电压的变化而影响表的读数。

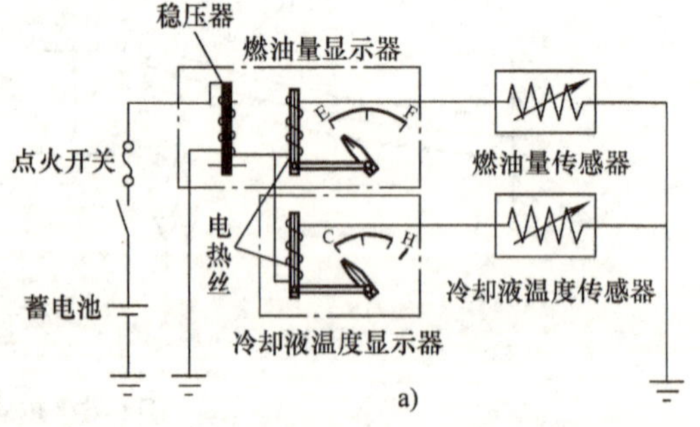

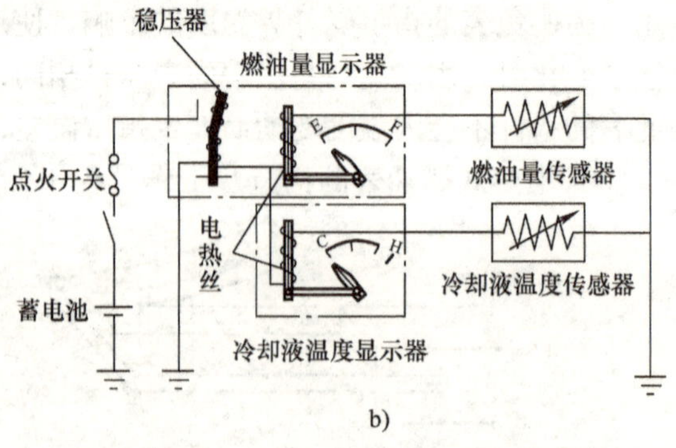

图 6-9　稳压器的工作过程

a）稳压器各触点闭合　b）稳压器各触点断开

稳压器是由带触点的双金属片元件和电热丝组成的。稳压器的原理如图 6-9 所示，当电流经过稳压器中触点及双金属片元件而流至燃油表和冷却液温度表时，电热丝使双金属片发热弯曲，此时触点随之断开，电流停止流经燃油表和冷却液温度表。同时，电流也不会再流经稳压器电热丝。当电流停止流经电热丝时，双金属片元件冷却，触点再次接通。如果蓄电池电压低，流经发热丝的电流量也小，使双金属片元件的加热速度也会减慢，这样，触点就会推迟断开，也就是说，触点要长时间接通。反之，如果蓄电池电压高，电流量也大，使触点的接通时间变得很短。通过这种方法，即使在蓄电池电压波动时，电压也保持在实际上恒定的水平，如图 6-10 所示。

2. 电磁式(交叉线圈型)**燃油表**

大多数新型的丰田汽车都使用交叉线圈型燃油表(单向型)。这种燃油表的传感器与电热式燃油表相同，只是在接收器中使用了交叉线圈型显示器，如图 6-11 所示。

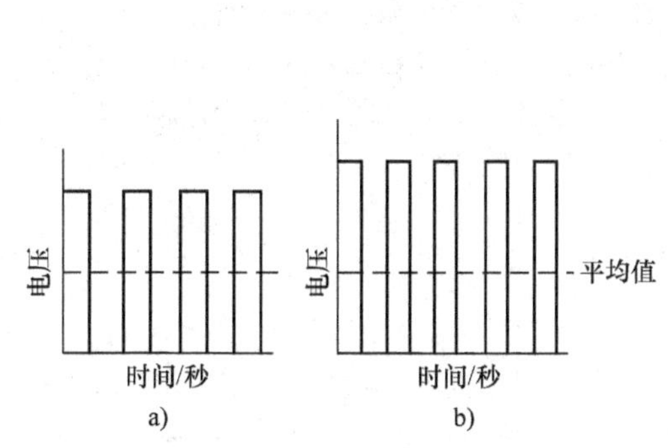

图 6-10　稳压器的稳压原理

a）电压低　b）电压高

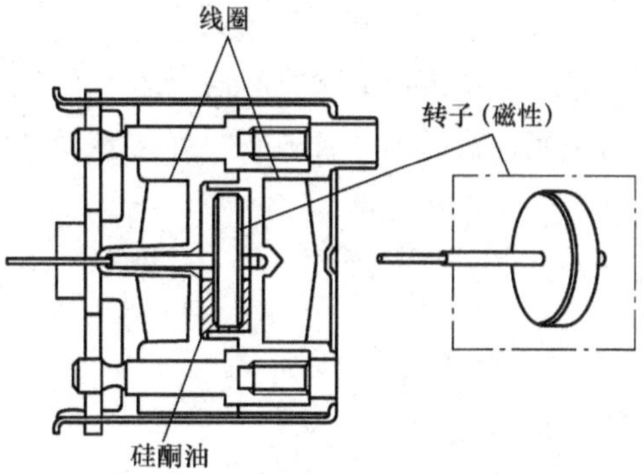

线圈
转子 (磁性)
硅酮油

图 6-11　交叉线圈型燃油表

表针与一磁性转子相连，在磁性转子的外面按四个方向绕上线圈，相邻两线圈之间的夹角为 90°。当线圈有电流通过时，四个线圈在四个方向上产生磁场，合成为某一方向的磁场，使磁性转子处于一定的位置，当电流发生变化时，合成磁场的方向也发生变化，从而使得磁性转子的位置发生变化，指示相应的燃油量值。在转子下面的空隙里填满了硅酮油，以防止车辆振动而造成指针振颤。

这种交叉线圈型仪表与双金属片型相比具有显示值精度高、指针偏转角较大、随动特性优良和无需稳压电路等特点。在某些车上使用单向型仪表，这种仪表即使在断开点火开关后，仍可显示出燃油剩余量。

线圈具体的缠绕如图 6-12 所示，线圈 L_1 和 L_3 沿相反方向缠绕在同一轴线上，线圈 L_2 和 L_4 缠绕在另一轴线上，两轴线间的偏置角为 90°，方向相反。

线圈的连接关系如图 6-13 所示，当点火开关闭合时，电流的方向为蓄电池“＋”极→L_1→L_2→L_3→L_4→搭铁→蓄电池“－”极，形成回路，另外还可由蓄电池“＋”极→L_1→L_2→传感器→搭铁→蓄电池“－”极，构成另一回路。而电压 V_s 将随燃油量传感器输出电阻，即随燃油液面高度不同而发生变化，使流经 L_1、L_2 的电流 I_1 和流经 L_3、L_4 的电流 I_2 发生变化，使四个线圈在各自方向上引起的磁场强度发生变化，引起磁性转子旋转，带动指针摆动。

线圈合成磁场的方向和大小与油箱的油面高低有关，当油箱满时，燃油传感器输出电阻最小，流经 L_1、L_2 的电流 I_1 大，流经 L_3、L_4 的电流 I_2 很小，合成磁场如图 6-14 所示。

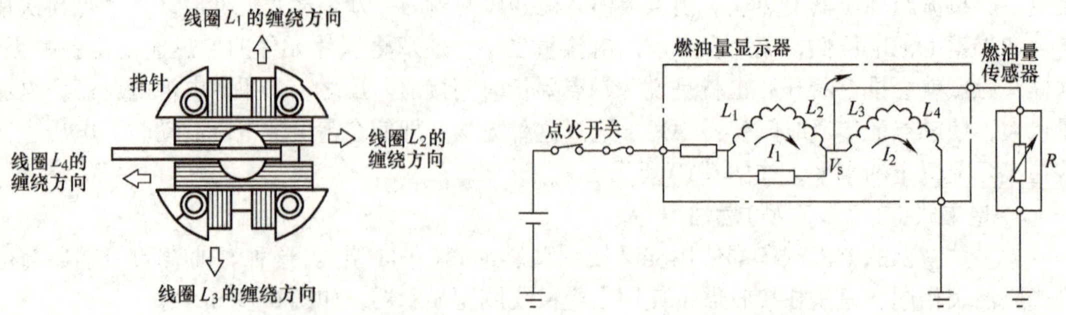

图 6-12　交叉线圈的缠绕方向

图 6-13　交叉线圈型燃油表的线路连接图

当油箱半满时，燃油传感器输出的电阻增大，流经 L_1、L_2 的电流 I_1 有所减小，流经 L_3、L_4 的电流有所增大，合成磁场如图 6-15 所示（注：L_3 线圈匝数极小，所产生磁场强度也小）。

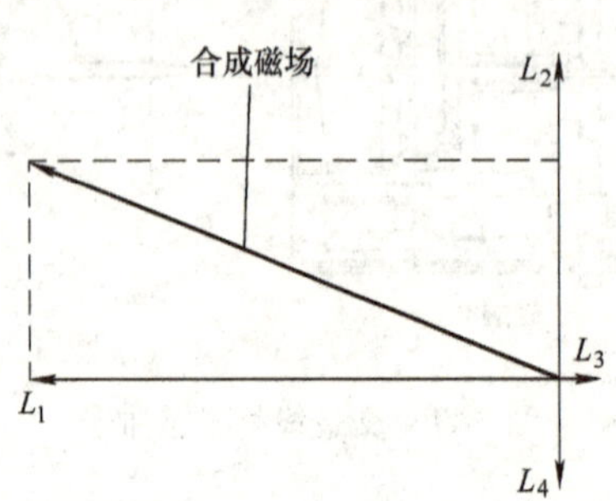

图 6-14　油箱满时的合成磁场

图 6-15　油箱半满时的合成磁场

当油箱空时，燃油传感器输出电阻最大，流经 L_3、L_4 的电流也随之增大，其合成磁场如图 6-16 所示。

归零式燃油表是指仅在点火开关处于 ON 位置时才起作用，当点火开关处于 OFF 位置时，指针回到 0 位置的燃油表。如图 6-17a 所示为归零式燃油表的构造，其转子为半圆形，当点火开关处于 OFF 位置时，线圈的磁力线消失，转子靠本身质量回到 0 位置。

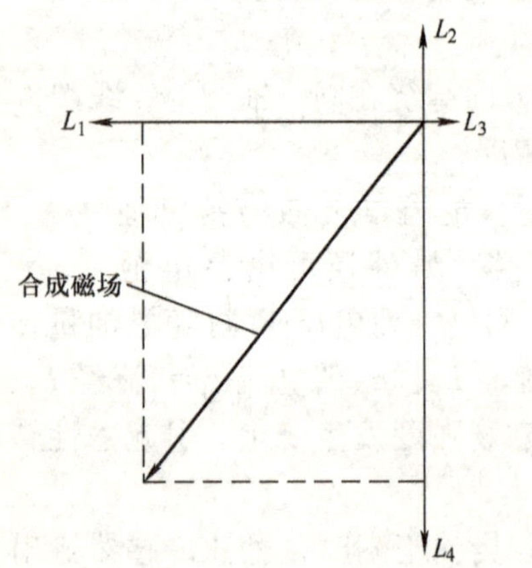

图 6-16　油箱空时的合成磁场

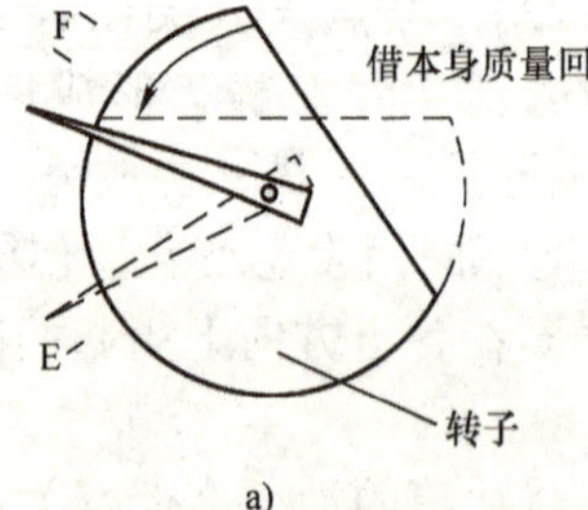

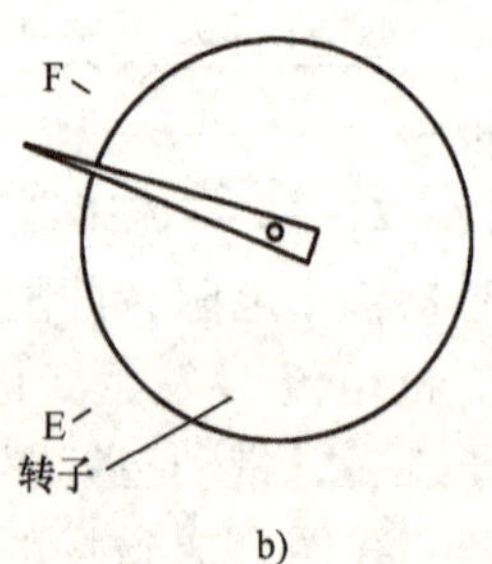

图 6-17　归零式与非归零式燃油表

a）归零式　b）非归零式

非归零式燃油表是指当点火开关处于 OFF 位置时，指针仍留在原位的燃油表，如图 6-17b所示为非归零式燃油表的构造，其转子的形状为圆盘状，通过硅油的粘度保持指针在一定的作用位置。非归零式燃油表指针的移动速度很慢，从点火开关打开到指针稳定为止，约需 2min。

3. 电子式燃油表

电子式燃油表是以仪表计算机处理数据来显示燃油量的，如图 6-18 所示，该表由传感器、处理器及显示器组成，处理器是计算机的一种主要设备器件。仪表计算机也可称为车身计算机或车身控制模块。

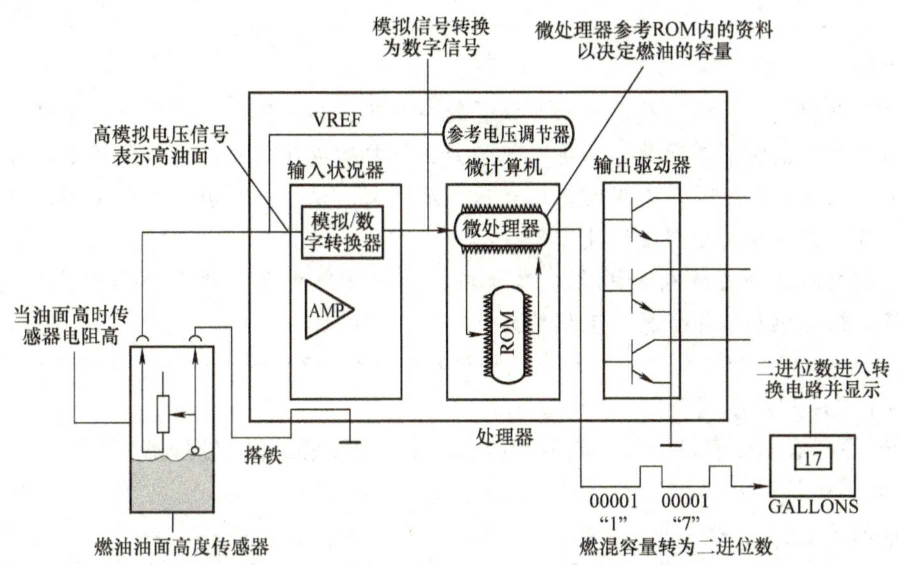

图 6-18　电子式燃油表的组成

燃油箱可变电阻式传感器(信号器)产生模拟信号，模拟/数字转换器将模拟信号转换为二进位数或称二进制代码的信号给微计算机，经计算机处理后将数字信号送给仪表板内电路，以照明正确的段，从而显示出燃油存量。

三、冷却液温度表

冷却液温度表是用来显示发动机冷却水套中的冷却液的温度的，也有电热式和电磁式两种类型。

1. 电热式冷却液温度表

如图 6-19 所示为传感器使用热敏电阻、接收器使用热偶片的冷却液温度表构造。温度表表面的刻度 C 表示低温，H 表示高温，一般汽车行驶时指针应指在 1/3 ~ 1/2 刻度之间。

当冷却液温度低时，热敏电阻的电阻值大；当冷却液温度高时，热敏电阻的电阻值小，其构造如图 6-20 所示。

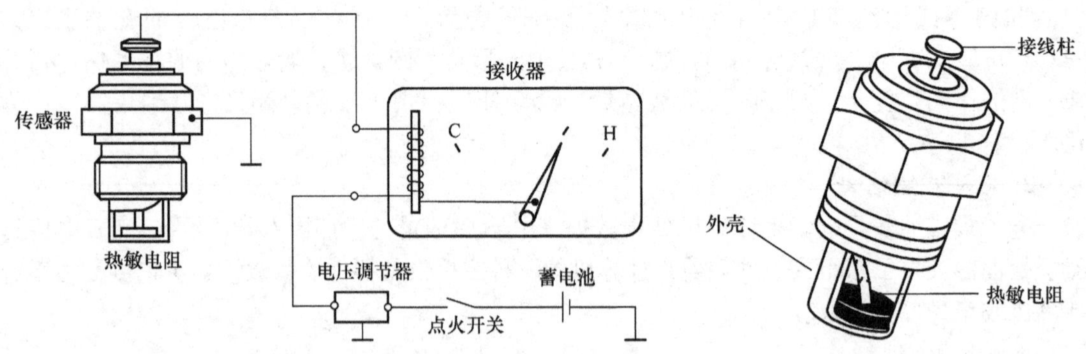

图 6-19　电热式冷却液温度表的组成与原理　　　　图 6-20　热敏电阻

相关链接

热敏电阻是一种类似晶体管和二极管的半导体，其电阻值随温度而发生很大的变化。当温度升高时，普通导体的电阻值增大，但热敏电阻的阻值有可能减小。普通导体的电阻值在温度上升几百度时只比普通温度下大一倍。但热敏电阻则不同，极小的温度上升，便可使其电阻值迅速下降。

热敏电阻由半导体材料混合烧结而成，构成热敏电阻的半导体材料主要有锰、钴、镍、铁、铜和钛等金属的氧化物。

2. 电子式冷却液温度表

电子式冷却液温度表是由可变电阻器（冷却液温度传感器）、处理器（计算机）及显示器组成的，如图 6-21 所示。

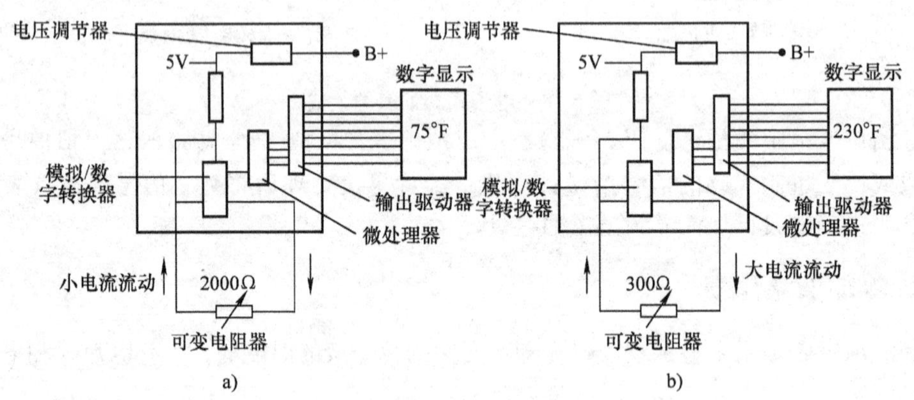

图 6-21　电子式冷却液温度表的组成与原理
a）冷却液温度低时　b）冷却液温度高时

当冷却液温度低时，负温度系数（NTC）的冷却液温度传感器电阻高，流过的电流小，传感器两端的电压高，模拟/数字转换器将高电压信号转换为数字信号，送给微处理器，微处理器再送出信号给输出驱动器，使显示器显示出 75 ℉（23.9℃）的冷却液温度，如图 6-21a 所示；反之，当冷却液温度逐渐升高时，因 NTC 型冷却液温度传感器电阻逐渐降低，流过的电流逐渐变大，因此传感器两端电压逐渐变低，故冷却液温度的显示会逐渐升高，例如达

230 ℉(110℃)，如图 6-21b 所示。

四、车速里程表

车速里程表是用来指示汽车行驶速度和累计行驶里程的仪表，由车速表和里程表两部分组成。

1. 电磁式车速表

普通车速表一般为磁感应式，其结构如图 6-22 所示。

车速表主要由永久磁铁、铝罩、护罩、刻度盘和表针等组成，永久磁铁与主动轴紧固在一起，主动轴由来自变速器输出轴的挠性软轴驱动，指针、铝罩固接在中心轴上，刻度盘固定在表外壳上。车速表指针的指示是因软轴带动磁铁旋转时，使转盘也发生旋转力，此旋转力与游丝弹簧的弹力平衡时指示在一定位置，如图 6-23 所示。不工作时，铝罩在游丝弹簧的作用下，使指针位于“0”位。当汽车行驶时，软轴驱动主动轴带动 U 形永久磁铁旋转，在铝罩上感应出电涡流而产生磁场，这个磁场与永久磁铁的旋转磁场相互作用产生力矩，使铝罩向永久磁铁旋转方向转过一定角度，直到由游丝弹簧的弹力所产生的反方向力矩与之平衡。车速越高，产生的力矩越大，指针在刻度盘上摆动的角度就越大，即指示的车速就越高。

旋转磁铁之所以使转盘转动，其原理是把导体置于旋转磁场中，导体便感应产生电流，而产生与旋转磁场同方向的力矩。旋转磁铁是永久磁铁，产生的磁力线由 N 极发出，切割转盘后回到 S 极。当旋转磁铁顺时针旋转时，转盘不动，由相对运动可假定旋转磁铁不转，而转盘以逆时针方向切割磁力线，如图 6-24 所示，根据右手定则可知，在靠近 N 极处的电流向下流，靠近 S 极的电流向上流；再根据左手定则可知，在磁场中的转盘，当有电流产生后，会产生顺时针方向旋转的作用。所以旋转磁铁旋转时，转盘会随着产生同方向的旋转。

2. 电子式车速表

电子式车速表由车速传感器(VSS)、处理器及指针式车速表组成，如图 6-25 所示。车速传感器采用电磁式，为一种小型的交流(AC)信号产生器，由变速器输出轴驱动，当汽车行进时，VSS 产生的电压信号与车速成正比，送给处理器放大、计算及处理后，使指针摆动以显示速度。

电子式车速表与机械式车速表的不同点为不使用机械式的软轴，而是利用 VSS 及处理器的电子控制作用，现在汽车多采用电子式车速表。

3. 里程表

里程表用来显示汽车累计行驶的里程数和短里程数，按照其工作原理的不同可分为机械式里程表和机械电子式里程表。

(1) 机械式里程表　机械式里程表的结构如图 6-26 所示。里程表是以车速表旋转磁铁的驱动软轴驱动它的齿轮，带动计数环来计算行驶里程，如图 6-27 所示。里程表通常有五个计数环，末位数每转一圈代表汽车行驶 1km。现代汽车的里程表的最右侧通常再附一组白底黑字、每一数字代表 1/10km 的计数环。

短程表通常为三位数，随时可以用归零装置，使每个计数环都回到 0 位。

(2) 电子式里程表　电子式里程表由车速传感器(VSS)、处理器及步进电动机与机械式

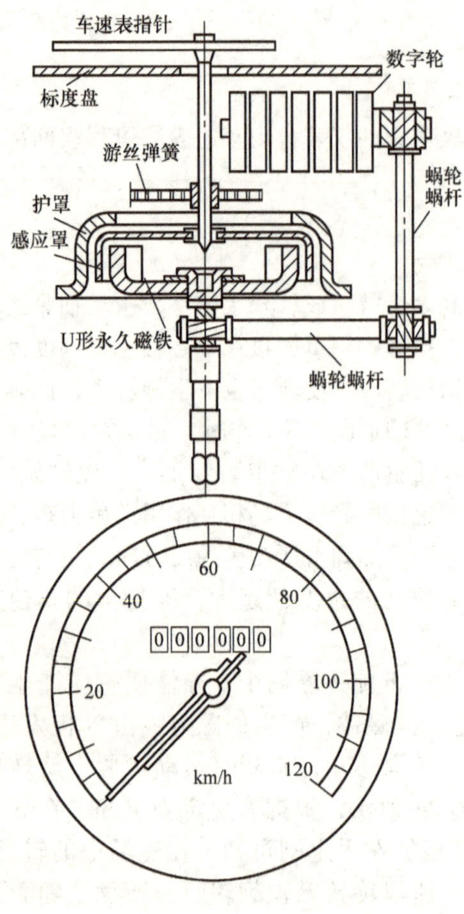

图 6-22　磁感应式车速表

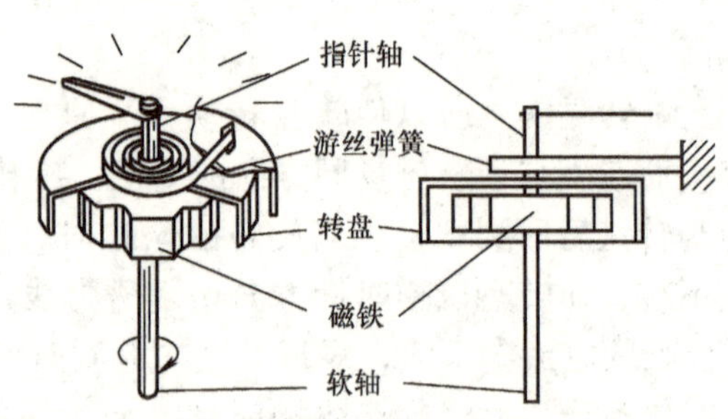

图 6-23　电磁式车速表组成和原理

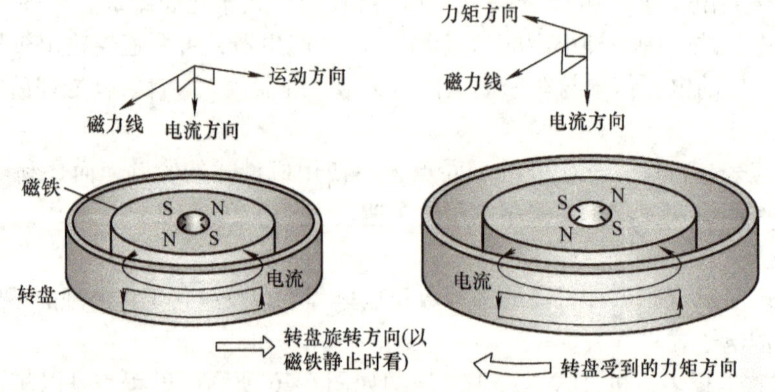

图 6-24　车速表的作用原理

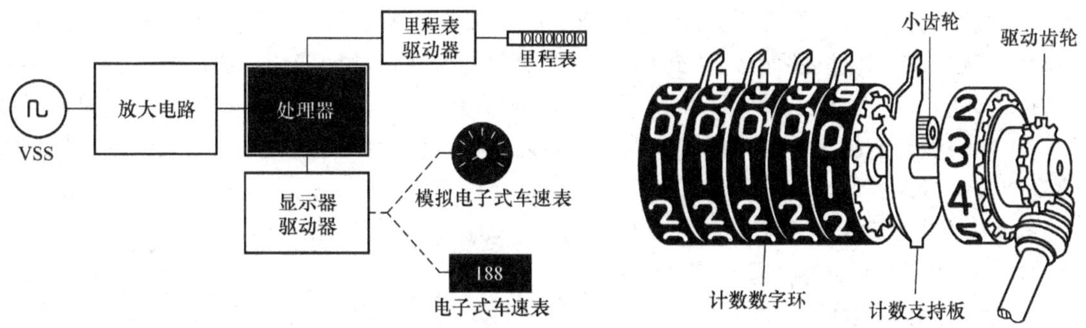

图 6-25　电子式车速表的组成和原理

图 6-26　机械式里程表的结构

里程表组成。VSS 信号送给处理器，处理器控制步进电动机作用，使机械式里程表显示正确的数字。步进电动机与机械式里程表的组合如图 6-28 所示。

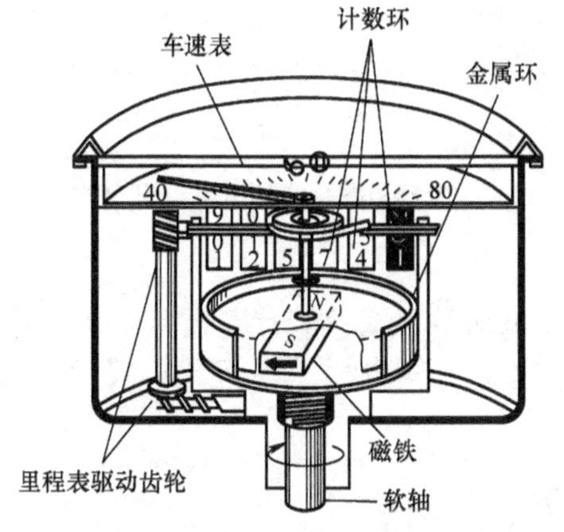

图 6-27　里程表的驱动齿轮

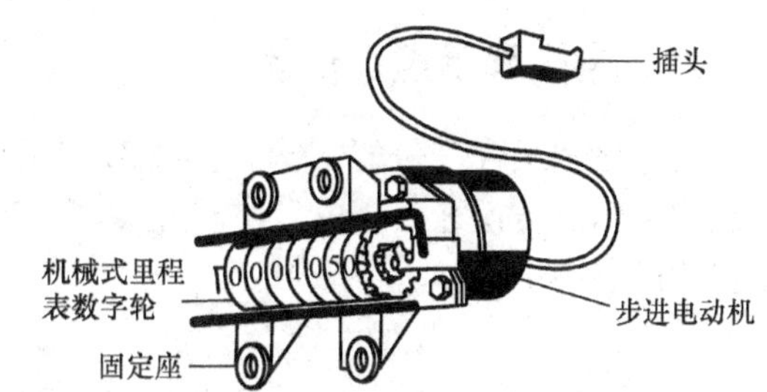

图 6-28　电子式里程表的结构

五、发动机转速表

发动机转速表指示发动机转速，使驾驶人了解发动机正在运转的状况，避免发动机超速运转。发动机转速表检查调整发动机、监视发动机工作情况，使驾驶人正确地选择换档时机。

1. 磁感应式发动机转速表

普通机械式转速表又可分为机械传动磁感应式转速表和电动磁感应式转速表。机械传动磁感应式转速表的结构和工作原理与上述磁感应式车速表基本相同；电动磁感应式转速表的基本结构如图 6-29 所示，它由传感器和指示器两部分组成，传感器实际是一个小型的交流发电机，安装于发电机带轮附近，由 4 个螺钉固定。

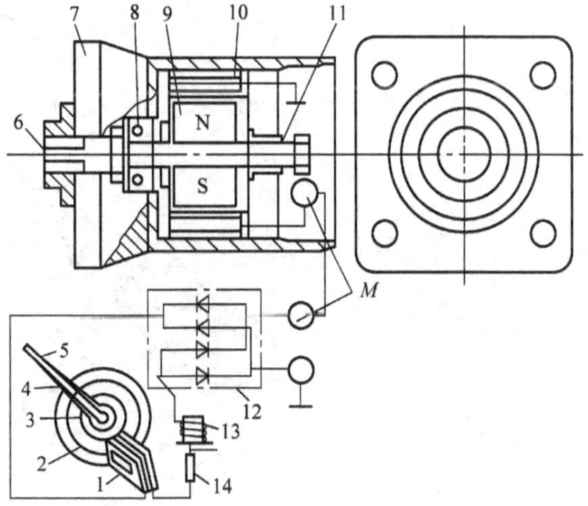

图 6-29　电动磁感应式转速表

1—动圈　2—永久磁铁　3—游丝　4—配重　5—指针　6—传感器扁形轴　7—外壳　8—线圈固定罩　9—旋转永久磁铁　10—输出线圈　11—轴承座　12—整流器　13—绕组电阻 R_1（200Ω）　14—电阻 R_2（300Ω）

当发动机工作时，发动机的传动机构带动传感器扁形轴转动，与轴相连的永久磁铁随之转动，使磁力线切割线圈而产生交流电。电压高低随转速快慢而变化，通过整流器转化为直流电，再经 R_1 和 R_2 输入动圈，此时动圈所产生的磁场与永久磁场相互作用，其结果使动圈偏转。发动机转速越快，传感器输出的电压也就越大，使动圈的输入电压变大，动圈偏转的幅度越大，指针的偏转角度也越大。

2. 脉冲式发动机转速表

脉冲式发动机转速表通常都是利用送到点火线圈的脉冲电压或电流，使指示器作用，以显示发动机转速。分电器触点的“ON-OFF”或点火系统 ECU 使点火线圈电流“ON-OFF”变化，电子电路利用此“ON-OFF”信号，使模拟式指针或数字显示器作用。如图 6-30 所示为触点型脉冲式发动机转速表的电路。

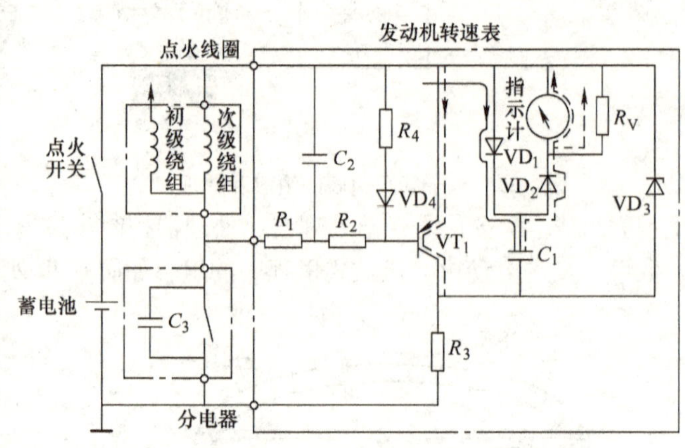

图 6-30　脉冲式发动机转速表的电路组成原理

六、电子显示组合仪表

电子显示组合仪表的结构如图 6-31 所示，主要包括数字式仪表计算机、车速传感器、燃油油位标尺转换开关、短程控制开关、里程表(机械式)等元件，这些元件与真空荧光显示器构成了一个整体。

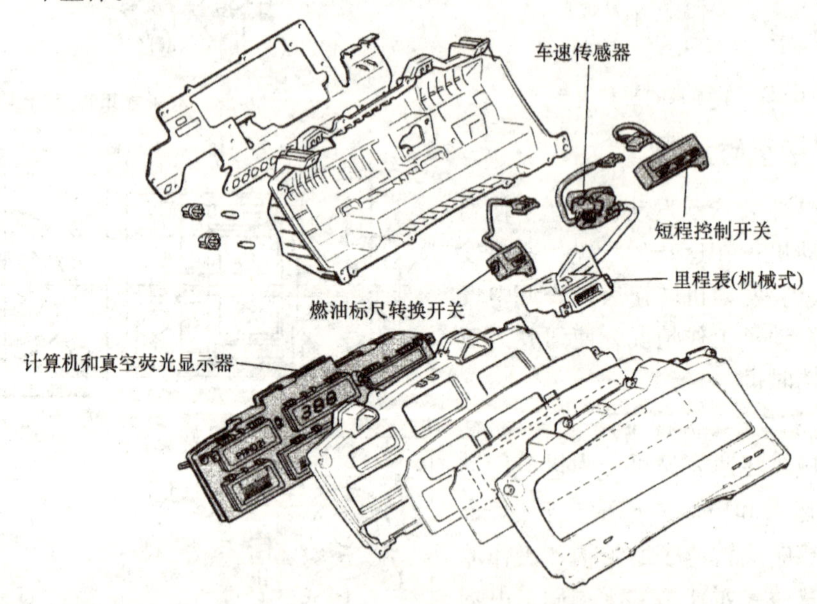

图 6-31　电子显示组合仪表的结构

电子仪表的作用与常规机电模拟式的仪表基本相同，都是从各种传感器接收信号，并将信号经处理后通过显示器显示数据，使驾驶人了解车辆的速度、发动机转速、燃油量、冷却液的温度等。不同之处在于：电子仪表是通过仪表中的微电脑和各种集成电路处理各种传感器的信号，然后以数字形式在真空荧光显示器上显示出来，电子仪表的零部件以及功能示意图如图 6-32 所示，其大体组成可分为各种传感器、微电脑和集成电路和真空荧光显示器等，下面分别介绍。

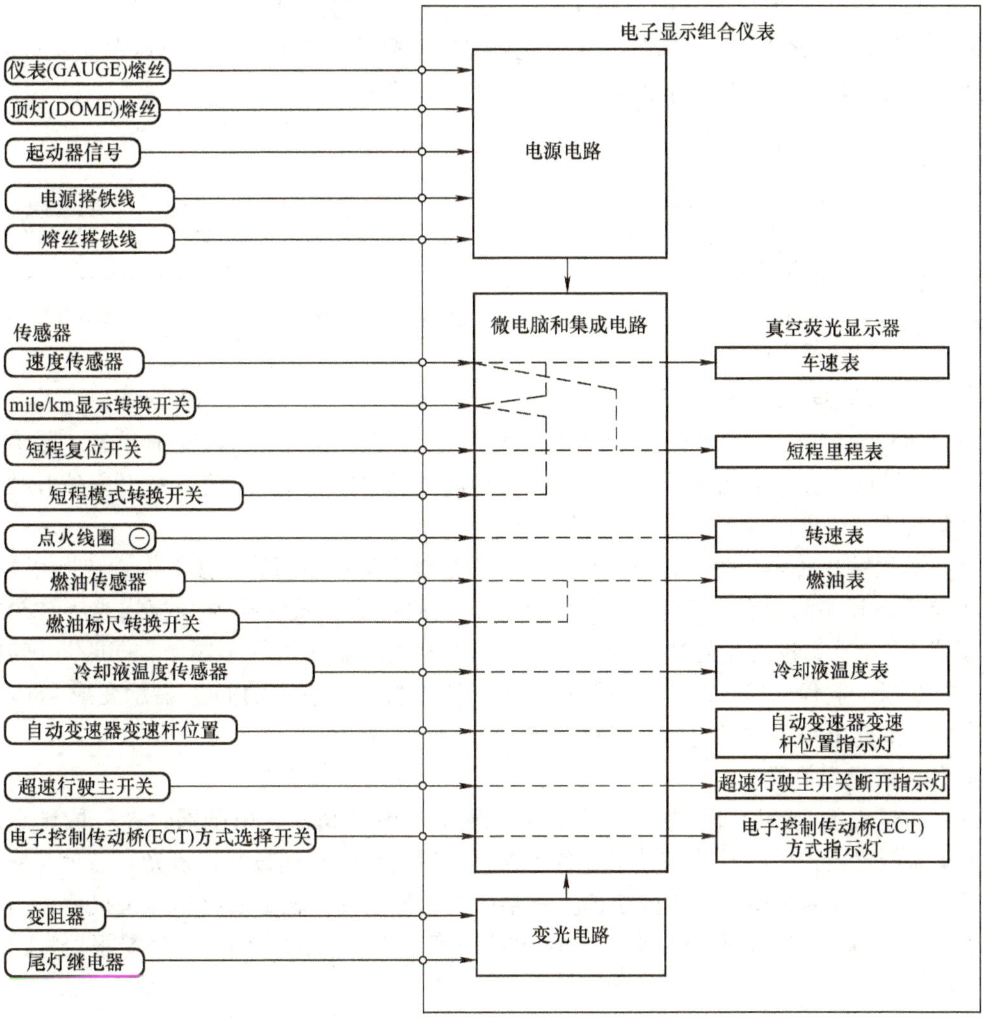

电子显示组合仪表

仪表(GAUGE)熔丝
顶灯(DOME)熔丝
起动器信号
电源搭铁线
熔丝搭铁线

电源电路

传感器
速度传感器
mile/km显示转换开关
短程复位开关
短程模式转换开关
点火线圈 ⊖
燃油传感器
燃油标尺转换开关
冷却液温度传感器
自动变速器变速杆位置
超速行驶主开关
电子控制传动桥(ECT)方式选择开关

微电脑和集成电路

真空荧光显示器
车速表
短程里程表
转速表
燃油表
冷却液温度表
自动变速器变速杆位置指示灯
超速行驶主开关断开指示灯
电子控制传动桥(ECT)方式指示灯

变阻器
尾灯继电器

变光电路

图 6-32　电子仪表的功能示意图

1. 传感器

(1) 车速传感器　车速传感器如图 6-33 所示，其中有一内置光电耦合器，如图 6-34 所示，将发光二极管和光敏晶体管组合在一起。在发出光线的二极管和接收这些光线的光敏晶体管之间，有一个开有二十条狭槽的转轮旋转。开槽转轮连接在车速表传动软轴上，其转动速度根据车速的快慢而增减。当开槽转轮转动时，不停地隔断发光二极管和光敏晶体管之间的光线，从而使光敏晶体管时通时断，晶体管将 20 个 PPR(每转动一周的脉冲数)的信号传输至电

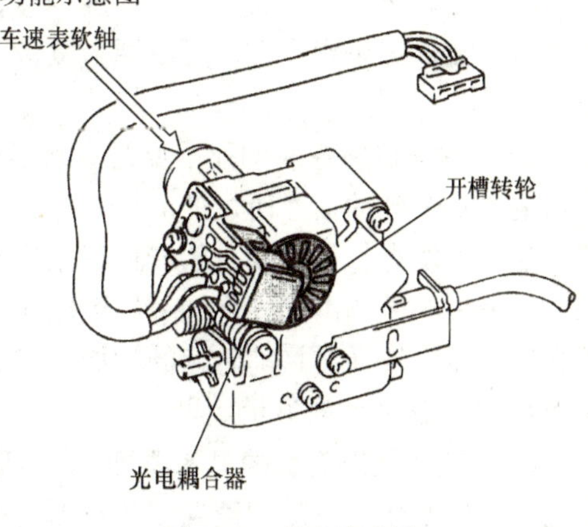

图 6-33　车速传感器

脑端子，使电脑得知车速。

（2）mile/km 转换开关　在某些国家使用车辆短程控制开关上，如图 6-35 所示，其上装有 mile/km 显示转换开关。按下该开关，便可以在车速表上交替显示出“mile/h”和“km/h”。当断开 mile/km 显示转换开关，也就是断开电脑相应的端子，车速表仅以 km/h 显示车速。反之，端子闭合时，车速表仅以 mile/h 显示车速。

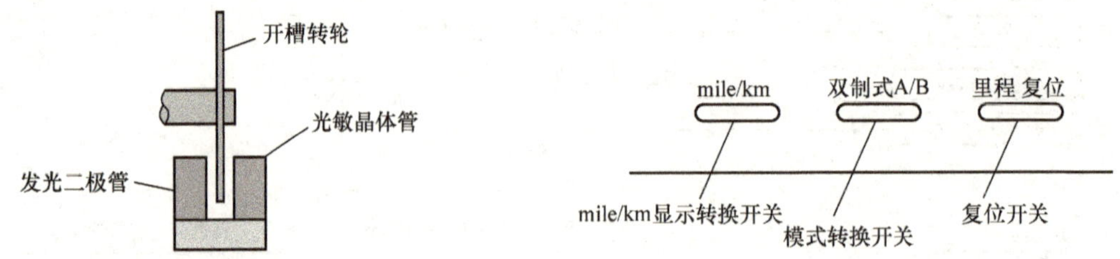

图 6-34　光电耦合器

图 6-35　短程控制开关

（3）短程复位开关　此开关是与短程里程表配合使用的，按下该复位开关，便接通了复位开关的触点，让相应的端子搭铁，从而将目前显示的数据复位归零。松开复位开关，各触点便会断开，短程里程表重新开始计算距离。

（4）短程模式转换开关　此开关也是与短程里程表配合使用的，按下模式转换开关（A/B）便可接通该开关的触点，使相应的端子搭铁，从而将 A 模式转换为 B 模式或从 B 模式转回 A 模式（放开模式转换开关时，各触点断开）。在某些国家使用的车辆上，mile/km 转换开关安装在双制式短程里程表内，按下转换开关，便可将短程表上的 mile 显示变成 km 显示。转换开关与车速里程表的显示器连接在一起。

2. 仪表的显示原理

（1）车速表的显示原理　车速表的工作原理如图 6-36 所示，电脑通过在一段预定的时间内从车速传感器传出的脉冲信号来计算车速，然后使真空荧光显示器发光，显示车速，同时可以通过 mile/km 转换开关切换单位。在某些国家使用的车辆上装有车速警报器，当车速达到或超过 125km/h（78mile/h）时，电脑内的晶体管便反复接通和断开，使警报器发出警告蜂鸣声。

（2）双制式短程里程表的显示原理　双制式短程里程表的工作原理如图 6-37 所示，是由微电脑计算车速传感器发出的速度信号，计算出行驶距离，然后将计算结果由真空荧光显示器显示在短程里程表上，可以通过复位开关进行复位归零，还可以通过模式转换开关转换模式。

（3）发动机转速表的显示原理　转速信号来自点火线圈的脉冲信号，微电脑通过计算出每输入 6 个脉冲信号所用的时间，来计算出发动机转速，如图 6-38 所示，然后控制真空荧光显示器发光，将发动机的转速以条形图形式显示出来。

转速表与电脑内部亮度调节器电路相连，这样可对真空荧光显示器的数字板片分配不同的亮度，显示发动机目前转速的初始数字板片 N，得到最高亮度，其他板片亮度逐渐降低，从而得到“流星”的显示效果。

（4）冷却液温度表的显示原理　冷却液温度表的原理如图 6-39 所示，当发动机冷却液的温度发生变化时，冷却液温度传感器（热敏电阻）的电阻随之变化，使端子 A_6 的电压发生

变化，微电脑检测到该电压后，便将其与参考电压比较，然后接通真空荧光显示器，将比较

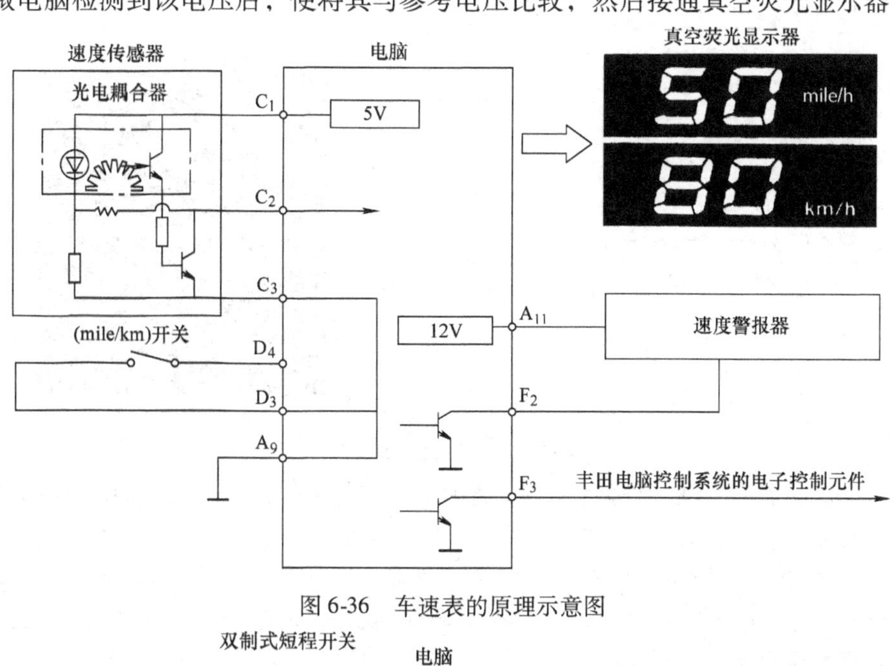

图 6-36　车速表的原理示意图

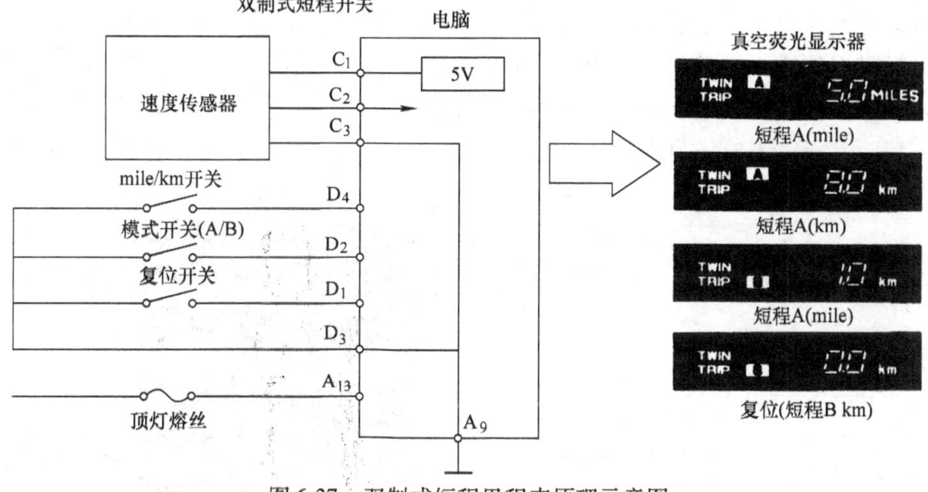

图 6-37　双制式短程里程表原理示意图

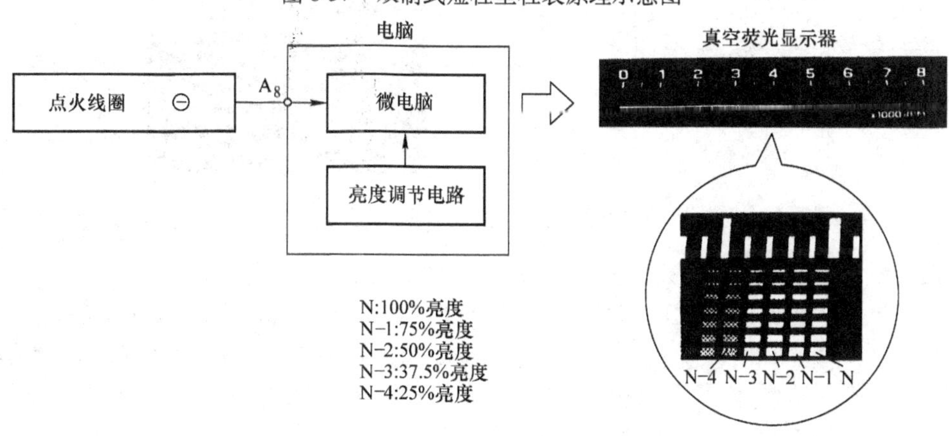

图 6-38　转速表原理图

的结果以条形图方式显示出来。

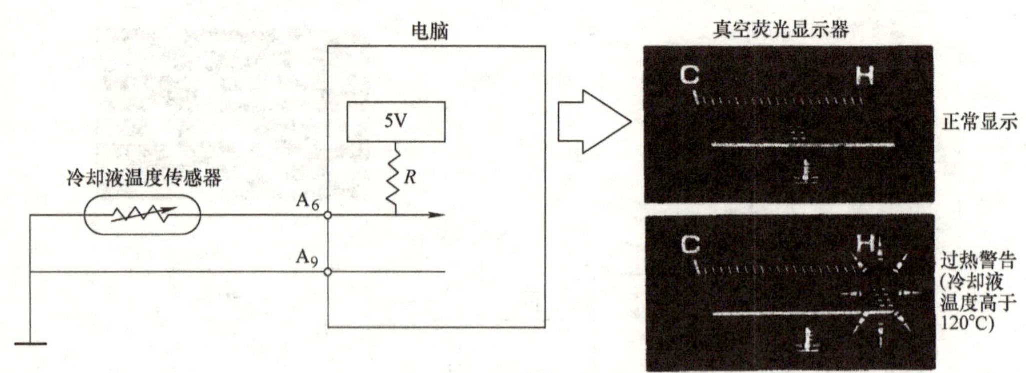

图 6-39 冷却液温度表原理图

真空荧光显示器用 10 块板片组成一个条形图(每两行真空荧光显示器组成 1 块板片),显示出冷却液温度,当第 10 块板片(即最高温度)闪烁时,则表明发动机过热。

(5) 燃油表的显示原理 如图 6-40 所示,燃油传感器的电压为 5V,端子 A_4 与浮子相连,其电压随着浮子的升降而变化,电脑将检测到端子 A_4 的电压与参考电压相比较,比较后控制真空荧光显示器以条形图的形式显示出燃油油位。条形图由 10 块板片组成,每两行真空荧光显示器构成 1 块板片。由于燃油油位波动性较大,电脑要在短时间内对端子 A_4 电压进行几百次检测,算出平均值,然后将平均值作为燃油油位显示出来,当点火开关转至“ON”位置时,对端子电压只进行几次检测,计算平均值,以便快速显示出燃油油位。

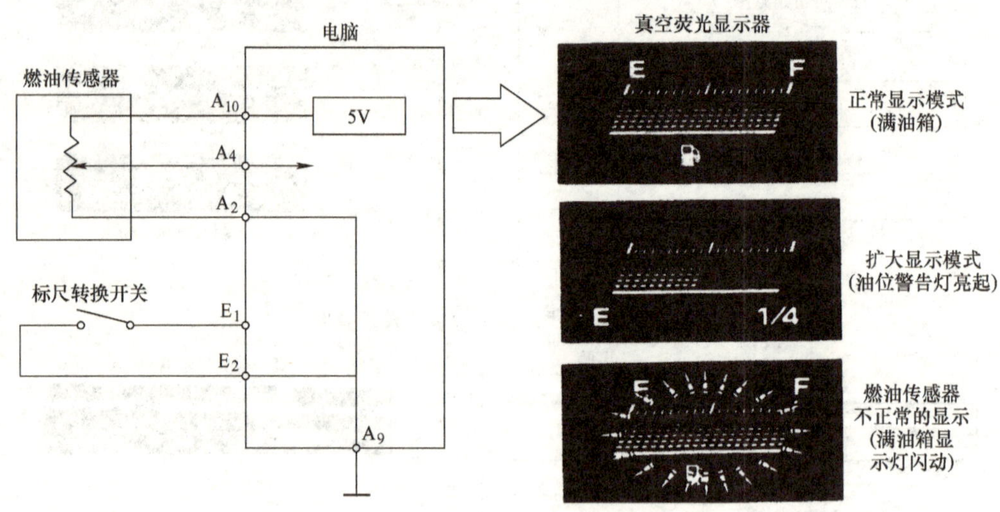

图 6-40 燃油表原理图

燃油表还设有燃油标尺转换开关,如图 6-41 所示,若按下该开关,使端子 E_1 搭铁,能够使燃油油位显示扩大(最大显示 15L),松开开关,这种扩大的标尺显示仍可持续 6s。

当燃油油位低的时候,蓝色的“汽油泵”标志熄灭,琥珀色的警告灯发光,提醒驾驶人注意,在正常显示模式中,当只剩下 1 号板片发光时,将出现这种情况,在扩大显示模式中,第 6 块板片熄灭时,同样也出现这种情况。

若端子 A_4 与燃油传感器之间或端子 A_2 与燃油传感器之间断路时，燃油传感器将不能正常工作，此时将点火开关转至“ON”位置，10 块板片便全部闪烁，闪烁时间约为 2min，随后燃油表出现空白显示(油位警告灯发光)。

（6）亮度控制器　变阻器旋钮如图 6-42 所示，转动旋钮，便可降低车速表、短程里程表、转速表、燃油表、冷却液温度表和档位指示灯的真空荧光显示器的亮度。

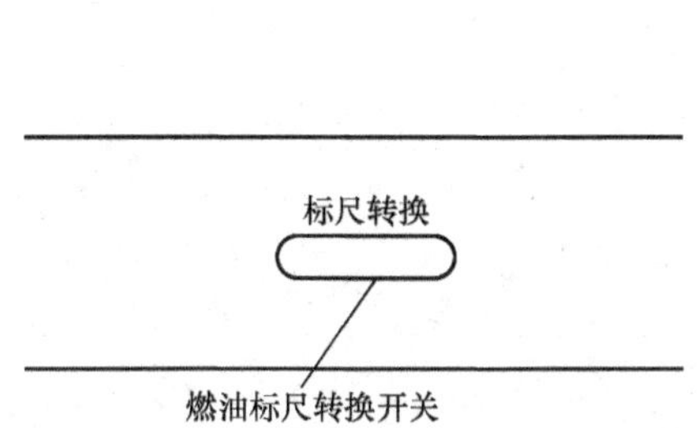

图 6-41　燃油标尺转换开关

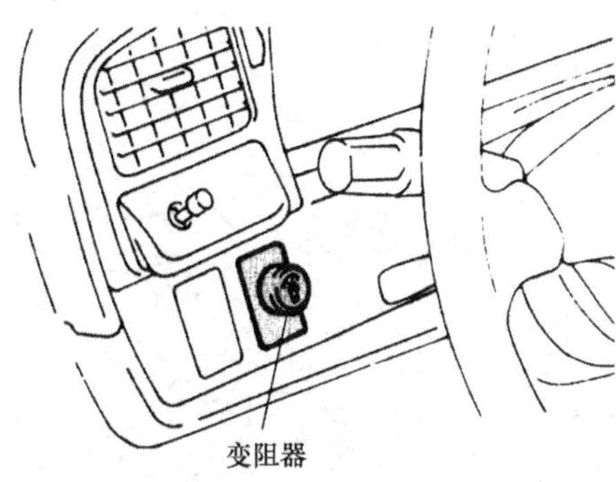

图 6-42　变阻器旋钮

变阻器有两种类型，一种为在尾灯断开之后，仍可改变显示器亮度；另一种为只有在尾灯接通后才能改变显示器亮度。

七、仪表电路分析

卡罗拉轿车的仪表电路如图 6-43 ~ 图 6-48 所示。

八、仪表故障诊断

当仪表不工作或工作不良时，应对其电路、机械传动装置和传感器进行检查。电路的通断情况可用万用表或试灯进行检查；机械传动装置用常规的检查方法检查即可；传感器的检查相对复杂，故本部分以传感器的检查为主。若电路、机械传动装置及传感器工作正常，而仪表不工作或工作不正常，则应更换仪表。

1. 进行燃油表的主动测试

1）将故障诊断仪连接到 DLC3 上。

2）将点火开关置于“ON”位置。

3）打开故障诊断仪。

4）进入以下菜单项：Diagnisis/OBD/MOBD/CimbinationMeter/ActiveTest。

5）根据表 6-1 检查工作情况。如果指针指示异常，更换组合仪表。

表 6-1　燃油表主动测试表

故障诊断仪显示	测 试 部 位	控 制 范 围
FuelMeter Operation	燃油表	EMPTY，1/2，FULL

2. 用故障诊断仪读取燃油表数据

1）将故障诊断仪连接到 DLC3 上。

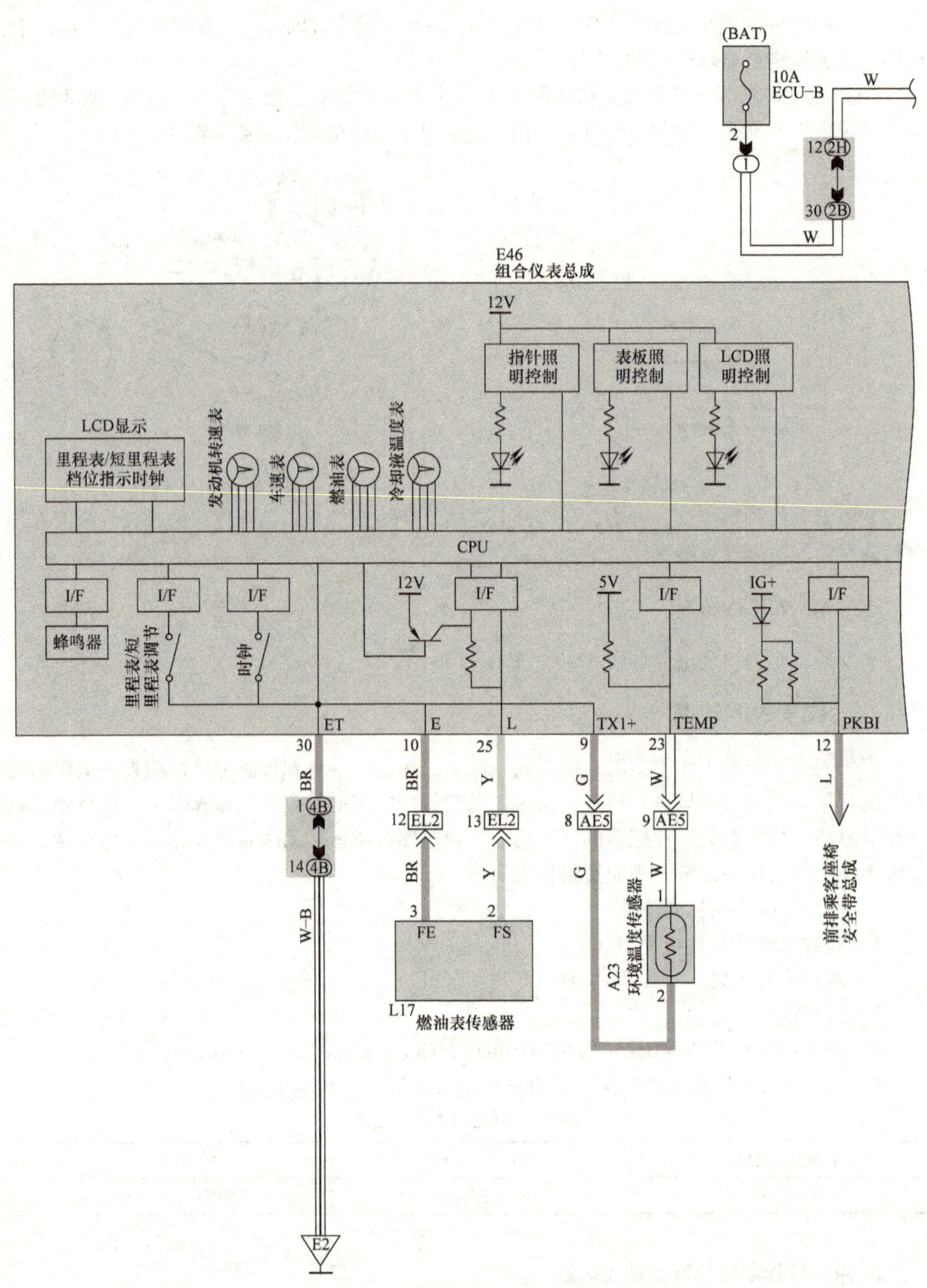

图 6-43　卡罗拉轿车仪表电路(一)

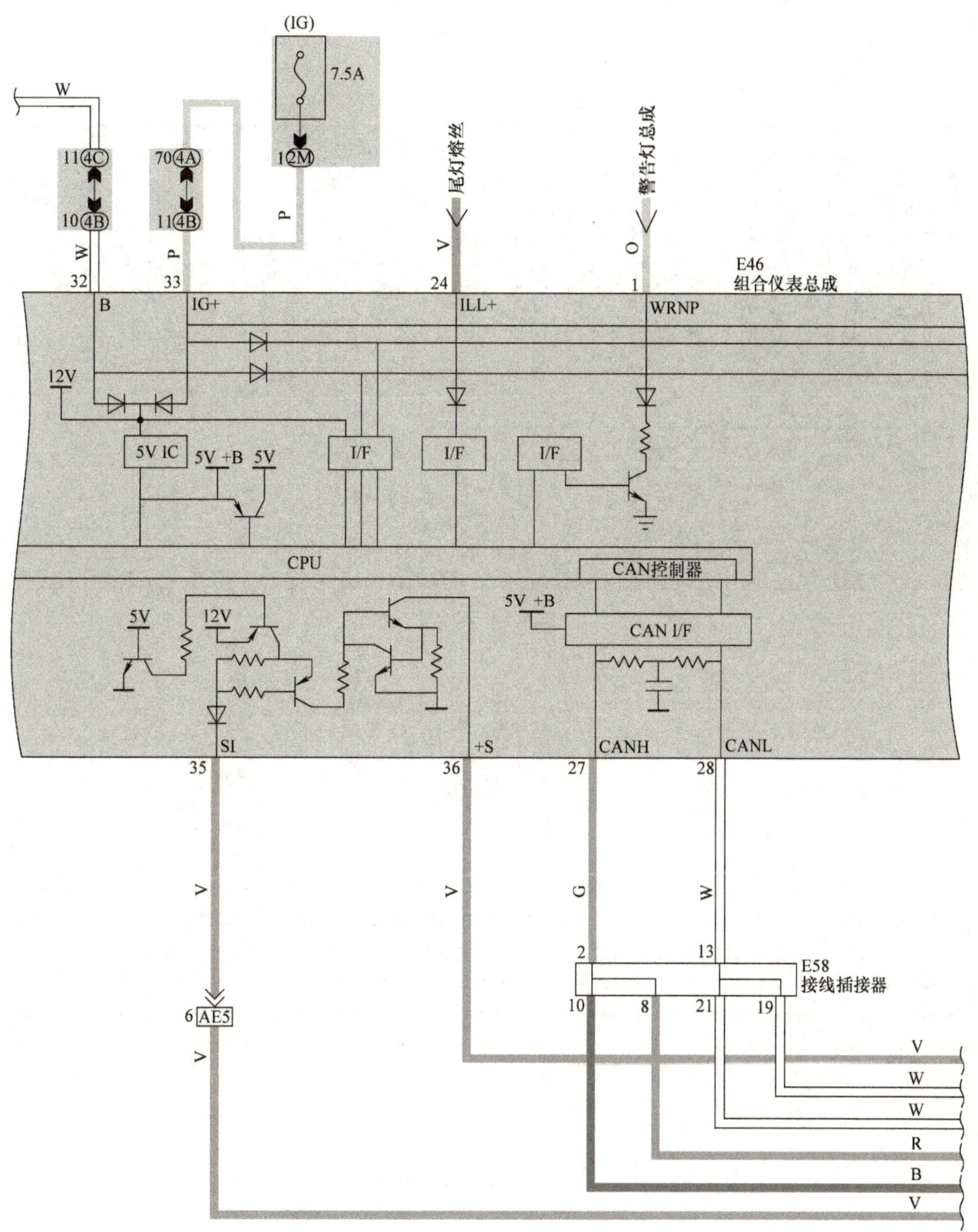

图 6-44　卡罗拉轿车仪表电路(二)

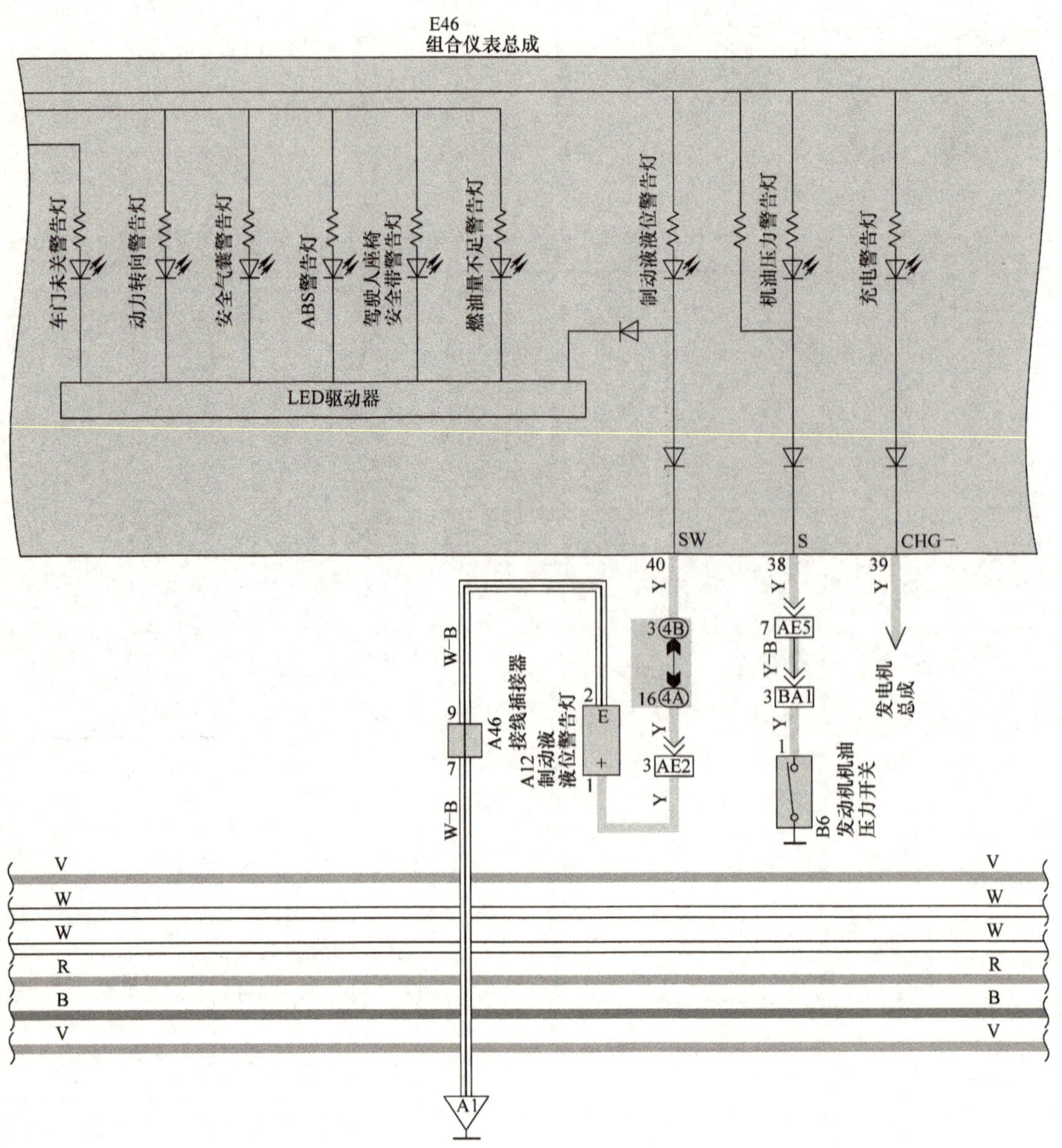

图 6-45　卡罗拉轿车仪表电路(三)

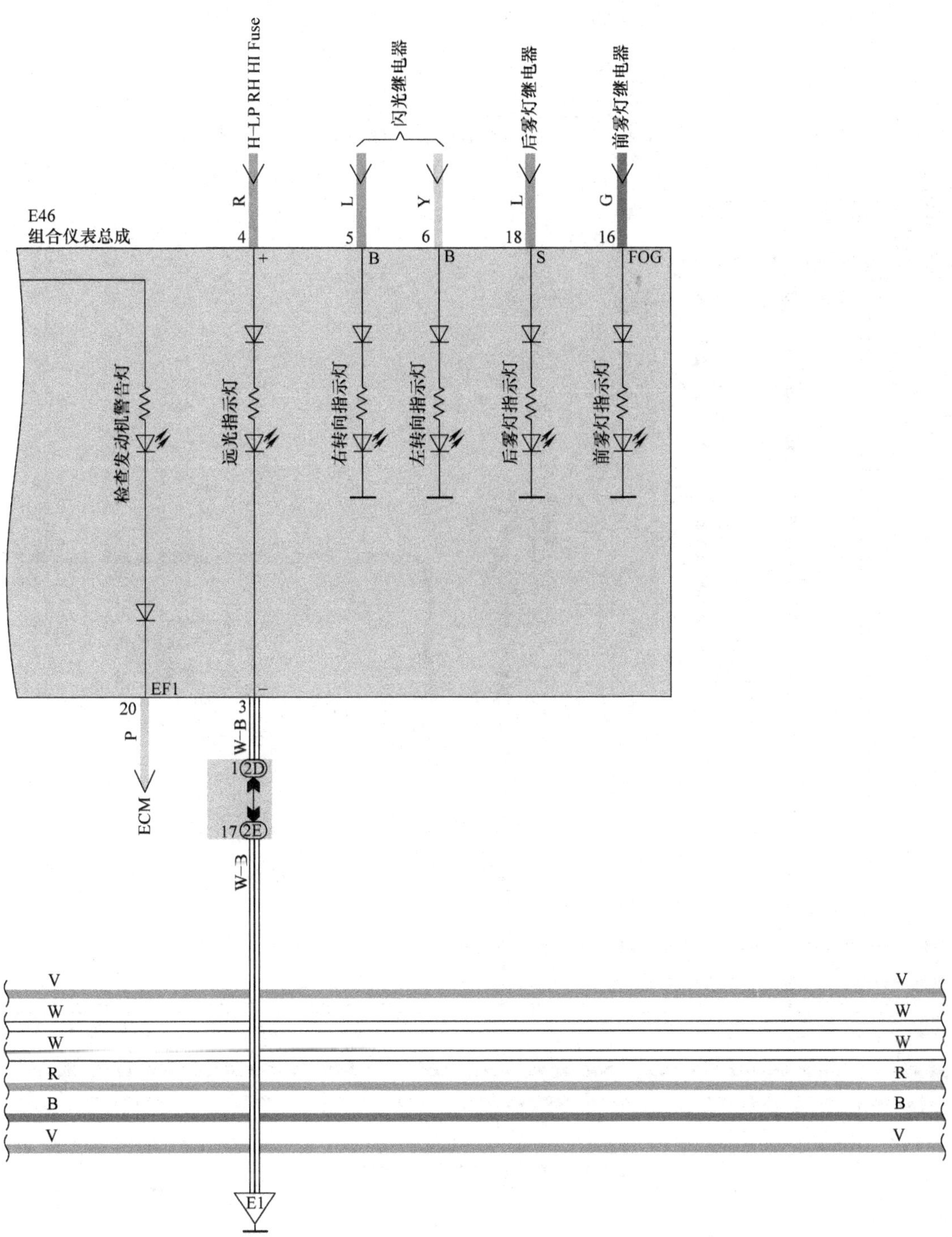

图 6-46　卡罗拉轿车仪表电路(四)

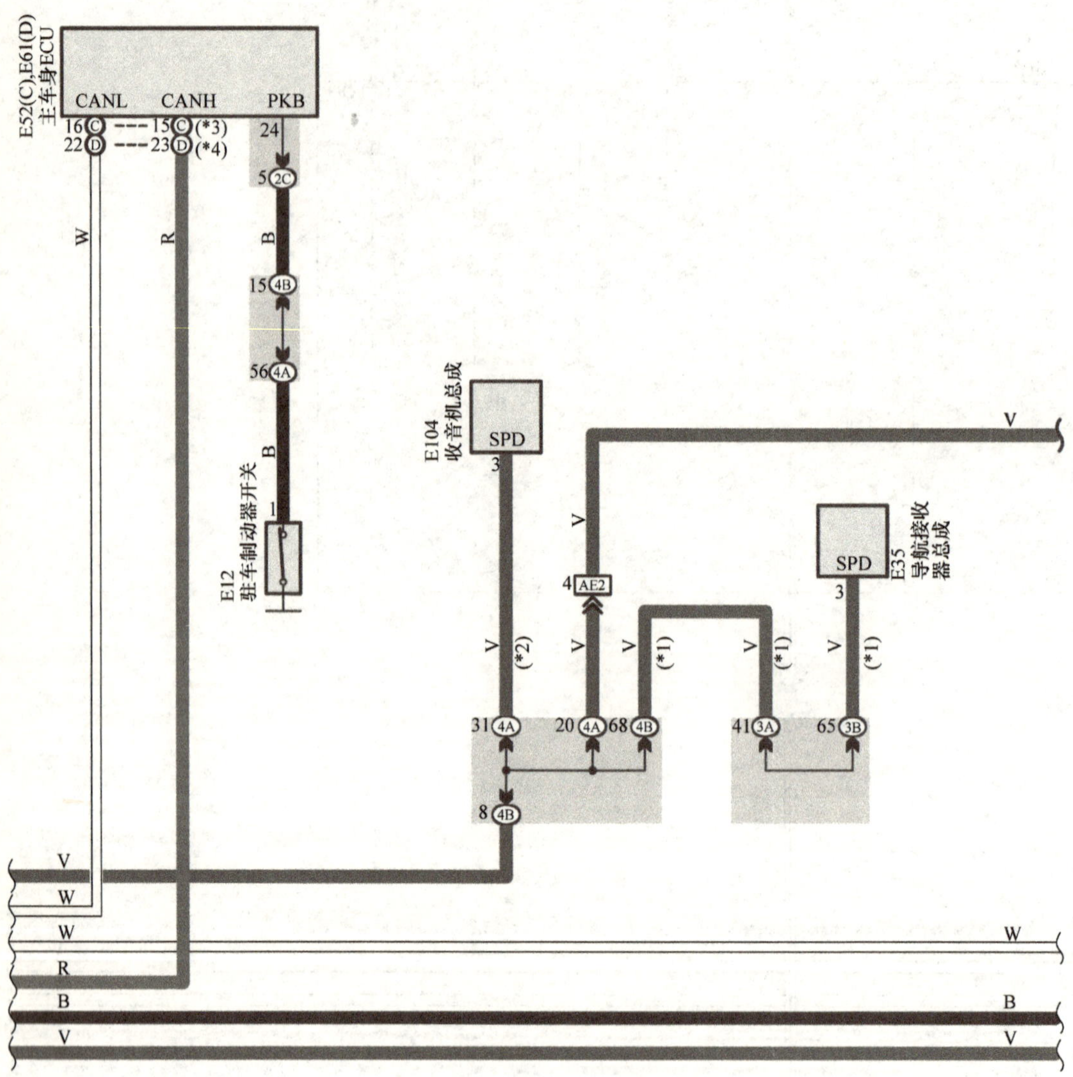

图 6-47 卡罗拉轿车仪表电路(五)

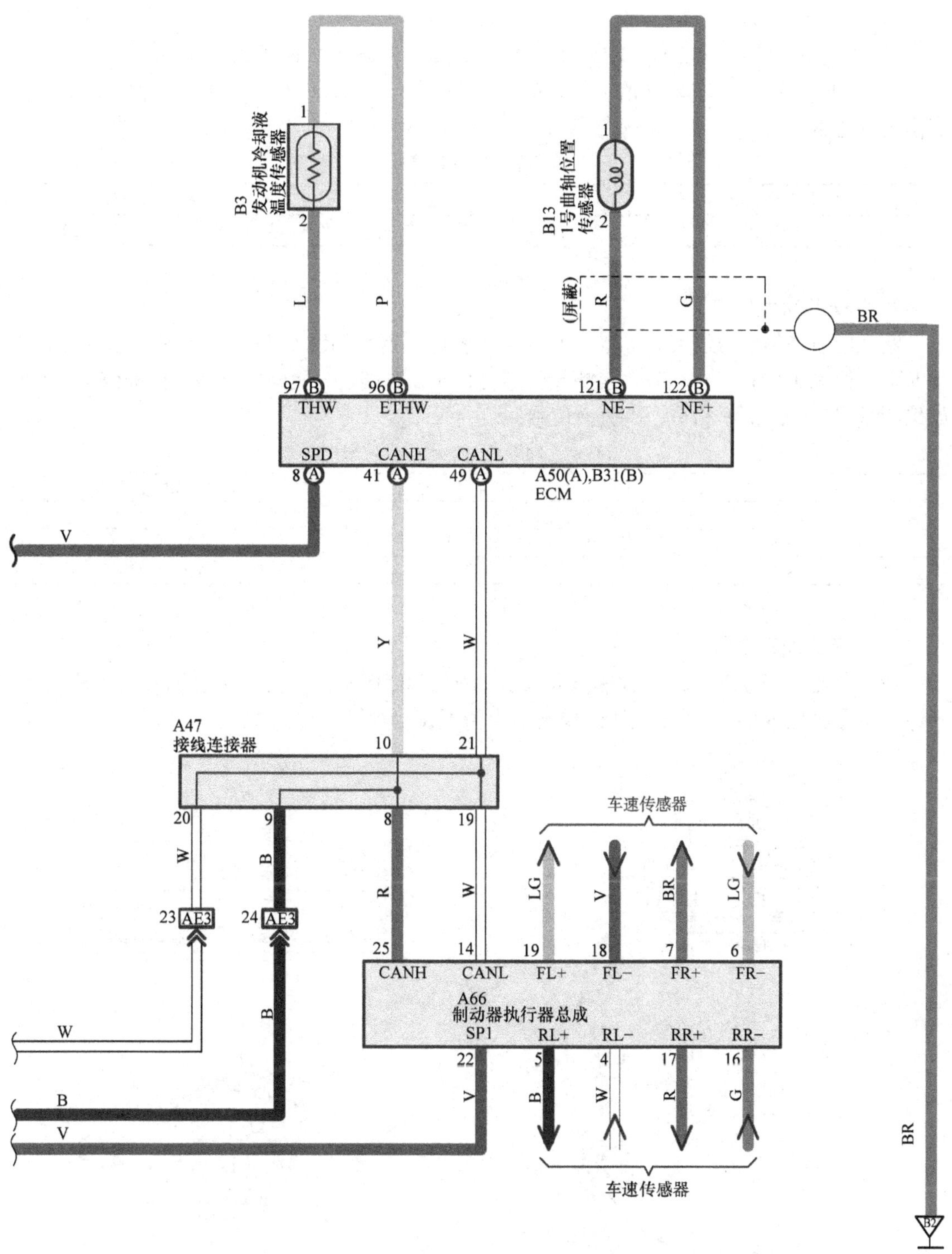

图 6-48　卡罗拉轿车仪表电路(六)

2）将点火开关置于“ON”位置。

3）打开故障诊断仪。

4）进入以下菜单项：Diagnisis/OBD/MOBD/CimbinationMeter/DataList。

5）根据表6-2，检查检测值。如果故障诊断仪显示的值与燃油表指示的值不相符，则更换组合仪表。

表6-2 燃油数据表

故障诊断仪显示	测量项目/范围	正常状态
燃油输入	燃油输入信号/0~127.5	燃油表指示：空(E)与满(F)之间

3. 检查燃油表传感器

断开燃油表传感器线束插接器，拆下燃油表传感器，如图6-49所示，检查并确定浮子在E和F之间平滑移动。用万用表测量传感器端子2和端子3之间的电阻，标准值见表6-3。如果测量值与标准值不相符，则更换传感器。

表6-3 燃油表传感器标准值表

测量端子	测量条件	标准值/Ω
2—3	F	13.5~16.5
2—3	在E和F之间	13.5~414.5
2—3	E	405.5~414.5

4. 检查燃油表电路

断开燃油表传感器和组合仪表连接线束，如图6-50所示，用万用表测量燃油表电路，具体测量方法见表6-4。如果测量结果与规定值不符，则维修相应线路。

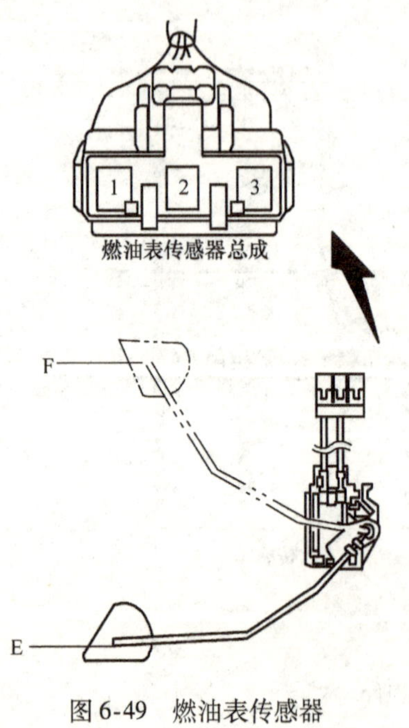

图6-49 燃油表传感器

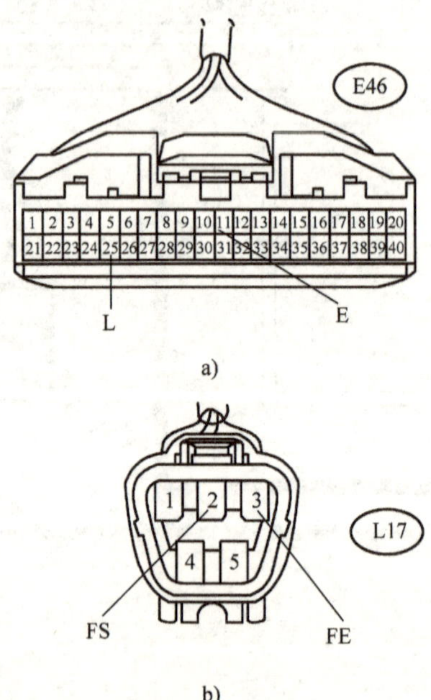

图6-50 组合仪表及燃油表传感器线束连接端子图

a）组合仪表线束插接器 b）燃油表传感器线束插接器

表 6-4　燃油表线路检测

测量端子	测量条件	规定值
L17-2—搭铁	断电	小于1Ω
L17-3—搭铁	断电	10kΩ 或更大
L17-20—E46-1	断电	小于1Ω
L17-3—E46-25	断电	小于1Ω
E46-25—搭铁	断电	小于1Ω
E46-10—搭铁	断电	10kΩ 或更大

九、仪表故障诊断实例

故障：新帕萨特燃油表燃油量不指示

1）故障现象：用户提车加满油后燃油表就没有指示。用户在 4S 店刚提的车，到外面加满油后，油表一点反映都没有，表针始终停留在空油的位置。

2）故障诊断：用 V. A. S 5052 诊断仪进行故障诊断，仪表中提示故障码为 B103E1B，含义是燃油液位传感器 1 电阻太大。

更换燃油液位传感器后故障依旧。

使用 V. A. S5052A 对故障车辆仪表系统的燃油表进行执行元件诊断，燃油表显示正常。

先按故障提示，顺藤摸瓜按线束的节点进行故障处理。

读数据组：传感器1 发出的燃油液位为 0L;

燃油液位传感器 1 为 510Ω。

燃油泵控制单元插头处测量：T10/8 直流电压对搭铁 11. 2V；

T10/4 直流电压对搭铁 4. 5V。

为快速验证故障，在配件库拿来一个新泵，并在新商品车上，拔掉燃油泵上的插头，并将其插到新燃油泵上进行测试。

① 对帕萨特燃油传感器模拟测量实际值(在新车上)

a. 先拔下燃油泵的插头测量结果。

读数据组：传感器 1 发出的燃油液位为 0L;

燃油液位传感器 1 为 510Ω。

b. 插好燃油泵插头(新泵)，并让液位传感器位于最低工作位置(无油状态)。

读数据组：传感器 1 发出的燃油液位为 0L;

燃油液位传感器 1 为 289Ω。

此时，燃油泵控制单元插头处测量：T10/8 对搭铁直流电压在 0. 131 ~0. 139V 变化；

T10/4 对地直流电压在 0. 326 ~0. 329V 变化。

c. 插好燃油泵(新泵)，液位传感器位于最高工作位置(满油)。

读数据组：传感器 1 发出的燃油液位为 70L;

燃油液位传感器 1 为 49Ω。

此时，燃油泵控制单元插头处测量：T10/8 对搭铁直流电压在 0. 326 ~0. 329V 之间变化；

T10/4 对搭铁直流电压在 0. 131 ~ 0. 139V 之间

变化。

实际测量结果证明：

燃油泵上的 T5k/2 号脚(红色)与燃油泵控制单元插头的 T10/5 是同一根线。

燃油泵上的 T5k/3 号脚(黑色)与燃油泵控制单元插头的 T10/4 是同一根线。

燃油泵上的 T5k/4 号脚黑(红色)与燃油泵控制单元插头的 T10/8 是同一根线。

② 对故障车进行测量检查。

同时拔掉仪表插头和燃油泵控制单元插头：T10/8 对搭铁直流电压为 11. 2V；
T10/4 对搭铁直流电压为 0. 0V。

说明 T10/8 插针紫白线对电源正极短路。

3）故障排除：对燃油泵控制单元到仪表之间的线束仔细检查，发现在右前座椅的安全带固定支架在安装时，到燃油泵控制单元的 T10/8 紫白线和燃油泵的 30 号电源线压在了一起，对线束进行分离修复，故障排除。

4）故障总结：新车往往也会出现些反常规的故障，但只要我们熟练掌握一些测量仪器的使用方法如万用表、示波仪等，从多方面思考故障的根源，再难再隐蔽的故障根源我们都是能挖掘出来的。

学习任务七　根据故障警告灯的提示进行故障诊断与排除

任务要求：

完成本学习任务后，你应该能够：

1）认识仪表板上的各种警告灯图形标志。

2）正确描述汽车警告灯的作用和工作条件。

3）正确使用故障诊断仪读取故障码和数据流及清除故障码。

4）准确分析汽车警告灯点亮时的所有可能故障原因。

5）梳理诊断思路，制订故障灯报警时故障的工作方案。

6）根据工作方案和警告灯的提示，利用故障诊断仪诊断汽车发动机电控系统、底盘电控系统和防盗系统，排除故障。

7）用企业标准验收任务完成情况，评价和反馈工作过程，完成学习拓展任务及任务工单7.1~7.3。

建议学时：18学时

任务引入：

1）一辆丰田威驰轿车，行驶总里程10万km，发现该车在行驶中发动机故障警告灯闪烁点亮。

2）一辆丰田威驰轿车，行驶总里程10万km，发现该车在行驶中ABS系统警告灯闪烁点亮。

3）一辆丰田威驰轿车，行驶总里程10万km，发现该车在行驶中防盗系统警告灯闪烁点亮。

任务分析：

1）初步诊断，确认故障现象。

2）查找资讯，学习相关知识，分析故障可能原因，分解成三个子任务。

① 发动机电控系统根据警告灯提示进行故障检修。

② 底盘电控系统根据警告灯提示进行故障检修。

③ 防盗系统根据警告灯提示进行故障检修。

3）制订工作计划，分析故障诊断思路。

4）根据故障现象和任务要求，确定所需要的检测仪器设备、工具，并对小组成员进行合理分工，制订详细的、可实施的故障诊断与排除工作方案。

5）实施试验进行检测，利用故障诊断仪对汽车的各个电控系统进行检测，确定故障原因并维修更换排除故障。

6）总结故障结论，写诊断报告。

7）用企业标准验收任务完成情况，评价工作过程，完成任务工单7.1~7.3。

资讯和相关知识：

一、认识汽车警告灯

汽车仪表指针指示的刻度对一般汽车驾驶人并不具有特别的报警作用，因此应改以警示性、直观性高的灯光来取代仪表。为了保证行驶安全和提高车辆的可靠性，也为了使驾驶人随时掌握车辆的各种状况，并及时发现和排除潜在的故障，汽车上在驾驶人座位前方的仪表板上装有各种测量仪表和报警装置。报警装置由警告灯、指示灯组成。当汽车各系统有故障时，红灯或黄灯亮，提醒驾驶人注意；做指示用时，则采用绿灯或蓝灯。

警告灯与指示灯通常安装在仪表上，如图 7-1 所示，一般采用 1 ~ 4W 小功率灯泡，也有的采用发光二极管。包括机油压力警告灯、充电警告灯、驻车制动警告灯、车门未关警告灯、安全带未系警告灯、发动机故障警告灯、防抱死制动系统（ABS）警告灯、安全气囊（SRS）警告灯；远光指示灯、转向指示灯、档位指示灯。其代表图案与警告内容见表 7-1。

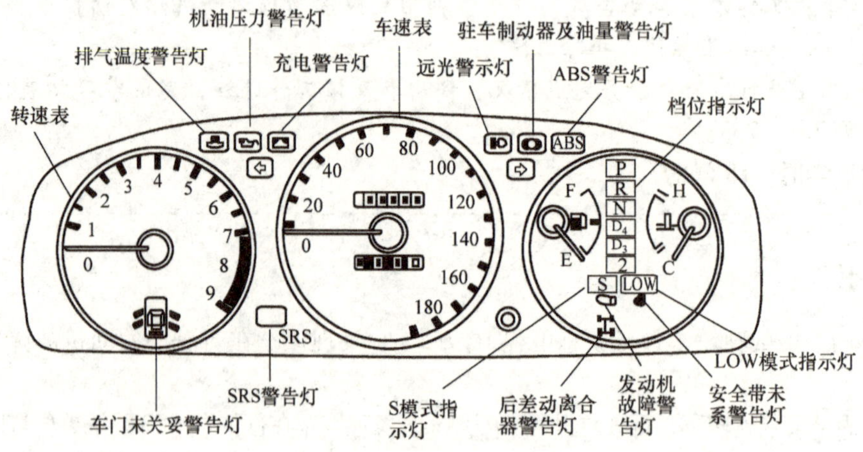

图 7-1　警告灯和指示灯

表 7-1　常见的警告灯和指示灯图形符号

图形符号	名　称	颜　色	符号说明
	机油压力过低警告灯	红色	发动机机油压力过低（在 30kPa 以下）时，灯亮
	放电（充电）警告灯	红色	充电系统故障时，灯亮
	冷却液温度警告灯	红色	发动机过热时，灯亮
	制动防抱死系统故障警告灯	红色	ABS 电子控制系统有故障时，灯亮
	驻车制动警告灯	红色	驻车制动起作用时，灯亮

（续）

图形符号	名　称	颜　色	符号说明
	制动系统故障警告灯	红色	驻车制动未完全放松或制动液不足时，灯亮
	安全气囊故障警告灯	红色	安全气囊电子控制系统有故障时，灯亮
CHECK	发动机故障警告灯	黄色	发动机电控系统有故障时，灯亮
	燃油量过少警告灯	红色	燃油余量不足时，灯亮
	车门开放警告灯	黄色	车门未关严时，灯亮
BRAKE LAMP	车门、行李舱盖未开妥警告灯及制动灯故障警告灯	红色	四个车门及行李舱未关妥时点亮，制动灯有故障时，灯亮
EPC	电子节气门故障警告灯	黄色	电子节气门系统故障时，灯亮
	排气温度警告灯	黄色	排气温度超过900℃时，灯亮
	前照灯远光指示灯	蓝色	前照灯为远光时，灯亮
	转向指示灯	绿色	左转向灯或右转向灯亮时，灯亮
	雾灯指示灯	黄色	开前、后雾灯时，灯亮
P R N D_4 D_3 2 1	档位指示灯	绿色	自动变速器依据变速杆位置相应点亮
O/D OFF	超速档指示灯	黄色	自主选择自动变速器超速档：灯亮，不可以进入超速档；灯灭，可以进入超速档

二、警告灯或指示灯点亮的控制方式

1）开关在搭铁侧，即警告灯或指示灯电路是在外部搭铁。当点火开关处于 ON 位置时，电压供应至灯泡处，因此搭铁开关闭合时，警告灯或指示灯点亮；搭铁开关打开时，灯则熄灭。

2）开关在电源侧，即警告灯或指示灯电路是在内部搭铁。这种情况下，点火开关不需要在电路内，而是装在蓄电池与灯之间，当开关闭合时，警告灯或指示灯点亮，直至开关又打开，如远光指示灯、危险警告灯、安全带未系警告灯等。

现代汽车越来越多的警告灯是由电子模块控制电路的搭铁，由计算机监测系统控制。当有故障时，计算机内的搭铁开关搭铁，使警告灯点亮，如发动机故障警告灯、ABS 警告灯、SRS 警告灯等。

三、故障警告灯

1. 机油压力警告灯

当驾驶人刚打开点火开关时灯应点亮；起动发动机，机油压力达到规定值时，警告灯熄灭。油压低于规定值时警告灯点亮，表示机油压力不足，须立刻停车检查。

如图 7-2 所示为机油压力警告灯系统的组成，由装在仪表板上的警告灯及装在发动机主油道的压力开关组成。

压力开关为膜盒式，内有一管形弹簧，一端与接头相连，另一端与动触点相连，静触点与接线柱经接触片与接线柱相连。当机油压力低于规定值(0.05 ~0.09MPa)时，管形弹簧变形很小(几乎无变形)，弹簧将膜片向下推，动触点和静触点闭合，电路接通，警告灯点亮；当机油压力高于规定值(0.05 ~0.09MPa)时，管形弹簧变形较大，油压克服弹簧力，将膜片上推，动触点和静触点分开，电路断开，警告灯熄灭。

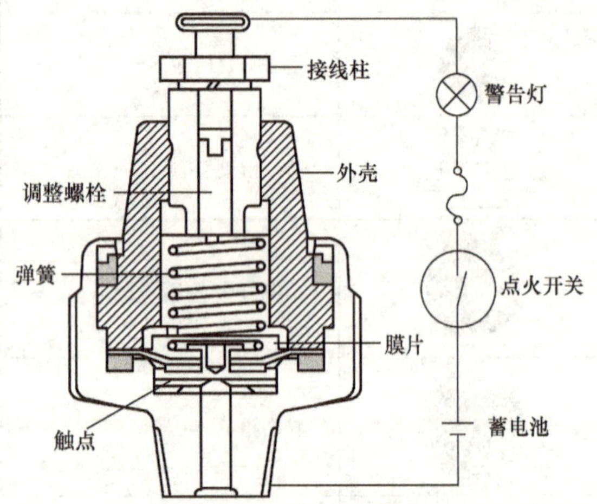

图 7-2　机油压力警告灯组成

2. 放电警告灯

蓄电池放电时，也就是发动机不能给蓄电池正常充电时，该警告灯点亮，当发电机的电压达到正常充电电压时，该警告灯熄灭。如果在正常行驶时，该警告灯亮，可以提醒驾驶人充电系统功能有故障。

当驾驶人打开点火开关时充电警告灯应点亮，发动机起动后，发电机静子中性点(N)的电压达一定值时充电警告灯熄灭。

图 7-3 所示为使用静子线圈中性点(N)电压来控制充电指示灯的电路。当 N 点的电压达规定值时，放电警告灯继电器的磁力将触点 N 吸开，使警告灯熄灭。

图 7-4 所示为附集成电路式电压调节器的交流发电机的放电警告灯控制电路。打开点火开关，发动机未起动时，放电警告灯继电器闭合，放电警告灯点亮；发电机发电后使继电器两边的电压接近，触点跳开，放电警告灯熄灭。

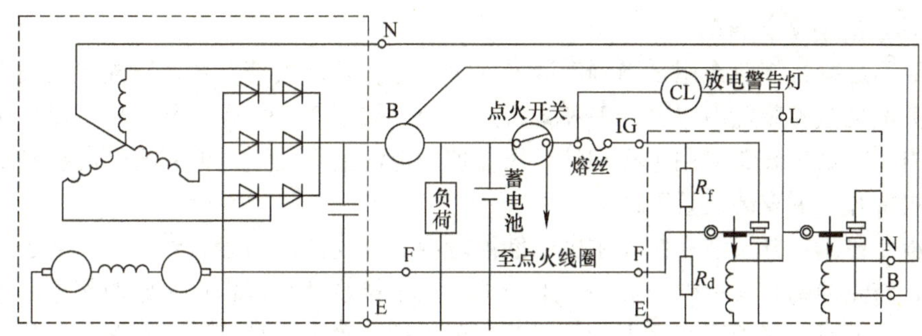

图 7-3　使用中性点(N)电压控制的放电警告灯电路

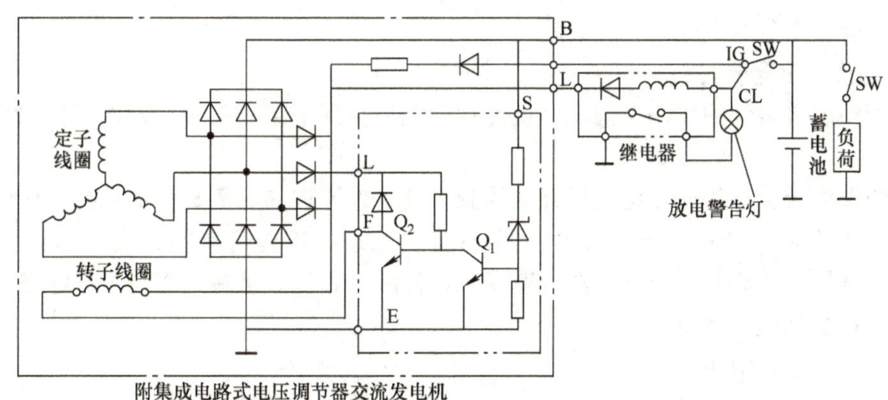

图 7-4　附集成电路式电压调节器交流发电机放电警告灯的控制电路

3. 燃油油位警告灯

当燃油箱燃油的存量少于规定值时，打开点火开关，则燃油不足警告灯点亮。图 7-5 所示为燃油不足警告灯电路，该装置是由负温度系数的热敏电阻式燃油油量报警传感器(油面开关)和警告灯组成。当油箱内油量较多时，热敏电阻元件浸没在燃油中，散热快，温度较低，电阻值较大，因此电路中电流很小，警告灯不亮；当燃油减少到规定值以下时，热敏电阻元件露出油面，散热慢，温度较高，电阻值较小，因此电路中电流增大，警告灯点亮。

图 7-6 所示为热偶片式油面开关的燃油不足警告灯电路，它是由油面开关及电热开关组成的，平时两触点均分开，故点火开关打开时灯不亮。如油箱中的油面低于规定值时，浮筒臂使油面开关的触点闭合，闭合后，经电热开关的电热丝搭铁，加热热偶片使其弯曲闭合，使警告灯点亮。

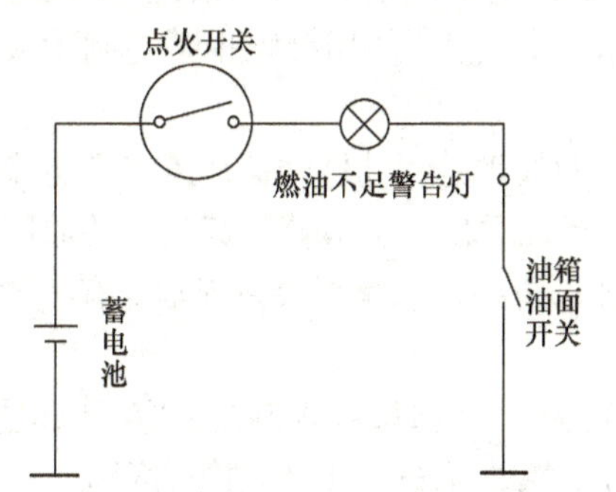

图 7-5　燃油不足警告灯电路

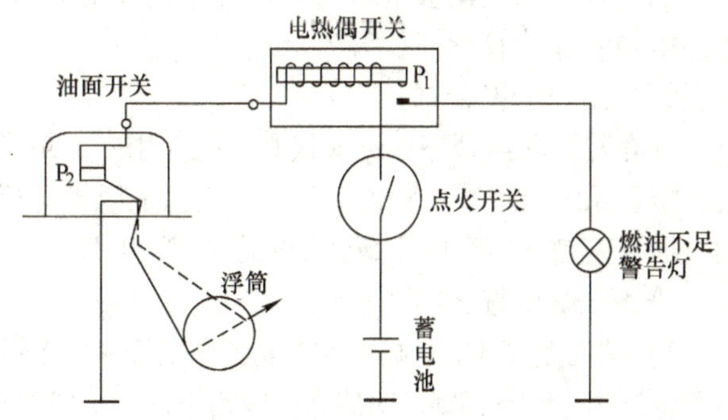

图 7-6　热偶片式油面开关的燃油不足警告灯电路

4. 制动系统监测警告灯

制动液不足警告灯的作用是当制动液液面过低时，发出报警信号，以提醒驾驶人注意。

制动液不足报警装置由报警开关和警告灯组成，如图 7-7 所示。报警开关安装在制动主缸储液罐内，此报警开关适用于冷却液、风窗玻璃清洗液等液面过低警告灯的控制电路，区别仅在于报警开关的安装位置不同。

制动液面警告灯开关装在制动主缸的储液罐内，外壳的外面套装着浮子，浮子上固定有永久磁铁，外壳内部装有舌形开关，舌形开关的两个接线柱与警告灯和电源相连，当制动液面在规定值以上时，浮子浮在靠上的位置，永久磁铁的吸力不足，舌形开关在自身的弹力作用下保持断开的状态；当制动液面下降到一定值时，浮子位置下降，舌形开关在永久磁铁吸力作用下闭合，警告灯点亮。

5. 冷却液温度警告灯

冷却液温度警告灯的作用是当发动机冷却液温度高到一定程度时，警告灯自动点亮，以示报警。

冷却液温度警告灯的通断由温度开关控制，其工作原理如图 7-8 所示。当冷却液温度低于 95℃时，双金属上的触点与固定触点保持分离状态，警告灯不亮；当冷却液温度高至 98℃时，双金属片受热变形向下弯曲程度变大，使触点和触点接触，将警告灯电路接通，警告灯点亮，提醒驾驶人注意。

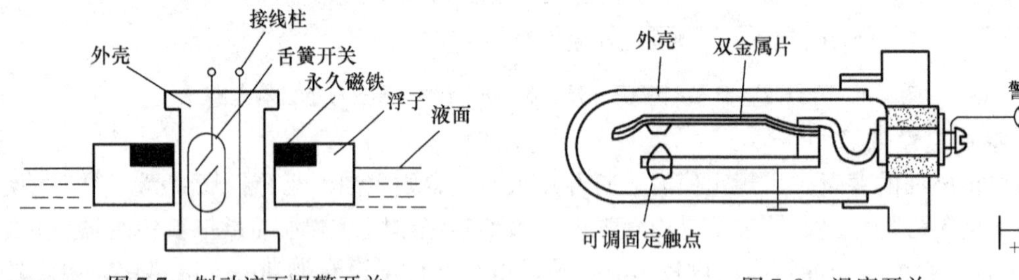

图 7-7　制动液面报警开关　　图 7-8　温度开关

6. 摩擦片使用极限警告灯

制动器摩擦片使用极限警告灯的作用是当制动器摩擦片磨损到使用极限厚度时，提示制动器摩擦片需要更换，发出报警信号。

其原理为，在摩擦片内部埋有一段导线，该导线与组合仪表中的电子控制器相连。当摩擦片没有到使用极限时，电子控制器中的晶体管基极电位为低电位，晶体管截止，警告灯不亮；当摩擦片到使用极限时，摩擦片中埋设的导线被磨断，电子控制器中的晶体管基极电位为高电位，晶体管导通，警告灯点亮。一般情况下，制动器摩擦片使用极限报警与制动液不足报警共用一个警告灯。

在车轮制动器摩擦片过薄报警系统使用中，最常出现的故障是制动器摩擦片还未到更换时机，报警系统便报警，警告灯闪亮。由以上原理分析中，可以看出，造成警告灯闪亮的原因有两方面：一是制动摩擦片磨到了极限程度(正常)，应该加以更换；二是报警系统本身有故障。

报警系统检查步骤如下：

1）关闭点火开关，拔下左右轮传感器插头，若警告灯仍亮，则故障在控制器，应予以更换；若警告灯闪亮停止，则说明传感器线路正常，传感器本身有故障，需进一步加以检查区别。

2）在关闭点火开关的状态下，插入一侧传感器插头(不插另一侧)。当打开点火开关后，看警告灯的情况，若不亮，则说明该侧可能无问题；若警告灯闪亮，则说明该插入侧的传感器损坏。

3）用同样的方法对另一侧传感器进行检测，若警告灯亮，也说明该传感器有故障。由于损坏的传感器不可拆修，故应更换新件。

7. 制动灯电路故障警告灯

由于制动灯对于行车安全极为重要，而驾驶人在驾驶过程中很难发现制动灯有故障，所以在一些车辆中设置了制动灯电路故障警告灯。

图7-9所示为制动灯电路故障警告灯控制电路。在正常情况下，踩下制动踏板，制动灯开关接通，电流经左、右两电磁线圈到制动灯。此时，两线圈所产生的磁场相互抵消，舌簧开关的触点继续处于常开状态，警告灯不亮；当左、右两个制动灯中有一个灯损坏了，或者电路有断路故障时，则有故障一侧的电磁线圈将不产生磁场，而另一侧的电磁线圈产生磁场，舌簧开关中的触点将闭合，警告灯亮，提醒驾驶人制动灯电路有故障。

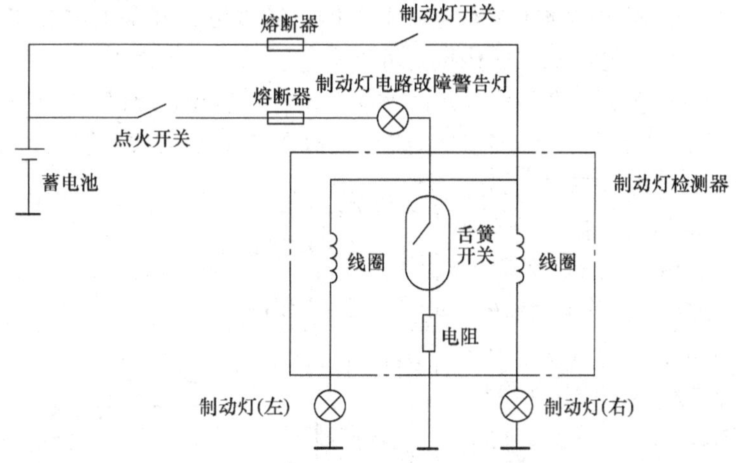

图7-9　制动灯电路故障警告灯控制电路

四、指示灯

自动变速器(A/T)指示灯

(1) 档位指示灯　如图7-10所示，当点火开关转至“ON”位置，12V的电压信号便输

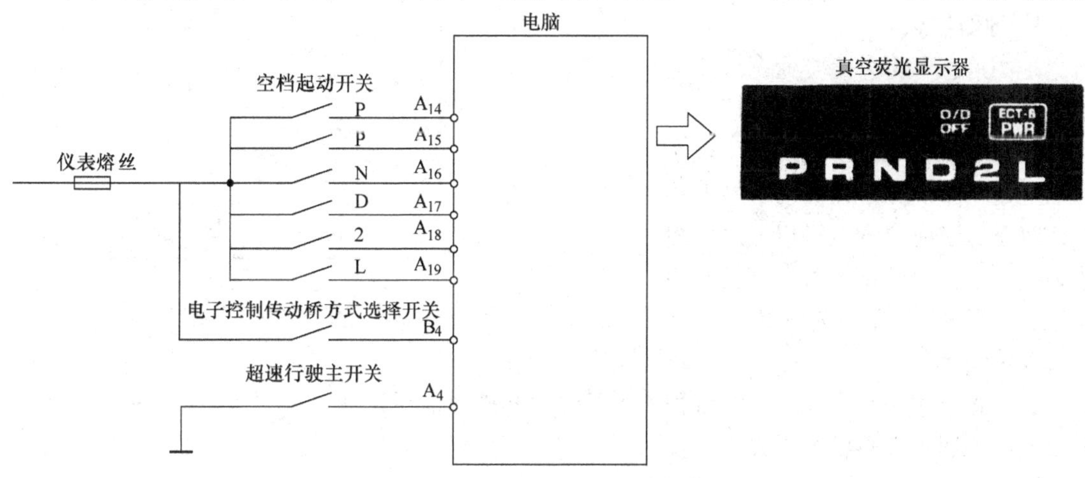

图7-10　自动变速器指示灯原理图

入到 A_{14} ~ A_{19} 的某个端子，电脑收到空档起动开关输入的档位信号后，使真空荧光显示器上相应的位置发光度为100%；当输入断路信号时，使真空荧光显示器显示出“PWR”字样。

（2）超速档指示灯　当超速行驶主开关位于“OFF”（断开）位置时，端子 A_3 搭铁，使真空荧光显示器显示出“OD/OFF”字样。

五、综合信息显示系统

随着汽车电子技术的飞速发展，汽车电子控制系统所用的传感器不断增多，汽车仪表的电子显示系统从简单地显示传感器信息，发展成为可以对各种信息进行分析计算、加工处理的综合信息系统。

综合信息系统能够从大量的信息中选择出驾驶人所需要的各种信息内容，包括电子行车地图、汽车维修等信息，还可以显示电视、广播、电话等实况信息。显示器通常采用阴极射线管(CRT)显示器，其阴极射线管屏幕是触摸式的，通过触摸屏幕上的按钮(菜单)便能变更显示的内容。阴极射线管显示器的优点是可以彩色显示、响应速度快、对比度高以及工作测试范围宽；缺点是体积大、质量大、驱动方法复杂，且需要有较高的驱动电压。

图7-11为综合信息系统配置原理图，该综合信息显示系统的显示器可显示电子地图、燃料消耗和行程信息等综合信息，该综合信息显示系统的组成包括：用于管理和控制整个系统的CRT ECU；用于调用CD ROM数据并传送给CRT ECU的CD ECU；接收电视信号并与CRT ECU通信的TV ECU；控制音响系统并与CRT ECU通信的音频ECU；控制空调并与CRT ECU通信的空调ECU；从GPS卫星接收无线电信号、计算汽车的当前位置并传送给CRT ECU的GPS ECU；控制蜂窝电话并与CRT ECU通信的电话ECU。

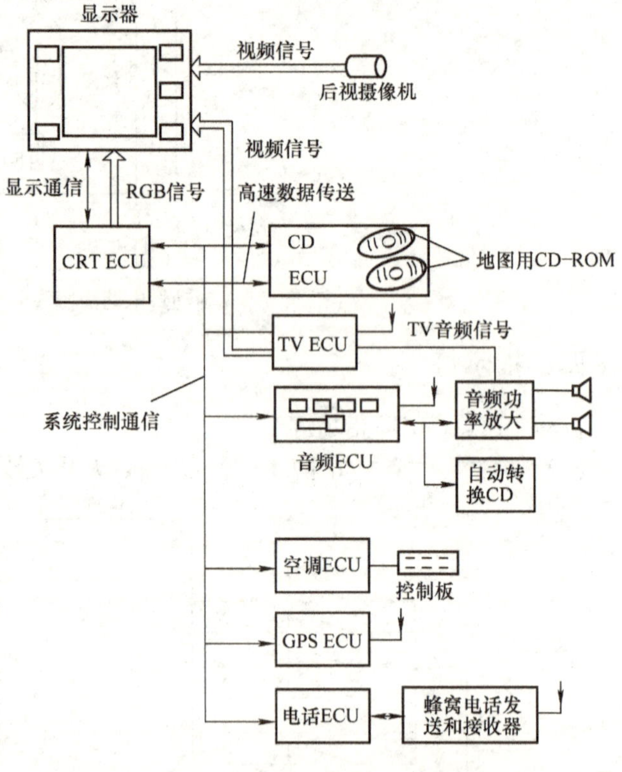

图7-11　综合信息系统配置原理图

1. 地图信息

地图信息可将公路交通图按不同的比例显示，它与一般地图的区别是可以滚屏显示，使需要的内容可以被单独显示出来。另外，借助于导航系统，汽车的当前位置也可以显示在电子地图上，且导航系统可以直接在电子地图上标出汽车的当前位置。

2. 行车信息

行车信息包括从出发开始的行程、行程时间和燃料消耗，并可根据燃料消耗率和存油量显示剩余燃料可能行驶的里程。

3. 维修信息

维修信息显示如发动机换机油、更换轮胎以后所行驶的里程，供驾驶人确定下次维修时间与维修项目参考。

4. 日历信息

日历信息显示驾驶人的日历和日程表。

5. 空调信息

空调信息显示空调的操作模式和风扇的设置，通过触摸屏幕上的键盘可以操作空调系统。

6. 音响系统信息

音响系统信息显示音响系统的操作模式，通过触摸屏幕上的键盘可以控制音响系统及显示音响系统的音乐资料。

7. 电视广播

电视广播接收电视、广播节目。

8. 电话信息

电话信息显示诸如蜂窝电话号码信息，并可通过触摸屏幕键盘来实现拨号和挂机。

9. 后视摄像机信息

后视摄像机信息可在倒车时，显示从安装在车后部的摄像头摄取的图像信息。

10. 触摸键盘

显示系统的触摸键盘通常是以模拟形式显示在屏幕上的，用手指触摸键盘即可进行操作，从而简化了选择信息的过程。通常，显示系统采用红外触发开关来检测屏幕是否被触摸。

红外触发开关的原理如图 7-12 所示。

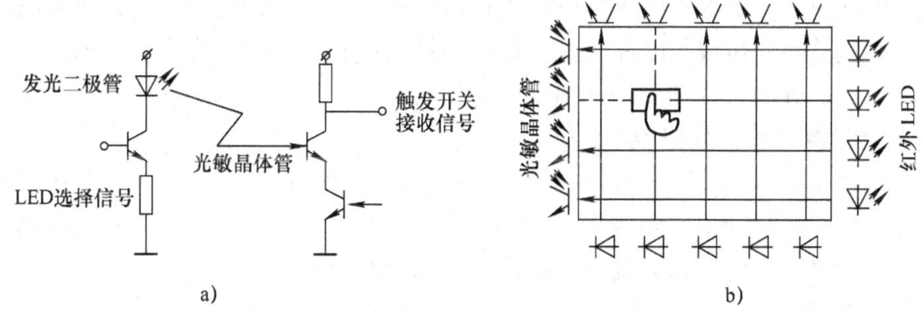

图 7-12　红外触发开关的原理

a）红外触发开关　b）红外触发开关配置

在显示器的两端都有一个红外 LED 和光敏晶体管相对。在显示器键盘未被触摸时，红外 LED 的光束到达光敏晶体管促使其导通。键盘被触摸时，红外 LED 光波被截断，光敏晶体管立即截止。红外 LED 和光敏晶体管的混合体安放在显示器的多个地方，如图 7-12b 所示。因此，屏幕上被触摸到的键盘位置由被关断的光敏晶体管所在位置测定。

六、汽车报警装置常见故障检修

1. 故障现象

汽车在行驶中，故障警告灯闪烁点亮。

2. 故障原因

1）故障灯代表系统的传感器故障。

2）故障灯代表系统的执行元件故障。

3）故障灯代表系统的控制单元故障。

4）故障灯代表系统的电路断路或短路故障。

3. 维修思路

首先要用故障诊断仪调取故障码，然后围绕故障码确认是否为真实故障。再逐个电控系统逐一检测排查。

七、故障诊断仪的使用

1. 电控单元确认故障的依据

电子控制系统工作时，正常的输入、输出信号都在规定范围内变化。当某一电路出现信号异常或送入微机不能识别的信号时，或者专设的检测电路确认输入信号不合理时，微机就可判定为发生故障。

1）信号不在规定范围内。

2）信号在一段时间内不发生应该发生的变化。

3）ECU 未收到执行器的反馈信号。

只有不正确信号持续一定时间或多次出现时，ECU 才会判断为故障。

例：点火确认信号(IG_f)，连续 3 ~5 次收不到反馈信号，ECU 则判断点火系统有故障。

2. 用故障诊断仪读取故障码

到目前为止，读取故障码来诊断电控系统故障是最常用的诊断测试方法。电控发动机中，只要蓄电池正、负极桩未拆下，电脑中存储的故障码就能长期保存。将故障码从电脑中读出，即可知道故障部位或故障原因，为诊断与排除控制系统故障提供可靠依据。

读取故障码的方法有两种：一种利用故障诊断仪读取，另一种是利用人工方法读取。

3. 用故障诊断仪读取数据流

读数据流就是在汽车故障诊断仪与故障诊断插座连接的情况下，当发动机运转时，将电脑内部的计算结果、控制参数和控制模式等数值，以数据表和串行输出方式在检测仪屏幕上一一显示出来的过程。将传输数据与标准比较，来判断故障。

4. 监控执行器

在发动机熄火状态下或运转过程中，通过故障诊断仪向各执行器发出强制驱动或强制停止指令来监测执行器动作情况，用以判断该执行器及其控制电路有无故障。如在发动机熄火情况下，控制电动燃油泵运转、控制某只电磁阀或继电器工作，当发出相应的指令后，如燃油泵不转(听不到运转声)、电磁阀不工作(用手触摸时没有振动感)，说明该执行器或控制电路有故障。

5. 用故障诊断仪对防盗系统匹配

在打开点火开关，故障诊断仪连接完好的情况下，进入防盗系统菜单，按照操作提示进入防盗系统钥匙匹配程序，等待程序结束。

八、故障实例

故障 1：途观 2.0TSI　AT 四驱带随动前照灯(ASF)组合仪表中的灯光故障警告灯闪烁

1. 故障信息

1）车型：途观 2. 0TSI AT 四驱 顶配。

2）行驶里程数：12821km。

3）发动机代号：CGM 023080。

4）故障现象：用户抱怨组合仪表中的灯光故障警告灯闪烁，夜间行驶时，只有近光灯，没有远光灯，没有前雾灯。

2. 维修情况

1）验证故障现象。维修人员在对该车故障进行维修时，发现有如下问题不能解决：

① 随动前照灯控制单元不能进行正确的编码。

② 储存在故障存储器中的故障码不能被清除掉。

对故障车的现象进行再次进行验证，其结果是用户抱怨故障现象属实。

同时，还发现了一个新的问题，即两个前雾灯在开关开启时也不亮。

2）故障检修步骤

① 使用 V. A. S505X 检测仪进入车辆自诊断程序(图 7-13)，选择地址码 55(图 7-14)。

图 7-13　诊断界面

② 选择诊断功能中的 004-故障码存储器内容，并点击后进入；选择故障码存储器内容中的 004. 01-检查故障码存储器，点击进入(图 7-15、图 7-16)。

③ 选择故障码存储器内容中的 004. 10-清除故障码存储器，并再次查询故障码存储器，结果是故障码不能被清除掉，详见图 7-17 和图 7-18 所示。

④ 由上述检测说明，系统中的故障仍旧存在。如果没有将其排除，则对随动前照灯(AFS)控制单元的编码和基本设定匹配，就不能够被执行(图 7-19 和图 7-20)。

⑤ 使用 V. A. S505X 检测仪，继续对该车进行自诊断，选择诊断功能中的 011-测量值，读取故障状态下的数据流数值(图 7-21 和图 7-22)。

车载诊断（OBD）8.10.006

车辆车载诊断

LSVUD65N9A2874265

选择车辆系统

03 - 制动器电子系统	正常	0000
53 - 停车制动器	正常	0000
04 - 转向角传感器	正常	0000
44 - 动力转向	正常	0000
15 - 安全气囊	正常	0000
25 - 防起动锁	正常	0000
55 - 大灯自动垂直对光控制	故障	0010
6C - 后视摄像机系统	正常	0000
16 - 转向柱电子设备	正常	0000
36 - 驾驶员侧座椅调整	正常	0000
46 - 舒适系统中央模块	正常	0000
56 - 收音机	正常	0000
10 - 停车辅助装置2	正常	0000
17 - 仪表板	正常	0000

图 7-14　选择地址码 55

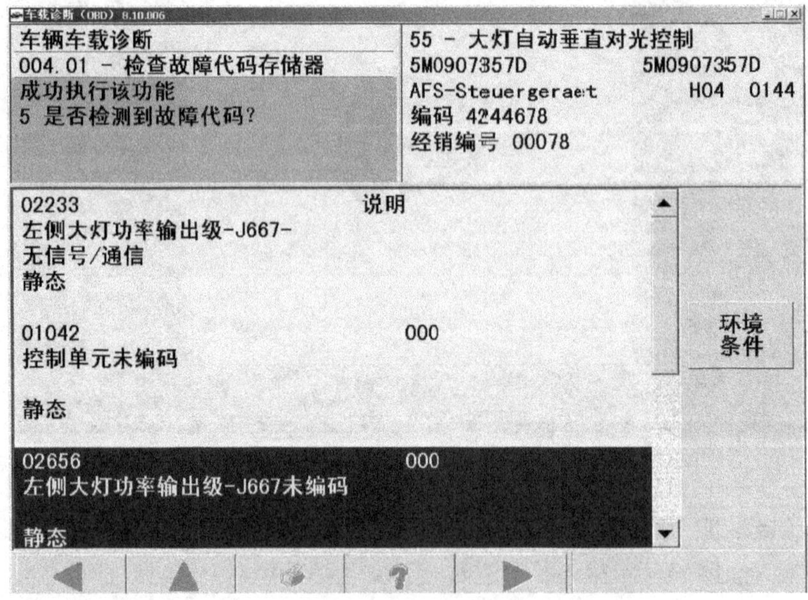

图 7-15　读取故障码(一)

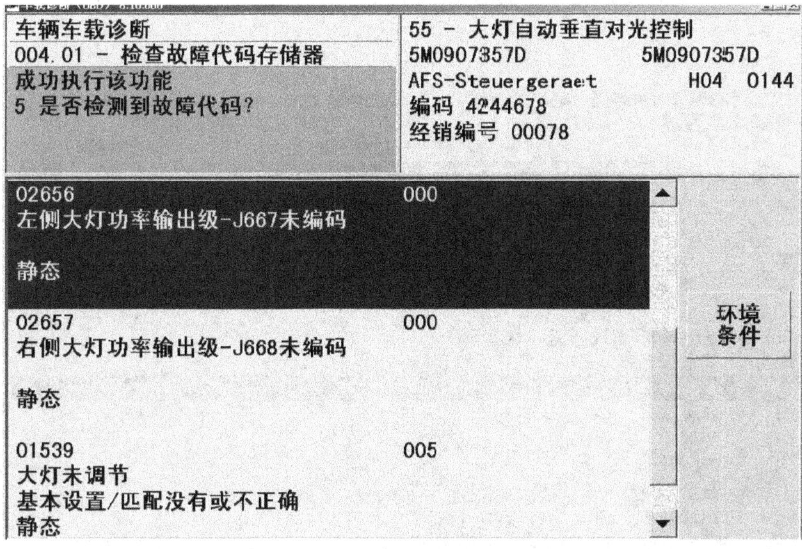

图 7-16　读取故障码(二)

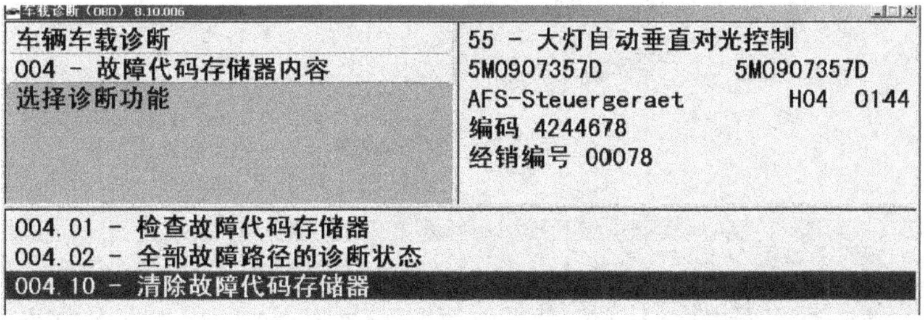

车载诊断（OBD）8.10.006

车辆车载诊断
004 - 故障代码存储器内容
选择诊断功能

55 - 大灯自动垂直对光控制
5M0907357D 5M0907357D
AFS-Steuergeraet H04 0144
编码 4244678
经销编号 00078

004.01 - 检查故障代码存储器
004.02 - 全部故障路径的诊断状态
004.10 - 清除故障代码存储器

图 7-17　选择 004.10

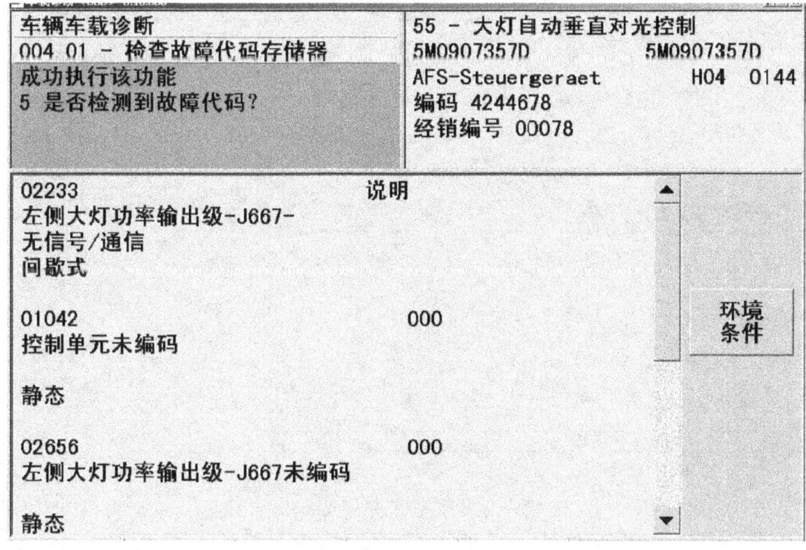

图 7-18　故障码不能清除

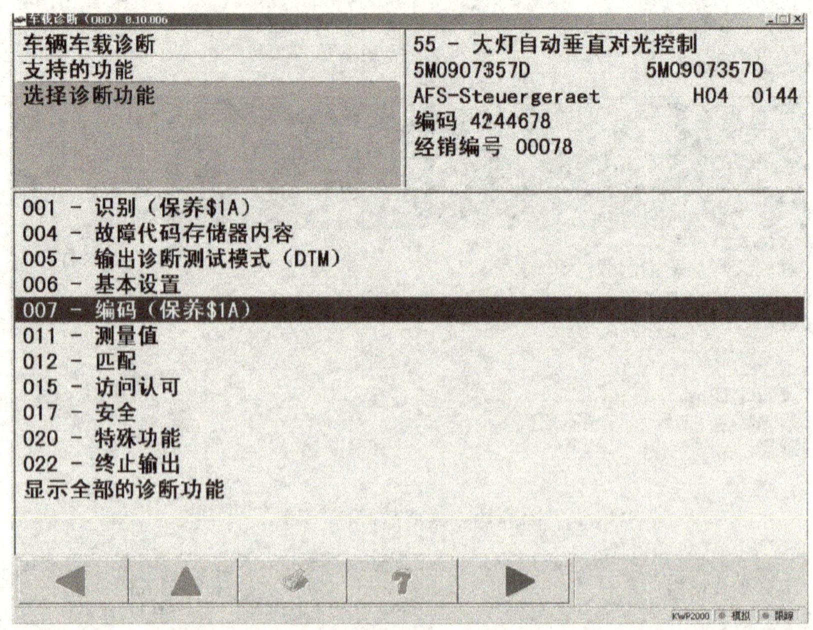

图 7-19　选取“编码”

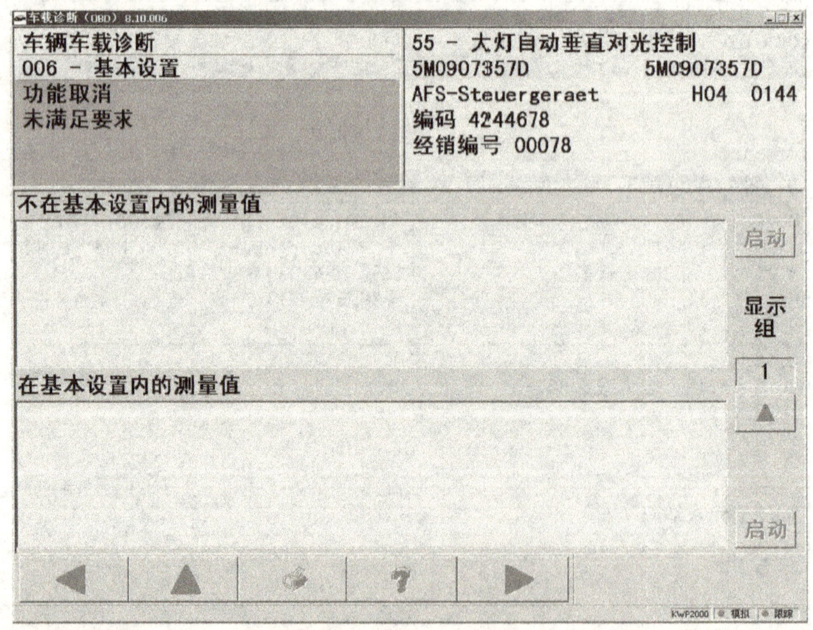

图 7-20　不能进行编码

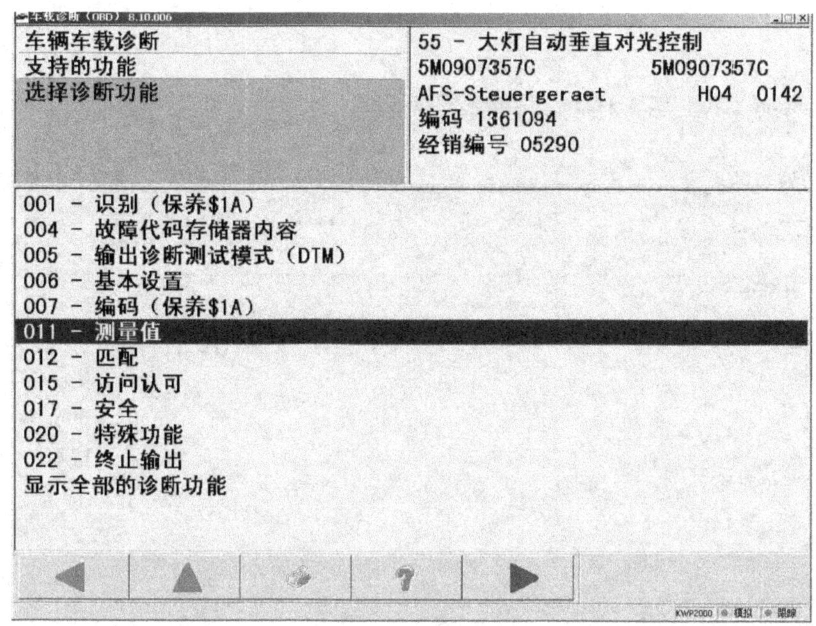

图 7-21　选取 011 功能

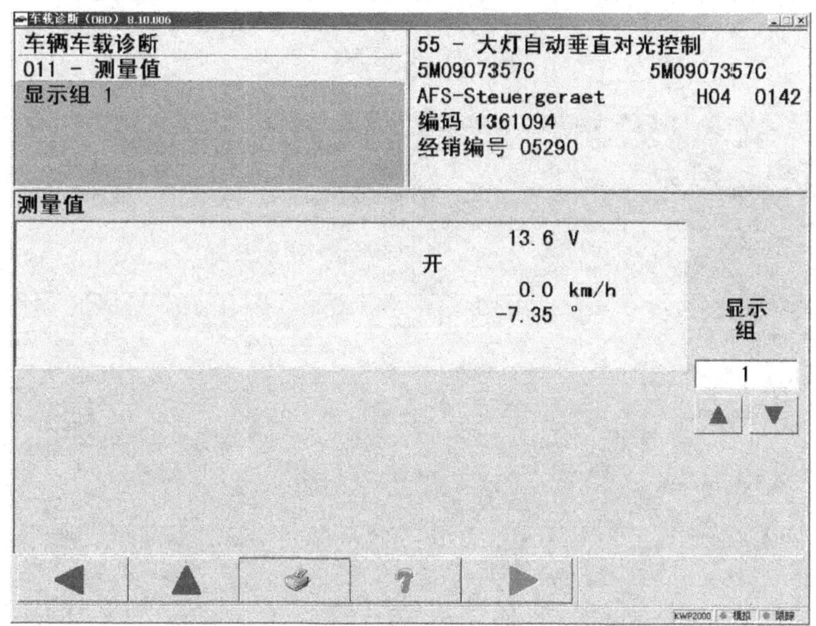

图 7-22　测量值

a. 对于随动前照灯 AFS 系统的数据流共计有 13 组，其中：第 1 ~ 10 组显示系统中的数据；第 125 ~ 127 组 CAN 总线上控制单元连接状态。显示组 127 和显示组 1 的测量结果分别如图 7-23 和图 7-24 所示。

b. 为了便于分析故障需要，将所读取的数据流列表见表 7-2。

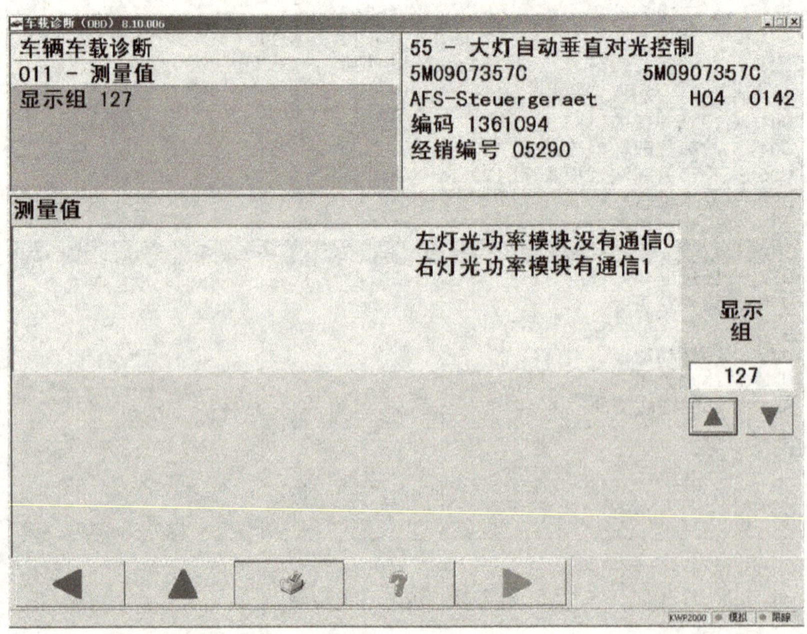

图 7-23 显示组 127

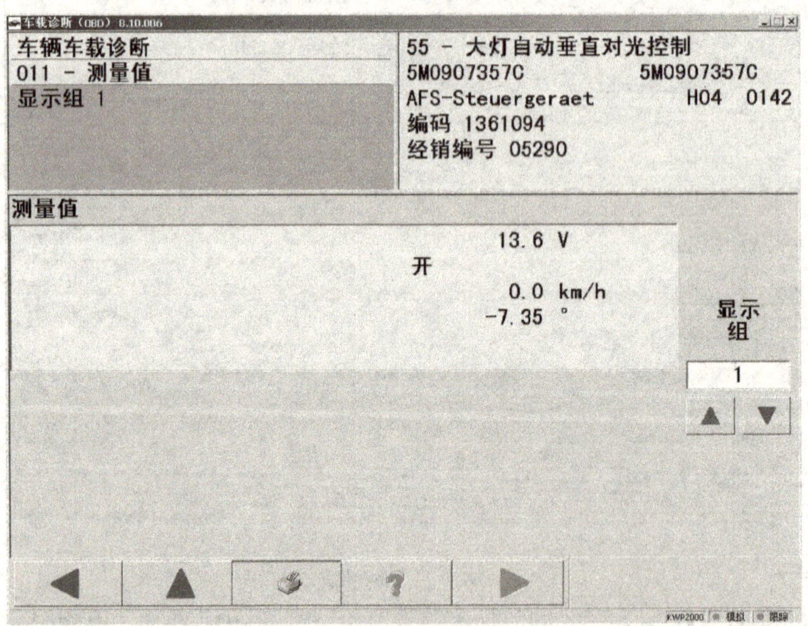

图 7-24 显示组 1

表 7-2　途观 2.0TSI AT 四驱车随动前照灯装置正常与不正常数据流对比表

数据块	显示区	测量值含义	发动机怠速运转（未打方向）		发动机怠速运转（打方向）		规　定　值
			正常数值	非正常数值	正常数值	非正常数值	
1	1	电压(接线柱 15)	13.6V	13.6V	13.6V	13.6V	9～15V
	2	灯光(接线柱 56b)	开	开	开	开	开启/关闭
	3	车速	0.0km/h	0.0km/h	0.0km/h	0.0km/h	0～255km/h
	4	转向角度	0.00°	0.00°	-193～193°	-193°	-510°～+510°
2	1	前部驻车雷达传感器信号					0～100%
	2	后部驻车雷达传感器信号	64.0%	64.0%	64.0%	64.0%	0～100%
	3	左侧随动前照灯步进电动机位置	59.2%	无显示值	59.2%	无显示值	0～100%
	4	右侧随动前照灯步进电动机位置	59.2%	59.2%	59.2%	59.2%	0～100%
3	1	左侧静态随动转向灯调光值	0.0%	0.0%	92.8%	0.0%	0～100%
	2	右侧静态随动转向灯调光值	0.0%	0.0%	92.8%	92.8%	0～100%
	3	左侧动态随动转向前照灯	50.0%	无显示值	50.0%	无显示值	0～100%
	4	右侧动态随动转向前照灯	50.0%	102.0%	50.0%	102.0%	0～100%
4	1	在校准时的前部驻车雷达传感器信号					0～100%
	2	在校准时的后部驻车雷达传感器信号	63.6%	63.6%	63.6%	63.6%	0～100%
	3	左前与 NN 的偏差					-127～+128mm
	4	左后与 NN 的偏差	-3mm	-4mm	-3mm	-4mm	-127～+128mm
5	1						
	2	传感器的电压	5.0V	5.0V	5.0V	5.0V	4.8～5.2V
	3	左前随动前照灯 AFS 功率模块电压	13.5V	无显示值	13.5V	无显示值	0～15V
	4	右前随动前照灯 AFS 功率模块电压	13.4V	13.4V	13.4V	13.4V	0～15V
6	1	倒车灯开关状态	倒档否	倒档否	倒档否	倒档否	倒车灯开关是/否
	2		否	否	否	否	是/否
	3						
	4						

⑥ 针对系统当前存在的故障，按照学习随动前照灯 AFS 系统的电路图，并对照电路图中的相关说明和提示，熟悉和挑选出各个可以被利用的节点，以便从中选择可以用于排除该车故障的最佳切入点。

3）维修注意

① 在排除电气故障时，熟悉和阅读相关的电路图非常重要。

② 切莫轻视了这一步，而习惯用经验来取代，结果会适得其反，使排除原本简单的电气故障变得复杂化。

③ 如果操作不当，有时还会增加一些人为导致的故障，甚至还会损坏电气元件。

按照故障码和电路图的提示，仔细检查了下列部位：搭铁点 640、搭铁点 13 和搭铁点 602，均未发现异常；检查相关元件的电路和插接器，结果发现设置在前保险杠上的左、右前雾灯线束插接器，竟然未插装在灯座上。后经询问用户得知，此前，该车曾经在非 4S 店进行过肇事车的修理。将左、右前雾灯线束插接器插装在灯座上之后，开灯试验，左、右前雾灯可以被正常点亮，故障现象被消除。

使用 V. A. S505X 检测仪，清除电子中央电子装置故障存储器中的故障码，能够清除，再次调取故障码，无故障码(图 7-25 ~ 图 7-27)。关闭点火开关，起动发动机后，设置在组合仪表中的灯光故障警告灯熄灭。至此，该车的所有故障均被排除。

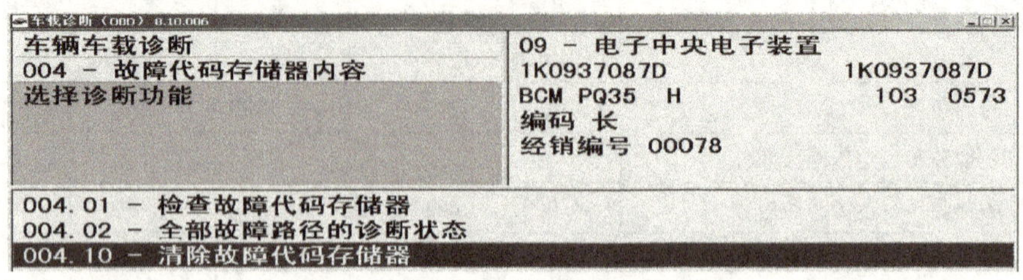

图 7-25 选取清除故障码功能

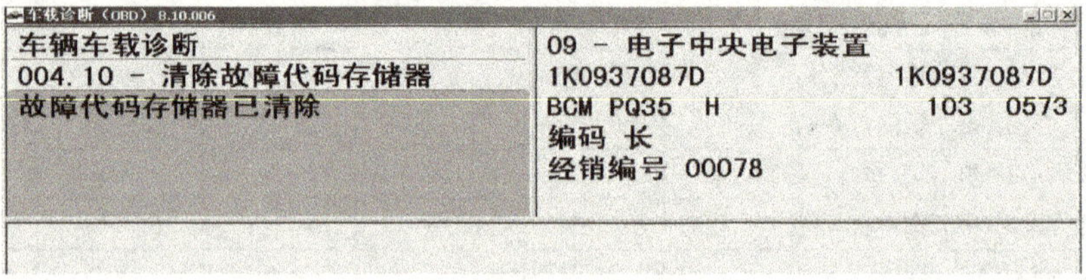

车载诊断（OBD）8.10.006
车辆车载诊断
004. 10 - 清除故障代码存储器
故障代码存储器已清除
09 - 电子中央电子装置
1K0937087D 1K0937087D
BCM PQ35 H 103 0573
编码 长
经销编号 00078

图 7-26 故障码被清除

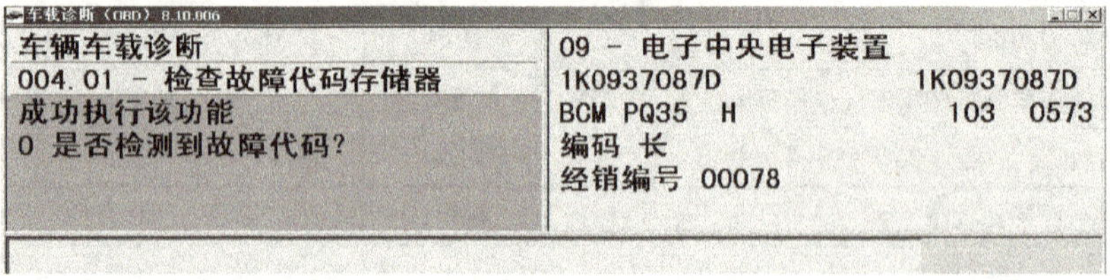

车载诊断（OBD）8.10.006
车辆车载诊断
004. 01 - 检查故障代码存储器
成功执行该功能
0 是否检测到故障代码?
09 - 电子中央电子装置
1K0937087D 1K0937087D
BCM PQ35 H 103 0573
编码 长
经销编号 00078

图 7-27 再次调取故障码

3. 维修经验体会

1）在排除此类电气故障时，一定要按照程序操作。

2）在分析和排除故障时，一定要充分利用故障码、数据流和电路图。

3）随动前照灯(AFS)系统具有的特点：

① 控制单元编码。

② 对随动前照灯进行基本设定。

只有在该系统确实没有故障存在时，才可以顺利完成上述操作。

4）在给随动前照灯控制单元编码时，一定要按照车辆的实际配置和控制单元的配件号，选择正确的编码。

故障 2：途安安全带警告灯亮

1. 故障信息

1）车型：途安 1.8T。

2）行驶里程数：267km。

3）发动机代号：CFU。

4）故障现象：安全带警告灯长亮。

2. 维修情况

（1）初步故障分析

1）安全带开关 E24 损坏。

2）相关电路故障。

3）安全气囊控制单元损坏。

4）其他原因。

（2）电脑故障诊断及数据读取

1）分析故障原因

① 安全带开关电路处于闭合状态，安全带指示灯亮。

② 控制电路对搭铁短路。

③ 控制单元损坏。

2）测量线路数据

① E24 驾驶人侧安全带开关内部电阻为 1.2Ω。

② T2ac/1 白/黄线电压 0.2V，对搭铁电阻 22.9Ω。

③ T2ac/2 白/棕线对搭铁电阻为∞。

④ T2ac/1 至 T75/61 之间电阻为∞。

（3）故障点　新车在安装驾驶人侧座椅固定螺栓时干涉安全带开关线路，造成开关负极线断路，正极线对搭铁短路。

3. 维修经验体会

新车生产线上产生的故障，因为安全带警告灯的特殊性和检验的不规范（不系安全带），让人误以为是正常情况，只有在行驶过程中才会发现问题的存在。

安全带开关 E24 工作原理：未系上安全带的情况下，安全带开关处于闭合状态，在气囊控制单元接收到车速信号后，点亮安全带指示灯；当系上安全带后，安全带开关处于打开状态，气囊控制单元接收车速信号，不控制安全指示灯的点亮。

故障 3：斯柯达明锐 1.8TSi 轿车，发动机故障警告灯点亮，加速轻微犯闯

1. 故障信息

1）车型：明锐 1.8TSi。

2）行驶里程数：300km。

3）故障现象：发动机故障警告灯点亮，加速轻微犯闯。

4）故障码：01295 第 3 缸断火故障，偶发。

2. 维修情况

连接故障诊断仪对发动机控制系统进行检测，设备提示“第 3 缸断火故障，偶发”。观察发动机怠速运转平稳，读数据块 01-08-015，数据块显示无断火，燃油压力、喷油时间、进气量及氧传感器调节等数据块均正常。

清除故障码后试车发现，当车速超过 60km/h 时，车辆偶尔会轻微犯闯。回站检查，设备仍然提示相同的故障码。随后我们将第 3 缸与第 2 缸的点火线圈、火花塞更换试车，设备还是提示第3缸存在断火。测量4个气缸的压力，各缸压力值都在1.2MPa左右。

一般情况下，导致气缸断火的原因很多，如点火正时不对、火花塞跳火不正常、喷油器喷油不正常、缸压异常、进气效率低、排气效率低及重要电子元件损坏等。但考虑到此车是单缸断火，所以怀疑喷油器喷油不正常或是电路连接不实可能性较大。

鉴于此车是新车，加之拆装喷油器的工作量较大，我们决定先进一步做火花塞跳火波形分析。在对发动机第3缸点火线圈的波形(图7-28)进行分析后发现，火花塞放电时间为2.36ms。由于此数值维修手册上找不到，所以我们将其与其他气缸进行了对比。第2缸波形中的放电时间为2.04ms，与第1、4缸基本一样。由波形来看，发动机第3缸的混合气比其他气缸偏浓，但与其他同型号车辆相比，差距并不大。因该车的故障是在车速60km/h以上急加速时才会偶尔出现，我们很难捕捉到故障点。加之测量气缸压力正常，那么气门机械故障的原因被排除。

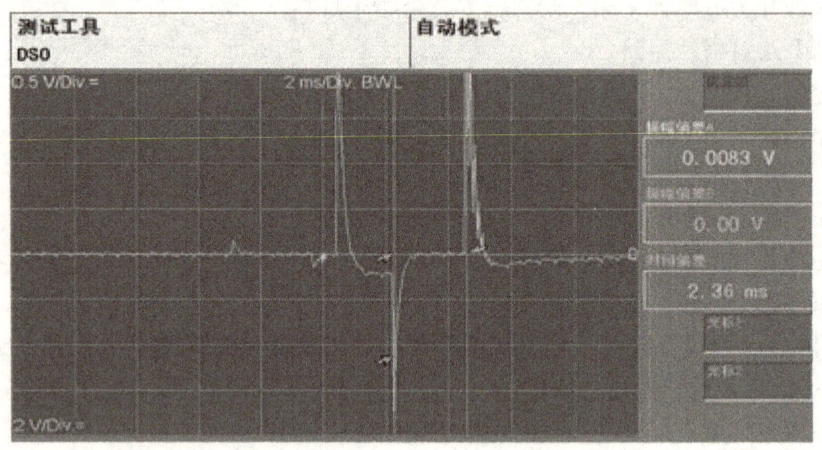

图7-28 第3缸点火线圈波形

最后，我们拆下进气歧管，倒换了第2、3缸的喷油器进行路试。连接故障诊断仪检测故障为2缸断火，看来的确是第3缸的喷油器出现了问题。在更换第3缸喷油器后，故障排除。